배우 예술

자신自身으로 행동하는 자연인

박상하

밀양에서 태어나 부산대학교 영문과 학, 석사를 마치고 러시아 모스크바 〈슈킨 연극대학교〉에서 실기석사를 졸업 후, 기티스(러시아 연극예술 아카데미)에서 예술학 박사 학위를 취득했다. 현재 한국예술종합학교 연극원 연기과 교수, 한국연극대학 교수협의회 이사, 한국연극교육학회 이사, 한국문화예술교육진흥원 중앙교육위원, 한국연극협회 정책개발위원, (사)한국문화콘텐츠 진흥원 전문심사위원, 〈극단 어우름〉, 〈극단 시나위〉의 상임연출을 맡고 있다.

저서 및 번역서: 『연기교육자, 연출가 박탄고프』(2009), 『러시아 현대희곡: 사랑』(2008), 『러시아 현대희곡: 그와 그녀』(2010), 『차고 넘치는 시간』(2010), 『스타니슬랍스키 배우교육 I』(2012), 『스타니슬랍스키 배우교육 II』(2015), 『무대 에튜드』(2014), 『배우 예술: 자신(自身)으로 행동 하는 자연인』(2017)

연기워크숍: 〈연희단거리패 연기워크숍〉(1998, 2000), 〈국립극단 연기워크숍〉(2002, 2003), 〈한국 예술위원회 연기워크숍〉(2009), 〈명동예술극장 연기워크숍〉(2010), 〈서울시립극단 연기워크 숍〉(2011), 〈한국연기예술학회 연기워크숍〉(2013), 〈부산영상위원회 연기워크숍〉(2013)

연출: 〈우리 마을(음악극)〉(2006), 〈침묵〉(2007), 〈바냐삼촌〉(2004, 2008), 〈체홉.손수건.com〉(2009), 〈예쁘고 외로운 여자와 밤을〉(2010, 2011), 〈열여덟 번째 낙타〉(2008, 2012), 〈사랑언저리(살 롱음악극)〉(2013), 〈검찰관〉(2014), 〈성스러운 게임(라이겐)〉(2015), 〈어느 가을 배우의 일상 1, 2〉(2016, 2017), 〈버스정류장〉(2017)

배우 예술 자신(自身)으로 행동하는 자연인

초판 3쇄 발행일 2021년 2월 24일
박상하 지음

발행인 이성모
발행처 도서출판 동인
주 소 서울시 종로구 혜화로3길 5 118호
등 록 제1-1599호
TEL (02) 765-7145 / FAX (02) 765-7165
E-mail dongin60@chol.com
ISBN 978-89-5506-774-3
정 가 18,000원

※ 잘못 만들어진 책은 바꿔 드립니다.

배우 예술

자신[自身]으로 행동하는 자연인

박상하 지음

도서출판 동인

서문

―――――

배우는 자연인(自然人)이다!

대학교 1학년 때 그룹사운드 보컬로 활동하며 전국 대학 락페스티벌에서 금상을 수상한 적이 있다. 그리고 난 후에 학교 인근 지하실을 빌려 맹렬하게 노래연습을 계속하며 어렴풋하게나마 가수의 꿈을 키웠다. 그렇게 노래연습을 하던 어느 날 '노래를 평생 직업으로 선택할 수 있을까?'라는 생각을 했다.

나는 잠시 노래연습을 쉬고 2학년 여름방학 때 학교 연극공연에 배우로 참여하게 되었다. 그런데 공연이 끝난 가을 나도 모르게 극장 주변을 서성이고 있는 자신을 발견했을 때 더 이상 미래에 대한 막연한 생각은 들지 않는 듯했다. 왜냐하면 그해 겨울 나는 인문대학 건물 내에 있는 허름한 연습실에서 또 다른 공연연습에 참여하고 있었기 때문이다. 그렇게 80년대 초반 나의 대학시절은 연극동아리에서 무식하리만치 열정적인 시간으로 채워졌다.

80년대 중반, 나는 대학원 입학을 하여 군 입대도 미룬 채 본격적으로 기성극단에 들어가 연극작업을 치열하게 하기 시작했다. 그때 처음으로 이런 생각이 들었다.

연기는 어떻게 해야 하나?

대학생활의 대부분을 연극동아리에서 보냈고, 그리고 난 후 기성 극단에서 배우, 스태프 그리고 연출가로 작업을 하면서도 이 근본적인 자문自問은 여전히 한편에 남아 있었다.

그리하여 80년대 후반에 나는 군대를 제대하고서 유학을 생각하게 되었고, 도서관에 틀어 박혀 TOEFL과 GRE(당시 미국 대학원을 가기 위한 영어시험) 준비를 했다. 1년 정도 시험 준비를 하고 나서 미국의 몇 군데 연극대학으로부터 입학을 허락 받았으나 갑작스러운 학비 상승 통보로 말미암아 유학을 포기해야만 했던 아스라한 기억이 난다.

나는 유학을 잠시 접고 과외와 아르바이트를 하며 연극공연과 연극서적을 닥치는 대로 보기 시작했다. 그때 잊고 있었던 '스타니슬랍스키'를 떠올리게 되었고, 아내와 6개월 뒤에 모스크바에서 만나기로 하고는 조금의 망설임도 없이 그의 나라 러시아로 향했다.

90년대 초 당시 소련은 사회주의가 붕괴되는 시기였다. 정치, 사회, 경제 등은 혼란으로 뒤죽박죽이었지만 예술은 전혀 그렇지 않았다. 많은 러시아 예술가들이 서유럽과 미국으로 망명했음에도 불구하고 러시아의 예술 층은 여전히 두꺼웠다.

나는 박탄고프의 제자 슈킨의 이름으로 설립된 〈슈킨 연극대학교〉에 실기석사로 입학하여 '연기는 어떻게 해야 하나?'라는 물음에 대한 답을 찾고자 했다. 〈슈킨 연극대학교〉에서의 연기수업은 이 물음을 단박에 해결시켜 주었다. 그때의 소름끼치는 희열은 아직까지 남아 있다. 이후에 나는 〈기티스 예술아카데미〉로 옮겨 연출수업을 들으며 예술학 박사학위를 취득했다.

90년대 후반, 귀국하여 학교에서 연기교육자로서 학생배우들을 가르침과 동시에 현장에서 연출가로서 배우들과 작업을 하면서 그동안 모스크바에서 수학했던 보따리를 하나씩 풀어 놓기 시작했다. 하지만 그 당시 나의 말이나 제스처, 행동 등은 온전히 내 것이 아닌 위대한 연극 선배들의 것이란 걸 인식하게 되었고, 그것이 내 것이라고 어렴풋이 확신했을 때는 또 몇 년이 흐른 뒤였다.

그 시절, 나는 이런 물음을 스스로에게 던지며 답을 찾고자 했다.

연기는 배울 수 있나? 연기는 가르칠 수 있나?

말장난을 해보자면, 연기는 연기演技하려고 하면 연기煙氣가 되어 날아가 버린다. 演技하려고 하지 않고 煙氣가 되지 않게 하려면 어떻게 해야 할까?

연기를 하는 사람을 배우라고 한다. 그렇지만 그는 배우 이전에 자연인이다. 자연인인 그가 하는 어떤 행위나 말은 언제, 어디에서나 연기가 되는가? 그렇지 않다. 그렇다면 자연인이 어떤 곳에서 하는 행위나 말이 연기인데, 그 어떤 곳이 바로 무대이며 카메라이다. 이때 그는 비로소 자연인에서 배우가 되는 것이다. 따라서 무대나 카메라에서 하는 어떤 행위나 말이 연기이며, 그 곳에서 연기를 하는 사람을 배우라고 부른다.

한편 무대나 카메라에서 배우의 행위에 지대한 영향을 주는 사람이 있는데 바로 관객이다. 그런데 관객은 배우로 하여금 함정에 빠지게 만들기도 한다. 왜냐하면 자연인인 배우는 무대나 카메라에 서면 누군가가 항상 자신을 보고 있다고 생각하기에 쓸데없는 감정을 드러내거나 보여주기 식의 연기를 하려고하기 때문이다. 이때 연기는 '~인척'이 되거나 '표현'하기에 급급하게 된다. 그렇다면 관객이 없다고 생각하면 이러한 함정에 빠지지 않을까? 단언컨대, 관객이 없으면 배우는 있으나 마나다. 관객이 있기에 배우는 있는 것이다. 그러므로 둘은 불가분의 관계이며 공생관계이다.

과거의 연극 선배들은 관객석을 '제 4의 벽'이라고 말한다. 그러나 관객석은 '제 4의'는 맞을지 몰라도 '벽'은 아니다. 관객석은 오히려 '상대배우'여야 한다. 이 말은 '벽'은 교류의 대상이 아니지만, '상대배우'는 교류의 대상이라는 의미이다. 그렇지만 관객은 능동적이라기보다는 수동적인 면이 강한 '상대배우'이기에 무대의 배우에 의해 반응하는 존재자로 생각하는 것이 편하다. 그래서 관객은 배우의, 배우에 의한, 배우를 위한 존재자이다. 물론 관객의 '반응'이라는 측면을 배우의 주된 일이라고 여기면 심각한 문제에 봉착하지만 말이다. 이 말은 무대에서 배우가 해야 할 일이 무엇보다도 우선시되어야 함을 절대 전제로 한다.

　　아무튼, 극장에서 능동적인 사람은 관객이 아니라 배우임에 틀림없다. 그렇다면 극장에서 무엇보다도 중요한 사람은 관객이 아니라 두말할 필요 없이 배우이다. 그러기에 배우가 무대에서 무엇을, 어떻게 하느냐가 중요한 것이며, 그에 따라 관객과의 교류는 시작된다는 사실을 명심해야 한다.

　　다시 조금 전의 이야기로 되돌아 가보자. 연기는 '자연인인 배우가 어떤 곳에서 하는 행위나 말'인데, 그 어떤 곳은 무대나 카메라이다. 카메라에 대해서는 다른 지면이 허용한다면 언급하기로 하고, 무대는 어떤 곳인가?

　　무대는 허구의 공간이다. 달리 말하자면 이곳은 방이 될 수도 있고, 공원이 될 수도 있고, 버스정류소가 될 수도 있고, 창고가 될 수도 있고, 사막이 될 수도 있고, 혹은 어떤 공상의 공간이 될 수도 있다는 의미이다. 즉 무대는 실재가 아닌 공간이자 세계인 것이다. 실제의 공간이 아니기에 그 속에서의 모든 행위나 말은 허구이다. 배우에게 있어서 이것은 분명 딜레마일 것이다.

　　한걸음 더 나아가 무대의 공간뿐만 아니라 무대의 시간, 상황, 소품, 소도구, 대도구, 의상 등은 물론 역할 또한 허구이다. 역할이 허구라고 말하는 이유는 '햄릿'이 결코 '배우 자신'일 수 없다는 의미이다. 결국 무대 위의 모든 것은 가짜인 셈이다. 그래서 나는 '무대적 공간', '무대적 시간', '무대적 상황', '무대적 사건', '무대적 목표', '무대적 인물' 등과 같이 '무대적'이라고 덧붙인다. 이때 '무대적'이란 실제나 현실이 아니라는 의미이며, 가상이나 허구와 동의어이다. 그렇다면 이러한 허구의 덩어리 속의 배우에게는 무엇이 필요 할까? 확신컨대, 그것은 허구 속에서 '있기being' 위한 기술art, 技術이어야 한다.

허구덩어리에서 '있기' 위한 배우의 기술은 진정 '무엇(방법)'일까? 허구의 공간에서 '있기' 위한 '무엇'만 찾을 수 있다면 '어떻게(양태)'는 자연스럽게 해결될 것이다. 그러나 이 '무엇'은 배우를 허구의 세계에서 실재, 존재하도록 하는 장치이며 도구여야 한다. 만일 이 장치나 도구를 습득하거나 터득할 수 있다면 연기는 배울 수 있고, 가르칠 가능성이 있을 지도 모른다.

두 가지 답변이 가능하다. 하나는 배우가 무대 위의 모든 것을 가짜로 인정하고 관객과 그렇게 소통하는 것으로써의 방법이고, 또 다른 하나는 배우가 무대 위의 모든 것이 가짜인 것을 알고 있지만(관객도 이미 이것을 알고 있다), 진짜인 것처럼 '믿고', '행行'하며 관객과 소통하는 것으로써의 방법이다.

첫 번째 기술은 배우에게 있어서 아마 놀이나 축제로써의 방법이 될 가능성이 농후하다. 이때 관객은 더 이상 배우의 일에 수수방관하는 이방인이 아니라 배우와 마찬가지로 무대의 참여자, 행위자가 된다. 그러할 때 배우는 무대에서 일상처럼 놀면 된다. 그렇지만 허구의 무대에서 어떤 짓거리를 누군가가 보고 있다면 '논다'는 것이 그리 쉽지는 않으며, 어쩌면 이것은 최상의 어려운 과제이자 배우가 꿈꾸는 이상적 기술일지도 모른다. 그럼에도 불구하고 이 기술은 무대 위의 배우가 허구의 무대에서 무엇을 할 수 있는 방법임엔 틀림없다.

두 번째 기술은 조금 복잡한 과정을 전제로 내세우지 않으면 안 된다. 그것은 무대의 행위자가 무대 위의 모든 것이 가짜이지만 진짜인 것처럼 '믿는다'는 것이 무엇인지 해결해야 하고, 그러고 난 후 '행한다'는 것이 무엇인지 해결되어야만하기 때문이다.

우선 무대 위의 모든 것은 가짜인데, 진짜인 것처럼 '믿는다'는 것은 무엇이며 어떻게 가능할까? 예를 들어보자.

나는 사막에 있다.
목이 마르다.
물을 마시고 싶다.
오아시스를 찾는다.

여기에서 무대는 무대일 뿐 사막은 아니며, 그러기에 배우가 목이 마를 리도 없을 것이다. 또한 배우는 실제로 물을 마시고 싶지도 않을 것이며, 더구나 오아시스를 무대에서 찾는 것은 있을 수도 없는 일이다. 이때 배우는 직접 경험이 아니라 간접 경험을 필요로 한다. 간접 경험은 배우로 하여금 보물 같은 무대적 상상력을 건드려 신기하고 멋진 세계로 그를 인도한다.

그리하여 첫 번째 문장이 '만약에'의 세계에서 해결되고, 두 번째 문장과 세 번째 문장이 자연스럽게 몸으로 와 닿아 네 번째 문장으로 인도된다. 결국 네 번째 문장인 행위로부터 물을 마시고 싶은 이유와 공간도 동시에 보여 지게 되는 셈이다. 그렇다면 네 번째 문장인 행위의 질과 강도, 템포와 리듬에 따라 행위자의 공간과 상황, 원함 등이 한꺼번에 해결되는 것을 알 수 있다. 이때 가상의 무대적 상황으로부터 태동하는 행위, 즉 '오아시스를 찾다'를 우리는 '무대적 행동(행위)'이라고 부른다.

결론적으로 말하자면, 허구의 무대에서 '믿는다'는 것은 배우의 직접 또는 간접 경험에 의한 상상으로부터 시작하여 배우의 행동(행위)으로 귀결되는 일련의 과정이라고 할 수 있다.

이제 '행한다'라는 것은 무엇일까? 그것은 위의 예에서 '(오아시스를) 찾다'처럼 가짜의 무대에서 '행동(행위)'을 의미한다. 이것은 비록 허구의 무대이지만 현실에 대한 모방행위로써 그곳에서 구체적으로 무언가를 '하는 것doing'이다. 하지만 허구의 무대에서 '행동하는 것acting'은 우선 배우 자신의 몸을 이해하고 알아야만 가능하다. 이것은 무대에서 배우가 '행衍'할 수 있는 전제조건이다.

일상의 몸과 무대의 몸은 다르다. 무대는 가짜이기에 여기에 적합한 몸을 필요로 한다. 그래서 배우는 무대적 몸을 소유하기 위해 자신의 신체기관인 눈, 코, 입, 귀, 손과 발 그리고 이것을 통합한 감각을 새롭게 인지하고 단련해야만 한다. 만일 허구의 무대에서 자신의 신체기관을 정확하고 구체적으로 작동시켜 행할 수 있도록 만든다면 일상의 몸은 무대의 몸으로 바뀌게 될 것이다.

그러므로 무대라는 특별한 공간에서 자신의 신체기관을 정확히 작동시켜 '행동(행위)'이라는 도구를 습득하고 터득한다면, 이것은 더 이상 '~인척'하는 것이 아니라 '연기'가 될 가능성이 크다고 할 수 있다. 그렇다면 이 '행동(행위)'이야말로 연기를 배우거나 가르칠 수 있는 '무엇(방법)'에 적합한 도구라고 할 수 있을지 모른다. 그래서 나는 배우를 '허구의 무대에서 행동(행위)하는 사람'이라고 말한다.

그렇지만 해결해야 할 또 다른 문제가 하나 더 있다. 그것은 앞서 언급한 '무대적 인물', 즉 '역할'에 대한 것이다. 자연인인 배우는 무대에서 다른 사람으로 행동하는 사람이며, 다른 사람으로서의 행위가 곧 연기이다. 이때 '다른 사람'이 바로 역할이다.

역할은 무엇인가? 이미 언급한 것처럼 배우는 역할(인물) 이전에 자신으로서의 자연인이다. 이 말은 배우가 역할로서의 인물 이전에 일상인이라는 의미이다. 그런데 무대라는 허구의 세계에서만 이 자연인은 배우가 된다. 자연인으로서의 '자신'과 배우로서의 '역할'을 이분법으로 분리할 수 있을까? 결단코 그럴수 없다. 배우 자신과 역할은 동전의 양면과 같은 동체이기에 이 둘은 따로 떼어서는 아무것도 할 수 없다. 그런데 이 둘 중 정작 중요한 것은 무엇일까? 예를 들어 '햄릿'과 '나' 중에서 무엇이 더 중요할까? 말할 필요도 없이 '나'가 중요하다. 왜냐하면 배우 자신이 없는 '햄릿'은 있을 수 없기 때문이다.

'햄릿'은 작가가 제시한 사람이기에 허구의 인물이다. 그러므로 작가가 창조한 '햄릿'이라는 인물은 배우 자신이 어떻게 행위 하느냐에 달려있다고 할 수 있다. 즉 배우 자신이 추상적인 '햄릿'을 이해하고 공감하여 '햄릿'이라는 인물의 구체적인 행동을 찾아 실행해야 한다. 이처럼 인물은 내가 아닌 다른 사람, 역할이며 작가가 제시한 지면상의 인물이므로 배우 자신에 의해 탄생되는 허구의 사람인 것이다.

그렇다면 이제 자신이 아닌 다른 사람으로의 변신(형)은 어떻게 가능할지 생각해봐야 한다. 또 다른 '무엇'이 필요한데, 여기에서도 '무엇'이라는 도구를 찾는다면 '어떻게'는 해결 가능할 것이다. 예를 들어보자.

'옐레나'로의 변신은 우선 A. 체홉의 희곡에 의지해야 한다. 체홉은 '옐레나'라는 인물에 대해 약간의 친절을 베풀고 있다. 그래서 작가로부터 우리는 그 여자에 대한 약간의 정보를 가지고 변신에 도움을 얻어 인물형상화를 시작할 수 있다. 하지만 그것만으로는 턱없이 부족하다. 배우 자신의 눈으로 직접 보고 듣고 느낄 수 있는 것이 필요하다. 그러므로 '옐레나'임직한 인물의 외형, 태도, 자세, 걸음걸이, 행동거지, 소리, 매너 등의 행위를 연상, 상상하여 변신에 도움이 되는 실제 인물을 관찰할 필요가 있다.

이때 관찰을 통하여 몸을 바꾼다는 것은 '옐레나'라는 여자의 정신세계로 다가가고자 하는 헛된 노력보다 훨씬 경제적이고 효율적이며 합리적일 수 있다. 물론 인물로 다가가기 위한 이성적인 노력과 의지가 전적으로 제외될 순 없다. 그것은 인물의 역사와 시대, 관계, 세계관 등에 대한 이성적인 분석에 의지하기 때문이다.

관찰을 통한 몸의 변형은 구체적이며 실제적이다. 그것은 정서에 기대지 않고 행동에 의거하기 때문이다. 그리하여 작가가 제시한 인물에 대한 최소한의 친절과 배려를 기반으로 그 여자임직한 사람의 행동을 관찰하고 모방하여 자신의 몸에 붙여 행동으로 옮겨낼 수만 있다면, 인물로의 변신은 존재하지도 않는 지면상의 인물을 구체적으로 형상화시킬 수 있는 거의 유일무이한 방법이 될 것이다. 아울러 이것은 배우-창조자로 하여금 또 다른 세계로의 환희를 체험하게끔 한다.

한편 관찰은 사람에 국한할 필요는 없다. '옐레나'로의 몸바꿈에 대해 동물, 사물 또한 훌륭한 재료가 된다. 동물과 사물에 대한 관찰은 배우로 하여금 상상력의 극대화를 요구하는데, 만일 이러한 상상력을 구체적으로 실제화 할 수 있다면 어마어마한 가치가 있는 일일 것이다.

이처럼 관찰을 통한 몸바꿈은 인물, 즉 역할로 접근하는 첫 단추이다. 하지만 이후의 역할작업은 또 다른 복잡한 과정을 거쳐야만 한다. 그러나 역할로의 첫 단추가 잘 끼워지기만 한다면 이후의 복잡한 과정은 충분히 헤치고 나갈 수 있을 것이다.

이제 나는 '연기는 배울 수 있나? 연기는 가르칠 수 있나?'에 대한 물음에 이렇게 답하고자 한다.

> 허구의 무대에서 배우 자신으로서 믿고 행한 역할의 행동(행위)을
> 실행하도록 만드는 어떤 방법이 있다면, 그렇다.

'배우라는 사람에게는 이성이 필요치 않다'라고 말하는 사람이 많다. 나는 전적으로 이 말에 동의하지 않는다. 이 말은 나에게 있어서 '무대에서 배우는 생각하지 마라'는 말과 동일하게 느껴지기 때문이다. 아울러 이 말은 모호한 '끼'나 추상적인 '감정'만을 고집하는 것과 별반 차이가 없기 때문이다.

나는 배우라는 자연인이 무대에서 다른 사람으로 살아가기 위해서는 과학적이고 체계적인 방법이 반드시 필요하다고 생각한다. 그것은 추상적이고 모호한 어떤 것이 아니라 구체적인 기술技術이어야 한다. 배우는 구체적이지 않으면 허구의 무대에서 쓸데없는 감정이나 표현에 몰두하기 때문에 구체성으로부터 벗어난 모든 것은 소비이며 과잉이다. 이때 가장 중요한 것은 자연인인 배우 자신이어야 한다.

극단 초입 시절, '연기는 어떻게 해야 하나?'라는 물음에 나는 마침내 최종 결론을 내린다.

연기는 배우 자신이 이해한 인물의 행동(행위) 찾기와 실행이다.

지금에 이르러서야 '나의 연기방법론은 무엇일까?'하고 자문해 본다. 나는 감히 그것을 '자연自然'이라고 말하고 싶다. 자연은 있는 그대로이며, 그 본성이고, 그 자체이다. 나는 배우라는 자연인을 더도 덜도 아닌 인간 그 자체로 보고 싶다. 그렇다면 자연인인 그가 무대라는 허구 속에서 존재하기 위한 어떤 것을 획득하는 데는 무엇이 필요하며, 어떻게 해야 할까? 나의 연기론은 이 물음으로부터 출발하고 있다.

본서의 목적은 '연기란 감정이나 정서에 의한 어떤 짓'이라고 여기는 오류로부터 탈피하고자 시작되었다. 즉 연기는 추상적인 '끼'나 모호한 '감정'으로 출발해야 한다는 편견과 오해를 불식시키고자 하는 것이다. 결론부터 얘기하자면, 본서는 무대에서 행동하는 사람, 그것은 허구의 무대에서 배우의 행동기술을 터득하기 위한 구체적인 방법서이고자 한다. 그리하여 이 책은 연기교육의 필요성과 연기에 대한 체계적이고 과학적인 방법론에 대한 실기서임을 고집하는 것과 다름없다. 결국 본서는 연기가 '감정의 드러냄'이나 '표현'이라는 생각을 지양함과 동시에 그것으로의 지향 또한 제거하기 위한 목적을 가진 실기서가 되고자 하는 것이다.

러시아의 위대한 연기교육자이자 연출가인 스타니슬랍스키와 박탄고프는 이 책의 튼튼한 버팀목이 되었다. 나는 이러한 연극선배로부터 출발하여 나의 작업을 시작했음을 부인하지 않는다. 오히려 그들을 뛰어 넘지 못함을 안타까워 할 뿐이다. 그렇지만 그들조차 과거와 동시대의 연극 선배들로부터 영향을 받았다는 사실에 위안을 삼으려고 한다. 정작 중요한 것은, 연극예술 선배, 동료, 후배들의 업적과 관련 있는 그 어떤 것이 이 시대 나의 문젯거리로 인식되어 또 다른 자신의 해결책으로 귀착되느냐 하는 것 일게다.

나는 본서를 『배우 예술: 자신自身으로 행동하는 자연인』과 『배우 예술: 역할 役割로 행동하는 자연인』, 두 권으로 집필하고자 한다. 『배우 예술: 자신으로 행동하는 자연인』은 허구의 무대에서 '자연인 - 배우 자신의 행동'을 찾고 실행하는 이야기가 될 것이고, 『배우 예술: 역할로 행동하는 자연인』은 배우 자신이 이해하고 공감하는 '인물의 행동'을 찾고 실행하는 이야기일 것이다.

좀 더 구체적으로 말하자면, 『배우 예술: 자신으로 행동하는 자연인』은 무대라는 허구의 공간에서 허구의 상황을 통해 진실한 자신을 찾아가는 여정이며, 그것은 다음과 같은 내용으로 이루어져 있다.

1. 허구의 무대에 적응하기 위하여 배우 자신도 모르는 사이에 무대에서 무언가를 구체적으로 생각하고 행하는 것 - 이것은 일상의 몸에서 무대의 몸으로의 전환이다.
2. 배우 자신의 의지에 따라 실제의 사물을 허구의 사물로 다루어 행하는 것 - 이것은 의식意識을 통해 없는 사물을 다루는 자신의 행동이다.
3. 배우 자신이 제시한 상황에서 행하는 것 - 이것은 제시된 상황에서 자신의 행동모색과 실행이다.

4. 상대배우와 제시된 상황에서 교류하는 것 — 이것은 제시된 상황에서 상대배우와의 상호행동이다.

위의 내용에서 보듯 『배우 예술: 자신으로 행동하는 자연인』는 우선 무대적 몸만들기를 전제로 사물, 상황, 나아가 상대배우라는 대상과의 소통으로 나아간다. 그것은 결국 배우 자신의 몸 행동으로 드러난다. 이 여정은 허구의 무대에서 진실한 자신을 찾아가는 행동철학이기도 하다. 이때 에튜드etude는 가장 중요한 교육도구이다.

그리고 『배우 예술: 역할로 행동하는 자연인』은 배우 자신이 다른 사람, 즉 역할로 들어가기 위해서는 '무엇이 필요하며, 어떻게 할 것인가?'에 대한 방법서이다. 그것은 다음과 같은 내용으로 되어 있다.

1. 다른 사람으로의 변신을 위하여 관찰을 통해 자신의 몸을 바꾸어 행동하는 것 — 이것은 관찰을 통하여 자신의 몸 바꾸기를 전제로 한 행동실행이다.
2. 문학작품(소설)에 등장하는 인물의 형상화를 모색하고 상대배우와 상호 행동하는 것 — 이것은 문학작품 내에 등장하는 인물의 형상화작업과 이를 기반으로 한 교류 작업이다.
3. 희곡의 장면scene을 통해 역할로서 상대배우와 상호 행동하는 것 — 이것은 희곡 내에 등장하는 인물로써의 상호 행동이며 삶 구축이다.
4. 공연을 위해 극장으로 이동하여 역할로서 사는 것 — 이것은 극장에서 역할로서의 삶을 살아가는 것이다.

위의 내용에서 보듯 『배우 예술: 역할로 행동하는 자연인』은 관찰을 통한 몸 바꾸기를 전제로 문학작품(소설)과 희곡 속의 인물을 창조하여 역할로써의 삶을 구축하는 것으로 나아간다. 그러므로 이것은 배우 자신이 텍스트의 인물을 창조하는 데 있어서 구체적이며 체계적인 실기서임과 동시에 역할작업에 대한 이론서가 아니라 실제적인 방법서라고 할 수 있다.

　이러한 연기교육과 훈련의 출발점으로 '배우는 자연인이다!'라는 명제는 전 단계에 걸쳐 녹녹히 스며 있다. 따라서 한 사람의 자연인이 배우로 거듭나기 위해서는 '무엇이 필요하며, 어떻게 가능한가?'에 대한 구체적이고 실제적인 기술과 방법이야말로 『배우 예술: 자신으로 행동하는 자연인』과 『배우 예술: 역할로 행동하는 자연인』의 집필 목적이라고 할 수 있다.

　나는 연기에 대한 나의 이야기를 어떤 형식으로 써야 할 지 많은 시간을 두고 고민하였다. 그것은 책이란 쉽게 읽히면서도 음미할 수 있는 글이 되어야 한다는 필자의 오랜 고집이 한몫했기 때문이다. 그런데 국내외 연기와 연극서적을 뒤적이며 장고長考를 거듭했지만, 결국 스타니슬랍스키가 결론을 내린 것처럼 이야기 형식으로 써야겠다고 결정하게 되었다. 글의 형식을 두고 이것저것을 생각하다가 다시 처음으로 되돌아 온 꼴이 되어버렸다. 글쓰기 형식조차도 위대한 연극선배를 뛰어 넘지 못하는 무능함을 절실하게 느끼면서 다시 한 번 그에 대한 감탄과 더불어 자신의 재능 없음만 확인한 셈이 되었다. 그럼에도 불구하고 나의 삶의 경험, 나의 연극 작업의 경험으로부터 가장 나다운 글을 써야한다는 생각에 이르렀지만, 알량한 자존심만 덩그러니 남아 있는 듯하다.

　앞서 언급한 것처럼, 연기에 대한 나의 이야기는 많은 연극 선배들로부터 귀동냥 눈동냥 등으로 이루어져 있다. 아리스토텔레스, 플라톤, 디드로, 스타니슬랍스키, 네미로비치-단첸코, 술레르쥐츠키, 브레히트, 메이에르홀트, 박탄고프, 미하일 체홉, 그로토프스키, 스트라스버그, 자크 르꼭, 피터 브룩, 바르바 등이 그들이다. 특히 필자가 일방적으로 연극적 스승이자 선배이며 동지라고 자처하고 있는 스타니슬랍스키와 박탄고프에게 머리 숙여 경의를 표한다. 아울러 필자의 연극작업에 있어서 인간적 은사이신 유리 미하일로비치 압살로프께도 항상 깊이 감사드린다. 이 지면을 빌어 다시 한 번 그분 연극선배들께 머리를 조아린다.

본서는 필자의 연기교육자, 연출가로서의 오랜 시간을 투자한 성과물이다. 하지만 우물 안에서 하늘을 바라보며 쓴 연기서일 지 모른다. 해서보다 넓고 깊은 연기의 세계로 인도해줄 후배들을 기다린다.

이제 연기교육자이자 연출가로서 필자의 차후 계획은 연출에 관한 좋은 책을 선별하여 번역하는 것이다. 그리고 난 후, 학교와 현장에서의 경험과 체득을 통해 획득한 연출기술에 대하여 필자만의 책을 쓰고자 한다.

끝으로 본서가 나오기까지 언제나 묵묵히 자극을 준 아내와 인서, 어려운 출판사 사정에도 불구하고 무한한 신뢰를 보내주신 이성모 대표님, 그리고 지극히 컴맹인 필자를 위해 방학 때마다 원고 수정을 도와줬던 제자들-신혜, 민주, 주연, 예원, 유진, 소이, (최)지현, 민정, 규현, 재은, (한)지현, 선영, 정인, 민지, (김)유진, 지수-에게 감사의 말씀을 드린다.

2017년 봄
돌곶이에서

차례

배우俳優, actor, 누구이며 무엇을 하는 사람인가?

첫 연기수업이 시작되면 학생들의 눈은 이미 어떠한 것도 흡수할 준비가 되어 있다. 이 순간 학생배우들은 모든 예술의 문턱을 과감히 넘을 의지로 충만해 있다.

연기교육자가 연기실습실로 들어오면 학생들은 똘망똘망한 눈망울로 그를 주시한다. 연기교육자는 학생들을 한 명 한 명 바라보며 만면에 미소를 가득 담고 있다. 잠시 후 그가 천천히 말문을 연다.

"배우는 누구이며, 무엇을 하는 사람이죠?"

"···"

한 남학생이 침묵을 깬다.

"연기를 하는 사람입니다!"

동료들이 소리 내어 웃는다.

"오케이! 그럼, 배우는 어디에서 연기를 합니까?"

이번에는 어떤 여학생이 손을 든다.

"무대입니다!"

옆에 있던 다른 여학생도 거든다.

"카메라도 있습니다!"

"동의합니다! 그런데 카메라는 아마 이 세상에서 가장 작은 무대이면서도 가장 넓은 무대일 겁니다. 왜냐하면 작은 카메라이지만 그 속에는 어떤 공간이든 담을 수 있기 때문이죠. 카메라에 대해서는 다음 기회에 좀 더 구체적으로 이야기하도록 하고, 무대는 어떤 곳입니까?"

교육자가 재차 질문을 던지자 학생들은 낮은 소리로 웅성거리기 시작한다. 그때 뒤쪽에 앉아 있던 학생이 조금 큰 소리로 외친다.

"무대는 가짜의 공간이라고 생각합니다."

"조금 더 구체적으로 말해보세요!"

교육자가 그 학생에게 빠르게 되묻는다.

"예를 들면. . . 무대 위에 제작된 방이나 거실은 실제의 방이나 거실이 아니라는 것입니다."

연기교육자가 고개를 끄덕인다.

"동의합니다! 그렇다면 배우는 이러한 가짜의, 허구의 공간에서 비사실적인 인물로서 살아야 하는 사람이겠죠. 하지만 분명한 사실은, 그가 이 가짜의 공간만 벗어나면 지극히 일상적인 인간으로 돌아간다는 사실입니다. 예를 들면, 어떤 사람이 회사로 출근하면 회사원으로서의 역할을 하지만 회사를 벗어나면 그는 다시 한 사람의 자연인으로 복귀하는 것과 같아요. 배우 또한 그러합니다. 그는 무대에서는 연기자이지만 무대를 벗어나면 지극히 한 사람의 자연인으로 되돌아갑니다. 그러므로 배우 또한 자연인임과 동시에 역할로서의 인물이라고 말할 수 있겠죠. 이것을 달리 말하자면, 배우는 일상적이면서도 비일상적인 인간이라고 말할 수 있습니다.

한자로 배俳는 '사람人 + 아니다非'의 복합어입니다. 이 말은 배우가 '사람이 아니다'라기보다는 사람인 동시에 사람이 아님을 의미한다고 할 수 있어요. 이때 사람이라는 말은 자연인, 일상인, 보통인 이라는 뜻이고, 사람이 아니라는 말은 무대라는 특수한 공간에서 사람과 사람을 넘나드는 초월적인 존재 또는 비정형적인 생물임을 암시합니다.

한편 영어로 배우는 'act(행동하다) + or(사람)'이라고 적고 있습니다. 이 말은 그가 무대라는 허구의 공간에서 불특정 다수인 관객에게 자신의 상황과 목표를 가지고 행동하는 사람으로 드러나야 한다는 의미입니다."

교육자는 잠시 말을 멈추고 학생들을 넌지시 바라본다. 그러더니 학생들에게 다시 질문을 툭 던진다.

"배우는 창조자일까요?"

"네! 그렇습니다!"

키 큰 여학생이 즉각 씩씩하게 답변한다.

"이유는요?"

"···"

그녀가 침묵하자 교육자는 다른 학생들에게 시선을 돌린다.

"···"

다른 학생들도 머뭇거리자 교육자는 천천히 말문을 연다.

"본디 창조란 본질적으로 인간의 일과는 무관합니다. 왜냐하면 창조는 무無에서 유有를 낳는다는 의미를 내포하고 있기에 조물주의 영역이라고 할 수 있죠."

교육자는 학생들을 한 번 스윽 쳐다보고는 자신의 말을 계속 이어간다.

"그렇지만 배우는 창조자라고 말합니다. 그 이유는 그가 완전히 무에서 유를 만드는 것은 아니지만 종이에 누워 있는 사람, 즉 작가가 창조한 인물을 일으켜서 걷게 만들고, 담배를 피게 하고, 말하게끔 하는 일이기 때문일 겁니다. 그러므로 배우의 일을 창조 작업이라고 부르는 것이겠죠.

예를 들어볼까요? '햄릿'은 셰익스피어가 창조한 종이 위의 사람입니다. 이것을 배우라는 사람이 무대에서 행동하는 '햄릿'으로 창조합니다. 그렇다면 배우는 정말 특별한 존재라고 할 수 있겠죠?"

학생들은 고개를 크게 끄덕거린다.

"이러한 특별한 존재인 배우는 정신과 신체로 이루어진 유기체입니다. 물론 정신은 신체에 포함되어 있습니다. 그런데 정신은 어디에 있을까요? 정신이라는 것은 너무나도 추상적이고 막연하기 그지없습니다. 그렇지만 어디에, 어떤 형태로 있기는 할 것입니다. 성인聖人이나 위대한 철학자는 이것을 알기 위해 자신을 부단히 정진하여 그 본질을 본 듯합니다. 그러나 우리는 그들로부터 도움을 받아 이것을 이성적으로 이해는 하지만 구체적으로 인식하질 못합니다. 따라서 무대에서 구체적이면 구체적일수록 좋은 배우에게 있어서 정신을 찾는다는 것은 힘든 여정만 선사할 뿐입니다.

이처럼 정신세계로의 탐구는 모호하고 뜬 구름을 잡는 것과 같은 것이라고 할 수 있어요. 그렇다면 차라리 이것을 직접적으로 건드리지 않는 것이 좋을지도 몰라요. 이것을 자칫 잘못 건드리면 다이너마이트처럼 폭발하기 쉽고, 엉뚱한 곳에서 제멋대로 놀고 있을 가능성이 농후하며, 그렇지 않으면 아예 꼭꼭 숨어서 나올 생각도 안하기 때문이죠. 뿐만 아니라 이것은 배우를 감정이라는 헛된 세계로 인도하여 허구의 무대가 마치 실제의 무대로 둔갑하거나 무대와 실제를 구분하지 못하게 만들기도 합니다. 분명한 것은, 무대는 현실이나 실제가 아니라 허구이며 일루젼이라는 것입니다.

피아니스트는 피아노를 치며 자신의 정신을 드러냅니다. 화가는 화선지에 붓으로 색을 입히며 자신의 정신세계를 전달합니다. 하지만 배우는 몸을 사용하여 자신의 정신을 말하거나 구현하는 사람이죠. 따라서 배우는 자신의 몸을 사용하여 자신의 정신세계를 관객에게 전달하는 사람입니다.

피아니스트의 피아노나 화가의 붓처럼 배우의 몸은 구체적입니다. 그렇다면 추상적인 정신보다는 구체적인 몸을 직접적으로 건드리고 다루는 것이 훨씬 낫습니다. 아울러 그것은 편리하고, 용이하고, 빠른 방법일 것입니다. 내 말에 따라오고 있나요?"

"네!"

학생들이 큰 소리로 합창하듯 외치자 교육자는 빙그레 웃는다.

"조금 쉬었다가 할까요?"

학생들은 연기실습실이 떠나갈 듯 소리친다. 잠시 후에 연기교육자가 다시 연기실습실로 들어오면 학생들은 그에게 좀 더 주의를 기울인다.

"계속 해볼까요? 우리의 신체는 어떤 감각기관들로 이루어져 있나요?"

"시각, 청각, 후각, 미각, 촉각이요."

제법 똘똘해 보이는 남학생이 손을 들어 자신 있게 소리친다.

"또 하나의 감각이 있는데. . ."

교육자의 말이 채 끝나기도 전에 이번에는 머리카락이 긴 여학생이 큰 소리로 외친다.

"느낌, feeling이요!"

"오케이! 우리의 몸은 다섯 가지의 구체적인 감각으로 이루어져 있죠. 남학생이 말한 것처럼 시각, 청각, 후각, 미각, 촉각이 그것입니다. 또 하나의 감각이 있는데 여학생이 말한 것처럼, 그것은 위의 다섯 가지를 통합한 복합감각입니다. 즉 느낌feeling이죠.

화가는 그림을 그리기 위해서 붓, 팔레트, 화선지, 물감 등을 사용하여 자신의 예술작품을 완성합니다. 그런데 배우는 몸의 감각기관을 이용하여 자신의 예술작품을 수행한다고 할 수 있어요. 그렇다면 배우는 이러한 몸의 감각을 십분 활용하여 수행, 즉 행동하는 사람이어야 합니다.

김홍도 선생은 붓통을 하루 내내 들고 다녔다고 합니다. 심지어는 잘 때도 붓통을 끼고 잘 정도였다고 해요. 이사도라 던컨은 매일 7~8시간을 바bar를 부여잡고 연습에 매진했다고 합니다. 그렇다면 배우는 자신의 몸을 어떻게 해야 할까요? 우문愚問이겠죠?

　　분명한 것은, 바이올리니스트가 바이올린을 조율하여 자신의 몸과 일심동체로 만들기 위해 매일 연습하는 것처럼, 배우 또한 자신의 몸을 매일 조율하고 정제해야 한다는 것입니다. 그렇다면 배우가 몸을 조율하고 정제해야 한다는 것은 무슨 의미일까요?"

　　교육자가 학생들을 향해 불쑥 질문을 던지자 제법 날렵해 보이는 남학생이 즉각 답변한다.

　　"매일 운동하여 몸을 만드는 것입니다."

　　"호흡과 발음, 발성훈련도 매일 해야 하죠."

　　교정기를 하고 있는 여학생도 한마디 거든다.

　　"동의합니다. 우선 평상시에 신체와 소리의 단련은 말할 것도 없겠죠. 일상에서 이러한 몸의 준비는 무대에서 배우의 몸으로 직결됩니다. 그렇지만 정작 중요한 것은, 무대에서 자신의 신체기관을 활용하는 방법을 터득해야만 합니다. 그것은 허구의 무대에서 보는 것, 듣는 것, 냄새 맡고 먹는 것, 걷는 것, 앉는 것, 말하는 것, 물건을 다루는 것 등을 새롭게 익혀야 할 필요가 있음을 의미합니다. 예를 하나 들어볼까요? 무대에서 '본다'는 것은 무엇일까요?"

　　연기교육자가 질문을 던지고서 학생들을 찬찬히 바라본다.

　　" . . . "

　　학생들은 대답대신 눈동자만 또르륵 굴리고 있다. 잠시 대답을 기다리던 교육자가 입을 연다.

　　"허구의 무대에서 '본다'는 것이 무엇인지 예를 들어 봅시다.

나는 해변을 산책 중이다.
갈매기와 돛단배, 그리고 바다를 본다.

무대에는 그 어떤 것도 없습니다. 갈매기나 돛단배, 바다가 있을 리 만무하죠. 텅 빈 공간만 있을 뿐입니다. 이처럼 텅 빈 무대에서 무엇을 '본다'는 것은 자기 최면을 걸어서 없는 것을 있는 것처럼 억지로 보려고 하는 것이 아니라, 자신의 신체적 경험으로 이러한 대상에 대한 '잔상'이나 '흔적'을 보려고 하는 것입니다. 그리고 이후 혹은 동시에 대상의 형태와 위치, 태도, 움직임으로부터 자신의 행동으로 옮겨내는 것이라고 할 수 있습니다.

간단히 말하자면, 자신의 눈을 통해 대상의 잔상이나 흔적, 양태를 보고 자신의 행동으로 실행하는 것이 '본다'는 것이라고 말할 수 있어요. 이때 '자신의 행동으로 실행'이라는 의미는 대상으로 인해 바뀌는 자신의 호흡 변화, 소리의 발생, 행동의 제형태 등을 뜻하죠.

그렇다면 무대에서 '본다'는 것은 단순히 시각기관의 일차적인 활용은 아니라는 사실을 유념해야 합니다. 그것은 없는 대상의 잔상과 흔적, 양태를 자신의 눈으로 보고 자신의 신체 변화를 통한 행동화야말로 무대에서의 '봄'이라고 할 수 있어요. 즉 그것은 자신의 눈을 통해 대상을 보고 자신의 몸이 화학작용을 일으켜 바뀌는 것입니다. 무대에서의 청각, 후각, 미각, 촉각 등의 활용 또한 마찬가지입니다."

학생들은 교육자의 말을 들으며 깊은 생각에 잠겨 있다. 교육자는 자신의 말을 계속 이어간다.

"그렇다면 이제 우리는 무대라는 허구의 공간에서 자신의 신체기관의 활용법을 새롭게 익혀야 할 필요가 있음을 인식해야만 해요. 그것은 마치 갓난아이가 목을 가누고, 뒤집고, 앉고, 서고, 걷고, 뛰고 등을 무의식적으로 익히는 과정과 마찬가지라고 할 수 있죠. 자신의 몸에 대한 이러한 새로운 인식과 활용법은 무대라는 공간이 가짜이기 때문에 절대 과제라고 할 수 있습니다."

학생들은 여전히 생각에 잠겨 있다. 몇몇 학생들은 고개를 끄덕거린다. 교육자가 잠시 말을 멈추더니 학생들을 휙 둘러본다. 그리고는 힘을 주며 또박또박 말을 이어간다.

"오케이! 나는 '배우는 누구이며, 무엇을 하는 사람인가?'라는 물음에 대해 이렇게 결론을 내리고자 합니다. 배우는 특별한 존재, 즉 인간이면서 인간이 아닌 사람 그리고 창조자, 정신이 아닌 자신의 몸의 감각기관을 활용하여 허구의 무대에서 행동하는 사람이라고 말입니다. 이해되나요?"

학생들은 고개를 끄덕끄덕 거리며 깊은 생각에 잠겨있다.

배우는 교육과 훈련으로 창조될 수 있나?
그렇다!

▓▓▓▓▓▓▓▓▓▓▓ 수업이 시작되면 연기교육자가 연기실습실로 들어와 의자에 앉는다. 학생들이 그에게 주의를 기울이자 그는 그들을 한 번 쭉 훑어보고서는 말문을 연다.

"흔히 배우는 타고나야 한다고 합니다. 또는 '끼'로 똘똘 뭉쳐 있는 사람이라고 말합니다. 동의하나요?"

"네!"

"그렇진 않은 것 같아요."

학생들은 제각각 큰 소리로 대답하고서 웅성거리기 시작한다. 교육자가 고개를 끄덕거리더니 천천히 입을 뗀다.

"만일 배우가 타고나거나 '끼'로 무장한 사람이라면, 그는 배우로서 DNA를 소유하고 있는 사람이라는 의미일 겁니다. 그렇다면 그는 교육이나 훈련이 필요 없다고 말할 수 있을지도 몰라요.

배우는 선천적으로 타고나거나 '끼'가 풍부한 사람이어야 한다는 말에 나도 어느 정도는 동의하지만 전적으로 그렇다고 고개를 끄덕일 수는 없습니다. 왜냐하면 어떤 사람이 일상에서는 너무나 평범한 사람인 것 같았는데, 그가 교육과 훈련으로 배우로서의 기질과 성향을 여실히 드러내는 것을 나는 종종 목격했기 때문입니다. 이것은 일정량의 교육과 훈련으로 배우로서의 잠재능력을 깨울 수 있음을 시사합니다. 배우로서의 '끼'란 무엇일까요?"

덩치 좋은 남학생이 곧장 답변한다.

"일반 사람과 구별되는 배우로서의 어떤 특별한 재능이나 힘이라고 생각하는데요."

"무대나 카메라에 서기만 하면 터져 나오는 어떤 기운이나 에너지요."

뿔테 안경을 쓰고 있는 남학생도 자신의 생각을 내놓는다. 교육자가 고개를 끄덕거린다.

"나도 그런 것이라고 생각합니다. 그렇지만 '끼'는 매우 추상적이며 모호한 어떤 것입니다. 해서 나는 이 모호하고 추상적인 것으로 인해 어떤 사람을 배우로 적합하다, 적합하지 않다고 말하는 것은 섣부른 판단이라고 말하고 싶습니다.

배우로서의 선천적 재능은 분명 중요합니다. 그것은 누구에게나 있는 것이 아님도 분명합니다. 이러한 선천적 재능은 음악, 무용, 그림, 운동 등의 분야에서는 어릴 때부터 여실히 드러나기도 하죠. 그런데 배우의 재능은 삶에 대한 통찰력, 사람과 현상에 대한 이해력, 그리고 율동성, 유연성, 운동성, 적극성, 대담성 등의 후천적인 자질로 인해 배가되는 경우가 허다합니다. 그러므로 나는 추상적이고 애매모호한 '끼'보다는 교육이나 훈련에 의해 이러한 배우적 기질을 끄집어낼 수 있다면, 이것이야말로 더욱 가치 있는 것이라고 말하고 싶습니다.

그런데 한 가지 확실한 것은, 배우적 기질은 성실성을 담보로 할 때 보다 성과를 낼 수 있다고 나는 분명하게 말할 수 있습니다. 단언컨대, 성실은 '끼'를 능가합니다. 이 점을 명심하길 바랍니다.

물론 배우 또한 수나 언어에 타고난 수학영재나 언어영재처럼 선천적으로 타고날 수 있을지 모릅니다. 하지만 배우적 기질은 삶의 경험으로부터 출발한 자신의 통찰과 거의 비례한다고 볼 수 있습니다. 천재는 어느 분야에서나 있기 마련이지만 연기에 있어서 천재를 나는 아직까지 본 적이 없어요. 어떤 배우의 젊은 시절 때의 연기는 나에게 주의를 그다지 끌게 하진 못했지만, 세월이 흐른 후 그의 연기가 나를 무척 흥분시킨 경우를 수없이 목격했기 때문입니다. 또는 그 반대의 경우도 종종 본 적이 있기에 나는 연기천재가 있다고 믿질 않습니다.

그렇다면 이제 이것을 생각해봅시다. 과연 어떤 사람이 배우로서 적합하다고 할 수 있을까요?"

"···"

교육자의 질문에 학생들은 생각에 잠겨 있다. 이윽고 그들은 제각각 한 마디씩 내뱉는다.

"이해력과 표현력을 갖춘 사람 아닐까요?"

"감성이 풍부한 사람일 것 같은데요."

"상상력이 충만한 사람입니다!"

"타인을 배려하는 인품을 가진 사람이요!"

교육자는 그들의 답변에 고개를 연신 끄덕인다.

"여러분의 생각에 동의합니다! 개인적인 경험으로 보건대, 배우는 머리가 좋은 사람보다는 가슴이 풍부한 사람이 좋으며, 계산에 능하거나 똑똑한 사람보다는 이해력이 풍부하거나 영리한 사람이 훨씬 좋은 것 같습니다.

만일 우리의 몸을 머리와 가슴으로 나누어 수치로 환산할 수 있다면, 물론 이것은 불가능한 일이지만, 30% : 70%가 배우의 몸으로써 좋을 것 같습니다. 그 반대의 퍼센트는 좋지 않습니다. 다시 말하면 배우는 머리가 똑똑하기보다는 영리하고, 이해력과 감성이 풍부한 편이 좋은 것 같습니다. 그리고 계산에 치우쳐 전략적이기보다는 속이 깊은 사람이 적합하다는 것입니다.

만일 여러분이 이 말에 동의한다면 배우로서 영리하고, 이해력과 감성이 풍부하며, 속이 깊다는 것은 무슨 의미일까요?"

"···"

교육자가 학생들의 대답을 잠시 기다리다가 이내 자신의 말을 잇는다.

"아마 그것은 내면적 눈의 소유, 타인에 대한 배려심, 상황파악에 대한 순발력, 우직하고 느린듯하지만 끊임없는 내적 움직임, 신뢰할 만한 기품 등을 소유하고 있음을 의미할 겁니다. 또한 사물, 인간, 자연에 대한 직관력과 통찰력을 가지고 있음일 것입니다."

교육자는 잠시 말을 끊고서 학생들을 둘러보더니 계속 말을 이어간다.

"그런데 정작 이러한 요소들은 어디서 구해야 되는 걸까요? 정답은 없지만, 책을 통해, 여행을 통해, 사람과의 만남을 통해, 매스컴을 통해, 자연을 통해 구할 수 있을 것 같습니다.

하지만 이것들을 통한다고 배우로서의 자질을 확보할 수 있을까요? 이때 정작 필요한 것은, 자신으로부터의 물음인 '왜?, 무엇 때문에?'라는 합리적이고 논리적인 생각입니다. 이것은 사물과 사람, 그리고 현상의 본질을 인지하기 위해 자신으로서 이해하여 그것 자체로 다가가고자 하는 우회적인 방법입니다. 나는 배우를 위한 교육과 훈련은 단연코 이것을 전제로 해야 한다고 생각합니다."

학생들은 깊은 생각에 잠겨 있다.

"책을 통해, 여행을 통해, 사람과의 만남을 통해, 매스컴을 통해, 자연을 통해 사물, 인간, 자연에 대한 이해와 통찰력을 소유한 사람이라면, 이제 그에게는 중요한 무언가가 필요한 시점입니다. 그것은 무엇이죠?"

"···"

학생들이 침묵하자 교육자는 잠시 뜸을 들이더니 또박또박 말을 잇는다.

"그것은 한 사람의 자연인을 배우로 창조하기 위한 과학적이고 체계적인 방법, 즉 기술技術입니다. 아니면 어떤 과학적이고 체계적인 기술이 사물과 인간 그리고 자연에 대한 통찰력을 자연인인 배우에게 제시해주는 어떤 것이어야 합니다. 자, 그렇다면 이제 '과학적이고 체계적인 교육과 훈련'은 무엇이며, 어떤 것인지를 생각해봐야 하겠죠."

교육자가 잠시 말을 끊고서 생각에 잠기자, 학생들이 그에게 주의를 기울인다. 이윽고 그는 다시 천천히 말문을 이어간다.

"인간을 다루는 그 어떤 것이 인간의 자발성과 능동성을 배제하고 있다면, 그것은 인간을 다루는 것이 아니라 기계와 함께 하는 것이라고 할 수 있어요. 즉 창의적이지 못한 것이라고 감히 말할 수 있을 겁니다. 허구의 연속성 속에 놓여 있는 배우라는 사람에게도 이것은 결코 예외가 될 수 없습니다. 그러므로 배우를 위한 기술은 자발성과 능동성을 전제로 그를 저절로, 자연스럽게 건드려 창의성을 발휘하도록 만들어야만 합니다. 이러할 때 그것은 배우를 자연스럽게 무대와 카메라 앞에서 움직이고 말할 수 있도록 만드는 것이라고 할 수 있겠죠. 오케이?"

학생들은 대답대신 고개만 세차게 끄덕인다.

"그런데. . . 배우를 창조하기 위한 기술이 그를 아무리 자연스럽게 건드린다 할지라도 처음에는 의식의 개입이 반드시 필요해요. 그 이유는 발레리나, 피아니스트, 화가 등의 예술가들이 처음에는 의식을 통한 반복 연습을 거쳐 더 이상 의식의 개입 없이 무의식적으로 춤을 추거나, 피아노를 치거나, 붓질을 하는 것과 마찬가지라고 할 수 있어요."

교육자가 학생들을 한번 쭉 훑어보더니 계속 말을 이어간다.

"자, 이 시점에서 우리는 이것을 또한 생각해봐야 합니다. 배우라는 사람은 늘 자신과 역할이라는 경계선을 넘나드는 사람이라는 사실 말입니다. 하지만 역할은 배우 자신이 없다면 결코 존재하지 않아요. 일례로, '역할 – 햄릿'으로 분한

'배우 자신 - 멜 깁슨'이 존재하는 것이지, 멜 깁슨이 존재하지도 않는 햄릿이 될 수는 없는 것이죠.

그렇다면 우리의 최대 관심사는 역할이 아니라 배우 자신이어야한다고 감히 말할 수 있습니다. 그러므로 우리의 작업은 우선 배우 자신에 대해 이해하고 알아야 하며, 역할은 그 다음의 과제라고 할 수 있겠죠. 나는 이것이야말로 배우를 위한 자연과 같은 기술이 가져야 할 절대 전제조건이라고 확신하고 또 확신하고 있습니다."

교육자가 갑자기 말을 멈추더니 학생들을 바라보며 질문을 툭 던진다.

"우리는 자신을 어떻게 알아가야 할까요?"

학생들은 눈만 말똥말똥 굴리고 있다. 그리고 서로 웅성거리기 시작한다. 이내 교육자가 끼어든다.

"이것은 매우 어려운 질문이자 문제입니다. 왜냐하면 그것은 '너는 누구냐?'라는 물음과도 같은 것이기 때문이죠. 이 질문에 대한 답변은 어쩌면 성인이나 도인만이 할 수 있을지도 모릅니다. '나는 나다!'라고 말입니다.

해서 우리는 다른 방법으로 접근해야만 합니다. '나라면?'으로 말입니다. '나라면 이것을 할 수 있을까?', '나라면 무엇을 할 수 있을까?', '나라면 무엇 때문에 이것을 할까?', '나라면 이것을 어떻게 할까?' 등 말이죠. 이처럼 모든 문제에 '나라면?'이라는 물음을 대입시킨다는 것은 자신을 알아가는 직접적인 길이 아니라 간접적인 방법입니다. 그렇다면 이것은 우회적으로 나를 알아가는 또 다른 철학이라고 할 수 있습니다. 따라서 '나는 누구인가?'라는 철학적이고도 본질적인 물음은 성인이나 철학자에게 맡기고, 우리는 '나라면 무엇을, 어떻게 할 수 있을까?'라는데 주의를 기울여 우회적으로 나를 알아가는 것이 더욱 현명하다는 것이죠.

이처럼 배우 자신을 우회적으로 간접적으로 알아가는 것이 우선시 되고 나면, 역할이라는 인물을 이해하는 것은 다음의 과제입니다. 이것은 우선 작가라는 사람과의 만남과 이해로부터 출발하여 작가가 창조해놓은 인간, 즉 텍스트의 사람을 이해하는 것이겠죠. 그렇다면 작가가 창조한 등장인물은 실제로 존재하지 않지만 배우 자신의 이해와 방법론에 따라 허구의 인물은 무대에서 '있게' 되는 것입니다. 내말에 따라오고 있나요?"

몇 명의 학생들은 대답대신 고개를 가볍게 끄덕이고 있고, 몇 명의 학생들은 눈만 끔벅거리고 있다. 또 다른 학생들은 눈을 지그시 감고 생각에 잠겨있다.

"오케이! 이 문제에 대한 답을 찾기 위해 우리는 차후에 본격적인 수업이 시작되면 구체적으로 해결해보도록 합시다.

아무튼, 나는 배우가 선천적이거나 막연하고 추상적인 '끼'로 탄생한다기보다 교육과 훈련으로 창조될 수 있다고 확신하는 바입니다. 그렇다면 배우를 창조해야 하는 교육기관은 어떤 자연인이 긴 시간을 통해 배우로서의 올바른 자질을 발현할 수 있도록 적극적으로 도와주어야 합니다. 이때 무엇보다도 중요한 것은, 어떤 자연인의 자발성과 능동성을 절대 담보로 하는 자연과 같은 기술이 필요함을 결코 간과해서는 안 되는 것이죠. 아울러 이것은 과학적이고 체계적이며 구체적인 기술이어야 하고요."

연기교육자는 잠시 말을 끊고서 무엇을 생각하는 듯 하더니 다시 말을 이어간다.

"그런데. . . 이 시점에서 우리는 이것 또한 생각해봐야 합니다. 그것은 자연인을 배우로 창조하기 위한 기술이 아무리 체계적이고 과학적이라 할지라도 결코 교육으로 몽땅 해결되지 않음은 지극히 당연하다는 사실 말입니다. 교육기관은 배우를 창조하기 위하여 빙산의 한 조각에 불과한 그 무엇을 선사할 뿐입니다. 그렇다면 성악가, 무용수, 피아니스트가 일상에서 매일 연습을 하는 것과 마찬가지로 배우 또한 일상에서 훈련과 연습이 체계적이고 일관성 있게 이루어져야만 배우 창조는 가능하다는 것이겠죠.

나는 한 사람의 자연인인 배우를 창조하는 데 있어서 자연과 같은 기술을 터득할 수 있도록 총력을 기울일 것입니다. 이 말은 달리 말하면, 우리의 작업이 한 사람의 자연인을 배우로 탄생시키기 위하여 반드시 거쳐야만 하는 기본, 기초라는 것을 의미합니다."

학생들의 눈꺼풀은 점점 무거워진다.

허구와 실재

연기교육자가 어김없이 정시에 실기실로 들어와서 자리에 앉으면 학생들은 마룻바닥 여기저기에 편하게 앉아 있다. 교육자가 학생들을 한 바퀴 빙 둘러보며 미소를 짓더니 불쑥 질문을 던진다.

"연극은 사실의 예술입니까, 아니면 허구의 예술입니까?"

제법 똘똘해 보이고 나이가 좀 있어 보이는 남학생이 팔을 높이 든다.

"근본적으로는 허구이지만 사실을 지향하는 예술이라고 생각합니다!"

다른 몇 명의 학생들이 그를 스윽 바라본다. 연기교육자는 고개를 끄덕이더니 입을 연다.

"오케이, 다른 예술과 마찬가지로 연극예술 또한 사실을 지향하여 삶의 진실을 추구하고 있죠. 동의하나요?"

". . . 네!"

학생들이 불분명하게 응답하자 교육자는 자신의 말을 계속 이어간다.

"진실을 규정하기란 매우 어렵습니다만, 우리의 예술에서는 이것을 허구의 반대개념으로써 사실 혹은 실재라는 의미로 사용하고 있습니다. 허구는 거짓이며 가짜입니다. 그것은 '있는 척pretending'하는 것이죠. 반면 사실이나 실재는 참이며 진짜입니다. 그것은 '있음being'이죠.

체홉의 〈갈매기〉 1막에서 호수를 사실인 것처럼 만들 수 있지만 결국 가짜입니다. 나는 여러 나라에서 공연한 〈갈매기〉를 보았는데, 그때마다 1막의 호수 장면을 위해 무대 위에 진짜 물로 가득 채운 호수를 여러 번 보면서 장관이라고 감탄해 마지않으면서도 무대미술가나 연출가가 연극의 본질을 모르고 있다고 생각했습니다.

연극은 허구의 예술이기에 상상의 나래를 접으면 끝장입니다. 그래서 나는 체홉의 〈갈매기〉에서 호수를 어떻게 만들 것인지 상상하며 극장을 방문합니다. 이러한 연극적 상상을 연출가나 무대미술가가 실제로 호수를 만들어 자신의 재능을 과시한다면, 그는 연극을 몰라도 한참 모르는 것이라고 말할 수 있습니다. 연극은 허구의 미학입니다. 무대의 시간, 무대장치, 의상, 소품 등은 어떤가요?"

교육자의 질문에 몇 명의 학생들이 동시에 외친다.

"마찬가지로 가짜입니다!"

"그렇습니다. 무대 위의 시간도 허구이죠. 푸른색의 조명은 밤을 나타내고, 몇 년의 시간은 예사로 훌쩍 뛰어넘어 버립니다. 아주 옛날에 연극적 시간은 골치 아픈 문제였습니다. 그래서 극적 시간이 세 시간이면 세 시간의 공연이 필요했고, 하루의 시간이 극에서 요구된다면 하루짜리 공연이 이루어졌어요.

그리고 몰리에르의 따르뛰프 역의 배우가 입고 있는 의상도 의상 디자이너에 의해 철저히 고증되었겠지만 중세의 의상이 아님은 너무나도 자명합니다. 또한 셰익스피어의 리어왕 역인 배우가 세 딸과 함께 살고 있는 궁전도 화려하게 건축되었겠지만 사실은 허상에 불과하죠.

아울러 배우 자신은 로미오나 줄리엣이 될 수 있을까요? 결코 그럴 수 없습니다. 백여 년 전만 해도 로미오 역의 배우는 진정으로 로미오가 되고자 했습니다. 당시에는 그것이야말로 배우 예술에 있어서 최절정의 기술이라고 생각했으며, 배우와 역할의 완전한 합일이야말로 지상 최대의 목표였습니다. 하지만 그것은 절대 불가능한 일입니다.

이처럼 무대 위의 모든 것ー시간, 공간, 무대장치, 의상, 소품 그리고 등장인물ー은 허구입니다. 그렇다면 이러한 가짜 덩어리 속에 내던져져 있는 배우는 무엇을, 어떻게 해야 할까요? 이것이야말로 문제이며 딜레마이겠죠. 배우는 이것을 어떻게 해결해야 할까요?"

연기교육자가 질문을 던지고서 학생들을 넌지시 바라본다. 그들은 불분명하게 웅성거리기 시작한다. 연기교육자가 그들의 웅성거림을 깬다.

"두 가지 해결책이 있을 법합니다. 첫째는, 배우가 거짓을 대놓고 인정하고 보는 사람-관객과 그렇게 소통하는 것이고, 둘째는, 행하는 사람-배우와 보는 사람은 허구라는 사실을 이미 알고 있지만, 행하는 사람이 진짜이고자 끊임없이 고민하고 해결하려고 하는 것이겠죠.

첫 번째 방법은 배우에게 편한 방법임엔 틀림없지만 마냥 편하지는 않아요. 왜냐하면 여기에서도 배우는 역할로서 살아야 할 때가 있기 때문입니다. 이때 배우는 자신과 역할을 수시로 넘나들게 되겠죠. 그래서 배우가 역할로 들어가면 다시 허구의 인물로 살며 관객과 부딪칠 수밖에 없는 것입니다. 그렇지만 이 경우 배우가 무대 위의 모든 것을 가짜라고 인정하고 관객과 소통한다는 점에서는 하나의 해결책이 될 수 있을 것입니다.

두 번째 방법은 조금 복잡한 경로를 거쳐야만 합니다. 왜냐하면 쌍방ー배우와 관객은 이미 무대 위의 모든 것이 허구라는 사실을 알고 있지만, 정작 무대의 행위자인 배우는 진짜인 것처럼 믿고 행해야만하기 때문입니다. 이때 배우에게는 어떤 기술이 필요합니다. 이 기술은 허구의 덩어리에서 '있기being' 위한 것이어야 하는데, 만일 이 기술이 허구의 무대에서 '존재'할 가능성을 배우에게 제공

한다면 이것 또한 분명 해결책이 될 수 있을 겁니다.

첫째든 둘째든 분명한 사실은, 배우가 허구의 세계를 마냥 가짜인 양 받아들여서는 안 된다는 것입니다. 왜냐하면 그러할 때 예술은 존재할 가능성이 희박하기 때문이죠. 그러므로 첫째든 둘째든 배우로 하여금 진실이고자 하는 어떤 기술이 필요한 것이겠죠.

그렇다면 가상의 시간과 공간에서 진실로 다가가는 배우의 기술이 적합할 때, 허구라는 무대에서 배우는 '있을' 가능성이 높다고 할 수 있을 겁니다. 이러할 때 허구 속에서 진실을 꽃피우는 실재는 예술이라고 감히 말할 수 있을 것입니다.

이제 허구의 무대라는 공간에서 '있음＝존재'는 실제로 어떻게 가능한지 생각해봐야 합니다. 그것은 어떻게 가능할까요?"

교육자가 학생들을 찬찬히 바라본다. 그들이 또 다시 불분명하게 웅얼거리자 교육자가 독려한다.

"언급한 것처럼, 무대 위의 모든 것－무대장치, 조명, 의상, 소품 그리고 역할 등－이 가짜라면 배우가 의지해야 할 것은 결국 무엇이어야 합니까?"

"배우 자신입니다!"

키 큰 여학생이 큰 소리로 자신 있게 답하자 교육자는 그녀에게 엄지손가락을 치켜든다. 동료들이 그녀에게 함성을 보낸다.

"오케이! 무대 위의 모든 것이 가짜라면 배우가 의지해야 할 것은 결국 자신의 몸 밖에 없을 겁니다. 그것은 배우 자신의 오감五感, 즉 시각, 청각, 미각, 후각, 촉각에 해당하는 신체 기관의 제대로 된 활용이야말로 허구의 무대에서 '있기' 위한 전제조건이 되어야 한다는 의미입니다. 하나의 예를 들어볼까요?

나는 공원에서 누군가를 기다린다.

저쪽을 **보니**, 친구가 온다.
나는 뛰어간다.

위의 예에서 우선 '보다'라는 것은 자신의 눈이라는 신체기관의 활용입니다. 우리의 눈은 '무엇을' 봅니다. 여기에서 '무엇을'에 해당하는 것을 우리는 **대상**이라고 말합니다. 해서 눈은 대상을 보는 것입니다. 그 대상은 나로 하여금 생각을 하도록 만들죠. 이처럼 무대에서 생각한다는 것을 우리는 대상을 '**평가**'하는 것이라고 말합니다. 즉 저쪽에 있는 사람을 보고 친구인지 아닌지 확인하는 생각이나 시간 말입니다. 따라서 허구의 무대에서 무엇을 본다는 것은 자신의 신체기관인 눈으로 단순히 보는 것에 그치는 것이 아니라, **대상을 보고 평가**하는 것을 의미한다고 할 수 있습니다.

이와 같은 경로를 거치고 난 후에 우리는 무대에서 무엇을 '합니다'. 그것이 곧 '뛰어가다'라는 **행동**인 것입니다. 이러한 일련의 논리적인 순서(대상 - 평가 - 행동)를 거쳤을 때, 우리는 자신의 신체기관인 눈을 활용하여 '봄'을 통해 허구의 무대에서 '존재한다', '있다'라고 말하는 것입니다. 이해되나요?"

". . . 네."

학생들은 잠시 머뭇거리다가 작은 소리로 답변한다. 연기교육자는 빙그레 웃고 나더니 다시 자신의 말을 계속 이어간다.

"오케이! 본격적으로 우리의 작업이 시작되면 이것에 대해서 보다 자세히 언급할 것입니다. 그렇지만 지금 내가 무슨 말을 했는지는 기억해놓길 바랍니다!

계속해볼까요? 위에서 말한 것처럼, '보다'라는 것은 친구인 대상을 보는 것이죠. 그래서 공원으로 오는 친구인 듯한 사람의 복장, 자세, 태도, 움직임 등을 나의 망막에 피사체로 떠올려야 하는데, 그렇지 않으면 이후는 진행될 수 없어요. 즉 자신의 눈으로 친구인 듯한 사람의 구체적인 어떤 것을 보지 못한다면,

자신은 그 어떤 것도 할 수 없거나 '~인척' 할 수밖에 없다는 의미입니다. 일상에서는 이와 같은 '봄'과 이후의 과정이 너무나도 빨리 지나가 버리지만, 현미경으로 자세히 보면 명확하게 어떤 단계를 거쳐 행한다는 것을 알 수 있어요. 야구경기를 본 적이 있죠?"

"네!"

학생들이 즉시 큰 소리로 화답하자 교육자는 미소를 띤다.

"타자가 야구공을 타격할 때의 자세와 행동을 슬로우 모션으로 자세히 보면 '본다'는 것이 무엇인지 확연히 드러납니다. 타자는 투수가 던진 공이 매트 바로 앞에 올 때까지 끝까지 쳐다보고 있죠. 포수의 글러브에 도달하는 데 0.1초도 채 걸리지 않는 야구공을 보고 친다는 것은 거의 무의식적으로 해내야 할 듯하지만, 실제로 타자는 이처럼 끝까지 야구공을 보고 있는 것입니다. 그래서 야구공을 끝까지 정확히 보면 볼수록 안타나 홈런이 잘 나온다고 할 수 있어요. 이러한 타격훈련을 매일 수백 번 반복하면서 타자는 마침내 타석에서 거의 무의식적으로 공을 쳐내는 것입니다.

그렇다면 허구의 무대에서 삶을 살아야 하는 배우에게 있어서도 우선 해결해야 할 것은 대상에 대한 자신의 몸을 새롭게 인식하여 활용하는 것이라고 단언할 수 있어요. 즉 오감에 대한 새로운 인식과 활용이야말로 무엇보다도 우선시되어야 한다는 것입니다.

어떤 사람은 '눈이 있는데 보라는 것은 무슨 뜻입니까? 귀가 있는데 달리 들어야만 합니까?'라고 되묻습니다. 하지만 일상에서는 대상이 진짜이기에 무엇을 보고 듣는 것이 무척 자연스러운데, 무대에서는 대상이 없거나 이미 알고 있거나 가짜이기에 자연스럽지 못한 것입니다. 해서 나는 허구의 무대에서 '보다', '듣다' 등이 무엇인지, 어떻게 가능한 것인지 새롭게 인식하여 해결하지 않으면 안 되는 것이라고 강조하는 것입니다."

교육자는 잠시 말을 끊더니 이내 또박또박 말을 잇는다.

"결론적으로 말해서, 무대의 허구를 실재로 만드는 기술이야말로 배우의 일이라고 할 수 있습니다. 이것이야말로 허구의 미학인 연극예술로 향하는 구체적인 길임을 이제 인식해야 합니다."

몇 명은 고개만 계속 끄덕거리고 있고, 몇 명은 깊은 생각에 잠겨있다.

대상對象, object과 대상 다루기

           "연기는 무엇이라고 생각하나요? 여러분의 경험, 이를테면 배우로서 무대에 서 본 경험, 연기워크숍에 참여해 본 경험, 스태프로서의 경험, 그리고 연기나 연극 서적에 대한 공부, 혹은 관객으로서의 참여 등에 따라 여러분은 연기가 무엇이라고 생각합니까?"

연기교육자가 실기실로 들어와 자리에 앉자마자 학생들에게 질문을 던진다.

"다른 사람으로서의 삶을 사는 것이라고 생각합니다."

"관객에게 전하는 인물의 메시지라고 생각하는데요."

"몸으로 어떤 의도를 표현하는 것입니다."

"인물의 감정 상태를 표현하는 것 아닙니까?"

몇몇 학생들이 앞 다투어 자신의 생각을 내뱉는다.

"햄릿은 어디 있습니까?"

연기교육자는 학생들의 답변에 고개를 끄덕이더니 즉시 반문하고서는 말을 잇는다.

"감정이라는 놈은 어디에 있을까요? 기쁨이라는 감정은 우리 몸에서 몇 번째의 단추를 누르면 재생되는 것일까요? 만일 우리 몸에 75번 단추가 있어 그것을 눌러서 기쁨을 재생할 수 있다면 얼마나 좋겠습니까? 하지만 그것은 기계이겠죠.

'무료하다'는 어떻게 표현 가능할까요? '무료하다'는 수천, 수만 가지의 표현 양태를 띠고 있습니다. 그렇다면 '무료하다'는 어떻게 연기할 수 있을까요? '화내다'는 어떻게 연기해야 합니까? 눈을 치켜뜨고 입을 실룩거리면서 큰 소리로 말하면 분노하는 걸까요?

얼마 전, 이름만 대면 알 수 있는 어떤 여배우가 출연한 공연을 보고 난 후에 나는 그녀와 함께 대학로에서 맥주를 한잔 한 적이 있습니다. 우리는 자연스럽게 그날 공연에 대해 이야기를 주고받았습니다. 그 여배우는 나에게 이렇게 말했습니다.

선배! 오늘 아르까지나가 찾아온 것 같았어요!

나는 그녀에게 농담조로 대답했습니다.

내 평생 아르까지나를 보는 것이 소원이다. 제발 나한테 소개 좀 시켜줄래!

물론 그녀가 이야기하는 바를 모르는 것은 아닙니다. 그녀의 말은 오늘 연기가 무척 잘 되어 만족한다는 뜻이겠죠. 하지만 분명한 것은, 그녀는 결코 아르까지나가 될 수 없다는 것입니다.

그녀의 말에 좀 더 설명을 덧붙이자면, 그녀는 아르까지나에 대한 이해가 연습과 공연을 통해 점차적으로 축적되어 오늘 불현듯 어떤 다른 세계로 갔다 온 것이라고 할 수 있겠죠. 우리는 이와 같은 상태를 '영감靈感, inspiration이 찾아 왔다'라고 말합니다. 내가 확실하게 말할 수 있는 것은, 이와 같은 영감은 평생 한번 찾아올까 말까 하다는 것입니다. 이것은 배우 자신과 역할의 충돌 속에서 어떤 다른 세계로의 순간이동과 같은 것입니다. 그만큼 연기의 최고 경지인 영감의 상태는 만나기 힘든 것입니다. 또한 이 영감은 한번 맛봤다고 해서 영원히 포획되었다고 생각하면 오산입니다. 그렇다면 배우는 우연히 이 영감이 찾아오기만을 기다려야 할까요? 아니면 적극적으로 찾아 나서야 할까요?"

학생들은 눈만 또르륵 굴리며 생각에 빠져 있다. 교육자도 잠시 생각에 잠기더니 이윽고 천천히 입을 연다.

"내가 등장인물도 없고, 감정을 드러내거나 표현하려고 하는 어떤 형태도 지양해야 한다고 말한다면, 영감을 위해 우리는 무엇을 해야 할까요?"

교육자는 다시 잠시 말을 끊더니 이내 이어 간다.

"아이가 태어나서 직립하기까지는 어떤 단계를 거칠까요? 동물과 달리 인간은 태어나자마자 걸을 수도 달릴 수도 없습니다. 어쩌면 아주 옛날, 인간도 유인원이었을 때는 그랬을지도 모릅니다. 동물은 생존의 본능으로 태어나자마자 일어서서 달리기 시작합니다. 그러지 않으면 천적으로부터 잡히기 때문이죠. 인간의 신체 중에서 가장 무거운 부분은 어디입니까?"

"머리요!"

몇몇 학생들이 동시에 큰 소리로 외친다.

"오케이! 머리가 가장 무겁습니다. 아이는 태어나서 먼저 머리를 가누기 위해 안간힘을 씁니다. 이것은 이후에 뒤집기를 하기 위해서이죠. 뒤집는다는 것은 척추를 사용한다는 뜻이고요. 그렇다면 머리 가누기, 뒤집기는 척추의 사용을 원활하게 하기 위함이거나 또는 이후의 무엇을 하기 위한 전前 단계라고 할 수 있습니다. 아무튼 아이는 머리를 가누어야만 뒤집기를 시도할 수 있고, 이때 뒤집기는 척추의 사용을 무척 활발하게 하여 이후의 단계로 나아갑니다.

이제 아이는 앉으려고 합니다. 앉는 것은 척추를 사용하여 무게중심을 잡아야만 가능한 일입니다. 이것은 무게중심을 잡아서 이후의 단계인 일어서기를 위해서이죠. 그런데 아이가 앉기를 시도할 때, 부모는 사방에 푹신한 이불과 같은 것을 깔아 놓아야 합니다. 아직 척추의 사용이 견고하지 않아 자주 앞뒤로 넘어지기 때문이죠.

그리고 난 후에 아이는 무엇을 짚고 일어서려고 합니다. 이전의 기는 행동은 일어서기 위한 과정이고요. 이때 팔 힘과 다리 힘이 동반되지 않으면 일어서거나 걷기는 힘듭니다. 그래서 이전의 기는 행동을 수없이 반복하며 팔 힘을 기르는 것이죠. 그리고는 보행기가 등장하여 아이의 다리 힘을 길러줍니다. 그런데 보행기는 오히려 걷기를 방해하는 물건이기에 일정시간 이후에는 보행기를 타지 못하도록 하고 스스로 걷기를 유도해야 합니다. 부모는 이 무렵부터 위험한 물건들을 손이 닿지 않는 높은 곳으로 올리고, 모서리가 있는 부분은 뭉툭하게 만들기 시작하죠.

마침내 아이는 직립하여 걷기를 익히고 난 후 뛰기를 합니다. 결국 직립은 척추의 완벽한 사용으로 가능한 일이라고 할 수 있습니다. 드디어 아이는 직립을 통해 인간이 되는 것입니다. 아이가 직립하기 위해 거치는 단계는 이처럼 실로 구체적이며 체계적인 과정을 거칩니다. 이것은 소름끼칠 정도의 명확한 단계라고 할 수 있어요.

내가 정작 말하고 싶은 것은, 아이가 직립하기까지 거쳐야 하는 구체적이고도 명확한 단계가 우리에게도 있어야 한다는 것입니다. 그런 의미에서 나는 여러분이 아직 머리도 가누지 못할 거라고 생각하는데?"

연기교육자가 빙그레 웃으며 학생들을 바라보자 한 학생이 볼멘 목소리로 대꾸한다.

"그럼, 아이가 머리를 가누는 것과 같은 저희들의 첫 단계는 무엇입니까, 선생님?"

연기교육자는 실기실을 둘러보고서는 구석에 굴러다니는 신문을 집는다. 그리고 그 학생을 불러내어 벤치에 앉으라고 말한 뒤 신문을 건넨다.

"사설의 첫 문단만 눈으로 읽으세요. 단, 조건이 있습니다. 1분 후에 나는 자네가 읽은 사설의 첫 문단에 대해 자세하게 물어볼 겁니다. 꼼꼼하게 읽어야 합니다. 자, 시간을 재겠습니다."

학생은 순간 당황한 듯 하더니 재빨리 신문으로 눈길을 옮긴다. 1분이 지나자 교육자는 학생으로부터 신문을 낚아채고서 조용히 묻는다.

"사설의 첫 문단은 총 몇 개의 문장으로 되어 있습니까?"

학생은 곰곰이 생각하더니 답변한다.

"5개의 문장으로 되어 있습니다."

"정답입니다! 다음 질문! 첫 문단에서 접속사 '그리고'는 총 몇 개입니까? 또한 '그리고' 접속사 뒤의 단어는 무엇입니까? 모두 말해보세요!"

연기교육자는 신문을 눈으로 읽으며 학생에게 다시 질문한다. 학생은 난감한 표정을 짓고서는 생각에 잠긴다.

"음. . . 1개입니다. 접속사 '그리고' 뒤에는 '세계의 경제는. . .'이라고 연결되어 있는 것 같습니다."

"2개이고, 접속사 '그리고' 뒤의 단어 첫 번째는 '세계의'이고, 두 번째는 '우리의'입니다."

교육자는 빠르게 답하고서 신문을 그에게 건넨다.

"다음 과제입니다. 신문 밑단의 광고박스가 보입니까? 신발광고죠. 전과 동일하게 1분의 시간을 주겠습니다. 이번에는 더 꼼꼼하게 봐야할 겁니다. 왜냐하면 내가 질문하는 3개 중 2개를 맞히지 못하면, 자네는 다음 수업시간에 들어올 수 없기 때문입니다. 알았죠? 시작해볼까요?"

연기교육자의 갑작스러운 과제에 학생은 당황한 기색이 역력하지만 재빨리 신문의 하단에 있는 광고박스로 시선을 옮긴다. 그리고는 초집중하며 신문에 실려 있는 광고박스에 주의를 기울인다. 1분의 시간이 흐른 뒤 교육자는 그에게서 신문을 가져간다.

"첫 번째 질문입니다. 광고박스에 실린 신발 중 가장 큰 신발은 대략 몇 센티일까요?"

연기교육자가 신문을 쳐다보며 질문하자 학생은 잠시 생각하더니 큰 소리로 답변한다.

"약 10센티 정도입니다."

"오케이, 그 정도인 것 같네요. 다음 질문! 광고박스에 있는 색깔 수는 총 몇 가지이며, 무슨 색인지 모두 말해보세요!"

그가 어깨를 으쓱거리더니 '선생님!!'이라는 난감한 의미를 눈에 담고 있다. 그는 이내 곰곰이 생각하다가 교육자에게 고개를 들어 천천히 답변한다.

"6개인 것 같고. . . 검은색, 흰색, 초록색, 빨간색. . . 음. . . 분홍색, 노란색인 것 같은데요."

"직접 확인해보세요."

교육자가 신문을 건네자 학생은 재빨리 눈으로 확인하고서는 고함을 지른다.

"아! 7개네요, 검정, 흰, 초록, 분홍, 노랑. . . 빨간색이 아니고 자주색, 그리고. . . 아, 파랑색도 있네요."

교육자가 학생으로부터 신문을 가져가며 재빨리 다음 질문을 한다.

"세 번째 질문입니다. 이제까지 2개의 질문 중 1개 맞추었습니다. 이번 문제를 맞히지 못하면 자네는 다음 수업시간에 들어올 수 없어요. 잘 기억해보세요. . . 광고박스에서 가장 큰 글자와 작은 글자는 무엇입니까?"

학생은 신음소리를 내며 생각하기 시작한다. 잠시 후 그는 낮은 목소리로 대답하고서 교육자를 살핀다.

"혁명이라는 단어가 가장 큽니다. 가장 작은 글자는. . . 전화번호 끝자리인

73. . . 82입니다.”

　“좋아요. 다음 수업시간에 들어와도 괜찮아요!”

　학생은 안도의 한숨을 크게 내쉬고 환호성을 지르며 동료와 손바닥을 마주친다. 연기교육자가 함박미소를 띠고 있다. 잠시 후 그는 학생들을 바라보며 천천히 말문을 연다.

　“사설을 읽을 때 여러분의 친구가 무엇을 했는지 기억합니까? 특히 친구의 눈을 기억하세요? 그리고 그의 몸을요?”

　연기교육자가 학생들을 쳐다보며 질문을 퍼붓자 그들은 잠시 생각하더니 “네!”라고 자신 있게 소리친다.

　“여러분의 친구는 무엇을 보았습니까?”

　“신문요!”

　“좀 더 구체적으로 말해보세요.”

　“신문의 사설이요!”

　“앞으로 나의 질문에는 구체적으로 답변하도록 해보세요. 그것은 우리에게 있어서 말이나 생각, 그리고 행동은 구체적이면 구체적일수록 좋기 때문입니다. 아울러 구체적일수록 우리는 무대에서 무엇을 정확하게 해낼 수 있어요. 오케이?”

　“네!”

　학생들은 큰 소리로 화답한다. 연기교육자는 잠시 뜸을 들이고 나더니 다시 입을 뗀다.

　“신문의 사설을 우리는 대상이라고 부릅니다. 대상이 구체적이면 우리는 정확하게 무엇을 할 수 있어요. 친구의 눈은 대상이 분명히 있었기에 정확하게 자신의 눈으로 신문의 사설을 본 것입니다. 이때 우리는 쓸데없는 짓을 안 해요. 이것을 우리는 대상으로의 ‘집중’이라고 말합니다. 집중은 이처럼 대상이 구체적이어야만 제대로 작동하는 것입니다.

흔히 무대에서 '집중하라!'고 하면 눈에 힘을 주거나 어깨나 다른 신체부위에 긴장을 일으키는 경우가 허다한데, 이제 집중은 대상과 불가분의 관계가 있다는 걸 알아야 합니다. 이때 비로소 집중이라는 단어는 추상적이지 않습니다. 그렇다면 대상이 무엇인지 명확하게 이해하는 것이야말로 우리의 첫 번째 일이라고 할 수 있겠죠.

방금 말한 것처럼, 내가 과제를 제시했을 때 동료에게 있어서 대상은 신문의 사설이었습니다. 그리고 그는 대상에 집중하여 자신의 눈으로 사설을 읽었어요. 이때 '읽다'를 우리는 행동이라고 말하며, 다른 말로 하면 '대상을 다룬다'라고 할 수 있습니다. 그렇다면 '대상 다루기'는 행동과 같은 의미라고 할 수 있겠죠.

나는 여러분에게 이것을 아이가 머리를 가누는 첫 단계라고 비유적으로 말했던 것입니다. 아니, 어쩌면 이것이야말로 우리의 일에 있어서 처음이자 끝이라고 할 수 있을지도 모릅니다.

누군가 나에게 '연기는 무엇입니까?'라고 묻는다면, 나는 '대상을 다루는 것입니다!'라고 확신하며 말할 것입니다."

학생들은 고개를 힘차게 끄덕인다.

무대적 상황, 사건과 평가 그리고 목표

         연기교육자가 실기실로 들어선다. 그는 자리에 앉자마자 학생들을 향해 말문을 연다.

"내가 지난 시간에 여러분의 동료에게 '1분간의 시간을 주겠습니다', '3문제 중 2문제를 맞히지 못하면 다음 수업에 들어오지 마세요'라고 말한 걸 기억합니까?"

"네!"

학생들은 즉시 우렁차게 외친다. 연기교육자가 빙긋이 웃으며 다시 말문을 연다.

"사람은 늘 상황 속에 있기 마련입니다. 무대의 배우도 결코 예외가 아니죠. 내가 지난 시간에 여러분의 동료에게 제시한 것들은 그로 하여금 어떤 상황에 처하게 만들었습니다. 그건 어쩌면 가상의 상황이거나 무대의 상황이라고 말할 수 있을 지도 모릅니다.

무대적 상황은 현실적 상황과 비교할 때 누군가에 의해 제시되어 있어서 우리가 이미 알고 있는 것이라는 차이점이 있어요. 이를 테면 텍스트의 상황은 작가에 의해 제시되어 있어서 우리가 이미 알고 있는 것이죠. 그렇지만 우리의 현

작업은 당분간 작가의 개입을 허용하진 않을 겁니다. 왜냐하면 작가의 등장은 훨씬 뒤 우리의 작업에 속하기 때문입니다. 대신 배우 자신에 의해 제시된 상황만 있을 겁니다.

아무튼, 배우에게 있어서 상황이란 무대적 상황임과 동시에 제시된 상황이라는 것입니다. 이러한 제시된 상황에 대한 이해는 매우 중요합니다. 제시된 상황은 광의의 의미와 협의의 의미로 나눌 수 있어요. 넓은 의미에 있어서 제시된 상황이란 시간, 공간, 무대 밖에서의 일(前 상황), 사건, 인물의 역사, 인물들과의 관계 등 무대 위의 모든 환경을 일컫는 것입니다. 그러나 좁은 의미로써의 제시된 상황은 자신으로 하여금 그렇게 할 수밖에 없도록 만드는 어떤 것을 의미합니다. 이해되나요?"

"네!"

학생들은 큰 소리로 화답하며 고개를 세차게 끄덕거린다.

"이러한 상황 속에서 우리는 사건을 만납니다. 가끔은 상황자체가 사건이 되기도 하죠. 사건이란 무엇일까요?"

연기교육자가 질문을 던지며 학생들을 한 바퀴 휙 둘러보자 여기저기서 불분명한 소리만 난무한다. 꽤 이목구비가 뚜렷한 남학생이 손을 들어 외친다.

"일이 터졌다! 라고 말할 때, 이때 일이라는 것은 사건 아닙니까?"

"동의합니다. 그러면 '오늘 아침에 학교로 오는 도중에 넘어졌다'라고 할 때, '넘어졌다'는 사건입니까?"

학생들은 잠시 생각하다가 힘차게 "네!"라고 답한다.

"이것은 왜 사건이죠?"

연기교육자가 재빨리 되묻자 학생들은 제각각 낮은 소리로 웅성대기 시작한다. 잠시 후에 교육자가 끼어든다.

"무슨 일이 생겨서 이전의 행동으로부터 변화를 준다면 우리는 이것을 사건이라고 말합니다. 이때 '무슨 일'은 사건에 해당하죠. 그렇다면 '넘어졌다'의 시점에서 '오늘 아침에 학교로 오는 도중'은 이전의 행동이고, '넘어졌다'는 것으로 인해 이전의 행동과는 다른 변화가 발생했기에 우리는 '넘어졌다'를 사건이라고 부를 수 있겠죠?"

몇 명은 생각에 잠겨 있고, 몇 명은 고개를 연신 끄덕거리고 있다. 연기교육자가 재차 질문을 던진다.

"위의 예에서 이전의 행동과 다른 변화란 무슨 뜻인가요?"

머리카락이 긴 여학생이 손을 든다.

"예를 들면. . . 다리를 절뚝거리며 걷는 것 아닐까요?"

연기교육자가 동의의 뜻으로 고개를 끄덕인다.

"그렇다면 '낙엽이 떨어지다'는 사건입니까?"

연기교육자가 학생들을 향해 다시 질문을 던지자 그들은 생각에 잠겨있다. 제법 똘똘해 보이는 남학생이 큰 소리로 답변한다.

"네, 사건입니다!"

"왜 사건이죠?"

". . . 낙엽이 떨어지는 것으로 인해 어떤 행동을 불러일으킨다면 사건일 것 같은데요."

"구체적인 예를 들어 보세요."

"낙엽을 주워 책갈피에 꽂아 두는 것이요!"

교육자의 재빠른 요구에 남학생은 즉각 답변한다.

"오케이! 동의합니다."

"그런데 선생님! 사건이 아닐 수도 있을 것 같은데요?"

키 큰 여학생이 똘망똘망한 눈을 굴리며 의문을 표한다.

"왜죠?"

"그것이 자신의 행동에 변화를 일으키지 않는다면, '낙엽이 떨어지다'는 사건이 아닐 수도 있지 않나요?"

"오케이! 그 말에도 동의합니다."

교육자는 고개를 끄덕이고서 학생들에게 재차 질문을 던진다.

"그렇다면 우리의 삶에 있어서 가장 큰 사건은 무엇이라고 할 수 있나요?"

". . ."

학생들은 생각에 잠겨있다. 그때 방금 그 여학생이 손을 번쩍 든다.

"탄생과 죽음이요!"

연기교육자가 그녀에게 엄지손가락을 치켜세운다.

"이제 여러분과 어느 정도 의사소통이 되는 것 같군요. 수업이 훨씬 흥미로워지는데! 오케이, 사건에 대해서는 차후에 에튜드 작업이 시작될 때 다시 자세히 언급하도록 하죠."

교정기를 하고 있는 여학생이 손을 든다.

"선생님, 에튜드는 무엇인가요?"

"그것은 우리의 작업에 있어서 절대적으로 필요한 교육적 도구입니다. 우리는 이것을 위해 각각의 요소들을 훈련할 것이고요. 지금은 이것을 '즉흥 연습극', '즉흥 상황극' 정도로만 간단하게 언급하고 넘어가도록 합시다."

교육자가 학생들에게 시선을 돌린다.

"자, 이제 사건과 관련해서 '평가'라는 말을 간단하게나마 언급하고 넘어가야 할 듯합니다. 일전에 말했던 것처럼, 평가란 사건 발생 이후 자신이 무엇을, 어떻게 할 수 있는지에 대한 생각의 시간을 뜻합니다. 그렇다면 사건과 평가는 순차적인 관계라고 할 수 있어요. 사건에 대한 평가는 무대에서 자신을 존재하게 만드는 중요한 시간입니다. 평가에 대해서도 차후의 에튜드 작업 시 보다 구체적으로 언급하도록 하죠.

오케이, 이전의 문제로 다시 돌아가서 조금 더 얘기해볼까요? 내가 지난 시간에 여러분의 동료에게 '1분의 시간을 주겠습니다', '3문제 중 2문제를 맞히면 수업에 들어와도 좋습니다'라고 말했죠?"

학생들은 고개를 힘차게 끄덕인다.

"내가 말한 위의 것들은 그 학생에게는 사건이었나요?"

". . . 네!"

학생들은 잠시 생각하다가 큰 소리로 대답한다.

"내가 방금 말한 '내가 말한 위의 것들은 그 학생에게는 사건이었습니까?'라는 언급 또한 지금 여러분에게는 사건이었고, 이 사건에 대해 여러분이 잠시 생각한 것은 사건에 대한 평가였으며, 그리고 난 후에 여러분의 '네!'라는 말은 행동이었습니다. 동의합니까?"

"네!"

학생들은 웃으며 큰 소리로 화답한다. 교육자도 빙그레 미소를 띠더니 자신의 말을 계속 잇는다.

"그리고 난 후에 그 학생은 나의 이러한 과제 때문에 해야 할 일이 생겼죠. 즉 나한테서 재빨리 신문을 빼앗아 사설을 눈으로 정독하기 시작했습니다. 그리고 내가 제시한 두 번째 과제를 해결하기 위해서 좀 더 정확하고 신중하게 사설을 읽어내려 갔습니다. 그때 동료의 눈과 몸을 기억합니까?"

학생들은 동료의 전 장면을 떠올리며 고개를 끄덕거리기 시작한다.

"그때 여러분의 동료는 신문사설을 읽으며 쓸데없는 짓은 그 무엇도 하지 않았고, 눈은 특별한 긴장을 하지 않으며 사설만 정확히 읽었죠. 이것을 우리는 '목표가 있었기에 신문 사설을 읽다'라고 말합니다.

'목표'란 '~을 원하여', '~을 하기 위하여', '~을 하고 싶어서'라는 의미를 가지고 있습니다. 그래서 '~을 원한다', '~를 하고 싶다'로 해석할 수 있죠. 목표가 명확하면 할수록 우리는 매우 경제적인 행동을 합니다. 지난 시간에 나의 과제에 대해 시연했던 여러분의 동료처럼 말입니다. 내 말에 따라오고 있나요?"

"네! 따라가고 있습니다!"

학생들은 자신 있게 큰 소리로 대답한다. 교육자가 미소를 짓는다.

"내가 말한 '경제적인 행동'이란 무대에서 쓸데없는 짓을 하지 않는다는 의미임과 동시에 할 것만 명확하게 한다는 뜻입니다. 이 말을 잘 기억해놓으세요. 본격적인 에튜드 작업 때 이것에 대해 또 다시 언급할 테니 말입니다."

교육자는 잠시 말을 끊고 생각에 잠긴다. 그러더니 이내 다시 말문을 연다.

"무대적 목표 또한 우리에게 있어서 매우 중요한 개념입니다. 우선 내가 '무대적'이라고 말하는 것은 현실이나 실제가 아니라는 의미입니다. 이것은 우리가 이미 알고 있는 것이며, 가상이고, 가정되어 있는 어떤 것이죠.

목표는 우리로 하여금 무대에서 무엇을 하도록 만듭니다. 만일 목표가 없다면 우리는 무대에서 할 일이 없습니다. 그만큼 목표는 우리에게 중요한 단어입니다. 예를 들어볼까요?"

교육자의 시선이 어떤 여학생을 향한다.

"최근에 자네의 목표는 무엇이었지?"

교육자는 그 여학생을 향해 질문을 던진다.

". . . 저는 이 학교에 입학하는 것이 목표였습니다."

키 큰 여학생은 잠시 머뭇거리다가 힘주어 말한다.

"자네는 목표를 위해서 무엇을 했지? 구체적으로 말해 줄 수 있을까?"

"음. . . 방과 후 저는 연기학원에서 연기와 관련된 수업을 밤 10시까지 했습니다. 지적사항을 고치기 위해 노트에 필기도 하고 일상생활에서도 노력을 게을리 하지 않았고요. 특히 자세와 받침`음에 대한 부정확한 발음에 대해서는 주의를 기울여 고치려고 했습니다. 그리고 휴일에는 연극관련 책을 보거나 공연을 보러 다니기도 했어요."

그녀는 자신이 해왔던 일들을 떠올리며 또박또박 답변한다.

"자신의 목표를 위해 많은 시간과 노력을 투자했군. 방금 동료가 말한 것처럼 우리는 자신의 목표를 위해 많은 일들을 열심히 합니다. 왜냐하면 목표는 자신이 이루어야 할 것이기 때문입니다."

교육자가 여학생을 빤히 쳐다보며 재차 질문한다.

"그런데 자네의 목표를 달성하는 데 있어서 어려운 점이 분명 있었을 텐데?"

"처음에는 부모님께서 많이 반대하셨습니다. 심지어 아버진 학비를 대주질 않겠다고 하셨거든요. 그럼에도 불구하고 제가 열심히 하는 것을 보시고 만일 이 학교에 입학만 한다면 그때 가서 다시 생각해보자고 말씀하셨어요. 그래서 저는 더욱 열심히 했던 것 같습니다."

그녀는 눈시울을 살짝 붉힌다.

"지금은 부모님께서 어떻게 자넬 대하지?"

"전폭적인 지원을 하고 있습니다."

키 큰 여학생은 금세 환하게 웃는다.

"자네 이름이 뭐지?"

"소희입니다. 이소희."

교육자가 고개를 끄덕이더니 천천히 입을 연다.

"소희의 최근 목표는 학교에 입학하는 것이었습니다. 그래서 소희는 자신의 목표를 위해 전략을 세우고 많은 일들을 단계적으로 수행했고요. 그렇지만 자신의 목표를 달성하기 위해 부모님의 반대를 설득해야만 했습니다.

목표를 달성하기 위해서 우리는 목표를 방해하는 방해물이 발생한다는 사실을 반드시 알아야 합니다. 이때 목표는 방해물을 뚫고 나갈 수도 있는데, 이 경우 목표는 달성되는 것이겠죠. 소희의 경우는 부모님의 반대가 자신의 목표에 대한 방해물이었지만 방해물을 헤쳐 나가기 위한 자신의 노력과 방법 덕택에 목표를 달성하게 되었습니다.

그런데 목표는 방해물을 만나 갈등을 일으켜 또 다른 목표로 나아가는 경우도 있습니다. 소희가 아마 학교에 입학하지 못했다면 또 다른 목표를 찾았을 겁니다. 이렇듯 목표와 방해물은 동반자입니다. 필연적으로 뒤따라오는 갈등은 추적자이고요. 이해되나요?"

"네!"

학생들은 눈을 반짝이며 큰 소리로 화답한다. 교육자가 고개를 끄덕거린다.

"오늘 나는 무대적 상황, 사건과 평가, 목표와 방해물에 대해 간단히 얘기했습니다. 이것에 대해서는 차후에 구체적으로 이야기 할 것이지만 잘 기억해놓길 바랍니다. 또 하나 얘기할 것이 있습니다."

"선생님, 조금 쉬었다 하면 안 될까요?"

눈이 부리부리한 여학생이 손을 번쩍 들더니 외친다.

"자네는 이름이 뭐지?"

"김 현정입니다."

"현정의 목표 때문에 나의 목표는 방해물을 정면으로 만났습니다. 그래서 수업을 계속해야만 하는 나의 목표는 수정되어 다음으로 미룰 수밖에 없고요. 즉 방해물이 승리한 것입니다."

학생들이 소리 내어 웃는다. 교육자가 시계를 쳐다본다.

"오늘 수업은 여기까지 하도록 합시다."

그는 자신의 옷과 가방을 챙겨 실기실을 나선다. 소희는 자신의 노트에 뭔가를 빠르게 적어 내려가기 시작한다.

무대적 행동(행위)

▨▨▨▨▨▨ 연기교육자가 실기실로 들어와 자리에 앉으며 말문을 연다.

"일전에 나는 무대적 대상에 대해 언급한 바 있습니다. 그때 나는 '대상 다루기'야 말로 연기의 핵심이며, 행동과 동의어라고 말했고요. 기억해요?"

학생들이 큰 소리로 응답하자, 교육자는 미소를 띠며 말을 이어간다.

"오케이, 가상의 무대에서 대상은 허구의 혹은 이미 알고 있는 물건, 상황, 그리고 상대배우 등이라고 할 수 있어요. 가시적이든 비가시적이든 무대적 대상은 이처럼 광의의 개념입니다. 이때 이러한 대상을 다루는 어떤 행위를 우리는 '행동'이라고 정의하고, 그때 '대상 다루기'는 '행동'과 동의어라고 말한 바 있습니다.

여러분들 중 영리한 학생이라면 내가 언급한 말마다 '행동'이 결론적인 단어임을 이미 감지하고 있을 것입니다. 무대에서 '행동'이란 도대체 무엇일까요?"

"선생님께서는 배우를 행동하는 사람이라고 하셨습니다. 저는 그 말씀을 움직이는 사람이라고 해석했습니다. 이때 움직인다는 것은 가만히 있지 않는다는 피상적인 의미가 아니라 무엇으로 인해 움직이는 것이라고 생각했습니다. 이때 무엇이 대상이라고 이해하고 있고요. 그리하여 이러한 대상 때문에 내가 움직인 다면 그것을 행동이라고 현재는 생각하고 있습니다."

제법 똑똑해 보이는 남학생이 자신의 생각을 또박또박 피력하자 다른 학생들이 함성을 지른다.

"자네 이름은?"

"감 무신입니다!"

이때 날렵해 보이는 남학생이 손을 번쩍 든다.

"저는 이렇게 생각하고 있습니다. 행동이란 어떤 상황으로 말미암아 배우로 하여금 움직이도록 하는 행위, 짓이라고 말입니다."

"자네는 이름이 뭐지?"

"양 승욱이라고 합니다!"

그는 큰 소리로 자신의 이름을 알린다.

"무신과 승욱의 의견에 얼추 동의합니다. 그런데 방금 이들의 말 속에는 '움직임', '행위', '짓' 등의 단어가 사용되었죠. 이처럼 행동과 유사한 우리말을 나열해 봅시다. 어떤 비슷한 단어가 있을까요?"

교육자가 학생들에게 질문을 던진다.

"동작도 있습니다."

덩치 좋은 남학생이 카랑카랑한 목소리로 대답한다.

"자네는 이름이 어떻게 되지?"

"손 기주입니다, 선생님!"

"오케이, 또한 외국어가 외래어로 된 말도 있죠. 제스처, 모션 등이 여기에 해당합니다. 행동과 유사한 우리말을 다시 한 번 나열해보면 행위, 움직임, 동작, 짓(거리), 제스처, 모션 등이겠죠.

우선 행위는 한자로 '行爲'이며, 영어로는 'activity', 'behavio(u)r' 등으로 쓰여

집니다. 이것의 사전적 의미는 몸짓, 움직임이라는 매우 넓은 의미이지만, 도의 道義를 판단할 수 있는 어떤 의식적인 움직임을 내포하고 있죠. 때때로 이 단어는 사회적, 정치적인 어떤 짓이라는 의미를 내포하기도 합니다. 또한 이것은 환경에서 유발되는 자극에 대하여 반응하는 유기체의 행동, 분명한 목적이나 동기를 가지고 생각과 선택, 결심을 거쳐 의식적으로 행하는 인간의 의지적인 언행, 윤리적인 판단의 대상이 되는 것이란 의미로 '행동'과 유사어로 사용할 수 있다고 우리말 사전에서 정의내리고 있습니다.

움직임과 짓(거리)은 순우리말인데, 영어로 'movement' 정도로 번역 가능합니다. 움직임과 짓(거리)는 사전적 의미로 몸짓을 뜻하며, 이것 또한 매우 넓은 의미로 사용되죠. 그런데 이 단어는 어떤 방향성을 가진 운동성을 내포하기도 해요. 일례로, '3.1운동'이나 '독립운동'의 영어식 표기는 'movement'를 써야만 합니다.

한편 제스처gesture나 모션motion은 이미 외래어이며, 전자의 사전적 의미는 의사표시를 돕기 위한 어떤 몸짓이나 손짓 등을 일컫고, 후자는 동작動作이라는 의미로 몸과 손발을 사용하여 움직인다는 사전적 의미를 내포하고 있습니다.

이제 행동에 대해서 얘기를 해봅시다. 행동은 한자로 '行動'이며, 영어로는 'action'이라고 번역됩니다. 이 단어 또한 몸짓, 어떤 움직임이라는 굉장히 넓은 의미로 사용되지만, 좁은 의미로는 자극에 대응하는 생물체의 반응 혹은 내분비선의 작용이나 상태를 나타내는 심리학적, 생물학적 움직임이라는 의미를 가지고 있다고 우리말 사전에서 정의하고 있어요.

우리의 선배인 스타니슬랍스키는 말년에 자신의 배우교육을 위한 시스템을 한 마디로 정의하기를 'физическое действие(피지치스코에 제이스트비에)'라고 말하고 있습니다. 이 단어의 한국어 번역은 '신체적 행동(행위)'으로, 영어 번역은 'physical action'에 해당합니다.

그런데 그는 행동을 뜻하는 러시아어 'действие'를 '무대적 목표를 가진 것'으로 이해해야만 한다고 강조합니다. 전에도 말했던 것처럼 '무대적'이란 현실이나 일상이 아니라는 의미이며, '목표'는 '~하기 위하여', '~(을)를 원하여', '~하고 싶은'이라는 의미를 담고 있는 단어죠. 그렇다면 '무대적 목표를 가진 것'이라는 의미를 내포하고 있는 행동의 러시아어 'действие(제이스트비에)'는 현실이나 실제가 아니지만 자신의 하고 싶음, 원함의 어떤 것이 무대에서 행위나 행동으로 드러나는 것이라고 할 수 있어요. 그러므로 러시아어 'действие(제이스트비에)'는 우리말의 사전적 의미로 보자면, '자극에 대하여 반응하는 유기체의 행동, 분명한 목적이나 동기를 가지고 생각과 선택, 결심을 거쳐 의식적으로 행하는 것'의 의미인 '행위'이거나 '자극에 대응하는 생물체의 반응 혹은 내분비선의 작용이나 상태를 나타내는 심리학적, 생물학적 움직임'의 의미인 '행동'으로 번역해야 할 듯합니다.

한편 러시아어 'действие(제이스트비에)'에 해당하는 영어 'action'은 우리말 사전적 의미로 '활동, 행동, 행위, 작용' 등으로 쓰이지만, 연기예술에 있어서는 '행동'이나 '행위'로 번역함이 타당합니다. 그런데 우리말 '행동, 행위, 동작, 움직임, 짓' 등의 단어는 상황이나 문맥에 따라 개연적 의미로 쓰여 지고 있어요. 러시아어 'действие'와 영어 'action' 또한 상황이나 문맥에 따라 우리말로 '행동, 행위, 활동, 작용, 짓' 등으로 번역 가능합니다. 아울러 러시아어 'действие'와 영어 'action'은 자국인의 정서에 따라서 의미가 미묘하게 달라진다는 것도 고려되어야만 합니다.

결론적으로 말해 스타니슬랍스키 배우교육 시스템의 키워드인 'физическое действие'는 영어로 'phycical action'으로 일관성 있게 번역되어 있지만, 우리말로는 '신체적 행동'이나 '신체적 행위' 어느 쪽으로도 번역 가능하다는 것입니다. 또는 '몸 행동'으로 쓰여도 무방할 듯 하고요. 내 말에 따라오고 있나요?"

몇 명의 학생들은 생각에 잠겨 있고, 몇 명의 학생들은 부지런히 메모를 하고 있다.

"오케이, 계속해보죠. 앞서 언급한 것처럼, 우리의 연기예술에 있어서 '행동(행위)'은 반드시 '무대적'이라는 단어를 전제로 쓰입니다. 그런데 '무대적'이란 허구이거나 이미 잘 알고 있는 것이어서 행동은 계획을 필요로 합니다. 따라서 허구이거나 이미 알고 있는 '무대적 행동'은 자신의 계획된 행동으로 의식화하여 반복 훈련을 통해 무의식적으로 행해지는 것이어야 하고요. 그렇다면 '무대적 행동'이란 스타니슬랍스키가 언급한 것처럼 '의식을 통한 무의식으로의 접근'이라는 결론에 도달하죠.

그런데 '무대적 행동'은 우리가 궁극적으로 해결해야 될 '살아 있음'과 같은 의미인 '즉흥', 영어로는 'improvisation'이라는 단어와 매우 밀접한 관련이 있다는 사실을 유념해야 합니다. 그 이유는 '무대적 행동'이란 배우 자신에 의해 끊임없이 찾고 수행되는 것이지만 침잠되거나 고정되어지는 것은 결코 아니기 때문입니다. 달리 말하면, '무대적 행동'이란 제시된 상황 속에서 자신이 무엇을 할 수 있는가에 대한 유연한 행동계획에 불과하다는 것입니다. 해서 이러한 유연한 행동계획은 시연 시 계획과는 달라질 수도 있다는 것을 의미합니다. 그렇다면 우리의 교육도구인 에튀드를 통해 드러나는 '무대적 행동'은 허구의 무대에서 '살아 있음'을 전제로 하고 있기에 즉흥과 떼려야 뗄 수 없는 관계에 놓여 있다고 할 수 있어요. 따라서 우리는 이러한 행동의 즉흥성을 획득하기 위해 총력을 기울여 훈련을 한다고 해도 과언이 아닙니다."

학생들은 생각에 잠겨 있다. 교육자가 잠시 말을 끊더니 학생들을 휙 둘러보고서는 자신의 말을 계속 이어간다.

"그렇지만 우리가 궁극적으로 추구해야 하는 즉흥은 글자 그대로의 즉흥이 아니라는 것도 인식할 필요가 있습니다. 즉 그것은 아무것도 준비되어 있지 않은 생짜배기이거나 날것으로써의 즉흥이 아니라는 사실이죠. 오히려 그것은 잘 준비되어 있거나 숙련되어 있어서 결국 의식을 통한 무의식으로의 즉흥이어야 합니다. 예를 들면, 이태리 코메디 델아르트 배우와 우리의 남사당패 연희자들의 즉흥이 여기에 해당한다고 할 수 있어요. 그들의 행동 기술은 너무나도 잘 준비되어 있어서 더 이상 의식의 도움을 받지 않습니다. 그들의 무대적 행동은 이미 무의식적으로 행해지기에 오히려 의식의 도움을 받아야 할 지경입니다. 하지만 여기에서 내가 강조하고 싶은 것은, 처음에는 의식의 절대적인 참여가 요구된다는 사실을 잊지 말아야 한다는 것입니다.

우리가 무대에서 논리적이고, 구체적이며, 경제적으로 수행해야 될 행동에 대해서는 차후의 에튜드 작업 때 여러분의 시연을 통해 보다 구체적으로 언급하도록 하겠습니다!"

교육자는 제법 긴 설명을 일단락하고서는 학생들을 둘러본다. 현정을 포함한 몇몇 학생들의 고개는 이미 아래위로 흔들거리고 있다.

연극예술에 관한 불변의 원칙

연기교육자가 실기실로 들어오자마자 화이트보드로 다가가더니 무언가 쓰기 시작한다. 학생들은 제각각 낮은 소리로 읽거나 눈으로 읽어 내려간다.

1. 연극예술에 대한 사명감
2. 집단작업으로써의 연극예술
3. 스태프에 대한 경외심
4. 상대배우에 대한 배려와 존경심
5. 연기수업에 대한 방향과 목표

교육자가 펜을 내려놓고 학생들에게 시선을 돌린다.

"연극은 예술입니까? 만일 그렇다고 답할 수 있다면, 그것은 어떤 사명을 띠어야 할까요?"

무신이 손을 반쯤 들더니 또박또박 답변한다.

"예술은 고상한 것이라고 생각합니다. 연극 또한 고상한 것이기에 당연히 예술이라고 생각하고요. 아울러 연극은 사람들에게 감동을 줍니다. 감동을 준다면 그것이야말로 사명감 아닐까요?"

"자네 이름은?"

"감. 무. 신. 이라고 합니다!"

무신은 교육자를 향해 자신의 이름을 음절마다 힘을 실어 전달한다. 다른 학생들이 소리 내어 웃는다.

"자네는 군대를 갔다 왔나?"

"네! 작년 5월 30일 기갑부대를 제대했습니다."

"구체적인 답변이군. 오케이! 무신의 말처럼 예술이 고상해야 한다면 혹은 고상한 것이 예술이어야 한다면, 고상하다는 것은 무엇이라고 생각하나요?"

교육자가 학생들에게 눈길을 옮기며 재차 질문을 던진다.

"아름다움, 미美아닐까요?"

키 작고 갸름해 보이는 여학생이 즉각 응수한다.

"무신 오빠가 얘기한 것처럼, 사람들에게 감동을 주는 것이요."

머리카락이 유난히 긴 여학생도 한마디 거든다.

"추한 것도 삶의 단편이라고 생각합니다. 그래서 추한 것도 아름답거나 고상할 수 있을 것 같습니다."

이목구비가 꽤 뚜렷해 보이는 남학생도 손을 들어 자신의 생각을 드러낸다.

"자네 이름은 무엇이지?"

"박 정태입니다, 선생님!"

교육자가 고개를 끄덕이더니 이내 말을 이어간다.

"여러분들의 생각에 부분적으로 동의합니다. '예술은 무엇인가?', '고상하다는 것은 무엇인가?'라는 복잡하고 어려운 해답 찾기는 차치하더라도 연극이 사람들에게 감동을 주어야 한다는 무신의 말에는 적극적으로 동의합니다. 하지만 그것이 사명감으로 채택되기에는 조금 빈약해보입니다.

예술은 분명 사람들에게 큰 영향을 줍니다. 그것은 예술이 사람의 인생과 세계관을 바꾸어 놓을 수도 있음을 뜻하겠죠. 즉 예술은 사람들에게 영향을 주어 그들을 계몽하거나 그들로 하여금 인생의 전환점이 되도록 한다는 것입니다.

 그런데 예술의 감동은 시대에 따라 변화되어 왔습니다. 일례로, 원근법과 색채가 등장함에 따라 미술은 무척 사실적이 되었습니다. 그 당시 사람들은 그것에 감동했어요. 그리고 2차 세계대전 이후 어느 갤러리에 폭격 맞은 변기통이 놓여 졌을 때 사람들은 그것을 보고 눈물을 흘렸습니다. 이렇듯 예술은 시대에 따라 감동을 달리 해왔습니다.

 그렇지만 예술적 감동은 일시적인 흥분이나 체함이 뚫리는 것은 결코 아닙니다. 예술적 감동이 한 사람의 사고와 인생을 바꿀 수 있는 것이라면, 그것은 자신의 자식을 다시 극장에 데려올 수 있는 그런 것일 겁니다. 연극이 예술로서의 사명감을 가진다는 것은 이처럼 개인의, 시민의, 국민의 정서에 영향을 주어 그들로 하여금 자신의 세계관을 형성시키는 것이라고 할 수 있겠죠.”

 그는 잠시 말을 멈춘다. 학생들이 그에게 주의를 기울이자 교육자는 그들을 한번 휙 바라보고서는 자신의 말을 계속 이어간다.

 “그렇다면. . . 우리의 작업은 실로 대단한 일이라고 할 수 있습니다. 그러므로 개인주의, 이타심, 무기력함, 예술인 척 하는 행위, 가식, 프로페셔널하지 못한 행동 등은 제거되어 마땅하겠죠.

 20세기 연극예술의 거장인 스타니슬랍스키는 ‘예술 속에서 자신을 사랑해야지, 자신을 위해 예술을 사랑하지 마십시오’라고 말한 바 있습니다. 그것은 자신을 위한 예술은 보여주기 위한 예술이며, 동시에 자신의 잘난 구석만 한껏 뽐내는 편협한 것임을 의미합니다. 우리는 이것 또한 분명 경계해야 합니다.”

 “그러면 예술은 자기만족을 배제해야 합니까?”

 뒤쪽에서 덩치 좋은 남학생이 외친다.

"모든 일은 자기만족을 전제로 하고 있습니다. 예술작업 또한 예외는 아닐 겁니다. 그것이 아무리 집단작업이라고 할지라도 일차적으로는 개인의 일이기 때문이죠. 따라서 자기만족이 없는 예술은 상상하기 힘든 일입니다.

그런데 이러한 개인 작업이 사회적으로 영향을 미치는 일이라면, 즉 예술 작업을 통해 불특정 다수인 관객을 만나는 일이라면 그것은 이미 사회성을 띨 수밖에 없습니다. 사회성을 띠고 있는 모든 예술작업은 원칙이 있어야 합니다. 우리의 연극예술도 마찬가지입니다. 이것을 나는 연극예술에 관한 불변의 원칙이라고 말하고 싶습니다."

덩치 좋은 남학생은 자신의 노트에 바지런히 뭔가를 적기 시작한다. 연기교육자는 학생들을 다시 한 번 빙 둘러보고 나더니 말문을 연다.

"연극예술은 집단예술입니다. 집단예술이란 무엇이죠?"

"그것은 개인 작업으로써의 예술이 아니라 연극이나 무용과 같이 무리로 만들어지는 예술입니다."

소희가 또렷한 목소리로 답하자 교육자는 고개를 끄덕이더니 학생들에게 또다시 질문을 던진다.

"그렇다면 집단예술은 무엇을 필요로 할까요?"

"타인에 대한 배려요."

"공동체 의식요."

"약속시간의 엄수요."

몇몇 학생들이 자신의 생각을 제각각 피력한다.

"동의합니다! 내가 알고 있는 피아니스트는 거장임에도 불구하고 아직도 하루에 3~4시간을 피아노와 씨름하고 있습니다. 지인인 만화가 선생은 항상 연필과 스케치북을 가방에 넣고 다닙니다. 하지만 그들은 대부분의 시간을 혼자서 작업하죠.

그런데 우리의 작업은 혼자서 작업해서는 될 일이 아닙니다. 간혹 혼자서 대본을 숙지하는 배우들이 있는데, 그들 중 많은 사람들이 무대에서 상대배우의 말을 듣지 않지요. 그래서 무대에서 자기 대사가 시작되기만 기다립니다.

우리의 연극예술은 앙상블을 최고의 목표로 삼아야 합니다. 연기는 앙상블이며, 공연은 앙상블의 모음입니다. 앙상블을 최고의 목표로 생각하지 않는다면 TV나 영화판으로 발길을 돌려야 할 것입니다. 물론 TV나 영화 또한 앙상블을 최고의 미덕으로 생각하고 있습니다만, 상대배우가 항상 자신의 눈앞에 존재하여 그와 끊임없이 무언가를 주고받는 게임을 하고 있는 연극예술과는 차원이 다릅니다.

또한 TV나 영화와는 달리 무대는 항상 '풀샷full-shot' 상태이기에 무대에 등장한 모든 사람들은 관객에게 완벽하게 노출되어 있습니다. 물론 무대조명으로 어느 정도 제약을 가하지만 카메라의 포커스와는 비교가 안 되죠. 그래서 TV나 영화에서 활동한 배우들이 무대에서 작업을 할 때 어려움을 호소하는 이유가 바로 그것입니다. 그렇다면 연극예술에 있어서 앙상블은 어떻게 가능할까요?"

" . . ."

학생들이 침묵하자 즉각 교육자가 끼어든다.

"일차원적이고 단순한 친절로써, 예의로써, 배려로써 앙상블이 이루어질까요? 내가 말하는 앙상블로써의 연극예술이란 허구의 무대에 내가 있고, 나로 인해 상대배우가 존재하고, 상대배우 때문에 내가 무엇을 정확하게 해낼 때 그것은 가능합니다. 단언컨대, 앙상블 예술이란 허구의 무대에서 '나는 상대배우 때문에 존재한다'라는 사실입니다. 물론 일차적인 예의, 친절, 배려심은 당연한 것이고요. 따라서 집단예술로써의 앙상블이야말로 연극예술에 있어서 불변의 원칙이라고 말해야 합니다.

한편 우리의 작업에는 많은 스태프staff들이 필요합니다. 연출, 무대미술, 조명, 음악, 음향, 의상, 분장, 소품, 기획과 홍보 등을 맡고 있는 사람들 말입니다. 그들은 우리와 어떤 관계이죠?"

교육자가 어떤 학생과 눈을 마주친다.

"그들 또한 우리들처럼 연극예술을 위해 그들만의 역할과 기능을 가지고 있는 사람들입니다."

교육자가 고개를 끄덕거린다.

"한편의 공연을 위해 배우와 스태프는 각자의 할 일이 있습니다. 하지만 스태프들의 노력과 고생이 무대에서 빛을 발하는 것은 결국 배우를 통해서입니다. 그들의 작업과 작품을 통해 우리는 마침내 무대에 서게 되는 것이죠. 만일 우리가 극장에 5분 늦게 도착한다면 모든 스태프들은 우리를 기다릴 것입니다. 그것은 스태프에 대한 경외심이 없는 것이라고 단언할 수 있습니다. 그렇죠?"

"네!"

학생들은 큰 소리로 화답한다. 교육자는 고개를 끄덕이더니 다시 힘차게 말문을 연다.

"어떤 일에서든 성실은 재능보다 우선되어야 합니다. 성실하지 않으면 우리의 집단예술은 불가능합니다. 이것을 특히 유의해야 합니다. 그래서 학교에서는 성실하지 않은 배우는 결코 용납하지 않아야 하고요. 만일 그가 나태함과 지각을 수월하게 생각한다면, 미래의 직업으로써의 연극작업을 위해 안타깝지만 싹을 잘라야 합니다. 성실! 이것 또한 나는 연극예술에 관한 불변의 원칙이라고 강조합니다. 오케이?"

"네!!"

학생들은 교육자의 다짐에 우렁차게 대답한다. 그는 빙그레 미소를 짓고서 계속 말을 이어간다.

"이러한 원칙 아래 우리의 작업은 크게 두 단계로 나누어 진행될 것입니다.

1학년 때는 무대에서 여러분 자신을 알아가고 찾아가며 자신을 발현하는 시기가 될 것입니다. 2학년 때는 1학년 때의 성과물을 바탕으로 다른 사람으로서의 삶을 살아가게 될 것이고요. 3학년 때는 저학년 때의 학습 성과를 토대로 장면 연극이나 졸업공연을 위한 장면작업을 하게 될 것이고, 4학년 때는 우리의 최종 목적지인 졸업공연을 하게 될 것입니다."

학생들의 눈망울은 초롱초롱하다. 교육자가 말을 멈추고서 학생들을 쭉 훑어보더니 빙그레 웃고 있다. 이내 그는 나지막하지만 힘 있는 목소리로 말한다.

"드디어 우리는 연기에 대한 우리의 작업을 본격적으로 시작해야 할 시점에 도달했습니다. 다음 시간부터 편한 복장으로 오길 바랍니다! 질문 있나요?"

"없습니다!"

학생들의 목소리는 우렁차며 의욕에 넘친다. 그들은 기지개를 활짝 켠다.

2
부

연기는 놀이다!

1

연기교육자가 실기실로 들어오면 학생들은 편한 복장차림으로 몸을 풀고 있다. 그가 윗옷을 벗어 책상에 걸쳐 놓고서 학생들에게 지시한다.

"모두 천천히 걸어 보세요!"

교육자의 지시에 따라 학생들은 실기실을 천천히 걷기 시작한다.

"뒷걸음으로도 걸어보고 옆걸음으로도 걸어 보세요! 단, 동료들과 부딪치지는 말고요."

학생들은 교육자의 또 다른 지시에 따라 앞으로, 뒤로, 옆으로 걸어 다닌다.

"앞으로, 뒤로, 옆으로 걸으면서 긴장된 신체부위가 있으면 풀고 편안하게 걸어 보세요. 그리고 얼굴, 어깨, 팔다리, 목 등을 가볍게 두드리면서 긴장된 부위를 의식적으로 풀어도 보고요."

학생들은 몸을 두드리거나 소리를 내면서 걷거나 뛰거나 한다.

"자, 이젠 배를 천장 쪽으로 향하게 하고 편하게 누워 보세요."

학생들은 마룻바닥에 가로 세로로 아무렇게나 편안한 자세로 눕는다.

"등, 허리, 엉덩이가 마룻바닥에 닿을 정도로 몸을 이완시켜 누워보세요. 몸을 흔들어 긴장된 부위를 털어서 신체부위가 최대한 마룻바닥에 닿도록 해보고요."

학생들은 온몸을 흔들어 긴장부위를 제거하며 마룻바닥에 몸을 최대한 밀착시키려 한다.

"오케이, 내가 말하는 부위만 긴장해보세요. 나머지 신체부위는 가능한 긴장하지 않도록 하고요. 눈!"

학생들은 눈 부위에 힘을 주며 부릅뜬다.

"풀고, 왼팔!"

학생들은 왼팔에 힘을 잔뜩 준다. 교육자는 학생들 사이를 돌아다니며 그들의 왼팔을 제외한 어깨, 배, 얼굴 등을 가볍게 치거나 주무르며 긴장을 제거시킨다.

"풀고, 오른발!"

학생들은 오른발에만 긴장을 하려고 애쓴다. 교육자는 어떤 남학생의 왼발을 마사지하듯 주무른다.

"풀고, 온몸!"

학생들이 누운 자세로 온몸에 힘을 잔뜩 주자 그들의 몸은 활처럼 휘어진다.

"오케이, 몸을 털어서 긴장을 제거하세요! 그리고 뒤집어 누워보세요."

교육자의 지시에 학생들은 온몸을 흔들어 긴장을 풀며 뒤집어 눕는다.

"온몸을 털어서 긴장을 제거하고 뺨을 마룻바닥에 편하게 대어 보세요."

학생들은 온몸을 털어 이완한 채로 마룻바닥에 축 늘어져 있다. 교육자가 돌아다니며 학생들의 팔, 다리, 손가락 등을 집어 올렸다가 떨어뜨린다. 몇몇 학생들에게는 다리를 문지르거나 목을 툭툭 쳐대며 긴장을 풀라고 지시한다.

"목부터 시작해서 각각의 신체부위를 긴장시켰다가 천천히 이완시키면서 내려와 보세요."

학생들은 최상단 신체부위부터 발가락까지 천천히 긴장과 이완을 반복하며 내려온다. 한동안 실기실은 정적 상태다.

"자, 앉아보세요."

학생들은 기지개를 켜며 자리에 앉는다.

"네 발 자세로 엎드린 다음 허리는 위로 천천히 둥글게 말아 올리면서 머리는 가슴팍으로 천천히 숙이면서 둥글게 말아보세요. 그러고 난 다음에는 반대로 머리는 위로 천천히 들면서 허리는 밑으로 내려 보세요. 이때 팔은 굽히지 말고요!"

학생들은 교육자의 시범에 따라 허리를 둥글게 말아 위로 올리면서 고개는 상체 쪽으로 파묻는다. 그리고 반대로도 실시한다. 그 모습은 마치 고양이가 몸을 오므렸다 기지개를 켜는 듯하다.

"이번에는 이 동작을 나의 박수소리에 맞춰 최대한 빠른 속도로 해보세요. 짝!"

교육자의 박수소리에 맞춰 학생들은 재빠르게 허리를 올리고 고개를 숙인다.

"짝! . . . 짝! . . . 짝! . . . 짝! . . . 짝!"

교육자의 일정한 박수소리에 맞춰 학생들은 빠른 속도로 허리와 고개를 올렸다 내렸다 하며 반복한다.

"이번에는 파트너를 정해 한 사람은 엎드린 사람의 엉치뼈 부분에 앉아보세요. 그리고 엎드린 사람은 파트너를 태우고 방금 한 동작을 천천히 반복해보세요! 그러고 난 후 조금 빠르게 해보고요! 절대 무리는 하지 마세요!"

학생들은 교육자가 제시한 과제를 진지하게 수행하고 있다. 어떤 남학생이 여학생을 허리에 태우고 힘들어하자 교육자는 여학생에게 발을 바닥에 닿아 힘을 덜어주라고 지시한다.

"오케이! 이제 자기 방이라고 생각하고 편안하게 누워서 마음껏 기지개를 켜보세요, 활짝!"

학생들은 고함소리를 지르며 기지개를 마음껏 켠다.

"편안하게 누워서 눈동자를 이리저리 굴려 보세요. 그리고 입술 또한 둥글게 말아 앞, 옆, 위, 밑으로 돌려보고요."

교육자의 새로운 과제에 학생들은 눈동자와 입술을 이리저리 굴리기 시작한다.

"이번에는 양손바닥을 싹싹 비벼 열을 일으켜 얼굴 가까이 대 보세요. 그리고 아주 소중한 물건을 만지듯이 자신의 얼굴을 비벼 주세요."

학생들은 양손바닥을 비벼 자신의 얼굴에 갖다 대며 아주 조심스럽게 어루만진다.

"이제 열손가락 끝으로 자신의 얼굴뼈를 톡톡 두드려 보세요."

교육자의 지시에 그들은 마사지하듯 자신의 얼굴을 정성스럽게 두드린다.

"오케이! 이제 서보세요. 척추를 곧추 세우고 어깨를 활짝 펴고요. 누군가가 위에서 자신의 머리카락을 잡아당기듯 목을 위로 쭉 뻗어 보세요."

학생들은 자세를 곧추세우고 목을 위로 한껏 뻗는다.

"이번에는 혓바닥을 앞으로 최대한 쭉 빼고 난 다음 안으로 최대한 말아 넣어 보세요. 또 혓바닥을 옆으로 세워보거나 360도로도 회전시켜 보고요. 반대방향으로도 해보세요. 그리고 혓바닥을 이빨로 살짝 깨물어 보기도 하고요."

학생들은 교육자의 지시대로 과제를 차례차례 수행한다.

"오케이, 이제 가슴만 둥글게 돌려보세요. 그리고 난 후에 골반만 둥글게 돌려보고, 무릎 관절만 시계방향으로 돌려보고 또한 반대방향으로 돌려보고, 발목도 천천히 돌려보세요."

"이제 팔을 앞으로 옆으로 크게 돌려보고 팔꿈치 관절, 손목 관절만 둥글게 돌려보세요."

"자, 툭툭 털고! 앉았다가 위로 최대한 솟구치듯 뛰어 보세요. 팔도 쭉 뻗어 마치 천장에 닿을 듯이 말입니다."

그들은 교육자의 연속적인 과제들을 하느라 이마에 땀방울이 송골송골 맺혀 있다.

"오케이, 이번에는 아주 천천히 걷다가 조금씩 빨리 걸어 경보 수준까지 걸어 보세요. 그리고 난 후 천천히 걷다가 멈추세요."

학생들은 처음에는 슬로우 모션으로 걷다가 점점 빨리 걷는다. 그러다가 점차 속도를 늦춰 멈춰 선다.

"오케이, 이번에는 소리까지 첨가해볼까요? 아주 천천히 걸을 때는 아주 작은 소리로, 점점 빠르게 걸으면 소리 또한 커지는 겁니다. 반대로 할 때는 소리도 점점 작아집니다. 시작하세요!"

학생들은 아주 천천히 걷기 시작하며 소곤댄다. 실기실은 점점 고함소리가 나다가 다시 조용해진다.

"오늘은 여기까지 할까요? 수고했어요!"

교육자가 빙그레 웃으며 실기실을 나서자 학생들은 마룻바닥에 벌러덩 드러눕는다.

2

"모두 나와서 둥글게 서보세요!"

수업이 시작되자 교육자가 실기실로 들어서서 몸을 풀고 있던 학생들에게 지시하면 그들은 재빨리 원형으로 선다.

"자, 웅크리고 앉아서 내부에 가상의 한 점을 만들어 보세요. 그리고 이 점이 점점 커짐에 따라 몸도 점점 확장됩니다. 즉 내부의 점이 점점 커짐에 따라 몸도 점점 확장되는 겁니다. 그리고 점과 몸이 최대한 확장되면 멈추고요. 이제 이 점은 점점 작아집니다. 점이 점점 작아짐에 따라 몸도 점차 축소됩니다. 처음의 내부의 한 점으로 돌아오면 몸도 웅크린 자세로 돌아와요. 이해되었나요?"

교육자의 시범과 설명을 들으며 학생들은 고개를 힘차게 끄덕거린다.

"시작해볼까요?"

학생들은 잠시 웅크리고 있다가 천천히 무릎과 상체를 펴면서 일어선다. 그들은 가슴을 팽창시키고, 양손을 천천히 들어 올려 몸을 점점 확장시켜 나간다. 고개와 발뒤꿈치도 점점 높이 들어 최대한 몸을 크게 만든다. 그리고 일시 정지한다. 잠시 후에 그들은 조금씩 몸을 축소시켜 나간다. 발뒤꿈치를 천천히 내리고, 양팔은 오므라들고, 목은 점점 아래로 숙여진다. 마침내 그들은 쪼그라들 대로 쪼그라들어 마룻바닥에 웅크린 상태로 돌아온다.

"오케이, 이번에는 내부의 한 점을 최대한 빨리 키웠다가 재빨리 작게 만들어볼까요? 그리고는 이 동작을 반복해볼게요. 시작!"

학생들은 웅크린 자세에서 신속하게 몸을 확장시켰다가 이내 처음의 자세로 되돌아온다. 반복해서 그들은 이 일을 한다.

"오케이! 온몸을 털어 긴장을 제거하세요."

교육자의 지시에 따라 학생들은 손과 손목, 팔과 다리를 흔들거나 목을 돌리거나 폴짝 뛰며 긴장을 푼다.

"자, 둥글게 다시 서보세요! 이번에는 천천히 시계방향으로 돌다가 점점 빨리 돌아 경보수준까지 걸어 보세요. 단, 앞 사람과의 간격은 처음과 같이 일정하게 유지해야 해요. 그리고 난 후에 속도를 늦추고 다시 천천히 걷다가 원 상태로 돌아와 멈춰 서보세요. 이때 앞 사람과의 간격이 처음처럼 일정하게 유지되어 있는지 확인해보고요. 이해됐으면 시작해볼까요?"

학생들은 천천히 시계방향으로 돈다. 그들은 조금씩 속력을 내며 걷기 시작한다. 그들의 걸음걸이는 점점 빨라져 거의 경보 수준으로 걷기 시작한다. 그러나 앞사람과 뒷사람의 간격은 일정치 않다. 다시 속력을 낮춰 걸으면서 그들은 간격을 일정하게 맞추려고 애쓴다. 이제 속도는 완연히 느려져 거의 슬로우 모션이다. 마침내 그들은 멈춰 선다.

"앞과 뒤의 간격이 거의 엉망이 되었군요. 최대한 집중하여 앞 사람과의 간격을 일정하게 유지하며 이 과제를 해보세요."

학생들이 앞사람과 뒷사람을 쳐다보며 쑥덕거리자 교육자가 또 다른 과제를 제시한다.

"오케이, 다시 둥글게 서볼까요? 이번 과제는 좀 더 집중을 요구하는 것입니다. 전체를 살피면서 해야 해요. 내가 앉고 일어서는 속도와 비례해서 앉았다가 일어서야 합니다. 빨라서도 늦어도 안 됩니다. 나를 포함한 11명이 하나의 동작으로 움직여야 합니다. 이해되었나요?"

"네!"

학생들은 큰 소리로 외친다.

"시작해볼게요!"

교육자는 잠시 가만히 서있다. 이내 그는 천천히 무릎을 굽히며 밑으로 내려간다. 학생들 또한 그를 곁눈질하며 천천히 내려간다. 교육자는 완전히 앉아서 잠시 가만히 있다. 이제 그는 천천히 무릎과 허리, 어깨, 목을 펴며 일어서기 시작한다. 학생들도 그와 호흡을 같이하며 천천히 일어선다. 완전히 직립한 상태에 이르면 교육자는 잠시 서있다. 학생들도 그와 같이 서있다.

"오케이! 남학생들은 의자를 10개 가져와서 두 줄로 놓아보세요. 앞에 5개, 맞은편에 5개를 놓으면 돼요."

남학생들은 교육자의 지시에 빠른 동작으로 움직인다.

"모두 의자에 앉아보세요. 이번 과제는 리더 없이 임의의 사람에 의해 같은 속도로 일어서고 앉아야 합니다. 전의 과제와 마찬가지로 한 사람처럼 일어났다 앉아야 합니다. 서두르지 말고 천천히 해보세요. 준비되면 시작해볼까요?"

학생들은 잠시 숨을 고르고 난 후 천천히 일어선다. 그러나 어떤 학생은 여전히 앉아있다. 점점 그들의 높낮이는 들쑥날쑥하다. 한 학생이 완전히 섰을 때 다른 학생들은 여전히 일어서고 있는 중이다. 어떤 학생은 아직 무릎도 펴지지 않은 상태다.

"스톱! 둥근 원이 아니기에 아마 집중하기가 쉽진 않을 겁니다. 그렇지만 최대한 집중하여 다른 사람과 함께 움직여 보도록 하세요. 다음 시간에 이 과제는 또 해보도록 할게요. 자, 긴장을 풀고 천천히 걸으세요."

학생들은 의자를 치우고 난 후 몸을 이리저리 흔들며 천천히 걷기 시작한다. 교육자가 소리친다.

"바를 향해 일렬로 돌아서보세요. 내가 누군가에게 '야!'라고 외치면, 이 소리가 자신을 부르는 소리라고 느낀 사람만 뒤돌아서서 확인하세요. 오케이? 뒤돌아서세요."

학생들이 뒤돌아서면 교육자가 어떤 학생을 향해 '야!'라고 소리친다. 그러자 서너 명의 학생들이 뒤돌아본다. 그 중 한명에게 교육자가 맞추었다고 손짓한다.

"다시 뒤돌아서서 집중해서 들어보세요."

학생들은 뒤돌아서서 집중하려고 애쓴다. 교육자가 다시 어떤 학생에게 '야!'라고 소리치자 대여섯 명의 학생들이 뒤돌아선다. 이번에는 교육자가 소리를 보낸 학생은 뒤돌아서지 않았다.

"다시 한 번 해볼까요? 최대한 집중해서 내가 부르는 소리를 받았는지 점검해보세요. 돌아서세요!"

교육자는 두어 걸음 뒤로 물러나서 목을 쭉 빼고 어떤 여학생에게 소리를 던진다. 그 여학생은 잠시 머뭇거리다가 뒤돌아선다.

"오케이, 정확하네요! 다음 시간에는 좀 더 멀리 떨어져서 소리를 보내도록 하죠. 오늘 수업은 여기까지 합시다!"

3

교육자가 실기실로 들어서자마자 앉아 있거나 누워 있는 학생들을 향해 소리친다.

"모두 일어서서 원형으로 서보세요!"

학생들은 원형으로 서서 서로를 쳐다보고 있다. 교육자가 일정한 간격으로 박수 네 번을 친다.

"한 번 더 잘 들어보세요!"

교육자가 다시 일정한 간격으로 박수 네 번을 친다. 학생들은 고개를 끄덕인다.

"오케이? 박수소리가 시계방향으로 한 바퀴만 돌아가도록 해볼까요? 나부터 시작하겠습니다. . . . 짝!"

교육자 옆에 있는 학생이 일정한 간격 후에 '짝'하고 박수를 친다. 그 다음 학생도 '짝'하고 박수를 치고, 그 다음 다음 학생도 일정한 간격에 맞춰 박수를 친다. 대 여섯 명으로 박수가 전달되자 연기교육자는 "잠깐만요!"라고 말하며 끊는다.

"조금씩 박수의 간격이 빨라지는 걸 느낍니까?"

학생들은 고개를 힘껏 끄덕거리며 동의한다.

"다시 한 번 잘 들어보세요."

교육자가 전과 같이 일정한 간격으로 박수 네 번을 친다.

"오케이? 다시 한 번 시계방향으로 한 바퀴만 돌아보겠습니다. . . . 짝!"

옆의 학생이 '짝'하고 치고 이어서 다음 학생이 일정한 간격으로 박수를 친다. 일정한 간격의 박수소리가 돌아 마침내 교육자의 차례까지 도착한다. 교육자가 '짝'하고 박수를 친다.

"이번에는 비교적 정확하군요. 오케이, 뒤로 돌아보세요. 박수소리를 잘 들어 보고 이번에는 시계반대방향으로 한 바퀴만 돌아가 봅시다. 뒤로 돌아서 있기에 소리를 더욱 집중해서 들어야 할 겁니다."

교육자는 전보다 훨씬 느린 간격으로 네 번의 박수를 친다.

"오케이? 나부터 시작하겠습니다. . . . 짝!"

'짝' .... '짝' ..... '짝' ...... '짝' .....

"스톱! 박수의 템포와 리듬이 들쑥날쑥한 것을 느낍니까? 집중해서 들어보세요. 자, 다시 들어보세요!"

교육자는 아까와 같은 박자로 느리게 네 번의 박수를 친다. 학생들은 고개를 힘껏 끄덕인다.

"나부터 출발합니다. . . . 짝!"

'짝' .... '짝' .... '짝' .... '짝' .... '짝' ......

"좋아요. 이번에는 그 상태에서 눈을 감아보세요. 박수는 일정하게 반복되기 때문에 템포와 리듬에 주의를 기울여 잘 들어 보세요. 이번에는 시계반대방향으로 두 바퀴만 돌아가 봅시다."

교육자는 이전보다 훨씬 빠른 간격으로 네 번의 박수를 친다.

"나부터 시작하겠습니다. . . . 짝!"

'짝' .. '짝' .. '짝' .. '짝' .. '짝' .. 교육자의 차례까지 박수가 도착한다. '짝' .. '짝' .. '짝' .. 두 바퀴 째의 박수가 교육자에게 도착한다.

"오케이! 이제 제법 정확하네요. 자, 다시 한 번 박수소리를 들어보세요!"

교육자는 일정한 간격으로 네 번의 박수를 친다.

"이번에는 방금 친 박수의 템포와 리듬으로 발로 바닥을 일정한 간격으로 네 번 굴려볼게요."

그는 발로 바닥을 '쿵 .... 쿵 .... 쿵 .... 쿵 ....'하고 굴린다.

"잘 들었나요? 발뼉의 템포와 리듬을? 아까보다는 조금 복잡한 과제입니다. 손뼉은 시계방향으로 돌아가고, 발뼉은 시계반대방향으로 돌아서 한 바퀴만 돌아볼까요?"

교육자가 손뼉과 발뼉을 동시에 치며 시범을 보인다.

"이해되었나요?"

학생들은 고개를 끄덕거리며 손목과 어깨를 돌리면서 집중하기 시작한다.

"아마 중간쯤 엇갈리는 지점에서 조금 더 집중을 필요로 할 겁니다. 시작해볼까요? 나부터 출발합니다."

교육자는 손뼉과 발뼉을 동시에 친다. 손뼉은 일정한 간격으로 시계방향으로 돌고, 발뼉은 시계반대방향으로 돌아간다. 중간지점을 지나자마자 손뼉과 발뼉은 허물어진다.

"집중해보세요. 그다지 어려운 과제가 아닙니다. 다시 한 번 해볼까요? 만일 이번에도 안 되면 이 과제는 포기하겠습니다."

교육자가 너스레를 떨자 학생들은 함성을 지르며 파이팅을 외친다.

"오케이! 그러면 두 바퀴 돌아볼까요? 조금 더 집중하세요. 두 번째로 겹치는 부분에서 더욱 집중하길 바랍니다. 박수의 템포와 리듬 또한 지키길 바랍니다. 자, 나부터 출발합니다!"

교육자가 손을 부비며 준비동작을 하자 학생들은 큰 소리로 파이팅을 외친다. 교육자는 손뼉과 발뼉을 동시에 친다. 시계방향으로 손뼉, 반대방향으로 발뼉이 일정한 간격으로 돌아간다. 첫 번째 겹치는 부분을 넘어서도 손뼉과 발뼉은 순탄하게 진행된다. 그러나 두 번째 겹치는 부분을 통과하자마자 손뼉과 발뼉의 템포와 리듬이 허물어진다. 학생들은 '아!'하고 탄성을 지른다. 교육자가 빙그레 미소를 짓고 있다.

"처음치곤 나쁘지 않아요. 다음 시간엔 좀 더 다양하게 여덟 박자, 열여섯 박자, 서른 두 박자에 맞춰 해봅시다. 아마 쉽지 않은 과제가 될 겁니다. 자, 몸을 털고 천천히 걸어 보세요!"

학생들은 온몸을 흔들어 긴장을 제거하며 천천히 걷기 시작한다.

"걸으면서 긴장된 부위가 있으면 푸세요. 눈, 입, 턱, 어깨, 팔 등의 긴장된 부위를 의식적으로 풀어보세요. 두드려도 좋고, 뛰어도 괜찮고, 소리를 내도 관계없습니다."

학생들은 각자의 방식으로 긴장된 신체부위를 이완하며 걷거나 뛰거나 소리 지른다.

"계속 걸으면서 내 말만 듣고 실행해보세요. 두 번 말하지 않도록 하세요. 내가 '하나!'라고 말하면 소리 나는 곳을 향해 정확하고 신속하게 오른손 검지로 지시하세요. 이때 지시한 팔은 쭉 뻗고 상체는 활짝 열어 놓고요. 그리고는 스톱 모션을 취하면 됩니다. 이해했나요?"

"네!"

"계속 걸으세요."

잠시 후에 교육자가 외친다.

"하나!"

학생들은 교육자가 외친 소리 나는 곳을 향해 손가락으로 지시한다.

"왼손으로 지시하거나, 검지가 아닌 다른 손가락으로 지시하거나, 상체를 구부려서 지시한 사람이 있어요. 그리고 엉뚱한 방향으로 지시한 사람도 여럿 있네요. 그리고 지금보다는 훨씬 빠르게 지시해야만 합니다. 다시 해볼까요? 걸으세요!"

학생들이 온 몸을 흔들어 긴장을 제거하며 다시 천천히 걷기 시작한다. 잠시 후 교육자가 큰 소리로 외친다.

"하나!"

학생들은 아까보다는 빠르게 소리 나는 곳을 향하여 오른손 검지로 지시한다. 그리고 그들은 정지 자세다.

"더 빠르게 지시해보세요. 그리고 만일 오른손 검지에서 레이저가 발사된다고 가정한다면, 앞의 방해물을 피해 수단과 방법을 가리지 말고 지시하도록 해보세요. 눈과 목, 어깨에 힘은 빼고요. 눈은 마치 튀어 나올 듯하고, 어깨는 깁스를 한 듯해요. 오른손 검지에만 적당한 긴장을 가져보세요. 다시 해볼까요? 걸으세요!"

교육자는 빠르게 설명하고 나더니 이내 전보다는 훨씬 크게 외친다.

"하나!"

학생들은 다른 학생들을 피해 구부리거나, 앉거나 혹은 누워서 소리 나는 곳을 향해 오른손 검지로 신속하고 정확하게 지시한다. 교육자는 학생들의 정지된 형태를 이리저리 유심히 살핀다.

"이제 제법 무대 위에 있는 것 같군! 자, 긴장을 풀고 걸으세요. 이제는 조금 더 소리에 집중을 해야만 할 겁니다."

학생들은 숨을 고르며 전과 마찬가지로 집중해서 걷고 있다. 한참 후에 교육자는 바닥에 누워 "하나!"라고 외친다. 학생들은 교육자의 소리를 찾아 갈팡질팡한다. 그들의 오른손 검지는 여러 방향으로 향해있다.

"풀고 걸으세요. 하나!"

교육자는 책상 위에 올라서서 외친다. 이번에도 학생들은 교육자의 소리를 찾느라 부산하다. 그들의 검지 또한 여러 방향으로 향해있다.

"풀고 또 걸으세요. 하나!"

이번에는 교육자가 소리를 외치고 난 후에 돌아다닌다. 학생들의 검지는 교육자를 따라다닌다.

"또 걸으세요. 일!"

학생들은 엉거주춤한 자세로 교육자를 지시하거나 서로를 쳐다보며 허둥댄다.

"소리가 난 방향이 위인지 아래인지, 소리가 돌아다니는지 아닌지 빨리 판단해야 합니다. 또한 '하나!'라는 소리에 지시를 할 것인지 '일!'이라는 소리에 지시를 할 것인지도 재빠르게 판단해야만 합니다. 잘 들어보세요. 좀 더 주의를 기울여서 말입니다. 주의를 가져야 할 범위를 확대시킬 필요도 있을 겁니다.

여러분들은 이미 무대에 서 있습니다. 무대는 신속하고, 빠르고, 정확하고, 냉정한 판단을 요합니다. 멍하고 게으른 배우는 무대에서 가장 꼴불견입니다.

처음이기에 주의를 가지고 집중하기 힘들지만 몇 번 해보면 이것들은 자연스럽게 해결되리라 봅니다. 오케이, 이 과제는 다음 시간에도 해볼게요."

"네!"

학생들은 일제히 큰 소리로 응답한다.

4

수업이 시작되면 이전 수업과 마찬가지로 학생들은 교육자의 지시에 따라 신체 각 부위별로 긴장과 이완하기, 뒤돌아서서 소리받기, 손뼉/발뼉 돌리기, '하나!'의 구령소리에 맞춰 소리 난 곳을 손가락으로 지시하기, 박수 돌리기 등을 수행하고 있다. 이제 박수 돌리기는 한 바퀴가 아니라 다섯 바퀴까지 돌아간다. 연기실습실은 10여분 동안 어떤 소리도 들리지 않고 박수소리만 들린다.

"제법 지속적으로 주의를 기울여 집중할 수 있는 능력을 갖춘 것 같군요. 조금 쉬었다가 할까요?"

"네!"

학생들은 한숨을 내쉬며 합창한다. 교육자가 복도로 물을 마시러 나가자 소희가 뒤따라 나온다.

"선생님, 질문 하나 해도 될까요?"

교육자는 물을 마시며 고개를 끄덕인다.

"이런 훈련이 연기와 어떤 연관이 있는지 궁금해요."

교육자가 미소 지으며 소희를 바라본다.

"더러는 설명보다 몸으로 해보면서 체득하는 것이 좋을 때가 있지. 특히 우리의 일은 더욱 그럴 때가 많거든. 곧 얘기하려고 했는데, 성격이 급하거나 아니면 똑똑한 친구군.

간단히 말해서, 우리의 목표는 무대에서 행동기술을 터득하는 데 있지. 이 말에 대해서는 수업이 진행됨에 따라 좀 더 자세히 설명할 테니까, 그래서 우리의 현 단계는 행동을 위한 세부항목을 단계로 배우는 것이야. 이것을 우리는 '행동을 위한 요소훈련'이라고 부르지.

'행동을 위한 요소훈련'은 긴장과 이완, 주의 집중, 감각, 상상력, 관계치환, 행동의 정당성 등이 있어. 이것들은 지금처럼 마치 놀이나 게임처럼 진행될 거야. 그러면 자신도 모르는 사이에 서서히 허구의 무대에 있게 되거든. 즉 자신도 모르게 거짓덩어리인 무대라는 공간에서 무엇을 하게 된다는 말이지. 따라서 지금 하고 있는 이러한 훈련은 우리의 목표인 무대적 몸을 만드는 과정이라고 할 수 있어.

대충 이 정도로만 얘기하고, 우선 몸으로 부딪혀 보는 게 좋을 것 같은데? 나와 자네의 동료들 그리고 자네 자신을 믿고 말이야."

"네!"

소희는 해맑게 웃으며 또랑또랑한 목소리로 응답한다. 교육자가 실기실로 들어서며 학생들에게 외친다.

"자, 천천히 걸어보세요. 긴장된 부위가 있으면 의식적으로 풀고요. 그리고 내 말을 정확히 듣고 실행해보세요. 내가 10초를 셀 겁니다. 10초 안에 자신의 몸으로 이 연습실을 가득 메우세요. 온몸에서 방사선이 투사된다고 가정하고, 최대한 몸을 확장시켜 여러 방향으로 빛을 투사해야 할 겁니다. 이때 방사선이 동료와 중복된 곳이 없게 빼곡히 이 연습실을 메꿔야만 해요. 최대한 빨리 동료를 살펴보고 방사선을 발사하여 이 공간을 메워야 할 겁니다. 그리고 난 다음 스톱하세요! 이해되었나요?"

"네!"

학생들은 우렁차게 소리친다.

"시작! 하나, 둘, 셋. . ."

학생들은 빠른 동작으로 움직이며 자리를 찾아 최대한으로 공간을 메우려

애쓴다.

"여덟, 아홉, 열. 스톱! 왼쪽 천장에는 아무도 방사선을 보내고 있지 않네요. 그리고 중간지점은 여러 명의 빛이 중복되어 있어 비효율적이고요. 자네는 왼팔과 오른팔이 180도로 벌려 있어서 한 방향으로만 빛이 투사되고 있어. 다시 한 번 해볼까요? 시작! 하나, 둘, 셋. . ."

교육자가 빠르게 설명하고 난 후에 다시 과제를 던지자 학생들은 아까와는 달리 더욱 민첩하게 움직인다. 그들은 동료의 위치와 형태를 재빨리 살피기 시작한다. 그리고는 몸을 확장시켜 다른 동료들과 중복되지 않는 곳으로 방사선을 보내고서 정지한다.

"아홉, 열. 스톱!"

교육자는 학생들 사이사이를 지나다니며 꼼꼼히 살핀다.

"훨씬 좋아요! 자, 풀고 천천히 걸으세요. 이번에는 5초의 시간을 줄게요. 아까보다는 훨씬 빠르고 정확하게 동료들을 보며 움직여야 할 겁니다. 시작! 하나, 둘, 셋, 넷, 다섯. 스톱!"

학생들이 일사불란하게 움직여 그들의 방사선은 거의 연기실습실을 꽉 메우고 있다.

"나쁘지 않아요! 이번에는 3초로 가겠습니다. 시작! 하나, 둘, 셋. 스톱!!"

학생들은 우왕좌왕 하며 아직 자리도 정확히 찾지 못한 상태다.

"내가 여러분을 너무 과대평가한 것 같군요."

"선생님!!!"

학생들은 헐떡이며 교육자를 향해 고함을 지른다. 교육자가 빙그레 웃고 있다.

"오케이, 천천히 걸으세요. 긴장된 부위가 있으면 풀고요. 내일은 2초로 해보겠습니다."

학생들의 탄식 소리가 여기저기서 들린다. 교육자는 그들의 소리에 아랑곳

하지 않고 또 다른 과제를 제시한다.

"이번에도 내 말을 잘 듣고 실행해보세요. 내가 '하나!'라고 말하면 아주 천천히 걸으세요. '둘!'이라고 말하면 천천히 걷고요. '셋!'이라고 말하면 보통 걸음으로 걸으세요. '넷!'이라고 얘기하면 빠르게 걷고, '다섯!'이라고 말하면 경보로 걸으세요. 알겠습니까?"

"네!"

학생들은 소리 높여 화답한다.

"하나!"

교육자가 낮은 소리로 말하자 학생들은 최대한 천천히 걷기 시작한다.

"여러분의 뼈와 근육이 어떻게 움직이는지 인지하면서 걸어 보세요."

학생들은 생각을 하며 아주 천천히 걷고 있다.

"둘!"

학생들은 느리게 걷는다.

"셋... 하나...... 다섯... 하나..... 넷... 둘.. 다섯...... 하나! 재빨리 몸의 밸런스를 잡아야 합니다."

교육자의 연이은 과제에 학생들은 숨을 몰아쉰다.

"자, 풀고 또 천천히 걸으세요."

학생들은 어깨를 돌리거나 손목을 흔들어 긴장을 제거하며 천천히 걷기 시작한다.

"벽에 걸려 있는 시계를 보고 초침이 어떻게 흐르는지 보세요. . . . 초시계의 템포와 리듬을 알겠습니까?"

학생들은 시계의 초침을 보며 손뼉으로, 발로, 몸으로 리듬을 타기 시작한다. 교육자가 과제를 제시한다.

"만일 내가 '33!'이라고 말하면 정확하게 33초를 헤아렸다가 스톱하면 돼요.

이해되었나요?"

"다시 한 번 말씀해주세요, 선생님?"

뿔테 안경을 낀 학생이 큰 소리로 질문한다.

"자네 이름이 뭐지?"

"손 기주입니다!"

"두 번 말하지 않도록 해주세요, 기주! 잘 들으세요. 만일 내가 '47!'이라고 말하면 자네는 마음속으로 47초를 헤아렸다가 스톱을 하면 돼. 오케이?"

"네!"

기주는 고개를 끄덕이며 큰 소리로 대답한다.

"천천히 걸으세요!"

교육자가 시계를 쳐다보며 외친다.

"21!"

학생들은 걸으면서 마음속으로 21초를 헤아린다. 교육자는 잠시 후에 시계를 보며 스톱을 외친다.

"뿔테 안경, 자네가 멈췄을 때는 몇 초였지?"

"기주입니다, 선생님! 17초입니다."

기주가 자신의 이름을 크고 또박또박하게 대답하자 학생들은 소리 내어 웃는다.

"저기, 키 큰 여학생, 자네는 몇 초니?"

"소희예요! 선생님! 15초요."

소희 또한 자신의 이름을 큰 소리로 외친다. 학생들은 소희의 다부진 대답에 웃음을 터뜨린다.

"다시 한 번 벽에 걸려 있는 시계의 초침을 잘 보세요."

학생들은 벽시계 쪽으로 가서 아까와는 다르게 더욱 주의를 가지고 초침을 헤아리기 시작한다.

"오케이! 걸으세요!"

교육자의 지시에 학생들은 걷기 시작한다. 그들의 표정은 진지하다.

"59!"

학생들은 아까와는 다른 집중을 보이며 제각각 초를 마음속으로 헤아리며 걷고 있다. 잠시 후 몇몇 학생들은 멈추었지만 대부분의 학생들은 아직도 걷고 있다. 이내 대부분의 학생들은 멈추었지만 몇몇 학생들은 아직도 걷고 있다.

"스톱! 지금이 정확히 59초입니다."

교육자는 바로 옆에 있는 학생을 바라본다.

"자네가 멈췄을 때 초침은 47초를 향해 가고 있었어. 무려 12초의 차이가 있었지! 그리고 저기에 있는 학생은 몇 초였지?"

덩치 좋은 남학생은 "49초였습니다!"라고 큰 소리로 답한다.

"아직 10초나 남았군!"

교육자의 답변에 학생은 무안한 듯 어깨를 들썩인다.

"이제 조금 복잡한 걸 해볼까요? 천천히 걸어요. 두 번 얘기하지 않을 테니 잘 들어 보세요. 이번에는 여러분이 초침을 헤아리고 있을 때 누군가가 여러분을 방해할 겁니다. 하지만 여러분의 목표는 내가 말한 초 시간에 맞춰 스톱하는 것입니다. 오케이?"

"네!"

학생들은 재미있다는 듯 큰 소리로 응답한다.

"자, 걸으세요!"

학생들이 걷고 있을 때 교육자는 그 중 두 명의 학생을 구석으로 데려가서 속삭인다.

"자네들의 목표는 동료들이 제대로 된 시간 내에 멈춰 서지 못하도록 하는 것이야. 수단과 방법을 가리지 말고 그들의 목표를 방해해야 해. 터치를 해도 괜찮아. 소리를 질러도 괜찮고, 도구를 이용하여 소음을 일으켜서 방해를 해도 관계없어. 알았니?"

"네!"

두 명의 학생도 속삭이며 대답한다.

"내가 숫자를 말하면 즉시 수단과 방법을 가리지 말고 자네들의 목표를 달성하도록! 오케이?"

"네!"

그들은 눈을 반짝이며 즉각 대답한다. 나머지 학생들은 여전히 천천히 걷고 있다.

"65!"

교육자가 큰 소리로 외치자 두 명의 학생이 갑자기 동료들을 방해하기 시작한다. 학생들은 처음에 놀란 듯 하지만 이내 집중하여 마음속으로 초를 헤아린다. 키 작고 갸름해 보이는 여학생인 방해꾼이 키 큰 소희의 손을 잡고 이리저리 끌고 다니며 질문을 퍼부어댄다. 그러나 소희는 자신의 주의를 놓치지 않으려 안간힘을 쓰고 있다. 제법 날렵해 보이는 다른 방해꾼인 남학생은 강의실에 있는 소품용 냄비를 두드리며 학생들의 집중을 방해하고 있다. 잠시 후에 몇 명의 학생은 멈추었지만 아직까지 많은 학생들은 걷고 있다.

"스톱! 지금이 65초입니다."

연기교육자가 큰 소리로 외치자 여기저기서 탄식의 소리가 들린다.

"오케이, 이 연습과제 또한 다음 시간에 해보도록 하지. 자, 마주보고 두 열로 서보세요. 적당한 간격을 두고 서세요. 파트너가 팔을 들면 함께 들어보고, 파트너가 몸을 돌리면 같이 돌려보고, 파트너가 앉으면 동시에 앉아보세요. 일명 '거울놀이'입니다. 단, 천천히 하길 바랍니다."

학생들은 두 열로 선 채 거울놀이를 시작한다. 잠시 지켜보고 있던 교육자가 끊는다.

"잠깐만!"

학생들은 일제히 교육자를 쳐다본다.

"너무 빨라요. 천천히 하세요. 파트너를 따라하는 것이 중요한 것이 아니라, 파트너의 움직임에 주의를 기울여 같이 움직이다보면 어느 순간 파트너와 함께 움직이고 있다는 것을 느낄 때가 있을 겁니다. 그래서 말은 없지만 파트너와 동체가 됨을 느끼는 것이죠. 마치 이심전심이라고나 할까. 오케이? 자, 다시 해보세요."

학생들은 아까와는 사뭇 다른 주의를 가지고 집중한 채 거울놀이를 시작한다. 교육자가 고개를 끄덕인다.

"이젠 앞, 뒤로도 움직여 보세요."

교육자가 다시 과제를 제시하자, 코 큰 남학생과 파트너인 머리카락이 긴 여학생은 강의실 끝까지 함께 천천히 이동하고 있다. 소희와 날렵해 보이는 남학생은 마룻바닥에 퍼질러 앉아 팔과 머리를 함께 움직이고 있다.

"오케이! 이 연습과제는 상당한 주의를 가지고 집중할 필요가 있어요. 이것 또한 다음에 또 해보죠. 오늘 수업은 여기까지 할까요?"

교육자가 실기실을 나서자 몇몇 학생들은 마룻바닥에 벌러덩 드러눕고, 몇몇은 노트를 꺼내 무언가를 열심히 적기 시작한다.

5

수업이 시작되자마자 연기교육자가 실기실로 들어와서 4박자, 8박자, 16박자, 32박자로 박수돌리기를 하고 난 후, 몸으로 공간 채우기, 초침 세고 정지하기, 거울놀이 등을 연속적으로 실시한다.

"이제 제법 잘 하는군! 이와 같은 연습과제는 매일 반복할 필요가 있습니다.

열려 있는 몸을 만드는 것, 준비된 몸을 만드는 것은 우리에게 매우 중요한 일이기 때문이죠.

고가高價의 기타를 소유하고 있는 기타리스트는 매일 자신의 기타를 관리하며 연습합니다. 우리에게 있어서 몸은 기타리스트의 기타처럼 매일 사용하고 관리해야 합니다. 우리는 자신의 몸을 매일 트레이닝 하여 조율하고 정제해야만 할 책임이 있어요. 오케이! 10분만 쉴까요? 쉬는 동안에 무대 한쪽 구석에 가방, 의자, 책상, 옷 등의 물건들을 제멋대로 쌓아 놓으세요."

학생들은 휴식시간에 여러 가지 물건들을 한쪽 구석에 쌓고 있다. 잠시 후에 교육자가 들어온다.

"소희는 쌓인 물건들을 등지고 앉아보세요. 나머지 사람들은 바bar 쪽에 일렬로 서고요."

학생들은 소희를 제외하고 맞은편에 일렬로 선다.

"소희는 사냥꾼입니다. 자신이 사냥한 물건들을 쌓아 놓고 잠시 쉬고 있어요. 여러분들은 소희의 사냥감을 몰래 가져가는 도둑들입니다. 3분의 시간을 줄 테니 소희의 사냥감을 몽땅 가져가세요! 그런데 사냥감을 가져가다가 소리가 나면 소희가 박수를 칠겁니다. 그러면 그 사람은 아웃입니다. 소희는 무한정 박수를 칠 수 있지만 틀릴 경우 다섯 번의 기회만 있습니다. 만일 소희가 다섯 번 모두 틀린다면 도둑인 여러분이 이기게 됩니다. 이해되었나요?"

"네!"

사냥꾼인 소희를 포함한 학생들은 재미있어 하며 큰 소리로 외친다.

"3분입니다! 시작!"

학생들은 삽시간에 소희의 등 근처까지 다가간다. 소희는 미동도 하지 않은 채 집중하고 있다. 기주와 현정은 배낭 가방과 신발 한 짝을 소리 나지 않게 훔쳐간다. 머리카락이 긴 정하가 물건들 틈 사이에 놓여 있는 샤프연필을 가져가려고 하자 소희가 박수를 친다.

"짝!"

"정하는 아웃입니다."

교육자가 소리친다. 정태, 주희, 무신은 아까와는 달리 조심스럽게 사냥감을 가져간다. 그러나 그때 소희가 동시에 세 번의 박수를 힘차게 친다.

"짝, 짝, 짝!"

"세 명 동시에 아웃!"

교육자는 마치 심판을 보듯 단호히 외친다. 이번에는 남학생 두 명이 의자를 매우 조심스럽게 잡는다.

"짝!"

소희가 다시 크고 자신 있게 박수를 친다.

"아웃! 3분 경과입니다."

도둑의 무리인 학생들은 아쉬운 듯 큰 소리를 내지른다.

"사냥감이 놓여 있는 위치와 상태, 무게, 부피 등을 보다 꼼꼼히 살피고 난 후에 물건의 잡을 곳을 선택하여 가져가야 합니다. 사냥꾼을 바꿔볼까요?"

주희가 사냥꾼이 된다. 나머지 학생들은 이전과는 다른 집중력을 가지고 사냥감을 가져가기 시작한다. 주희는 두 손을 올려 마주한 채 소리를 듣기위해 집중하고 있다. 아까와는 달리 도둑들이 극도로 조심하며 서너 개의 물건들을 차례차례 가져가자 "3분 경과입니다."라고 교육자가 외친다. 학생들은 한숨을 내쉬며 웅성거린다.

"오케이, 다음에는 2명, 3명 혹은 무리가 사냥꾼이 되어 사냥꾼 놀이를 해보도록 합시다. 자, 둥근 원형으로 누워 보세요."

학생들이 원형으로 눕자 교육자는 천천히 일정한 간격으로 네 번의 박수를 치고 나더니 입을 연다.

"첫 번째 학생이 자기의 이름을 크게 외치고 나면, 두 번째 학생은 앞 사람의 이름을 부르고 난 후 자기의 이름을 크고 정확하게 말하세요. 그러면 세 번째 학생은 첫 번째, 두 번째 학생의 이름을 호명하고 난 후 자기의 이름을 부르세요. 이때 각자는 방금 내가 친 박수의 템포와 리듬에 맞춰 이름을 불러야 합니다. 이해되었다면 한 바퀴만 돌아가 볼까요?"

학생들이 여기저기서 손을 들어 다시 한 번 설명을 부탁하자 교육자가 직접 시범을 보인다. 학생들은 그제서 고개를 끄덕인다.

"소희부터 시작해서 시계방향으로 돌아가 볼까요? . . . 시작!"

"이소희 ....   이소희 ..... 박정태 .....   이소희 ... 박정태 ..... 감무신 ....   이소희 ..... 박정태 .... 감무신 ..... 이정하 ....   이소희 ... 박 ... 정태 ...."

과제가 중간쯤에 이르러 끊기자 교육자가 끼어든다.

"이름은 반복되어 불려 지기에 주의를 기울여 잘 들어 보세요. 억지로 외우려고 하지 않아도 됩니다. 이름과 이름 사이의 박자에도 주의를 기울여보고요. 그리고 다른 사람이 잘 들을 수 있도록 크고 또박또박하게 이름을 말하세요. 이번에는 현정부터 시작하여 한 바퀴만 돌아가 볼까요? . . . 시작!"

"김현정 .... 김현정 ..... 권주희 ....   김현정 .... 권주희 ... 윤문숙 ....   김현정 .... 권주희 ... 윤문숙 ..... 양승욱 ....   김현정 .... 권주희 .... 윤문숙 ... 양승욱 ... 손기주 ....   김현정 .... 권주희 .... 윤문숙 ... 양승욱 ... 손기주 ... 이수정 ....."

거의 끝부분에서 끊긴다.

"처음치고는 나쁘지 않아요. 내가 여러분처럼 학생이었을 때 '이름 쌓기 놀이'는 15명 정도가 3바퀴까지 돌아간 적이 있습니다. 간단한 게임이지만 이쯤 되면 상당한 주의를 요하죠. 그렇지만 주의를 조금만 기울이면 해결될 수 있는 게임입니다."

"선생님, 10분만 쉬었다 하면 안 될까요?"

현정이 손을 들어 외친다.

"오케이, 오늘도 현정의 목표가 승리했습니다!"

학생들은 큰 소리로 웃는다. 교육자가 시계를 본다.

"공연이 며칠 안 남아서 오늘 수업은 여기까지만 할게요."

교육자가 서둘러 가방과 옷을 챙겨 실기실을 나서자 무신과 정태 그리고 소희도 교육자를 따라나서며 질문을 해댄다.

"선생님, 공연 작품은 뭡니까?"

"선생님, 극장은 어디에요?"

"선생님, 배우들은 누구인가요?"

6

수업시간에 맞춰 교육자가 실기실로 들어와서 학생들에게 거울놀이, 사냥꾼 놀이, 이름 쌓기 놀이 등을 연속적으로 실시한다. 학생들은 이전보다 훨씬 진지하게 과제를 수행한다.

"10분만 쉴까요?"

학생들은 드러누워 쉬거나, 그룹으로 얘기를 나누거나, 노트에 무언가를 적고 있다. 잠시 후 교육자가 다시 들어온다.

"자, 또 시작해볼까요? 편안하게 앉거나 눕거나 서 있어 보세요. 조금 긴 시간 동안 있어야 하니까 가장 편안한 자세로 말입니다."

교육자가 쉬고 있는 학생들에게 지시하자 그들은 이리저리 흩어져 각자 편안한 자세로 앉거나 눕는다.

"문숙은 나오세요. 1분 동안 시간을 줄 테니, 동료들의 위치와 형태를 보고 잘 기억하고는 밖으로 나가세요. 내가 부르면 다시 들어와서 2분 내로 친구들의 바뀌어 있는 위치와 자세, 형태를 원래대로 복구시켜 놓아야 합니다. 이해됐니?"

"1분 내로요?"

문숙은 깜짝 놀라며 교육자에게 되묻는다.

"1분이면 충분한 시간입니다. 최대한 주의를 기울여 집중해보세요. 자, 문숙은 뒤돌아서세요."

그녀는 고개를 흔들며 뒤돌아선다. 교육자는 문숙을 제외한 학생들에게 어떤 자세로 앉거나, 눕거나, 서있거나 해보라고 말없이 손으로 지시한다. 학생들은 자리로 가서 어떤 자세를 취하기 시작한다. 잠시 후 교육자는 문숙에게 말한다.

"문숙은 1분간의 시간 동안 동료들의 위치와 형태를 보고 잘 기억하세요. 준비되었나요? 뒤돌아서세요. 시작!"

문숙은 교육자의 신호에 따라 재빨리 돌아서서 친구들의 위치와 형태를 유심히 보고는 기억하려고 애쓴다. 그녀는 이제 동료들 사이사이를 돌아다니며 그들의 위치와 형태를 꼼꼼히 살피기 시작한다. 1분의 시간이 지나자 교육자가 문숙에게 외친다.

"이제 문숙은 나가세요."

문숙이 아쉬운 듯한 표정을 지으며 실기실을 나가자 교육자는 그녀가 나간 것을 확인하고는 남아 있는 학생들에게 소곤댄다.

"자신들의 위치와 자세, 형태를 바꿔 보세요! 그리고 난 후 문숙이 들어와서 이렇게 저렇게 해 달라고 얘기하거나 직접 시연하면 적극적으로 도와주고요. 그런데 문숙이 직접적으로 언급한 부분 이외에는 도와주지 않아도 돼요. 오케이?"

"네!"

학생들의 목소리는 신이 난 듯하다. 그들은 이내 어떤 위치로 가서 앉거나 서거나 눕기 시작한다. 교육자는 학생들의 완료된 상태를 확인하고서는 밖으로 나가 문숙과 대화한다.

"2분 동안 시간을 줄 테니 동료들을 원래대로 복구시켜 놓아야 해요. 동료들

에게 '저리로 가 줄래?', '이렇게 자세를 취해 줄래?'라고 말하거나 자신이 직접
어떤 동작을 취해 보여주면 도와줄 거예요. 오케이? 시작!"

문숙은 고개를 끄덕이고서 실기실 문을 재빨리 박차고 들어간다. 그리고 정
태에게 다가가서 재촉한다.

"이쪽으로 와서 머리는 무대구석으로 향하고, 오른팔은 겨드랑이에 끼고, 왼
팔은 머리 뒤로 넘기고 누워 있어줘! 그리고 오른다리는 조금 구부리고 왼다리
는 그 위에 포개 놓아줄래? 시선은 아래 바닥을 쳐다보며 반쯤 뜬 눈으로 이렇
게 말이야!"

정태는 문숙이 알려준 형태대로 만든다. 문숙은 다른 친구들에게도 빠른 말
과 동작으로 위치와 자세, 형태를 설명하고 따라해 주기를 요구한다. 그녀는 소
희 곁으로 다가가더니 고개를 갸우뚱거린다. 그리고는 재빨리 다른 학생에게 다
가간다. 잠시 후에 교육자가 2분이 지났음을 알리자, 문숙은 기주에게서 떨어져
나오며 전체를 휙 둘러본다.

"문숙이 교정해준 위치와 원래 자신의 위치가 전혀 다른 사람 손들어 보세요."

무신이 손을 번쩍 든다.

"무신은 원래 위치로 가보세요."

교육자의 지시에 무신은 바bar 근처에서 출입문 쪽으로 약 5미터 이동하여
자리를 옮긴다. 문숙은 '아!'하고 한숨을 내쉰다.

"또 다른 사람?"

소희가 일어나 문숙이 교정해 준 위치에서 약 1미터 뒤로 가서 앉는다.

"또 있나요?"

수정이 조용히 일어나 피아노 오른쪽 귀퉁이에서 왼쪽 귀퉁이로 자리를 옮
기자 문숙은 다시 낮은 신음 소리를 낸다.

"다른 사람은 위치가 크게 바뀌진 않았나요?"

"네!"

나머지 학생들이 외친다.

"이제 문숙이 교정해준 자신의 자세나 형태가 처음과 다른 사람은 손들어 보세요."

제법 많은 학생들이 손을 든다.

"주희가 설명해가면서 형태를 바꾸어볼래?"

"문숙이 시정해준 위치는 거의 맞아요. 근데 저는 문숙이 나간 뒤에 머리카락을 왼쪽에서 오른쪽으로 쓸어 넘겼는데, 문숙은 이에 대해 아무런 말이 없었어요. 그리고 왼쪽 발가락 중 엄지발가락이 검지발가락 위에 포개져 있었는데, 이것에 대해서도 아무런 언급이 없었습니다. 또. . . 아까는 오른손 소매 자락을 팔꿈치까지 걷고 있었는데, 문숙은 역시 아무런 지적을 하지 않았고요."

학생들은 '와'하고 소리친다. 문숙이 주희를 노려본다. 교육자가 빙그레 웃고 있다.

"기주는 어디가 틀렸는지 말해보세요."

교육자가 기주를 향해 말한다.

"우선 자세에 대해서는 별 말이 없었습니다. 저는 비상구 쪽으로 상체를 틀고 있었는데 문숙은 문 쪽으로 틀었습니다. 그리고. . . 상의 단추의 첫 부분을 문숙이 나가기 전에는 채워 놓았다가 문숙이 나갔을 때는 풀어 놓았습니다. 문숙은 이것에 대해서도 말하지 않았습니다."

"골탕 먹이려고 작정을 했네!"

정태가 큰 소리로 외친다.

"근데. . . 문숙은 가장 중요한 걸 놓쳤습니다."

기주가 이어 말하자 문숙은 아예 낙담한 듯 듣고 있다.

"아까는 안경을 안 쓰고 있었습니다. 문숙이 들어 왔을 때 전 안경을 썼고요."

"문숙한테 있어서 기주는 전혀 주의의 대상이 아닌 것 같은데!"

교육자가 웃으며 말하자 문숙은 기주를 향해 주먹을 들어 보인다.

"오케이, 이번에는 두 사람만 남겨놓고 모두 나가볼까요? 제법 오랫동안 움직이지 않고 있어야 하니까 어떤 위치에서 편하게 자세를 잡도록 해보세요. 기주와 현정만 그대로 있고, 나머지 사람에겐 1분간의 시간을 줄 테니 기주와 현정의 위치와 형태를 더욱 꼼꼼하게 보고서는 기억하세요. 아마 여러분들이 들어왔을 때 기주와 현정의 자세와 형태는 아주 세밀한 부분까지 바뀌어져 있을 겁니다. 기주와 현정을 제외하고는 모두 뒤돌아서세요."

기주는 어떤 형태를 취하고 서 있으며 현정도 어떤 자세로 편안하게 앉아 있다.

"다 되었나요, 기주, 현정?"

"네."

둘은 나지막이 대답한다.

"나머지 사람은 1분간의 시간을 줄 테니 보고 잘 기억해보세요. 시작!"

학생들은 재빨리 두 그룹으로 나뉘어 서로 말을 해가며 꼼꼼하게 그들을 관찰하기 시작한다. 특히 그들은 두 사람의 옷, 액세서리, 소품 등을 세밀하게 점검한다.

"1분이 지났습니다. 모두 나가세요!"

학생들이 궁시렁 대며 모두 나가자 교육자가 두 사람에게 다가가 은밀하게 속삭인다.

"작정하고 골탕을 먹여볼까? 아주 세심하게 바꿔보세요. 현정은 스타킹도 다른 색깔로 바꿔 신어보고, 기주는 상의 끝단을 바지에 살짝 집어넣어 보기도 하고. 자, 바꿔 보세요!"

두 사람은 꼼꼼하게 위치와 자세, 의상의 형태, 머리카락, 액세서리 등을 처음과는 다르게 바꾸며 연방 키득키득 거린다. 잠시 후 교육자가 속삭인다.

"오케이, 동료들을 부를게요."

교육자도 이미 그들과 한 편인 듯 둘의 변화에 만족하며 밖에서 대기하고 있는 학생들을 불러들인다.

"들어오세요. 1분의 시간입니다! 기주와 현정을 원래대로 복구시켜 놓으세요. 시작!"

동료들은 기주와 현정에게 달려들어 말과 동작으로 이렇게 저렇게 해달라고 요구하기 시작한다. 실기실은 시장 통처럼 시끌벅적하다.

"30초 남았습니다."

교육자가 큰 소리로 외친다. 학생들은 더욱 빠르게 기주와 현정한테 이렇게 저렇게 해달라고 요구한다.

"스톱! 자, 현정부터 볼까요? 현정은 자신의 원래 위치가 맞니?"

"네. 위치는 거의 맞습니다."

"자세나 형태가 틀린 부분이 있으면 우리들에게 하나씩 천천히 수정하며 보여 주세요."

현정은 오른손 약지에 끼워진 반지의 윗부분에 새겨진 자신의 이니셜이 위로 향하도록 돌려놓는다.

"야! 김현정!"

학생들의 함성이 곳곳에서 터져 나온다.

"또요?"

교육자는 빙그레 웃으며 현정에게 재차 요구한다.

"시선은 조금 틀렸습니다. 저는 처음에 오른쪽 눈을 삼분의 일쯤 감고 저쪽 피아노 다리를 보고 있었거든요."

학생들이 웅성거린다. 현정은 이리저리 살피다가 고개를 끄덕이며 말한다.

"나머지는 얼추 맞아요."

"수고했어요. 기주도 해볼까?"

교육자가 기주를 향해 요구한다.

"위치는 맞습니다. 근데 저의 왼쪽 바지 하단 앞부분이 10센티 가량 접혀 있는 건 맞는데, 뒤쪽 부분은 접질 않았습니다. 친구들은 앞과 뒤쪽을 10센티 가량 접어 올렸고요. 근데. . . 중요한 건 목걸이가 바뀌었습니다. 저에게는 이것과 비슷한 목걸이가 하나 더 있는데, 형태와 모양은 비슷하지만 이것은 미색이고 바뀌기 전 목걸이는 연푸른색입니다. 근데 목걸이에 대해서는 언급이 없었어요. 그 외에는 거의 맞습니다."

학생들의 비난소리와 탄식소리가 여기저기서 터져 나온다.

"오케이, 이 과제는 다음 시간에 또 해보도록 하죠. 오늘 수업은 여기까지 합시다."

교육자가 빙그레 웃으며 실기실을 나서자마자 동료들이 기주와 현정에게 득달 같이 달려든다.

<h2 style="text-align:center">7</h2>

오늘 수업의 초반부에도 여태까지 수행했던 과제가 1시간 정도 진행되고 나서 학생들은 10분간 휴식을 취하고 있다. 잠시 후에 교육자가 다시 들어온다.

"오케이, 또 해볼까요? 천천히 걸으세요. 걸으면서 나의 말을 듣고 실행해보세요. 내가 하나의 명사를 제시하고 10초간의 시간을 줄 겁니다. '시작!'이라는 구령과 함께 제시된 명사에 대하여 자신의 몸을 사용하여 조각상을 만들어 보세요. 구상적으로 조각을 만들든, 제목에 어울리는 어떤 것을 연상하여 추상적으로 만들어도 상관없습니다. 시간은 충분하니 자신의 몸으로 제시된 명사에 대해 조각상을 만들면 됩니다."

"선생님, 잘 이해하질 못했습니다. 다시 한 번 말씀해주세요!"

현정이 손을 번쩍 들고 질문한다. 교육자가 그녀에게 바짝 다가가더니 소곤댄다.

"먼저 하나의 명사를 내가 말할 것이고, 그러면 자네는 10초 내에 자신의 몸을 사용하여 그 명사에 어울리는 조각상을 만들어 스톱 모션을 취하면 되지. 이해했나요, 현정 씨?"

현정은 얼굴을 붉히며 연방 머리카락을 쓸어 넘긴다. 동료들이 큰 소리로 웃는다. 교육자도 빙그레 웃는다.

"모두 천천히 걸으세요. . . . '겨울!' 하나, 둘, 셋. . ."

학생들은 잠시 생각하다가 조각상을 만들기 시작한다.

". . . 아홉, 열. 스톱!"

학생들은 이미 조각상을 만들어 정지해 있다. 교육자가 이리저리 돌아다니며 조각상을 유심히 살핀다.

"정하는 움직이지 말고 다른 사람들은 정하가 만든 조각상을 보세요. 〈작가 이 정하, 제목, 겨울〉, 정하의 조각상이 왜 겨울인지 말해볼까요?"

교육자는 정하 주위로 몰려 든 학생들에게 질문을 던진다.

"한겨울에 거리에 버려져 있는 어떤 물건인거 같은데요."

"겨울바람에 골목길을 따라 나부끼는 휴지 같습니다."

"야외에 있는 어떤 조각상인데 겨울이라서 을씨년스러워 보여요."

정하가 만든 조각상을 보고 학생들은 각자 자신의 생각을 말한다.

"정하의 오른손가락을 잘 보세요. 이것은 무엇을 의미하죠?"

교육자가 정하의 손을 가리키며 학생들에게 재차 묻는다.

"말라 비틀어져 있는 겨울 나뭇가지를 연상시키는 듯해요."

"추위를 이겨내고 있는 새싹 같습니다."

교육자는 고개를 끄덕거린다.

"오케이, 또 천천히 걸으세요."

학생들은 다시 천천히 걷기 시작한다.

"이번에는 5초의 시간을 줄 거예요. 좀 더 빨리 생각해서 과제를 해내야 합니다. '가족!' 하나, 둘, 셋, 넷, 다섯. 스톱!"

학생들은 재빨리 조각상을 만들어 정지해 있다. 교육자는 학생들이 만든 조각상 사이를 걸어 다니며 꼼꼼히 관찰한다.

"승욱과 소희는 움직이지 말고요. 다른 사람들은 승욱과 소희가 만든 조각상을 보세요. 왜 이 조각상은 가족이라는 제목으로 만들어졌습니까?"

학생들은 승욱과 소희 주위로 몰려들어 그들이 만든 조각상을 보고 생각에 잠겨 있다.

"승욱의 조각상은 아버지를 상징화하고 있고, 소희의 조각상은 가족은 버팀목이라고 말하고 있는 것 같습니다."

무신이 경쾌한 목소리로 답한다.

"승욱의 조각은 가족이란 행복을 상징적으로 표현하고 있는 듯하고, 소희가 만든 조각상은 가족이 가져다주는 따뜻함 또는 둥지를 의미하고 있는 듯해요."

주희도 조각상들을 보고 자신의 생각을 말한다. 교육자가 고개를 끄덕인다.

"오케이! 소희, 정태, 주희는 1조, 문숙, 기주, 정하는 2조, 승욱, 현정, 주희, 수정은 3조입니다. 1조의 제목은 '사랑', 2조는 '전쟁', 3조는 '배우'입니다. 다음 수업시간에 그룹별로 조각상을 만들어 보여주세요. 이번에는 소품과 소도구 등을 이용해도 좋습니다.

내가 심사해서 1등 팀에겐 2등과 3등 팀이 학교 구내식당에서 점심식사권을 사주도록 할게요. 나를 포함해서! 불만 있습니까?"

"없습니다!"

학생들은 웃으며 한 목소리로 화답한다. 교육자가 입가에 미소를 띠고 있다.

"자, 다시 천천히 걸어보세요. 승욱은 유명한 조각가입니다. 승욱은 2분 내에 내가 제시하는 주제에 따라 나머지 사람들을 재료로 활용하여 공원에 조각상을 만들어야 합니다. 승욱, 이해했나요?"

교육자가 천천히 걷고 있는 승욱을 향해 말하자 그는 교육자에게 되묻는다.

"다른 소품들은 사용하지 않고 동료들만 재료로 사용하라는 말씀이가요, 선생님?"

"네. 준비되었나요, 승욱? . . . '학교!' 시작!"

교육자의 신호에 따라 승욱은 동료들을 조각재료로 사용하여 1인, 2인 혹은 무리로 학교에 어울리는 조각상을 부지런히 만들기 시작한다. 학생들은 승욱에게 적극 협조하고 있다.

"스톱!"

교육자가 2분이 지났음을 알리자 승욱은 하던 일을 멈춘다. 교육자는 돌아다니며 승욱이 만든 조각상을 세심하게 살펴본다.

소희의 조각상은 두 손에 책을 들고 있는 듯한 형상이고, 문숙과 주희는 마주서서 두 팔을 하늘로 치켜들고 있는 조각상이다. 다른 학생들은 문숙과 주희 주위에 편하게 앉아 있거나 누워 있다. 교육자는 승욱이 만든 조각상을 살피며 고개를 끄덕인다.

"비교적 주제에 잘 어울리는 조각상이라고 생각합니다. 수고했어요! 조각상 만들기 놀이는 다음 시간에도 해봅시다. (그는 시계를 쳐다본다.) 중요한 오디션 심사가 있어서 오늘은 조금 일찍 마치도록 할게요."

교육자가 윗옷을 챙겨서 서둘러 나가자 학생들은 조별로 모여 교육자가 제시한 과제에 대해 토론을 하기 시작한다.

8

수업이 시작되자 교육자가 실기실로 들어선다. 그리고 학생들에게 지시한다.

"둥근 원형으로 편하게 앉아보세요. 단편작품을 하나 만들어볼까요? 내가 한 개의 문장을 만들면, 다음 사람은 내 말을 이어서 논리적인 하나의 문장을 만들고, 그 다음 사람은 전 사람의 문장을 이어 또 다른 논리적인 한 문장을 만들어 다음 사람에게 전달해보세요. 이렇게 나를 포함한 11개의 문장들이 모여 조그만 단편이 되도록 해봅시다. 이해했나요?"

학생들은 큰 소리로 "네!"라고 대답한다. 교육자가 잠시 생각하더니 먼저 입을 뗀다.

"화창한 봄 날씨에 무작정 집을 나선다."

교육자 옆에 앉아 있던 현정은 잠시 생각하고서는 말을 잇는다.

"하늘을 쳐다보고 버스정류장으로 발길을 옮긴다."

옆자리의 정태도 잠시 생각하고는 말을 이어간다.

"발길을 멈추고 나는 급히 집으로 되돌아간다."

나머지 학생들이 일제히 정태를 쳐다본다. 그가 '왜?'라는 표정을 짓고 있다. 그러자 정태의 다음 차례인 무신이 재빠르게 문장을 잇는다.

"핸드폰을 찾기 위해 내 방으로 뛰어갔다."

"그런데. . . 핸드폰이 없다."

소희의 문장에 학생들은 웃음을 터뜨린다.

"가방을 뒤져 보았지만. . . 핸드폰은 보이지 않는다."

문숙의 문장 잇기에 학생들은 박수치며 큰 소리로 웃어댄다.

"스톱! 아마 오늘 내로 집을 나서기는 힘들 것 같군요! 문학성이라곤 전혀 없구만!"

교육자의 너스레에 학생들은 웃고 떠들어댄다.

"단편 만들기는 다음 시간으로 미루겠습니다. 만일 다음 시간에도 진전이 없다면 이 놀이는 포기하겠습니다."

교육자가 으름장을 놓자 기주가 '선생님, 다시 한 번 해요!'라고 외친다. 교육자는 기주의 요구에 아랑곳하지 않고 다른 과제를 제시한다.

"자, 천천히 걸으세요. 걸으면서 나의 말을 듣고 실행해보세요. 내가 동작동사 하나를 말할 겁니다. 그러면 여러분들은 내가 제시한 동작동사에 '왜, 무엇 때문에'를 생각하여 행동해보세요. 다시 말하면, 내가 제시한 동작동사에 대한 정당성 있는 행동을 보여 달라는 것입니다. 이해되었나요?"

교육자가 미소를 지으며 현정을 바라본다.

"네!"

학생들이 웃으며 큰 소리로 대답하자 현정은 무슨 영문이냐는 듯한 표정이다.

"앉다!"

교육자가 짧고 정확한 발음으로 외친다. 정태는 힘없이 털썩 주저앉는다. 문숙은 화장실의 변기에 앉는 동작을 취한다.

"앉기 위한 앉음은 필요 없습니다. 왜, 무엇 때문에 앉아야 하는지를 보여주세요. 오케이? . . . 폴짝 폴짝 뛰다!"

교육자의 새로운 과제에 학생들은 잠깐 생각한다. 수정은 누군가에게 자신의 위치를 알리기 위해 폴짝 폴짝 뛴다. 기주는 핸드폰으로 메시지를 보며 폴짝 폴짝 뛰고 있다. 교육자는 학생들의 시연을 보며 고개를 끄덕거리더니 다시 큰 소리로 외친다.

"찾다!"

정태는 호주머니에서 무언가를 찾기 시작한다. 무신은 땅바닥을 조심스럽게 기어 다니며 무엇을 찾는다.

"두드리다!"

교육자의 세 번째 과제에 문숙은 달리기 전에 자신의 어깨와 허리를 두드린다. 정하는 화장실 앞에서 배를 움켜쥐고 노크한다.

"오케이! 이번에는 동작동사 2개를 제시할 겁니다. 단, 동작동사의 순서는 바꾸지 마세요. 기다! 박수치다!"

교육자가 큰 소리로 첫 번째 과제를 말하자 학생들은 잠시 생각에 잠겨 있다. 잠시 후에 소희는 무엇을 찾으며 기어 다닌다. 이내 무엇을 찾고 나서 일어서서 박수를 친다. 승욱은 군대식의 얼차려를 받으며 기어 다닌다. 그러더니 힘들게 기어 다니다가 일어서서 손바닥을 마주치며 먼지를 털기 시작한다. 교육자는 학생들의 행동을 보며 고개를 끄덕거린다.

"차다! 소리치다!"

교육자의 두 번째 과제가 떨어지자 현정은 발야구를 하며 공을 차는 행동을 한다. 그리고는 크게 고함치며 달리기 시작한다. 주희는 곰곰이 생각하다가 신경질을 내며 발로 땅바닥을 찬다. 외마디 비명소리를 내며 주저앉는다.

"오케이! 이제 동작동사 3개를 말할 겁니다. 역시 순서는 바꾸지 마세요. 앉다! 박수치다! 일어나다!"

교육자의 세 번째 과제에 학생들은 한참 생각에 잠겨 있다. 잠시 후에 그들은 분주히 움직이기 시작한다. 주희는 문 밖에서 들어와 의자에 폼 나게 앉는다. 잠시 앞을 주시하던 주희는 떨떠름하게 박수를 치며 일어선다. 기주는 문 밖에서 안으로 들어오더니 무언가 생각한다. 그리고는 앉는다. 이내 그는 드러눕더니 갑자기 박수를 치며 벌떡 일어나서 급하게 밖으로 나간다. 교육자는 과제를 수행하고 있는 학생들을 보며 잠시 생각하더니 천천히 말문을 연다.

"오케이, 잘 들어 보세요. . . . 연기하려고 하지 말고, 누군가에게 자신이 무엇을 하는지 보여 주려고도 하지 말고, 그리고 그 무엇을 표현하려고도 하지 마세요. 자신은 무엇 때문에 여기로 왔는가? 자신의 라이벌이 상을 받는다면 어떨까? 자신은 라이벌을 위해 박수를 칠 수 있을까? 이런 것들이 결정되면 자신은 박수를 치며 일어설 수 있는가? 등에 대한 여러분의 생각이 중요합니다.

자신으로서 잘 생각해보세요. 자신의 일이라면 해결될 겁니다. 자신의 문젯거리이어야 합니다. 내가 '연기하지 마세요', '보여주려고 하지 마세요', '표현하지 마세요'라고 말한 의미를 이해하겠습니까?"

학생들은 눈만 똘망똘망 굴리고 있다. 교육자는 잠시 생각에 잠기더니 이내 말문을 연다.

"체홉의 〈바냐삼촌〉에서 소냐의 대사, '못 생겼어, 못 생겼어'라는 대사를 기억합니까?. . . 소냐는 왜 이와 같은 말을 할까요?"

학생들은 여전히 대답대신 눈만 또로록 굴리고 있다.

"소냐의 '못 생겼어, 못 생겼어'라는 말에 대한 대상은 무엇이죠?"

"· · ·"

학생들은 여전히 눈만 말똥말똥 굴리며 침묵하고 있다. 이때 뒤쪽에 앉아 있던 주희가 손을 번쩍 들며 또랑또랑한 목소리로 답변한다.

"자신의 손이요!"

교육자가 고개를 힘껏 끄덕이며 그녀에게 손가락으로 동그라미를 그려 보인다.

"오케이! 소냐는 자신의 손을 보고 이 말을 하는 것입니다. 시골에서의 생활은 아주 힘들고 고단합니다. 매일 험한 일을 해야 하기 때문이죠. 당연히 그녀의 손은 부르트고 굳은살이 박혀있을 겁니다. 그러니 자신이 좋아하는 아스트로프를 생각하면 그녀의 손은 참으로 보잘 것 없는 것일 테죠. 따라서 소냐는 자신의 손을 보고 이 말을 할 수 있는 것입니다.

'손을 보세요'가 정답입니다. 만일 자신의 거친 손을 정확히 봐낸다면 '못 생겼어, 못 생겼어'라는 말은 더 이상 글자가 아닐 겁니다. 이때 글은 비로소 말이 될 것이고요. 내가 '연기하지 마세요', '보여주려고 하지 마세요', '표현하지 마세요'라고 말한 이유가 바로 여기에 있는 것입니다."

교육자의 설명이 일단락된 듯하자 정태가 손을 천천히 높이 든다.

"선생님. . . 다시 한 번 설명해주시면 안 될까요?"

교육자는 고개를 끄덕끄덕 거리며 잠시 생각하고서는 천천히 입을 뗀다.

"내가 '연기하지 마라'고 하는 것은 상황이 자신의 문제이어야 하며, 그리고 자신에게 구체적인 대상이 있어서 자신의 생각으로 무엇을 할 것인지 해결되어야만 해요. 그렇지 않으면 그 모든 것은 '척' 하는 것이 됩니다. 그런 의미에서 나는 연기하지 말라고 한 것입니다.

아울러 '보여주려고 하지 마라', '표현하려고 하지 마라'의 의미는 우선 위에서 말한 것이 전제가 되어야 하고, 그렇다면 보이지도 않고 존재하지도 않는 감정을 끄집어내어 그것을 보여 주려고 애쓰며 표현하는 것에 빠지지 말라는 뜻입니다."

몇 명의 학생들은 깊은 생각에 잠겨 있는 듯하고, 몇 명의 학생들은 자신들의 노트에 천천히 메모를 하기 시작한다. 교육자가 시계를 들여다본다.

"오케이, 조만간 본격적인 수업으로 들어갈 때 이 문제는 다시 언급하도록 하죠."

교육자가 실기실을 나서자 정태와 무신은 수업내용에 대해 대화를 나누고 있고, 주희는 골똘히 생각에 잠기더니 이내 자신의 노트에 급히 뭔가 쓰기 시작한다.

9

수업시간에 맞춰 교육자가 실기실로 들어오자마자 학생들에게 종이쪽지를 하나씩 나눠 준다.

"받은 종이에는 명사가 3개 적혀 있을 겁니다. 자신의 상상력을 적극 발휘하여 종이에 적혀 있는 명사가 차례로 등장할 수 있는 상황을 행동으로 보여주세요."

"선생님, 종이에 적힌 명사 3개가 차례로 정당성 있게 사용되는지를 보여 달라는 말씀입니까?"

기주가 확신을 가지고 큰 소리로 묻는다.

"정확합니다. 만일 종이에 적힌 명사 이외에도 필요한 물건이 있어야 한다면 그것 또한 실제의 물건을 가지고 하고요."

"선생님, 저의 종이에는 낙하산이라고 적혀 있는데 낙하산을 어디서 구해오죠?" 소희가 난감해한다.

"그 무엇으로 대체할 수 있어야 합니다. 단, 대체한 그 물건은 여러분이 낙하산으로 정확하게 다루어 내기만 하면 됩니다. 다시 말하면, 낙하산으로써의 행동을 정확히 해야 한다는 말입니다. 그 정도의 상상력은 우리에게 반드시 필요한 것입니다.

어린아이들의 총싸움 놀이를 본 적이 있죠? 그들은 진짜 총 대신 막대기를 사용하여 마치 진짜 총인 양 다뤄냅니다. 우리의 상상력은 시간과 공간도 초월합니다. 그렇다면 우리는 어마어마한 무기를 가지고 있죠. 상상력 말입니다. 자신의 상상력을 마음껏 발휘해보세요!

무신부터 시작해볼까요? 자네의 종이에는 무엇이라고 적혀 있지?"

"가방, 줄, 컵이라고 적혀 있습니다."

"보여주세요!"

무신은 무대 한쪽 편에 탁자를 갖다놓고 그 위에 컵을 조심스럽게 올려놓는다. 그리고 탁자로부터 조금 떨어진 뒤쪽에 몇 개의 대큐빅을 쌓아 올린다.

"시작하겠습니다!"

잠시 후 무신은 손수건을 얼굴에 두르고 대큐빅 뒤쪽에서 얼굴을 살며시 내민다. 그는 큐빅 위에서 주위를 조심스럽게 둘러보고 나서 가방에서 밧줄을 꺼내 매듭을 매기 시작한다. 그리고는 가방에서 접이식 봉을 꺼내 펼치더니 밧줄을 그 끝에 매단다. 그는 컵 쪽으로 밧줄을 조심스럽게 내려 낚아챈다. 무신은 매우 조심스럽게 컵을 들어 올려 자신 쪽으로 가져온다. 그리고는 가방을 열어 케이스를 꺼내더니 그 속에 컵을 소중히 넣고 닫는다. 이제 그는 주위를 다시

한 번 살피고서 대큐빅 아래로 천천히 사라진다.

"여기는 어디이며, 컵은 어떤 것이죠?"

"여기는 박물관입니다. 컵은 황금으로 만든 18세기 왕이 쓰던 것이고요."

동료들이 고개를 끄덕인다. 교육자의 즉각적인 물음에 무신은 큐빅 뒤에서 등장하며 또박또박 답변한다.

"재미있군요. 정확하게 제시된 명사, 가방, 줄, 그리고 컵이 차례대로 등장했으며, 그 물건들은 구체적으로 사용되고 있었습니다. . . . 그런데 자네는 누구지?"

"저는 당대 최고의 도둑입니다. 이미 이 박물관에서 근대의 보물들이 전시된다는 정보를 입수하였고, 박물관에 몰래 잠입하기 위한 모든 세부사항을 점검한 뒤였습니다."

무신은 자신이 누구이며, 자신의 상황에 대하여 힘찬 목소리로 설명한다. 동료들이 고개를 세차게 끄덕거린다. 교육자는 잠시 생각에 잠기더니 이내 입을 연다.

"오케이, 잘 들어 보세요. 도둑은 직업군에 속하는 사람입니다. 흔히 직업은 제 2의 자신을 형성한다고 말합니다. 그리고 우리는 직업으로 인한 전형적인 행동과 말이 있다는 것을 잘 알고 있죠. 그렇다면 직업은 또 다른 나를 형성하는 중요한 환경입니다.

과거에 깡패라는 직업군을 연기한 배우들은 대부분 껌을 소리 내어 씹거나, 다리를 건들거리거나, 눈을 게슴츠레 뜨며 소리는 투박하면서 쌍소리를 질러댔습니다. 하지만 이것은 깡패라는 상투적인 인물입니다. 이러한 연기는 별 감흥이 없습니다. 왜냐하면 그것은 판에 박힌 듯한 어떤 인물상으로서의 행동이기 때문이죠. 깡패도 우리와 똑같은 사람이라는 사실을 알아야 합니다.

내가 이 시점에서 말하고 싶은 것은, 아직까지 어떤 직업군으로서의 인물은 우리에게 어울리지 않다는 것입니다. 그 이유는 직업군으로서의 인물작업은 생각해야 될 복잡한 문제를 가지고 있고 해결해야 할 과제가 있기 때문입니다. 그래서 직업군을 포함하여 자신이 아닌 다른 사람으로의 변신은 차후 2학년 때의 과제로 남겨놓고, 현재는 자신의 상황을 통해 자신의 생각을 가지고 자신의 행동으로 보여주길 바랍니다. 오케이?"

학생들은 고개를 세차게 끄덕거린다. 무신은 노트에 메모를 하고 있다. 교육자는 소희에게 눈길을 돌린다.

"소희의 종이에는 무엇이라고 적혀있지?"

"링, 낙하산, 플랜카드라고 적혀 있습니다."

"좀 더 많은 상상력이 필요할 것 같군. 현정은 무엇이라고 적혀 있지?"

"주전자, 탱크, 연필이라고 쓰여 있습니다."

"재미있는 과제가 될 것 같네. . . . 만일 종이에 10개쯤의 단어가 적혀 있다면 아마 여러분은 대단한 작가로서의 기질을 발휘해야 할 것입니다.

소희, 현정뿐만 아니라 다른 사람들도 다음 시간에 이 과제를 보여주세요. 자, 천천히 걸어보세요."

학생들은 교육자에 지시에 따라 무대를 천천히 걷기 시작한다.

"여러분이 지금 걷고 있는 이곳은 해변입니다. 해변에서 볼 수 있는 것들을 보세요. 바다, 배, 갈매기, 병, 신문지, 이리저리 뛰고 있는 개, 엄마 손을 잡고 아장아장 걷고 있는 아기 등을 말입니다. 보입니까?"

" . . . "

"보여요? 배, 갈매기가!"

학생들이 대답이 없자 교육자는 재차 묻는다.

" . . . "

학생들은 머뭇거리며 웅성거리기 시작한다.

"배가 보인다면 그게 이상한 것입니다. 여기는 연기실습실입니다. 배가 있을 리 만무하죠. 기껏해야 배의 흔적만 볼 뿐입니다. 그런데 그것은 얼마든지 가능한 일입니다. 왜냐하면 우린 배를 잘 알고 있고, 우리의 눈에 상figure, 像을 맺히게 할 수 있기 때문입니다. 그렇다면 우리는 무대에서 배를 실제로 보는 것이 아니라 보려고 하는 의지와 노력만 있을 뿐이겠죠.

만일 배의 크기, 모양 등의 형상이 우리의 눈에 상을 맺히게 해서 그것이 마침내 우리로 하여금 흥미를 끌게 만든다면, 우리의 눈은 바뀌고 우리의 몸은 무엇을 하기 시작합니다. 다시 말하면, 배의 구체적인 형상이 우리의 신체를 변화시켜 움직이게 하는 것입니다.

자, 다시 한 번 주의를 기울여 해변에서 달리고 뛰어노는 개를 보세요. 아니, 좀 더 정확히 얘기하면 보려고 해보세요. 이러한 형상이 여러분으로 하여금 흥미를 불러일으킵니까? 그렇다면 이제 무엇을 할 수 있나요? 가까이 가서 볼 수 있나요, 아니면 소리칠 수 있나요, 아니면 또 무엇을 할 수 있나요? 이런 것들이 자신에게 결정되었다면 과감하게 행동으로 옮겨 보세요!"

학생들은 교육자의 지시에 따라 상상의 개를 보고나서 각자의 행동을 하기 시작한다.

"눈에 힘은 빼세요. 해변의 개는 어떤 종류의 개이고, 어떤 자세와 형태를 취하고 있는지 보려고 하고, 만일 개가 짖는다면 소리 또한 들어야 할 것입니다. 형체의 잔상만 보면 족합니다. 즉 개라는 대상을 구체적으로 보려고 하고, 그러고 난 후에 자신의 행동으로 옮겨보세요."

정하는 개를 잡으려고 뛰어 돌아다니고, 정태는 쪼그리고 앉아서 입과 손으로 개를 부르고 있다. 주희는 개를 만지거나 목, 등을 쓰다듬고 있다. 교육자는 학생들의 행동을 관찰하며 고개를 끄덕거리더니 이내 다른 과제를 제시한다.

"오케이! 이제 다시 편안하게 걸어 보세요. . . . 여기는 공원입니다. 공원에서 볼 수 있는 것들을 보세요. 예를 들어 벤치, 나무, 자전거 타는 아이들, 나뭇잎들, 솜사탕 등을 보세요. 자신에게 흥미로운 대상이 생긴다면 구체적으로 무엇을 해보세요. 즉 자신의 행동으로 옮겨 보라는 말입니다. 대담하게!"

무신은 벤치에 앉아 발밑의 무엇을 보고 있다. 그러더니 쪼그리고 앉아 그것을 면밀히 관찰하기 시작한다. 문숙은 이쪽저쪽을 바라보고 있다. 그러다가 팔짱을 끼고 빙그레 미소를 지으며 무엇을 주시하고 있다. 교육자가 고개를 끄덕거린다.

"오케이, 수고하셨어요! 오늘 수업은 여기까지 합시다!"

"선생님, 공연이 오늘인가요?"

소희가 웃옷을 입고 있는 교육자에게 묻는다.

"아니, 오늘은 테크니컬 리허설이라서 굉장히 바쁜 하루가 될 것 같은데!"

교육자가 학생들에게 손을 흔들며 실기실을 나서자 반대표인 소희가 그를 뒤따라 나간다.

10

여느 때와 다름없이 수업이 시작되면 연기교육자가 실기실로 들어선다. 그가 실기실로 들어오더니 갑자기 불을 끈다. 학생들이 웅성거리기 시작한다.

"천천히 걸어보세요."

어둠 속에서 교육자가 과제를 제시하자 학생들은 조심스럽게 걷거나 발로 앞을 툭툭 차며 걸음을 옮기고 있다. 잠시 후에 교육자가 불을 켜고는 또 다시 과제를 제시한다.

"자, 깜깜합니다. 걸어보세요!"

학생들은 잠시 머뭇거리다가 양팔을 앞으로 내밀며 더듬더듬 걷기 시작한다. 어떤 학생들은 발로 앞을 조심스럽게 차고 있고, 또 다른 학생들은 쪼그리고 앉아서 조금씩 앞으로 전진 하고 있다.

"깜깜한 곳에서의 몸과 행동들을 다 잊어버렸군."

교육자가 다시 불을 끈다.

"자, 다시 걸어보세요. 깜깜한 곳에서 걸을 때 자신의 몸과 행동을 잘 기억해 놓고요. 이런 것들은 언젠가 여러분들에게 멋진 선물이 될 것입니다."

학생들은 눈을 크게 뜨고 이리저리 둘러보더니 조심스럽게 손을 뻗어 더듬 거리기 시작한다. 교육자가 불을 켜고는 말을 이어간다.

"오케이, 천천히 걸으면서 내가 하는 말을 듣고 자신의 행동으로 옮겨보세 요. 싸늘한 날씨입니다."

잠시 후 정태는 뛰어 돌아다니고, 소희는 상의 깃을 세우며 몸을 움츠린다. 그리고 주희는 두 팔로 몸을 감싼다.

"이제 영하 5도쯤 됩니다."

현정은 벗어놓았던 자신의 외투를 입고, 승욱은 폴짝폴짝 뛰기 시작한다. 다 른 학생들은 발을 동동 구르거나 손을 비비고 있다.

"이제 영하 30도쯤 됩니다."

몇 명은 고함을 치며 풀쩍풀쩍 뛰기 시작하고, 몇 명은 아예 백 미터 달리기 하듯 뛰어 돌아다닌다. 문숙은 구석진 자리에 앉아 외투로 온몸을 감싸고 덜덜 떨고 있다.

"자, 이제 영상 10도입니다."

수정은 환한 미소를 지으며 거리를 산책하듯 여유롭게 걷기 시작한다. 소희와 무신은 벤치에 앉아 아예 팔소매도 걷어 올리고 지나가는 사람들을 보고 있다.

"온도를 올려볼까요? 30도쯤 됩니다."

정태는 수건으로 목을 연신 닦아댄다. 기주는 아예 아무것도 하지 않고 축 늘 어져 있다. 다른 학생들은 여기저기 아무렇게나 앉아 연방 부채질을 해대고 있다.

"무신은 군대 갔다 왔다고 했지?"

교육자가 무신에게 눈길을 돌리며 갑자기 질문을 던지자 그는 엉겁결에 고 개를 끄덕거린다.

"그럼, 영하 30도를 경험해 봤겠군. 새벽녘에 동초(겨울 외곽근무)를 가면 아마 영하 30도쯤 되지. 처음에는 발을 동동 구르죠. 왜냐하면 몸에 열이 나야 체온유지가 되기 때문입니다. 그러다가 뛰는 것조차 힘들어져 체온을 빼앗기지 않기 위해 옴짝달싹하지 않고 오들오들 떨고만 있죠.

영상 30도쯤 되면 어떤가요? 땀이 온몸에 끈적끈적 달라붙는 것 같을 거예요. 그래서 축 늘어져서 아무것도 하질 않죠. 왜냐하면 조금이라도 움직이면 땀범벅이 되니까.

이처럼 아주 추운 것과 아주 더운 것은 행동의 형태는 달라도 거의 움직임이 없다는 점에서는 비슷하죠. 이것들은 우리가 경험을 통해서 익히 알고 있는 것들입니다.

내가 여기에서 정작 말하고 싶은 것은, '춥다'와 '덥다'라는 감정을 우리에게 보여주려고 하지 마라는 것입니다. 조금만 잘 생각해보면 또는 잘 기억해보면 이러한 문제는 해결될 겁니다. 이런 의미에서 '깜깜하다'도 마찬가지입니다.

그렇다면 감정을 드러내 표현하려고 하지 말고 행동으로 해결해보도록 하세요. 우리의 정서나 감정은 이처럼 몸 어딘가에 저장되어 있어서 그것들을 조심스럽게 다루면 멋지게 행동으로 해결될 수 있습니다.

내가 일전에 언급했던 '연기하려고 하지마세요', '보여주려고 하지마세요', '표현하려고 하지마세요'를 다시 한 번 잘 생각해보세요. '나는 무지막지하게 지금 춥습니다'라고 감정을 드러내며 연기하거나, 이러한 감정을 누군가에게 보여주려고 하며 강요하지 말라는 이야기입니다. 깜깜한 것이 무엇인지, 추운 것과 더운 것이 무엇인지 이해되어 자신의 몸이 바뀐다면 보는 사람들에게 굳이 나의 정서나 감정을 강요하지 않아도 전달될 테니까요.

이제 연기라는 것이 더 이상 '누군가에게 나의 감정을 보여주려는 것'이라는 생각에서 탈출해야만 할 시점입니다. 결론부터 말하자면, 연기는 자신의 진실을 찾아 자신의 행동으로 옮겨내는 일이라고 할 수 있어요."

"선생님. . . 솔직히 잘 이해가 되질 않습니다."

수정이 고개를 갸우뚱거리며 말하자 교육자는 잠시 생각하더니 천천히 입을 뗀다.

"아랫배가 살살 아픈 설사라는 놈을 만나본 적이 있습니까? 아마 한 번쯤은 경험해 봤을 겁니다. 이런 설사를 만나면 자신의 모든 주의는 아랫배에 있죠. 그래서 들숨과 날숨이 평상시와는 확연히 틀려집니다. 이때 만약 날숨을 함부로 내뱉는다면 아마 팬티를 갈아입어야 할지도 모릅니다."

학생들은 얼굴을 찡그리며 일제히 고함친다.

"그래서 날숨을 컨트롤하게 되면 자연스럽게 괄약근은 오므라들어 팬티를 갈아입지 않아도 되죠. 설사를 만난 사람의 얼굴표정과 걸음걸이를 본 적 있나요? 아마 평상시와 다른 표정과 행동거지를 보게 될 것입니다. 바로 이것이 아랫배가 살살 아픈 설사에 대한 행동입니다.

그런데 설사 배라고 말하면서 들숨과 날숨을 하지 않은 채 냅다 화장실로 뛰어가는 배우들이 허다합니다. 나는 이것을 '설사를 만나 배가 아프니 그렇게 알아주십시오'라고 우리들에게 강요하고 있다고 말하는 것입니다. 즉 '배가 아프다'라는 감정을 끄집어내 우리에게 보여주려고 한다는 것이죠. 자신은 전혀 배가 아프지 않으면서 말입니다. 이것을 나는 '표현하지 마세요'라고 또한 말했던 것입니다.

어디에 있는지 모르는 감정이라는 놈을 함부로 건드리지 않는 것이 좋아요. 차라리 설사라는 것이 무엇인지 다시 한 번 생각해보고, 자신이 무엇을 할 수 있는지를 찾아보는 것이 훨씬 수월할 겁니다. 수정, 조금 이해했나요?"

"네, 선생님!"

그녀는 고개를 활기차게 끄덕인다. 정태는 자신의 노트에 뭔가를 적기 시작하고, 소희는 고개를 연방 끄덕 끄덕거리며 생각에 잠겨 있다.

수업 시작 전 학생들은 실기실 여기저기에서 몸을 풀거나 앉아서 이야기를 나누고 있다. 교육자가 실기실로 들어와서 학생들과 눈인사를 나눈 뒤 과제를 제시한다.

"자, 편안한 자세로 앉아서 앞에 놓여 있는 가상의 파인애플을 먹어볼까요?"

학생들은 잠시 머뭇거리다 보이지 않는 파인애플을 먹기 시작한다. 현정은 눈살을 찡그리며 파인애플을 먹고 있고, 승욱은 눈을 감은 채 그 맛을 음미하고 있다.

"이번에는 오징어를 씹어보세요."

기주와 정태는 가상의 오징어 다리를 찢어 질겅질겅 씹기 시작한다.

"구수한 된장찌개 냄새를 맡아보세요."

"이번에는 원두커피 냄새를 맡아보세요."

"한약냄새를 맡아보세요."

학생들은 교육자가 제시하는 과제를 진지하게 차례차례 수행하고 있다.

"오케이, 이제 바닷가 모래사장의 모래를 만져보세요. 눈을 감고 모래에 대한 기억만 되살리려고 하지 말고, 모래가 손에 잡힌다고 느껴지면 즉시 행동으로 옮겨보세요. 다시 말해서 손에 모래를 올려보거나 모래성도 쌓아보고, 아니면 모래 깊숙이 손을 집어넣어도 보고요."

학생들은 가상의 모래를 만지며 여러 가지 형태의 놀이를 하기 시작한다. 소희는 해변의 모래를 발로 차거나 밟으며 기분 좋게 걷고 있다. 무신은 모래를 한 움큼 집어 손과 손목, 어깨에 뿌리고 있다.

"이번에는 얼음덩어리를 두 손으로 잡아볼까요?"

정태는 얼음덩어리를 잡다가 차가워서 떨어뜨린다. 문숙은 손바닥을 오므렸다 폈다하며 얼음의 표면을 만지고 있다.

"오케이, 이제 밖에서 들려오는 가상의 어떤 소리를 자신의 귀로 들어보세요. 만일 무슨 소리를 들었다면 직접 확인해보고요."

기주는 가만히 무슨 소리를 듣고 난 후에 창문을 열고 확인한다.

"무슨 소리를 듣고 확인 했니, 기주?"

"오토바이소리를 듣고 몇 cc인지 궁금해서 확인해보았습니다. 무거운 짐을 싣고 빠르게 지나가는 500cc 정도 되는 오토바이였습니다."

기주는 자신이 확인한 것을 교육자에게 차분히 설명한다.

"오케이! 오늘 이후로 일상에서 그냥 지나치기 쉬운 것들을 좀 더 주의를 기울여 보도록 하세요. 사물이 새롭게 보이거나 들릴 것입니다. 그래서 자신에게 흥미로운 점이 발견되면 어린아이와 같은 호기심을 가지고 만나보세요. 잠시 휴식할까요? 주희는 등받이 의자 하나를 벽 쪽에 갖다 놓아두고요."

교육자가 실기실을 나서며 주희에게 지시한다. 다른 학생들은 삼삼오오 모여 이야기를 나누거나, 누워 쉬거나, 노트에 열심히 뭔가를 적고 있다. 잠시 후에 교육자가 다시 들어온다.

"주희는 등받이 의자에 앉아보세요."

주희가 의자에 앉는다.

"그 의자는 국회의사당 방청석의 의자입니다. 국회의사당에 가본 적은 없어도 TV를 통해 본적은 있죠?"

". . . 네."

주희는 잠시 생각하고는 웅얼거린다.

"그렇다면 그 의자를 국회의사당 의자라고 생각하고 앉아서 어떤 행동을 해보세요."

주희는 곧 자세를 고치며 등을 곧추 세우고서 앞을 응시한다.

"무엇을 보고 있습니까?"

"의원이 업무보고를 하고 있는 것을 보고 있습니다."

"오케이, 이번에 그 의자는 산부인과 병원 복도에 있는 의자입니다. 산부인과 병원 의자에 앉아 어떤 행동을 해보세요."

주희는 잠시 생각하다가 이내 왼쪽을 유심히 바라본다. 그리고 그쪽으로 조심스럽게 다가가서 귀를 기울이더니 서성거리기 시작한다. 그러고 난 후에 주희는 다시 의자에 앉는다. 잠시 뒤에 그녀는 벌떡 일어나 왼쪽을 다시 쳐다본다. 그 쪽을 주시하다가 의자에 천천히 앉는다.

"무슨 일이죠?"

교육자가 주희에게 질문한다.

"언니가 분만실에 들어갔어요. 저는 형부대신 대기하고 있고요."

"오케이, 이번에 그 의자는 영화관의 의자입니다."

"밖에서 들어와도 될까요?"

주희가 즉각 교육자에게 되묻는다.

"원한다면! 그래서 자네에게 도움이 된다면 얼마든지!"

교육자가 주희에게 웃으며 화답한다. 주희는 밖으로 나갔다가 곧 들어온다. 그녀는 허리를 최대한 숙이고 들어와서 잠시 서있다. 잠시 후에 주희는 눈을 크게 뜨고 허리를 굽혀 자리를 찾아간다. 의자에 앉아 안정되게 자리를 잡고서는 앞쪽으로 시선을 보낸다. 교육자와 학생들은 고개를 끄덕인다.

"수고했어요. 주희가 앉은 의자는 학교에서 볼 수 있는 평범한 의자에 불과합니다. 그런데 주희는 어떤 공간에서 할 수 있는 자신으로서의 적합한 행동을 찾아 실행했기에 주희가 앉은 의자는 국회의사당의 의자로, 산부인과 병원의 의자로, 영화관의 의자로 치환되었죠. 정말 멋진 일이 우리 눈앞에 펼쳐졌습니다. 이처럼 공간에 대한 믿음은 억지로 생기는 것이 아니라 자신의 행동을 통해 드러나야 합니다.

영화나 TV라면 분명 많은 돈의 제작비가 들어야 함에도 불구하고 주희의 간단하면서도 단순하고 논리적인 행동 때문에 매력적이면서도 마술과 같은 일이 벌어진 것입니다. 그리하여 주희의 이러한 행동 덕택에 우리는 그녀와 함께 국회의사당과 산부인과 그리고 영화관으로 기분 좋게 초대되었고요.

특히 주희의 행동에서 나에게 흥미로웠던 것은, 영화관의 의자에 앉기 위한 사전의 행동들이었습니다. 그것은 깜깜한 영화관으로 들어가서 빈 의자에 앉기 위한 논리적이고 구체적인 행동들의 연속이었습니다. 동의하나요?"

"네!"

학생들은 교육자에게 동의의 뜻을 큰 소리로 전달한다.

"영화관이 처음 생겼을 때, TV가 처음 생산되었을 때, 연극은 소멸될 것이라고 사람들은 확신하며 말했습니다. 그러나 과거처럼 예술을 대변할 정도까지는 아니라 하더라도 연극은 오히려 더 활성화되고 있는 것 같습니다. 이 시점에서 내가 확실하게 말할 수 있는 것은, 연극은 live이고 시공을 초월하기에 결코 사라지지 않을 것이라는 사실입니다. 그렇다면 주희의 시연에서 알 수 있듯이 연극예술에 있어서 가장 중요한 것은 무엇일까요?"

"· · ·"

학생들은 생각에 잠겨 있다. 그때 소희가 손을 번쩍 들어 큰 소리로 외친다.

"배우의 명확한 행동입니다!"

교육자가 소희를 향해 엄지손가락을 치켜든다. 동료들이 그녀를 바라보며 함성을 지른다.

"오케이! 소희의 생각에 절대적으로 동의합니다. 텍스트, 무대장치, 조명, 의상, 음악 등 또한 무대예술에서 없어서는 안 될 요소들이지만 배우의 행동이 구체적이고 명확해야만 그 모든 것들은 빛을 발합니다. 그렇다면 이것이야말로 우리가 해야 할 일이며 책임이라고 할 수 있겠죠?"

학생들이 큰 소리로 합창하듯 응답하면 교육자는 학생들에게 또 다른 과제를 지시한다.

"오케이, 나와서 둥근 원형으로 서보세요."

학생들이 둥근 원형 형태로 서자 교육자는 실기실 구석을 둘러보고 가방을 가져온다.

"이 가방은 젖먹이 아기입니다. 시계방향으로 이 아기를 건네 볼게요."

교육자는 가방의 밑단과 윗단을 살며시 안고 마치 젖먹이 아기를 안듯 천천히 흔든다. 교육자는 아기로 치환된 가방을 소희에게 넘긴다. 소희가 가방을 안으려고 손을 뻗자 교육자가 고개를 흔들며 소리친다.

"아니, 그렇게 덥석 안으면 아기는 금방 울고 말거야. 아이의 어느 부위를 잡아야 할지 잘 보고 안아야지."

소희는 신중하면서도 조심스럽게 교육자의 오른팔 밑으로 자신의 한 팔을 집어넣는다. 그리고 다시 한 팔을 교육자의 왼팔 밑으로 넣어 아기를 안으려고 하자 교육자가 다시 한마디 한다.

"우선 아기가 어떤 형태로 안겨 있는지 보세요. 만일 그렇게 아기를 안으면 엉덩이 부분이 밑으로 처져 아기는 불편해서 또 울음을 터뜨리고 말거야."

교육자의 지적에 소희는 자신의 오른팔을 더욱 가방에 밀착시킨다.

"아니, 아니! 자네의 상체와 아기의 몸이 그렇게 떨어져 있으면 자네는 무척 힘들어 몇 분도 못 되어 아기를 땅에 내려놓아야만 하지."

교육자의 연속적인 지적에 소희는 가방을 안고 어쩔 줄 모른다.

"아기는 자네의 온몸을 사용하여 부드럽게 안아야만 아기도 자네도 편하지."

소희는 자신의 팔, 가슴, 허리 등을 사용하여 필사적으로 가방을 안는다.

"아기를 그렇게 힘을 줘서 안으면 아기의 몸은 멍투성이가 될 거야."

교육자의 연방 터져 나오는 지적에 소희의 이마에는 땀이 송골송골 맺혀 있다. 갑자기 교육자가 소희 앞으로 바짝 다가가 가방인 아기를 잽싸게 낚아챈다.

그의 상체와 팔은 아기와 밀착되어 있으면서도 편안해 보인다. 그는 아기를 눈 위로 들어 흔든다. 그리고 다시 부드럽게 아기를 감싸 안는다.

"자, 이번에 이 가방은 다이너마이트입니다. 시계반대방향으로 옮겨 보도록 합시다."

교육자는 가방을 두 손으로 아주 조심스럽게 받쳐 들고 있다. 그리고 천천히 기주에게 넘긴다. 기주는 가방에 감히 손을 못 대고 있다.

"시간이 지날수록 이 다이너마이트는 터질지도 몰라요."

교육자의 다그침에 기주는 집중하기 위해 머리를 흔들며 오른손가락과 왼팔을 사용하여 가방의 밑과 위를 잡는다. 그리고 천천히 오른손가락을 놓자 교육자가 "뻥!"하고 소리친다. 학생들은 모두 깜짝 놀란다. 교육자가 빙그레 미소를 띠며 말을 잇는다.

"이번에 이 가방은 쥐입니다. 내가 자네들의 발밑으로 가방을 몰고 갈 테니 알아서 하세요!"

교육자의 새로운 과제가 떨어지자마자 학생들은 이미 교육자로부터 저만치 물러나 있다. 교육자가 주희 쪽으로 가방을 끌고 간다. 그녀는 고함과 함께 밖으로 뛰쳐나갈 자세다. 이번에는 교육자가 정태 쪽으로 가방을 몰고 가자 그는 전투태세로 가방인 쥐를 차버릴 자세를 취한다. 교육자는 잠시 멈춰 있다가 문숙 쪽으로 방향을 튼다. 그녀는 기겁을 하며 소희 뒤쪽으로 재빠르게 숨는다. 교육자가 가방을 이리저리 끌어 계속 문숙을 따라다닌다. 그녀는 눈물이 날 정도로 소리를 치며 필사적으로 도망 다닌다.

"선생님! 선생님!"

마침내 문숙은 교육자를 향해 애걸하듯 고함을 지른다.

"오케이, 여러분에게 가방은 이미 쥐가 된 듯합니다. 오늘 수업은 여기까지 합시다! 다음 시간엔 내가 그리고 여러분이 믿을 수 있는 공원을 실기실에 만들어 놓으세요."

교육자가 문숙의 등을 토닥거리고 실기실을 나서자 기주는 문숙에게 가방을 들이댄다. 문숙은 가방을 빼앗아 기주에게 힘껏 내던진다. 수정은 자신의 노트에 뭔가를 열심히 적고 있다. 부신은 실기실 바닥에 벌러덩 드러누워 눈만 껌뻑거리며 생각에 잠겨있다.

12

수업이 시작되기 전에 학생들은 실기실 한편에 공원을 만드느라 부지런히 움직이고 있다. 그들은 벤치, 큰 휴지통, 받침대가 있는 세트용 나무, 담배꽁초, 신문지, 아이들이 타고 놀던 세발자전거 등을 가져와서 공원을 꾸민다. 수업시간이 되자 연기교육자가 들어와서 학생들이 만들어 놓은 공원을 꼼꼼히 살펴보고 고개를 끄덕거린다.

"오케이, 여러분들이 합심해서 만든 공원에 신뢰가 갑니다. 아울러 쓸데없는 것들이 없는 간결한 무대입니다.

자, 과제입니다. 공원에 왜 와야 하는지, 즉 공원에 등장해야 하는 이유를 나한테 보여주세요. 그러고 난 후에 공원에서 무슨 일을 할 수 있는지 계획해서 자신의 행동으로 보여주고요. 만일 필요한 물건들이 있으면 실제로 가지고 하세요. 예를 들어 담배와 라이터, 가방, 책, 신문 등이 필요하면 실제 물건을 가지고 하라는 말입니다. 이해되었으면 보여주세요!'

학생들이 잠시 머뭇거리자 교육자가 독려한다.

"우리의 일은 수동적으로 해서는 안 되며, 능동적이고 적극적이어야만 합니다. 창조 작업은 그럴 때만이 가능하기 때문이죠. 또한 내가 제시한 과제는 어렵거나 복잡한 것이 아니기 때문에 깊은 생각이 필요치도 않아요."

문숙이 일어나서 물건들을 주섬주섬 챙겨 연기실습실 밖으로 나간다. 잠시 후 문숙은 급하게 뛰어 들어온다. 그리고는 두리번거리며 누군가를 찾는 듯하다. 시계를 본다. 문숙은 다시 이쪽저쪽을 바라보다가 벤치에 앉으려고 한다. 하지만 벤치가 더럽다는 것을 알아차리고 비교적 깨끗한 곳을 찾아 앉는다. 그녀는 벤치에 앉아 자신이 등장한 곳을 쳐다본다. 다시 시계를 본다. 그리고는 반대 방향도 바라본다. 이내 문숙은 호주머니에서 핸드폰을 꺼내 전화를 건다. 신호음만 들리자 다시 번호를 눌러 전화를 건다. 또 다시 신호음만 들린다. 문숙은 문자메시지를 보내고서 고개를 들어 두리번거린다. 그리고 다시 시계를 본다. 이제 문숙은 가방을 열어 물통을 꺼내 마신 후 물통을 집어넣는다. 그리고는 여성용 잡지를 꺼내 읽기 시작한다.

"거기까지만 볼까요? 문숙은 왜 공원에 왔습니까?"

교육자가 문숙의 시연을 끊고 학생들 쪽으로 시선을 옮기며 질문한다.

"누구를 만나러 왔습니다."

수정이 대답한다.

"구체적으로 말해보세요."

"친구를 만나러 왔습니다."

승욱이 재빨리 대답한다.

"좀 더 구체적으로 말해보세요!"

교육자가 다그치자 주희가 손을 반쯤 들어 대답한다.

"친한 여자 친구를 만나러 온 것 같아요. 그녀와는 막역하고 허물없는 사이인 듯하고요."

"오케이! 비교적 구체적이군요. 구체적인 말, 생각, 계획, 행동, 상황 등은 우리에게 매우 중요합니다. 언급했던 것처럼, 우리의 일은 구체적이면 구체적일수록 무대에서 명확하게 무언가를 할 수 있는 힘이 생깁니다. 이해되나요?"

"네!"

학생들은 큰 소리로 화답한다.

"다시 질문해볼까요? 문숙은 왜 이 공원에 왔습니까?"

"친한 친구를 만나러 왔습니다. 문숙은 리포트를 써야 하는데 그 친구에게 자료를 빌리기 위해 공원에 왔습니다."

승욱은 자신의 상상력을 발동하여 비교적 구체적으로 대답한다.

"동의합니다. 또?"

"남자 친구를 만나러 온 것 같습니다."

정태가 고개를 갸우뚱거리며 말한다.

"그것 또한 동의합니다. 우리는 문숙이 왜, 무엇 때문에 이 공원으로 와야 하는 지에 대해 이야기하고 있습니다. 이것을 우리는 문숙의 '전前상황'이라고 부릅니다. 전상황은 구체적이면 구체적일수록 좋습니다. 왜냐하면 이것 때문에 우리는 무대로 등장할 수 있기 때문이죠."

교육자가 잠시 말을 멈추자 학생들은 그에게 주의를 기울인다. 이내 교육자가 다시 입을 뗀다.

"문숙이 벤치에 앉은 후 무슨 일을 했는지 기억하나요?"

"시계를 보고, 두리번거리고, 핸드폰을 꺼내 전화를 하거나 문자를 보내고. . . 가방을 열어 물통을 꺼내 마시고 나서 집어넣고. . . 다시 가방을 열어 여성용 잡지를 읽었던 것 같아요."

수정이 기억을 더듬으며 천천히 대답한다.

"오케이! 수정이 나열한 문숙의 행동은 모두 동작동사에 해당하는 것들이죠. 우리는 문숙의 이와 같은 동작동사의 순서를 '행동계획(플랜)'이라고 말합니다. 그것은 어떤 공간에서 '내가 무엇을 할 수 있는가?'에 해당하는 자신의 행동에 대한 계획을 의미합니다.

일상에서 이러한 행동은 자신의 실제적인 상황, 사건으로 인해 별 생각 없이 매우 자연스럽게, 구체적이며 논리적으로 진행됩니다. 그것은 특별한 의식의 도움 없이도 무의식적으로 진행되죠. 왜냐하면 자신의 실제 일이기 때문입니다.

그런데 무대에서는 누군가에 의해 무언가 제시되어 있어요. 그래서 이러한 제시되어 있는 상황은 우리가 이미 알고 있다는 것이 이제 문제로 대두되는 것이죠. 즉 작가에 의해 이미 제시되어 있어서 우리는 일상에서처럼 처음으로 상황을 만나기가 불가능하다는 것입니다. 게다가 누군가 우리를 보고 있다는 것도 무대에서 우리의 일을 자연스럽지 못하게 방해하고 있죠. 이것은 분명 매력적인 일이지만 함정이기도 합니다. 그렇죠?"

학생들은 고개를 힘차게 끄덕이며 교육자에게 화답한다.

"그렇다면 무대에서 우리의 일을 자연스럽게 하기 위해서는 무언가 필요할지도 모릅니다. 그것은 바로 의식의 도움이라고 말할 수 있어요. 즉 계획이 필요하다는 말입니다. 이 계획은 동작동사 - 행동으로 해결되어야만 해요. 추상적이고 막연하며, 어딘가 있을지 모르는 감정이나 그것의 플랜은 생각지 말고요.

아울러 계획된 행동으로 말미암아 우리는 무대에서 자신의 행동을 보게 될 가능성이 생깁니다. 이것을 우리는 '나를 관찰하는 또 다른 나'라고 말합니다. 이것에 대해서는 본격적인 우리의 일을 시작할 때 좀 더 자세히 얘기할 것입니다.

아무튼 이러한 행동계획에 의해 자신이 무엇을 구체적으로 하게 되면 허구의 무대는 편안해지기 시작합니다. 무대에서의 올바른 집중은 바로 이때 생성됩니다. 몸 또한 편안한 중립의 상태로 들어가고요. 이해되나요?"

학생들은 저마다 다른 표정을 짓고 있다. 교육자는 잠시 미소를 짓고 나더니 자신의 말을 계속 이어간다.

"오케이, 이것에 대해서도 다음 시간부터 하나씩 해결해 나가도록 해봅시다. 하지만 내가 무슨 말을 했는지는 기억해놓길 바랍니다."

학생들이 고개를 살짝 끄덕거리자 교육자는 학생들을 한 바퀴 주욱 훑어본다. 그리고는 느리지만 힘차게 다시 말문을 연다.

"근 두 달 동안 여러분은 허구의 무대에 있기 위한 몸을 만들어 왔습니다. 달리 말하면, 일상의 몸과는 다른 무대의 몸을 만들기 위해 우리는 그것에 합당한 연습과제를 수행해 왔습니다. 그러나 좀 더 정확하게 이야기하자면, 아마 여러분들이 의식하지 못한 채 무대적 몸만들기는 저절로 그렇게 되었다고 말하는 편이 옳을 것입니다. 분명한 사실은, 여러분의 몸은 이제 무대에 설 준비가 되어 있다는 것입니다. 축하합니다!"

학생들은 자축의 박수를 치며 함성을 지른다. 교육자는 미소를 지으며 자신의 말을 계속 이어간다.

"그동안 수행해 온 것들을 우리는 '행동을 위한 요소훈련'이라고 부릅니다. 즉 무대에서의 행동을 위해 그것에 필요한 요소들을 각각 훈련한 것입니다. 일전에도 말했지만 무대는 허구의, 가짜의, 가상의 공간이기에 여기에서 무엇을 해야 할지는 우리에게 있어서 초미의 관심사입니다. 결론부터 이야기하자면, 그것은 감히 행동이라고 말할 수 있습니다. 그리하여 우리는 본격적으로 무대적 행동에 앞서 행동을 하기 위한 세부요소들을 두어 달 동안 해 왔던 것입니다.

거창하게 말하면 우리의 그동안 작업은 허구의 무대에서 '존재'하기 위함이었습니다. 여러분들은 이제 무대에서 존재하기 위한 전단계를 훌륭히 수행했기에 나는 '축하합니다!'라고 말했던 거고요.

오케이, 이제 다음 시간부터 본격적으로 의식의 도움으로 행동을 계획하여 실행하는 과제로 들어가 봅시다. 달리 말하자면, 배우의 기술로 본격적으로 들어간다는 의미입니다. 근 두어 달 동안 열심히, 그리고 최선을 다한 여러분들께 다시 한 번 수고했다고 말하고 싶습니다!"

학생들은 모두 일어나서 박수를 치며 환호성을 지른다. 교육자도 일어서서 미소를 지으며 학생들을 향해 박수를 보낸다.

사물을 만나다!

1

연기교육자가 실기실로 들어와 자리에 앉으며 학생들을 한번 쭉 둘러본다. 그들의 눈방울은 똘망똘망하다. 그가 빙그레 미소를 띠더니 천천히 말문을 연다.

"두어 달 동안 여러분은 허구의 무대에서 존재하기 위한 방법을 알게 모르게 터득해 왔습니다. 그것은 가상의 무대라는 공간에서 존재하지도 않는 역할로서가 아니라, 배우 자신이 무엇을 할 수 있는 지에 대한 인식의 과정이었다고 감히 말할 수 있습니다. 환언하면 우리의 두어 달 동안의 수업은 의식적이든 무의식적이든 배우의 몸으로 바꾸는 작업이었다고 장담합니다. 그것은 일상의 몸이 아니라 무대의 몸으로 바꾸는 것이었습니다. 해서 우리는 다음과 같은 연습과제들을 수행해왔습니다.

1. 무대에서 긴장과 이완은 무엇이며 어떻게 해야 하나?
2. 무대에서 주의와 집중은 무엇이며 그것은 어떻게 가능한가?
3. 무대에서 감각에 대한 기억이란 어떻게 적용되어야 하는가?

4. 무대에서 상상력은 어떤 경로를 통해 끄집어낼 수 있는가?

5. 무대에서 관계치환은 무엇이고 어떻게 행동으로 나타나는가?

6. 무대의 제시된 공간과 시간에서 '무엇을 한다'는 것은 무엇이며 어떻게 가능한가?

이것들은 본 과제로 들어가기에 앞서 행하는 연습과제이었기에, 우리는 이것을 '행동을 위한 요소훈련'이라고 말합니다. 이러한 과정을 너끈히 통과한 여러분들을 나는 '축하합니다!'라고 말했던 거고요. 가히 환골탈태의 시간이었습니다."

학생들은 다소 상기된 표정을 지으며 함박 미소를 짓고 있다.

"하지만 명심해야 할 것은, 이러한 단계가 다음의 단계와 별개가 아니라는 사실입니다. 즉 각각의 단계는 독립적이지 않고 유기적이어야 한다는 의미이죠. 어쩌면 유기성이야말로 우리의 일 중 가장 중요한 항목일지 모릅니다. 그러므로 다음의 작업단계, 다다음의 작업단계 그리고 또 이후의 단계에서도 이러한 유기성은 반드시 유지되어야만 합니다.

따라서 지금까지 해왔던 '행동을 위한 요소훈련'과 오늘부터 해야 할 작업인 '대상없는 행동' 또한 독립된 작업단계가 아닙니다. 마찬가지로 우리의 다음 작업단계인 '에튜드'에서도 앞의 두 작업은 여전히 유기적이어야 하고요."

교육자는 잠시 말을 멈추더니 이내 말을 잇는다.

"자, 이제 우리의 현 작업단계인 '대상없는 행동'으로 들어가 볼까요? 전에도 말한 것처럼, 이것은 본격적으로 시작되는 배우의 기술 중 첫 번째 작업단계입니다."

교육자는 실기실을 한 바퀴 휙 둘러본다.

"승욱은 저기 있는 빈 병을 가져올래요? 그리고 다른 사람들은 둥글게 서보세요."

승욱은 구석의 탁자 위에 놓여 있는 빈 병을 가져온다. 학생들은 둥글게 서서 마주보고 있다. 교육자는 승욱으로부터 빈 병을 건네받는다.

"한손만 이용해 병을 잡고 옆 사람에게 전달해볼까요? 이때 자신이 병을 잡았을 때의 무게, 크기, 질량, 부피, 길이, 느낌 등에 따라 자신의 손 형태가 어떻게 되어 있는지 잘 기억해놓길 바랍니다. 오케이?"

"네!"

학생들은 고개를 끄덕이며 큰 소리로 응답한다. 교육자는 오른손 엄지, 검지, 중지만으로 병의 입 부분을 잡고 옆의 현정에게 전달한다. 현정은 병의 중간부분을 왼손으로 꽉 잡고 무신에게 건넨다. 무신이 병의 밑단 부분을 다섯 손가락 끝으로 잡아 수정에게 주려고 하자 교육자가 외친다.

"잠깐만! 무신은 움직이지 말아요."

교육자는 무신에게 다가가 병을 잡고 있는 그의 손가락, 손목, 팔꿈치, 어깨 등을 만져본다.

"무신의 손과 팔을 보세요. . . . 무신의 손가락 끝부분이 유난히 하얗게 바뀐 이유는 무엇이죠?"

"병의 무게와 잡은 형태 때문입니다."

정태가 활기차게 대답한다.

"오케이! 무신의 손과 팔을 만져보세요."

학생들은 무신의 손과 팔을 이리저리 만져본다.

"무신의 병을 든 형태에 따라 무신의 몸, 특히 손은 이미 바뀌어져 있습니다. 가장 힘이 많이 들어간 신체부위는 당연히 손가락 끝이고, 그리고 손목, 팔꿈치, 어깨, 척추까지 힘은 분배되어 연결되어 있죠. 그 외의 다른 신체부위 또한 미세하지만 병을 잡은 몸의 형태에 따라 변형되어 있거나 힘을 소비하고 있습니다. 그렇죠?"

"네!"

학생들은 무신의 손목, 팔꿈치, 어깨, 척추 등을 만져 보며 큰 소리로 화답한다.

"우리의 몸은 참으로 과학적입니다. 무거운 피아노를 들어본 적 있나요? 무거운 것을 들기 위해 몸은 최대한 지면으로 내려갑니다. 힘의 원천인 척추를 정확하게 사용하기 위함이죠. 이때 우리 몸은 무거운 것을 들기 위해 그렇게 해야 한다는 것을 자연스럽게 알고 있습니다. 그러므로 만일 우리가 올바르게 몸을 사용하지 않으면, 자신이 불편하거나 여러분을 보는 우리에게 불편함을 줄 것입니다. 자신이나 보는 사람이 불편하지 않게 논리적이고 합리적으로 몸을 사용하도록 노력해보세요. 이제 조금 더 부피가 있고, 무게가 더 나가는 물건을 잡고 들어서 다른 곳으로 옮겨 보도록 할까요? 이때 자신의 몸이 어떻게 변형되는지 유심히 관찰하여 기억해보세요."

교육자의 말이 끝나자마자 소희는 의자 쪽으로 가서 등받이 부분을 두 손으로 들어 옮기고, 승욱은 큰 화이트보드의 다리부분을 한손으로 잡아 질질 끌고 있다. 기주는 작은 큐빅의 밑단을 두 손으로 들어서 옮기고, 문숙은 플라스틱으로 만들어진 둥근 테이블의 윗면을 두 손으로 잡아서 다른 곳으로 옮기고 있다. 다른 학생들도 여러 가지 물건들을 옮기고 있다. 교육자가 그들의 행동을 유심히 관찰하고 난 후 또 다른 과제를 제시한다.

"이제 의자를 잡고 옮길 때 한 팔만 사용하여 다리 부분을 잡아서 옮겨보세요. 그리고 화이트보드는 두 팔을 사용하여 옮겨 보고요. 작은 큐빅은 조그만 구멍에 손가락을 집어넣어 끌어보세요. 플라스틱 책상은 모서리를 손가락으로 잡아서 다른 곳으로 옮겨보고요.

사물의 여러 부분을 잡아서 옮겨보거나, 양팔 혹은 한팔 또는 손가락만 사용하여 물건을 옮기거나 다루어 보면 또 다른 몸의 변형된 형태를 알 수 있습니다. 마찬가지로 변형된 몸의 형태를 잘 관찰해서 기억해놓고요."

학생들은 교육자의 지시에 따라 사물의 여러 부분을 잡아서 옮긴다. 그들은 몸의 형태가 기억나지 않으면 물건을 제자리에 놓고 다시 옮기고 있다. 또한 그들은 사물 고유의 무게, 부피, 길이, 높이, 질량, 느낌 등에 주의를 기울여 몸의 변형을 세심하게 관찰하면서 기억하려고 애쓰고 있다.

연기실습실은 마치 절간 같다. 교육자는 이리저리 돌아다니며 학생들이 다루는 물건으로 인해 몸의 변형과정을 자세히 관찰하고서는 그것에 대해 조언을 하거나 직접 시범을 보이기도 한다.

"수업시간 이외에 집에서, 길거리에서, 지하철, 학교 휴게실 등에서도 이 일을 계속해보세요. 아마 이전에는 전혀 인식하지 못했던 사물과 관계하는 자신의 몸 행동을 발견하게 될 것입니다."

교육자는 실기실 구석을 바라보며 승욱과 무신에게 지시한다.

"승욱과 무신은 저기 내가 가져온 밧줄을 갖다 주세요."

상당히 길고 굵은 밧줄이다.

"줄넘기 해 봤죠?"

"네!"

학생들은 당연하다는 듯 큰 소리로 외친다.

"해봅시다! 승욱과 무신은 줄을 크게 돌리세요!"

학생들은 마치 마당에서 줄넘기를 하듯 신나게 떠들며 줄을 선다. 승욱과 무신이 줄을 크게 돌리자 소희가 돌려지는 줄의 리듬을 좇아 안으로 들어간다. 이어 정태와 기주가 몸을 뒤로 젖히면서 순식간에 들어간다. 정태와 기주, 소희는 줄 안의 공간 확보를 위해 폴짝 뛰며 앞쪽으로 옮긴다. 정하가 들어가고, 현정이 들어갈 때 그녀의 다리에 줄이 걸린다.

"승욱과 무신이 돌리는 줄의 리듬에 맞춰 몸을 줄 안으로 밀어 넣으면서 위로 뛰어야 합니다. 줄이 돌아가는 속도와 리듬에 맞춰 다시 한 번 들어가 볼까요?"

교육자의 설명이 끝나자 학생들은 이전보다 신중하다. 소희가 알맞게 들어가고 정태와 기주는 전과 마찬가지로 동시에 들어간다. 그리고 그들은 줄 안으로 들어올 동료를 위해 앞쪽으로 빨리 뛰면서 옮긴다. 정하가 들어가고, 현정은 이번에 타이밍을 잘 맞춰 쏙 들어간다. 연이어 주희와 문숙, 수정도 차례로 보기 좋게 들어간다.

"밖으로 나오세요."

교육자가 외치자 학생들은 차례로 밖으로 뛰쳐나온다.

"오케이! 많이 놀아본 솜씬데!"

학생들은 서로 손뼉을 마주치며 즐거워한다.

"이번에는 줄 없이 줄넘기를 해볼까요?"

"줄 없이요?"

승욱과 무신이 동시에 외친다.

"승욱과 무신은 실제의 줄을 돌릴 때 손목과 팔, 어깨 등을 잘 기억해서 복구시켜 돌려보세요. 이때 굵은 줄이 땅바닥을 치고 올라올 때의 리듬과 느낌을 유지해야만 합니다. 또한 두 사람은 줄을 돌리는 속도와 리듬을 공유해야만 줄은 정상적으로 돌아갈 거고요. 자, 줄 없이 돌려볼까요?"

승욱과 무신은 줄 없이 돌리는 동작을 크게 한다.

"줄이 땅에 닿을 때와 줄이 땅을 박차고 위로 올라갈 때, 그리고 줄이 위에서 아래로 내려올 때의 행동의 리듬을 정확하게 구사해야 해요. 이 점을 주의하여 두 사람은 계속 돌려보세요. 승욱과 무신은 서로를 쳐다보세요."

승욱과 무신의 줄 돌리는 동작은 몇 번의 지적을 받고 난 후에야 비로소 줄이 없음에도 불구하고 굵고 긴 줄을 돌리는 행동이 정확하게 진행된다. 잠시 후 정태는 승욱과 무신의 없는 줄의 돌리는 동작에 맞춰 몸을 흔들거리면서 들어갈 준비를 한다. 없는 줄이 땅을 때리고 올라갈 즈음에 정태는 날쌔게 안으로 들어간다. 그는 승욱과 무신의 팔이 동시에 밑으로 내려올 때 정확하게 폴짝 뛰어 줄을 넘는다. 주희가 다음 차례를 기다리며 들어갈 준비를 한다. 승욱과 무신의 손이 밑으로 내려올 때 주희가 들어가자 교육자는 그녀에게 외친다.

"줄에 걸렸어요! 줄이 땅을 때리고 올라갈 때 잽싸게 들어가야 해요."

교육자가 무신에게 실제 밧줄을 준다.

"휴식시간 때 실제로 줄을 가지고 줄넘기를 해보세요. 그때 줄을 돌리는 사람의 몸을 꼼꼼하게 관찰하고 난 뒤 줄 없이 줄넘기를 해보고요. 줄을 돌리는 사람과 함께 행동의 템포와 리듬을 공유해야만 줄 안으로 정확하게 들어갈 수 있겠죠?"

학생들은 고개를 힘차게 끄덕거린다.

"자, 둥글게 서보세요. 방금 했던 병 돌리기를 다시 해봅시다."

학생들은 실제의 병을 한손으로 잡고 전달한다. 학생들의 눈빛은 사뭇 진지하다. 한참동안 연기실습실은 한손으로 병을 돌리며 주의를 기울이고 있는 학생들로 조용하기 그지없다. 그들은 자신의 손 형태를 유심히 관찰하며 기억하려고 애쓴다. 교육자는 학생들 사이를 돌아다니며 조언을 하거나 직접 시범을 보인다.

"이번에는 두 손으로 병을 돌려볼까요? 한손으로 병을 넘겨받고 다른 손으로 병을 이동하여 다음 사람에게 전달해보세요. 이때 자신의 손과 팔이 어떻게 변형되는지 유심히 관찰해야 합니다. 아마 한손으로 병을 돌리는 것보단 좀 더 복잡할겁니다."

학생들은 집중을 유지하며 한손으로 병을 받을 때의 자신의 손 모양과 다른 손으로 이동할 때의 손의 형태를 관찰하며 기억하려고 애쓴다. 실기실은 둥근 원으로 서서 과제를 수행하고 있는 학생들의 숨소리만 들린다. 한참 후에 제일 끝에 선 현정까지 병이 전달되자 과제는 끝난다.

"수고했어요!"

교육자의 한마디에 학생들은 맥없이 주저앉는다.

"오늘 수업은 여기까지 하고 다음 시간부터 본격적으로 없는 병을 전달해보기로 합시다."

교육자가 실기실을 나서자마자 학생들은 대부분 벌러덩 드러눕는다.

2

여느 때와 마찬가지로 정시에 수업이 시작되자마자 교육자가 실기실로 들어온다. 그의 손에는 그저께 병 돌리기의 병보다 더 큰 병이 들려져 있다.

"이!"

학생들은 여기저기서 외마디 비명을 지른다.

"둥글게 서보세요. 지난 시간에 우리가 했던 것을 기억하죠? 무신부터 시작해서 승욱까지 두 손을 사용하여 시계방향으로 병을 돌려볼까요?"

며칠 전과는 달리 학생들은 제법 정확하고 능숙하게 병을 파트너에게 넘긴다. 마침내 승욱까지 병이 전달된다.

"이젠 병을 눈앞에서 제거하고 없는 병을 전달해 봅시다!"

학생들은 마치 전투태세를 취하듯 손목과 목을 돌리고 어깨를 풀기 시작한다.

"나부터 시작할게요. 갑니다!"

교육자는 없는 병의 입 부분을 오른손 다섯 손가락으로 움켜잡은 채 문숙에게 건넨다. 문숙은 잠시 망설이고 있다.

"우선 없는 병의 어느 부분을 잡아야 할지 정확하게 보고 잡아야 합니다."

교육자의 말이 끝나자마자 문숙은 없는 병의 몸통부분을 오른손으로 꽉 잡는다.

"잠깐만! 문숙은 움직이지 말고 그대로 있어 보세요!"

교육자는 실제 병을 가져와서 문숙의 손아귀 속으로 밀어 넣는다.

"두께가 맞지 않아요. 들어가질 않죠? 실제 병을 잡아보세요, 문숙!"

문숙이 실제의 병을 오른손으로 잡자 교육자는 "병의 두께는 그 정도예요, 그리고 무게도요! 자신의 손을 잘 관찰해서 기억해놓으세요!"라고 말하며 없는 병의 입 부분을 한손으로 움켜쥐고서 문숙에게 다시 건넨다. 문숙은 교육자의 손 모양을 잠시 보고 난 뒤에 없는 병의 밑단을 손바닥을 쫙 펴서 올려놓고 다섯 손가락으로 힘주어 잡는다. 문숙은 옆에 있는 수정에게 그 형태를 유지한 채 없는 병을 건넨다. 수정은 왼손으로 없는 병의 몸통을 꽉 잡고 90도 돌려서 주희에게 내민다. 주희가 없는 병의 몸통을 잡으려고 하자 교육자가 외친다.

"병의 크기가 점점 작아지고 있어요. 다시 실제 병을 잡아보세요."

주희는 실제 병을 가져와서 다시 잡아보더니 고개를 끄덕인다.

"오케이, 이해되나요? 다시 시작해볼까요? 수정은 한손으로 잡아 다른 손으로 옮겨서 전달해보세요!"

수정은 자신의 왼손을 사용하여 없는 병의 몸통을 잡은 다음 오른손 세 손가락으로 병의 입 부근을 잡아 주희에게 전달한다. 주희는 몸의 위치를 조금 바꾸어 없는 병의 목 부분을 오른손 엄지와 중지만을 사용하여 꽉 잡는다. 그리고 다시 왼손으로 없는 병의 몸통 부분을 살며시 잡아 정태에게 건넨다. 정태는 주희가 잡은 없는 병의 모양을 유심히 살피고서 없는 병의 몸통 하단 부분을 그의 오른손으로 꽉 잡는다. 그리고 왼손가락 엄지와 검지 두 개를 사용하여 없는 병의 마개부분을 잡아 다음 사람에게 전달하려고 하자 교육자가 소리친다.

"잠깐만! 주희는 아직 병을 놓지 않았어요. 그런데 정태는 자신의 오른손으로 없는 병의 몸통 하단 부분을 잡아 옮겼죠. 없는 병을 놓아야만 다음 사람이 병을 가져갈 수 있어요."

교육자가 실제 병을 가져와서 병의 몸통 부분을 오른손으로 잡고 있다.

"병을 가져가보세요, 정태!"

정태가 오른손으로 병의 몸통을 꽉 잡고 가져가려고 하자 교육자는 "보세요! 나의 손가락이 어떻게 바뀌는지!"라고 소리친다. 교육자의 오른손가락이 잡고 있던 병을 놓고 있다. 학생들은 교육자의 오른손가락이 어떻게 변화되는지 유심히 관찰하며 고개를 세차게 끄덕거린다.

"오케이? 자, 없는 병을 계속해서 돌려보세요!"

한참동안 교육자는 조언과 시범을 통해 학생들과 없는 병 돌리기를 계속한다. 마침내 없는 병이 무신까지 도착하자 교육자가 입을 연다.

"오케이! 조금씩 빈 물건인 병이 자신의 손에 있는 듯합니다. 무엇보다도 중요한 것은, 먼저 없는 병의 위치와 들려져 있는 형태를 보아내는 것입니다. 그래야만 없는 병을 잡아낼 수 있기 때문이죠. 이때 없는 병을 잡을 때는 무게, 두께, 길이, 부피 그리고 없는 병을 잡았을 때의 느낌을 손에 지니고 있어야 하고요."

학생들은 손과 어깨를 풀며 고개를 연신 끄덕거리고 있다.

"자, 앉아보세요. 소매를 세단으로 접어볼까요? 소매를 접을 때 자신의 팔과 손가락이 어떻게 변화하는지 잘 보고 기억해놓으세요. 만일 기억이 된다면, 소매 없이 해보고요! 만일 기억이 나지 않으면, 다시 실제의 소매를 걷어 보고 자신의 팔과 손이 어떻게 움직이는지 관찰하여 기억하세요. 없는 병보다 훨씬 복잡한 행동의 연속일 것입니다. 꼼꼼하게 관찰하고 기억해서 해보도록 하세요."

교육자의 새로운 과제에 학생들은 앉아서 소매를 천천히 접으면서 자신의 팔과 손가락의 변화를 면밀히 관찰하기 시작한다.

"처음에는 천천히 하세요. 만일 소매를 접는 행동의 일상적 템포와 리듬으로 해낸다면 자신의 팔과 손가락이 무엇을 했는지 전혀 기억할 수 없을 겁니다. 때문에 팔과 손이 소매와 관계할 때 어떻게 움직이는지 정확히 알기 위해서는 아직까지 일상의 템포와 리듬으로 행해서는 곤란합니다. 이 말은 사물과 관계하는 실제의 행동 템포와 리듬의 획득은 차후의 과제라는 뜻입니다. 계속해보세요!"

교육자는 학생들이 과제를 하고 있는 동안 돌아다니면서 살펴보고 조언하거나 직접 시범을 보여주며 설명하고 있다.

"소매를 접기 위해서 우선 소매의 어느 부분을 잡아야 할지 정확히 보고 결정해야 합니다. 그러고 난 후 그 부분을 정확히 잡고 소매를 접어 올려야 해요. 이때 손가락과 팔목의 복잡한 변화에 각별히 주의를 기울여 관찰하세요. 또한 소매의 어느 부분을 잡아 접느냐에 따라 힘의 분배가 다르다는 것을 알아야 합니다. 이제 소매의 다른 부분을 잡기 위해 '소매를 놓다'를 정확히 해야 하고요. 그리고 이미 바뀐 소매를 다시 접어 올릴 때 손은 또 다른 행동을 하게 됩니다.

이처럼 〈소매 접기〉는 수많은 행동의 단계를 거칩니다. 이러한 행동의 단계를 순서화시켜 보세요. 이것을 우리는 '행동계획(플랜)'이라고 말합니다. 이해되나요?"

"네!"

학생들이 큰 소리로 화답하자 연기교육자는 고개를 끄덕이더니 신발장으로 간다. 그리고는 끈이 있는 운동화를 가져와서 끈을 풀어 바닥에 놓는다.

"내가 실제로 운동화에 끈을 어떻게 끼우는지 잘 보세요."

교육자는 끈이 어디에, 어떻게 놓여 있는지 본다. 끈의 윗부분을 오른손 엄지와 검지를 사용하여 잡는다. 그리고 끈을 위로 쭉 들고 한 번 털고서는 끼워 넣을 첫 번째 구멍에 갖다 댄다. 그의 왼손은 이미 운동화의 끼워 넣을 구멍부분을 꽉 잡고 있다. 그리고 오른손 엄지와 검지를 사용하여 끈을 구멍에 끼운다. 왼손 엄지와 검지를 사용하여 끼워진 끈을 쭉 뽑는다. 이때 오른손은 운동화를 힘 있게 잡고 있다. 왼손에 있는 끈을 오른손으로 옮기고 반대편 첫 번째 구멍에 끼운다. 그는 왼손의 엄지와 검지로 끈을 뽑고 난 후 오른손 엄지와 검지로 남은 줄을 뽑아 끼워진 줄과 남은 줄의 길이를 맞춘다.

"잘 보았나요? 나의 손가락과 손목이 어떻게 움직였는지?"

"무지막지하게 복잡한데요, 선생님!"

무신이 고개를 절레절레 흔들며 외친다. 다른 학생들도 한숨을 내쉰다. 연기교육자는 빙그레 웃으며 입을 연다.

"거리에서 붕어빵을 만드는 아저씨를 본 적 있나요?"

" · · · "

"붕어빵 먹어 본 적 없어요?"

교육자가 다시 묻자 학생들은 그제서 "있습니다!"라고 큰 소리로 외친다.

"처음으로 붕어빵 장사를 시작한 붕어빵 아저씨가 어젯밤 집에서 밀가루를 반죽하여 거리로 나왔습니다. 리어카를 펼쳐 놓고서 불을 지핀 뒤에 붕어빵을 만들기 위해 처음에 잡아야 하는 도구가 무엇이죠?"

"..."

학생들은 골똘히 생각한다. 정하가 생각이 난 듯 침묵을 깬다.

"아, '7'자 모양의 철 꼬챙이입니다."

"왜 '7'자 모양의 철 꼬챙이를 잡습니까?"

교육자의 즉각적인 물음에 이번에는 정태가 큰 소리로 외친다.

"붕어빵 철판을 열기 위해섭니다."

"오케이! 그러고 난 후에 아저씨는 어떤 도구를 잡습니까?"

"기름칠을 하기 위해 기름 붓을 잡습니다."

소희가 자신 있게 대답한다.

"오케이! 계속해보세요."

"그리고는... 밀가루와 설탕, 물 등이 섞여 있는 주전자 손잡이를 잡아 붕어빵 철판에 부어야죠."

"그 양은 어느 정도죠?"

"..."

소희는 생각에 잠긴다.

"반 정도요, 단팥을 넣고 난 다음에 또 밀가루 반죽을 부어야 하기 때문입니다."

승욱이 마치 도를 깨친 듯 소리친다. 교육자가 승욱을 향해 엄지손가락을 높이 든다.

"그리고는?"

"..."

승욱이 대답이 없자 교육자가 말을 잇는다.

"그리고는 다시 '7'자 모양의 철 꼬챙이를 들어 구멍에 끼우고 철판을 닫아 왼쪽으로 이동시켜야 합니다. 다음 붕어빵을 만들 채비를 해야 하니까요. 두 번째 철판을 첫 번째 철판과 똑같이 준비한 다음, 이번에는 이전의 첫 번째 붕어 철판을 '7'자 모양의 철 꼬챙이를 사용하여 다시 자신의 앞쪽으로 당겨 와야 합니다. 왜 자신의 앞쪽으로 이전의 붕어 철판을 당겨 와야 하나요?"

"· · ·"

학생들은 침묵이다. 현정이 손을 번쩍 든다.

"붕어철판을 뒤집기 위해서요!"

"오케이! 이제 이것을 생각해봅시다. 첫 번째 붕어철판을 왼쪽으로 이동시킬 때 철 꼬챙이로 이동시키겠죠. 그러나 힘을 과하게 사용하여 철판을 이동시킨다면 첫 번째 붕어철판이 어디에 있는지 몰라 아마 많은 붕어철판을 일일이 다 열어봐야 할 겁니다. 또한 왼쪽의 붕어철판을 자신의 앞쪽으로 당겨 와서 뒤집을 때도 힘을 강하게 주어 돌린다면 어디가 앞인지 뒤인지 구분이 안 될 겁니다. 한마디로 말해 힘 조절이 절대 필요합니다. 그런데 붕어빵 아저씨가 초짜라면 아마 이러한 힘 조절은 거의 불가능하겠죠. 당구공을 칠 때 힘 조절을 생각해보세요."

"와우!"

남학생들은 고개를 크게 끄덕이며 공감의 소리를 내지른다.

"이제 단팥을 투입해야 하죠. 사선으로 자른 파이프모양의 꼬챙이 기억납니까? 그것으로 단팥을 담아 칼 같은 것으로 썰어 붕어철판에 넣을 때 꼬리나 머리 부분이 아니라 중앙에 알맞은 양을 투입해야 합니다. 만일 꼬리나 머리 부분에 단팥을 넣는다면 소비자가 붕어빵을 먹을 때 꼬리에서, 머리에서 단팥이 터져 나와 무척 황당해 하겠죠."

학생들은 소리 내어 웃으며 마치 붕어빵이 눈앞에 있는 것처럼 반응한다.

"이처럼 처음에 붕어빵을 만들기란 결코 쉬운 일이 아닙니다. 하나의 붕어빵을 만들기 위해서 해야 할 일이 너무 많죠. 아마 붕어빵 아저씨는 붕어빵을 만들기 위해서 자신이 해야 할 일을 이렇게 기록해놓을지도 모릅니다.

1. 철 꼬챙이를 잡아 구멍에 끼워 철판을 연다.
2. 기름 붓을 잡아 기름칠한다.
3. 주전자를 들어 반죽을 붓는다. 이때 반만 붓자!
4. 팥은 철판의 중앙에 반만 넣어야 한다.
5. 돌리고 다른 철판에도 전과 동일하게 하자!

．
．
．

등입니다. 그런데 몇 달 뒤에 여러분이 거리에서 다시 그 붕어빵 아저씨를 만난다면, 아마 현란한 손놀림을 구사하며 붕어빵을 만드는 아저씨의 모습을 볼지도 모릅니다. 처음에는 무척 힘들었던 일이 이제 익숙해져 능숙하게 자신의 일을 해 나가는 아저씨 말입니다. 조금씩 보는 사람도 만드는 사람도 편안해 지겠죠. 이때 반복은 멋진 무기입니다.

그러다가 좀 더 시간이 지나 다시 붕어빵 아저씨를 본다면, 거의 무의식적으로 모든 물건들을 다루면서 붕어빵을 만드는 아저씨의 행동을 보게 될 것입니다. 이미 붕어빵 아저씨의 붕어빵 만드는 기술은 예술이라고 해도 과언이 아닐 정도입니다. 우리 주변에 이러한 예술가들은 널려 있습니다. 꽃을 포장하는 아가씨를 본 적 있나요? 꽃집에서 꽃을 포장 하는 아가씨의 행동도 이미 예술입니다.

그렇다면 우리의 현 과제인 '대상없는 행동'이 왜 필요하며, 어떻게 해야 할지 짐작되나요?"

"이해는 됩니다만. ... 아직은 정확히 모르겠습니다."

정태가 학생들을 대변하듯 말한다. 교육자는 고개를 끄덕이고 말을 이어간다.

"오케이! 서두르지 말고 천천히 해봅시다. '대상없는 행동'은 처음에는 의식을 통해 물건을 다루어내어 마침내 무의식적으로 행동을 해내는 기술입니다. 이때 반복은 필수이고요. 그리고 자신이 무엇을 할 수 있는지를 계획하는 것이 필요한데, 이것은 곧 행동을 계획하는 것입니다."

교육자가 잠시 말을 끊으며 학생들을 죽 훑어본다. 그리고는 그들을 향해 또 박또박 힘주어 말한다.

"우리의 첫 번째 작업의 과제명은 '대상없는 행동'입니다. '빈 물건 다루기', '물체 없는 행동', '사물 없는 행동', '상상의 대상(사물) 다루기', '신체적 행동의 기억' 등으로 불리는 이번 과제를 나는 연기의 시작이며 끝이라고 감히 말합니다. 내가 이처럼 '대상없는 행동'의 중요성에 대해 강조하는 이유는 이것이야말로 실로 중요한 연기술이라고 생각하기 때문입니다.

일전에도 언급한 것처럼, '대상'은 배우가 무대에서 무엇을 하기 위한 절대 조건입니다. 그런데 이러한 대상이 '없다'는 것은 바로 무대가 허구라는 사실과 맞닿아 있습니다. 그리하여 '대상없음'은 허구의 무대로 배우를 이끌어 '무엇을 하기' 위함이라고 할 수 있는데, 이때 그 '무엇을 하기'가 바로 행동이죠.

결론적으로 말하면, '대상없는 행동'은 무대라는 허구의 공간에서 허구의 대상을 다루는 행동기술이라고 말할 수 있습니다. 그렇다면 이것이야말로 바로 연기와 동일한 의미라고 할 수 있어요. 따라서 나는 '대상없는 행동'이야말로 연기술의 시작이자 끝이라고 말했던 것이고요.

'대상없는 행동'은 연기술을 위한 처음단계입니다. 왜냐하면 그것은 무엇보다도 우선 무대라는 허구의 공간에서 사물이라는 대상을 명확히 다루는 과제이기 때문입니다. 아울러 이것은 우리가 최종적으로 도달해야 할 연기술, 즉 행동기술이기도 합니다. 우리의 작업 중 첫 단계인 '대상없는 행동'은 화가가 데생을 하거나 성악가가 보칼리제를 하는 것과 마찬가지로 매일 수행해야 하는 과제이기도 하죠.”

교육자의 제법 긴 설명에 학생들은 고개를 연신 끄덕거리고 있다. 몇 명의 학생들은 자신들의 노트에 메모를 열심히 하고 있다.

“오케이, 다음 시간부터 본격적으로 ‘대상없는 행동’을 위한 과제를 시작해볼까요? 다음 시간에 평상시 자신이 자주 다루는 물건들을 가져오세요. 그 물건들을 가지고 행동할 때 자신의 몸이 무엇 때문에, 어떻게 움직이는지 관찰해보고 기억해놓으세요. 아울러 자신이 그 물건을 다룰 때 어떤 일의 순서를 통해 어떻게 다루는지 관찰하여 기억하도록 해보고요. 필요하다면 일의 순서를 적어보세요. 붕어빵 아저씨처럼! 오케이?”

“네!”

학생들은 고개를 힘차게 끄덕이며 큰 소리로 화답한다.

3

“본인이 자주 사용하는 물건을 가져 왔나요?”

학생들이 집에서 가져온 물건들을 늘어놓고 과제에 대해 이야기하고 있을 때 연기교육자가 실기실로 들어서며 학생들에게 묻는다.

“네!”

학생들은 힘차게 대답하고서 자신들이 가져온 물건들을 내보인다.

“정태는 무엇을 가져 왔지?”

“저는 평상시에 핸드폰을 자주 사용합니다. 그래서 ‘대상없는 행동’ 과제로 핸드폰을 다루어볼까 합니다.”

정태의 답변에 교육자는 잠시 생각하더니 이내 입을 연다.

“핸드폰은 주로 손가락만으로 다루는 물건입니다. 그래서 행동이 손가락에 한정될 수밖에 없겠죠. 물론 핸드폰을 다루는 손가락의 행동을 통해 우리의 과제를 달성할 수도 있습니다만, 그것은 손가락의 일정한 반복 행동만으로 이루어져 덜 능동적인 과제라고 할 수 있어요. 그래서 손가락으로만 다루는 물건이라 할지라도 좀 더 다양하게 행동할 수 있는 물건이라면 우리의 현 과제에 더욱 도움이 될 겁니다. 나아가 상체나 몸 전체를 사용할 수 있는 물건이라면 과제를 위해 더욱 좋을 것이고요."

정태와 학생들은 고개를 힘껏 끄덕인다.

"평상시 자신이 자주 하는 일은 무엇이며, 그때 자신은 어떤 물건을 다루는지, 그래서 자신의 몸을 좀 더 적극적으로 움직이게 하는 물건은 무엇인지를 생각해보면 좋을 듯한데!"

교육자의 간단한 설명이 끝나자 무신이 끼어든다.

"저는 요즘 헬스장에 갑니다."

교육자가 무신에게 시선을 돌린다.

"헬스장에 도착하면 제일 처음에 무엇을 하지?"

"사물함에 가서 옷을 갈아입습니다."

교육자가 고개를 가로 젓는다.

"옷을 갈아입기 전에 자네는 무엇을 하지?"

무신은 잠시 생각하다가 대답한다.

". . . 열쇠로 사물함을 열어야 합니다."

교육자가 다시 고개를 가로저으며 재차 묻는다.

"아니, 열쇠로 사물함을 열기 전에 하는 일은 없니?"

무신은 다시 잠시 생각하다가 깨달았다는 듯 소리친다.

"아, 주머니에서 열쇠를 꺼냅니다!"

"오케이! 그렇다면 주머니에서 열쇠를 꺼내어 사물함을 열고난 후에 무엇을 하는지 차례대로 말해보겠니?"

"가방을 사물함에 넣습니다. 그리고 사물함에 걸려 있는 트레이닝 옷으로 갈아입고, 신발을 갈아 신습니다."

"트레이닝복은 어디에 있지?"

"보통 사물함 옷걸이에 걸려 있습니다."

"오케이! 신발은 어디에, 어떻게 놓여 있지?"

"사물함 윗칸에 가지런히 놓여 있습니다."

"그리고는 무엇을 하지?"

". . . 사물함을 닫고 준비운동을 합니다."

교육자가 고개를 끄덕이더니 말문을 연다.

"일단은 여기까지만 하지! 그 다음부터는 헬스장 운동기구들과의 행동단계이니까. 무신은 여기까지만 물건들을 다루는 자신의 행동 플랜을 기록해보세요. 그리고 난 후에 실제의 물건들을 가지고 연습하고, 이후에 대상 없이 연습도 해보고요. 그래서 다음 시간에 연습한 데까지만 보여주세요. 수업의 시연 때 처음에는 실제의 물건을 가지고 와서 보여주고, 이후에 대상 없이 보여주고요."

"네!"

무신은 큰 소리로 응답한다.

"소희는 무엇을 가지고 왔지?"

교육자가 소희를 향해 눈길을 돌린다.

"저는 양말을 꿰매려고 합니다. 그래서 바느질 도구를 가지고 왔어요."

"양말을 꿰매기 위해 무엇을 할 수 있는지 순서대로 말해주겠니?"

"우선 바느질 도구함을 열어 실패를 꺼냅니다. 그리고 거기에 꽂혀 있는 바늘을 뽑습니다. 그러고 난 후 실패에서 실을 돌려서 풀고 난 다음 바늘구멍에 끼워 넣고 당긴 후 실의 끝을 이빨로 끊습니다. 그리고는 손가락을 사용하여 실을 매듭짓고서 양말의 구멍 난 부분을 찾아서 깁습니다."

소희는 양말 꿰매는 행동 순서를 생각해가며 차분하게 답변한다. 교육자와 학생들은 동의하듯 고개를 끄덕거리고 있다.

"양말 꿰매기 또한 손가락에 집중된 행동이지만 핸드폰을 다루는 손가락 행동보다는 훨씬 능동적인 과제입니다. 아울러 다양한 대상과의 긴밀하고도 구체적인 행동 찾기가 가능하기에 우리의 과제에 더욱 적합한 것이라고 할 수 있어요. 소희 또한 다음 시간에 대상을 가지고 연습한 후에 대상 없이도 연습해서 해결되는 만큼만 보여주세요."

그녀는 고개를 끄덕이며 화답한다.

"문숙은 무엇을 준비했나요?"

교육자가 이번에는 문숙을 향해 질문한다.

"저는 화장을 해볼까 해요."

"어떤 물건이 필요하죠?"

"스킨, 로션, 크림, 파운데이션, 콤팩트, 라인과 섀도, 립스틱과 립글로즈, 마스카라, 볼터치 붓 등의 화장용품이 필요해요."

문숙은 자신이 가져온 화장용품을 보며 일사천리로 대답한다.

"오케이! 재미있는 과제가 될 것 같군. 문숙 또한 다음 시간에 실제의 물건들을 가지고 와서 연습한 것을 보여주고, 그리고 대상 없이도 연습해서 수업 때 보여주세요."

문숙도 고개를 끄덕인다. 연기교육자는 나머지 학생들에게도 '대상없는 행동'을 위해 무엇을 준비했는지 꼼꼼하게 물어본다. 주희는 셔츠 입기, 기주는 안경 닦기, 수정은 담배피기, 승욱은 방 청소하기 등을 준비했고, 현정과 정하는 아직 결정하지 못했다고 말한다. 교육자는 학생들과 '대상없는 행동'에 대한 행동계획을 논의하고 조언한다.

4

수업이 시작되기 전에 현정은 옷걸이에 셔츠를 걸어두고, 청바지는 의자의 등받이에 걸쳐놓고, 양말은 의자 위에 놓아두고, 책상 위에는 가방과 핸드폰을 놓아두었다.

"제가 집에서 연습할 때의 물건들과 위치입니다. 우선은 실제의 물건들을 가지고 하겠습니다."

교육자가 실기실로 들어와 자리에 앉자마자 현정이 말한다.

"오케이, 준비되면 보여주세요."

교육자는 의자에 앉아서 자세를 잡고서는 짧게 화답한다. 잠시 후 현정은 왼손으로 옷걸이 봉에서 옷걸이를 잡아 빼낸다. 그리고 오른손으로 옷을 잡아 빼내고는 왼손으로 옷걸이를 봉에 다시 건다. 그녀는 두 손으로 셔츠를 털고 난 다음 오른손으로 셔츠의 목덜미 부분을 잡는다. 그리고는 왼팔을 옷 속으로 집어넣는다. 이제 오른팔을 돌려 옷 속으로 집어넣는다. 그리고 난 다음 현정은 두 손을 사용하여 옷매무새를 고치고서 첫 번째 단추를 끼운다. 다섯 개의 단추를 다 끼운 뒤에 소매단추도 끼운다. 이제 그녀는 의자 위의 양말을 집어 들고 의자에 앉아서 양말을 신는다. 현정은 양말을 다 신고 난 뒤에 의자 등받이에 걸쳐 있는 청바지를 입는다.

"일단 거기까지만 볼게요. 이제 물건들을 눈앞에서 완전히 제거하고 대상 없이 보여주세요."

현정은 손목과 손가락을 흔들어 긴장을 푼다. 그리고 그녀는 잠시 숨을 고른 뒤 왼손으로 가상의 봉에서 가상의 옷걸이를 잡아 꺼낸다.

"잠깐만요, 옷걸이를 봉에서 꺼낼 때 손목의 사용이 정확치 않아요. 봉은 둥글기에 거기로부터 옷걸이를 꺼내는 것은 손과 손목의 어떤 특별한 움직임, 즉 둥근 움직임이 있어요."

현정은 잠시 멈춰서 교육자를 향해 귀를 쫑긋 세우고 있다.

"지난 시간에도 말했던 것처럼, 집이나 학교에서 연습할 때 처음에는 천천히 해보세요. 왜냐하면 사물과 관계하며 실제로 행동하는 자신의 몸은 눈 깜박할 새 지나가 버리기 때문입니다. 현정은 지금 나의 말을 체크하고, 집이나 학교에서 연습해보세요. 계속해볼까요?"

잠시 후 현정은 왼손으로 옷걸이를 잡아 오른손으로 가상의 옷을 빼낸다. 교육자가 다시 현정의 일을 멈춰 세운다.

"현정의 옷걸이는 면이 매끈하지 않고 거칠기 때문에 옷을 벗겨낼 때 어느 정도의 마찰이 생깁니다. 그것은 나의 오른손의 목표, 즉 '옷을 벗기다' 에 방해물이 있다는 것이죠. 따라서 이러한 옷걸이에서 옷을 벗기는 것은 아마 정형적인 행동으로는 벗겨지지 않을 겁니다. 그렇다면 옷걸이에서 옷을 빼내는 행동은 달라야 합니다. 아까 현정이 실제의 물건을 가지고 보여줬던 것처럼 말입니다. 그런데 현정은 실제의 옷걸이에서 옷을 벗기는 걸 행동만 가지고 지금 우리들에게 기계적이고 암기된 행동양식에 따라 보여주고 있어요."

현정은 자신의 일을 하다말고 교육자의 지적을 듣고 있다. 교육자는 잠시 말을 멈추더니 학생들에게 시선을 돌린다.

"현정이 처음으로 과제를 보여주고 있기에 나는 끊으면서 지적하고 있는 것입니다. 이건 비단 현정만의 문제가 아니라 여러분들 모두 반드시 알아야만 하는 것이기에 그런 겁니다. 오케이?"

학생들은 고개를 힘차게 끄덕인다.

"현정은 나의 지적을 체크하고 다음에 연습할 때 참조하세요. 계속해볼까요?"

숨을 고르고 난 뒤 현정은 오른손으로 가상의 셔츠 목덜미 부분을 잡고 왼팔을 옷 속으로 집어넣는다.

"잠깐만!"

교육자가 또 다시 현정의 일을 끊자 학생들은 자신들이 첫 번째 시연자가 아니라는 것에 안도의 한숨을 내쉬고 있다.

"우선 옷을 봐야만 어느 부분을 잡을지 결정됩니다. 보세요! 그렇지 않으면 이미 자신의 행동에 의해 옷의 위치와 형태가 바뀌어졌는데도 불구하고 그것을 보지 못하여 '이렇게 되어 있을 거야!'라는 것으로 되어 버릴 겁니다. 그렇다면 결국 기계적인 행동이 되어버리고 말겠죠. 그래서 나는 전부터 누누이 '보고 무엇을 할지 결정하세요'라고 말했던 것입니다.

그리고 현정의 왼팔이 옷 속으로 들어갈 때는 마치 터널과 같은 곳을 통과하는 듯한데, 이때 왼팔은 빠져나오기 위해 어깨를 적극적으로 사용합니다. 만일 그러지 않으면 옷 속으로부터 왼팔은 나올 수가 없습니다. 그렇다면 어깨는 왼팔이 옷을 통과하게끔 만드는 힘의 원천이죠. 이때 옷으로부터 빠져 나오려고 하는 왼팔은 어떤 행동의 리듬이 발생합니다. 마치 춤출 때의 웨이브와 같은 리듬 말입니다! 한편 오른손은 왼팔이 터널 같은 곳을 탈출할 수 있도록 도와주는 지지대 역할을 합니다. 즉 옷의 반대편 어느 부분을 잡고 당겨야 하는 것이죠.

만일 이러한 행동들이 기억나지 않는다면 다시 실제의 물건을 가지고 천천히 해보세요. 그래서 자신의 신체가 무엇을, 어떻게 하는지 관찰하여 기억해야 하고, 또한 그에 따른 행동의 리듬을 찾아내어 자신의 몸에 붙여야 합니다. 계속 해볼까요? 현정!"

현정은 오른팔을 옷 속으로 집어넣어 빼낸다. 그리고 난 후 옷매무새를 두 손으로 추슬러 고쳐 입고 가상의 단추를 끼우기 시작한다. 현정의 손가락은 떨리고 있다.

"단추의 종류는 굉장히 많습니다."

교육자가 다시 끊자 현정은 낮은 신음소리를 낸다. 동료들은 조용히 웃는다.

"현정의 단추는 비교적 큰 단추이기에 오른손과 왼손의 엄지와 검지를 주로 사용하고 있어요. 이때 다른 손가락들은 지지대 역할을 하고 있고요. 하지만 만일 작은 단추라면 손가락들이 훨씬 집중도를 가지고 섬세하게 움직여야 할 겁니다. 그렇죠? 자, 계속해볼까요?"

현정은 한숨을 내쉰다. 그러고 난 후에 이전보다 훨씬 집중하며 양말을 신는다. 이제 그녀는 청바지를 입는다. 교육자가 다시 끊는다.

"현정의 목이 긴 양말신기는 마치 양말이 손과 발에 있는 것 같았습니다. 특히 양말을 발에 넣기 위해 양손가락을 사용하여 양말을 말 때는 현정의 손에 양말의 재질, 크기, 무게, 질량 등이 느껴졌어요. 마침내 발이 양말에 들어갈 때 발가락과 발뒤꿈치의 움직임은 양말이 발에 끼워지는 듯 했고요. 그렇죠?"

"네!"

학생들은 큰 소리로 동의한다. 현정은 살짝 상기된 표정이다.

"사실. . . 양말 신기 연습을 주로 했거든요."

교육자가 빙그레 웃는다.

"그런데. . . 청바지를 입을 때는 몇 가지 문제점을 드러냈습니다. 아까 실제로 현정이 청바지를 입었을 때와 대상 없이 입을 때와는 어떤 차이점이 있었나요?"

교육자가 학생들을 향해 질문을 던진다.

"· · ·"

학생들의 대답을 잠시 기다리다가 교육자가 입을 뗀다.

"현정이 자신의 실제 청바지를 입었을 때는 몇 가지 특별한 행동이 있었습니다. 우선 현정의 청바지는 꽉 끼는 스키니 바지인지라 입을 때 거의 앉다시피 하며 한 발을 상당히 적극적으로 집어넣어야 합니다. 그러고 난 다음 또 다른 발을 바지에 넣기 위해 두 팔은 바지를 거의 내리다시피 해야만 입을 수 있습니다.

그러고 난 후, 청바지가 허벅지와 골반을 통과할 때 현정은 청바지를 올리기 위해 많은 잔 동작을 하며 힘을 꽤 소비했습니다. 심지어 현정은 폴짝 뛰기까지 했죠. 이때 팔과 손가락의 움직임, 힘에 특히 주의해야 합니다. 그리고 엉덩이에서 허리로 바지를 올릴 때는 웨이브 같은 행동을 보였습니다.

그런데 만일 현정이 입어야 하는 바지가 스키니 청바지가 아니라 면바지나 헐렁한 바지라면 분명 현정의 바지 입는 행동은 또 달라졌겠죠? 오케이?"

학생들은 고개를 끄덕인다. 현정은 자신의 노트에 빠르게 메모를 하기 시작한다.

"양말 또한 그러합니다. 현정의 양말이 두꺼운 겨울용이라면, 혹은 스타킹이라면, 아니면 한 번의 행동으로 해치울 수 있는 짧은 양말이라면 분명 행동은 또 다시 달라질 겁니다. 즉 양말의 종류에 따라 행동이 달라지는 것입니다. 그것은 같은 양말이라도 다른 대상이기 때문에 행동이 다른 것이죠."

교육자가 잠시 말을 멈추고서 학생들을 바라본다.

"지난 수업에서도 말했던 것처럼, 우선 행동의 계획을 순서대로 기록해보세요. 이것은 행동을 단위로 나눠 적어보라는 겁니다. 아마 많은 단위로 나눠질 것입니다. 그러나 나중에는 조금 더 큰 행동 단위로 집약하는 것이 좋습니다. 이처럼 작은 행동 단위에서 큰 행동 단위로, 큰 행동 단위에서 작은 행동 단위로 나누는 것은 자신의 행동계획을 구체적으로 수립하는 것이며, 배우의 구체적인 일에 해당하는 것이라고 할 수 있습니다.

반복해서 말하건대, '대상없는 행동' 과제를 할 때 처음에는 실제의 물건을 가지고 천천히 해보세요. 그리고 행동을 계획하여 분절시켜 해보세요. 이것은 의식을 통해 몸의 행동을 기억하기 위해서입니다. 이런 이유로 '대상없는 행동'은 '신체적 행동의 기억'이라는 말과 일맥상통한 의미이죠.

순서화시킨 행동의 계획 중 첫 단위가 해결되면 대상 없이 해보세요. 그러다가 기억이 나지 않으면 다시 실제의 물건을 가지고 해보고요. 만일 첫 번째 행동 단위가 해결되고, 두 번째 행동 단위가 해결되면 이제 두 단위를 한 단위로 묶어서 해보세요. 이것은 차후에 대상에 대한 템포와 리듬을 획득하기 위한 사전 작업에 해당합니다.

'대상없는 행동'을 수행하기 위해서는 인내가 필요합니다. 고도의 집중도 필요합니다. 반복연습 또한 필요합니다. '대상없는 행동'의 필요성과 중요성에 대해서는 여러분의 시연을 보면서 좀 더 구체적으로 언급하도록 하겠습니다."

학생들은 고개를 크게 끄덕거리고 있다. 소희와 정태는 자신의 노트에 열심히 뭔가 적고 있다.

"수고했어요, 현정! 다음 학생 볼까요?"

현정은 마치 힘겨운 숙제가 끝난 냥 한숨을 내쉰다. 교육자가 빙그레 미소를 띠고 있다. 다른 학생들이 서로 눈치를 살피고 있을 때 무신이 벌떡 일어나서 자신이 가지고 온 비누를 책상 위에 놓아둔다.

"저는 세면하기를 준비했습니다. 아직 전체적으로 연습은 하지 않아서 나름 해결된 데까지만 보여드리겠습니다."

"오케이, 실제의 물건들은 눈에 보이지 않는 곳에 치우고 바로 대상 없이 보여주세요."

무신은 잠시 당황한 듯하다. 그러나 이내 가지고 온 실제의 물건들을 치우면서 호흡을 고르고 손과 어깨를 풀고는 집중하기 시작한다. 잠시 후에 그는 전면에 걸려 있는 가상의 벽거울을 보고 가상의 얇은 반팔 상의를 벗는다.

"잠깐만!"

교육자가 무신의 시연이 시작되자마자 끊는다. 학생들은 소리 내어 키득거린다.

"얇은 반팔 상의가 목과 머리를 빠져나올 때 양 어깨와 목의 움츠림, 머리카락의 헝클어짐, 얼굴표정의 변화 등이 자신에게 없어요. 그리고 난 후에 헝클어진 머리카락에 대한 어떤 행동, 즉 머리를 매만지는 행동 또한 필요하겠죠? 무신

또한 내 말을 체킹만 하고 계속해보세요."

무신은 이제 가상의 수도꼭지를 위로 들어 올리고 가상의 물을 양손으로 받아서 얼굴을 씻는다. 두어 번 씻고는 가상의 비누통에서 가상의 비누를 꺼내 가상의 거품을 낸다. 교육사가 다시 무신의 일을 끊으며 빠르게 실명한다.

"물에 대한 신체적 기억들이 이미 없어져 버렸어요. 내가 보기에 물은 이미 무신의 목과 앞가슴으로 타고 흘러내렸고, 팔꿈치에도 물은 흘러내리고 있어요.

물은 위에서 아래로 흐르는 것이 이치입니다. 그렇다면 물이 흘러내리지 않게 하려면 상체는 수평이 되거나 앞으로 더 숙여야만 하겠죠. 그래야 목으로, 몸통으로 물이 흐르지 않으니까. 나중에 물과 관계하는 자네의 몸을 다시 연습해서 기억해보도록!"

무신은 고개를 끄덕거린다.

"또한 양손으로 비누거품을 낼 때도 양손가락의 활발한 움직임에 대해 명확하게 기억해서 복구해보도록 하세요. 손가락이 거품을 내기 위해서 어떤 구체적인 행동과 리듬을 가지고 있는지 말입니다. 지금보다는 훨씬 복잡한 움직임이 있을 겁니다. 왜냐하면 거품을 내야만 하는 것이 손가락의 목표이기 때문이죠. 자, 계속해보세요."

가상의 거품을 낸 손으로 무신은 얼굴을 문지른다. 그는 코와 목, 인중 그리고 이마를 여러 번 문지른다. 그러고 난 후에 가상의 수도꼭지를 다시 들어 올리고 양손으로 가상의 물을 받아 얼굴과 목을 씻는다.

"잠깐만! 자네는 아까 수도꼭지를 내리지도 않았는데? 그래서 난 자네가 세수를 하거나 면도를 할 때 물을 계속 틀어 놓고 씻는 사람이라고 생각했거든."

교육자의 지적에 무신은 머리를 긁적인다.

"아닙니다. 실수입니다."

"지금도 물은 여전히 자네의 몸통을 타고 흘러내리고 있고, 머리는 물기가 가득하군!"

무신이 재빨리 상체를 숙이자 학생들은 큰 소리로 웃어댄다. 교육자도 빙그레 미소를 띤다.

"실수는 수정하면 됩니다. 나는 자네의 실수를 지적하자는 게 아니라, 자신의 행동방식에 따라 물건들을 다루는 것이 중요하다는 것을 지적하고 있는 것입니다. 그것이 곧 자신이 대상을 다루는 행동이기 때문이죠. 하지만 이러한 행동양식은 보편성을 띠고 있어야만 합니다."

교육자는 말을 멈추고 생각에 잠기더니 이내 말을 천천히 내뱉는다.

"과거에 이런 학생배우가 있었습니다. '대상없는 행동'으로 〈선풍기를 분해해서 청소하기〉를 선택했습니다. 그가 드라이버로 나사를 풀 때 선풍기 머리 부분 아래에 있는 나사를 누워서 풀었는데, 나는 그에게 '그렇게 나사를 풀면 힘들지 않니?'라고 물었습니다. 그때 그 학생은 자신은 그렇게 연습을 했고, 그것이 자신에게는 편하다는 것이었습니다. 그래서 내가 선풍기를 눕혀서 드라이버로 나사를 풀어보라고 했습니다. 그가 그렇게 해보더니 훨씬 편하다고 고백했어요.

'대상없는 행동'은 사물을 합리적으로, 경제적으로, 논리적으로 다루는 법을 가르쳐 줍니다. 즉 사물을 다루는 몸의 합리성, 경제성, 논리성을 자신이 이해하고 터득해가는 것이라고 할 수 있어요. 그러므로 '대상없는 행동'은 무대에서 자신의 논리적이고 경제적인 행동법을 모색하도록 끊임없이 유도합니다. 환언하면, 무대에서 비논리적이고 비경제적인 행동을 철저히 제거해주는 행동기술입니다. 이해되나요?"

"네!"

학생들은 우렁찬 목소리로 응답한다. 무신의 시연이 끝난 후에도 이날 수업은 보충수업으로 저녁 늦은 시간까지 진행된다.

5

수업시간이 시작되면 교육자는 여느 때와 다름없이 정시에 실기실로 들어와서 자리에 앉는다.

"2주 후에 '대상없는 행동'을 공개발표 하도록 하겠습니다."

학생들은 함성을 지른다. 학생들의 함성에는 아랑곳 하지 않고 교육자는 미소를 지으며 자신의 말을 이어간다.

"우리는 매번 단계별로 공개발표를 할 것입니다. '대상없는 행동'은 그 첫 번째 공개발표가 될 것이고요."

웅성거리던 학생들은 이내 교육자를 향해 주의를 기울이고 있다.

"공개발표는 글자 그대로 공개적으로 발표를 한다는 뜻입니다. 하지만 공개발표는 아직까지 공연은 아닙니다. 그리하여 관객은 불특정 다수가 아니라 여러분들의 동료와 선후배, 선생님이 될 것입니다. 여러분들은 공개발표 후 작업의 과정과 결과에 대해 이야기를 주고받거나 그들로부터 조언을 들을 수도 있을 겁니다. 그래서 여러분들은 그들과 배우의 언어를 공유하여 차후의 작업에서 편하고 빠른 작업의 길을 찾게 될 것이고요."

학생들이 고개를 끄덕거리면 교육자는 말을 계속 잇는다.

"발표를 공개적으로 하는 또 다른 이유가 있습니다. 그것은 우리의 일이 본질적으로 누군가에게 보여주는 작업이기 때문입니다. 그렇다면 차후의 공연을 위해 우리의 공개발표는 사전에 그 일을 준비하는 단계라고 할 수 있겠죠. 당연히 매번 발표를 통해 우리는 배우로서 조금씩 성장할 것이고요.

이러한 공개발표는 원칙이 있어야합니다. 우선 우리의 작업은 성과가 있어야만하기에 성과가 없는 것은 공개발표에서 제외될 것입니다."

학생들은 갑자기 웅성거리기 시작한다.

"공개발표를 못하는 친구도 있다는 말씀입니까?"

문숙이 손을 높이 들며 외친다. 교육자가 고개를 끄덕인다.

"그러면. . . ?"

수정이 말꼬리를 흐리자 교육자는 그녀의 뒷말을 낚아챈다.

"비공개로 발표할 것입니다. 하지만 비공개 또한 발표입니다. 단, 여러분 동료와 나한테만 보여주는 발표가 될 것입니다. 그렇지만 비공개발표라 할지라도 수업시간에 내가 제시한 과제를 어느 정도 해결했는지는 여러분이 명확히 보여주어야만 합니다. 공개발표가 끝난 후에 나는 그것을 토대로 평가를 할 것이고요. 그때 공개발표든 비공개발표든 지금, 여기에서 살아 있지 못한 행동이라면 평가 때 당연히 지적을 받게 될 것입니다."

학생들은 또다시 웅성거리기 시작한다. 교육자는 계속해서 자신의 말을 이어간다.

"공개발표를 위해 간단한 프로그램이 필요합니다. 그것은 공개발표에 대한 차례를 적어 놓은 약식의 프로그램이면 족합니다. 발표순서는 내가 결정해서 반대표인 소희에게 전달하겠습니다.

공개발표순서가 확정되고 나면 무대전환을 포함한 리허설을 할 것이고요. 이때 리허설은 발표순서에 따른 무대전환에 초점을 맞춘 것이 될 것입니다. 해서 리허설 시 총연습은 하지 않을 것입니다. 리허설 때 총연습을 배제하는 이유는 즉흥성을 배가하기 위해서입니다.

공개발표는 아직까지 우리의 초목표인 공연은 아니라 하더라도 공연과 같은 자세와 준비를 필요로 하며, 평가를 전제로 해야 합니다. 평가는 총평가와 개별평가로 나누어서 진행할 것이고요. 만일 평가에서 낙제점을 받은 학생이 있다면 다음 단계의 수업으로 진입은 어렵습니다."

학생들의 표정은 긴장한 기색이 역력하다.

"공개발표에 대한 이야기는 이 정도로만 하고 수업을 시작해볼까요?"

무신이 일어나서 가림막으로 나가려 하자 교육자가 그를 멈춰 세운다.

"자네가 보여 줄 '대상없는 행동'의 제목은 무엇이죠?"

"스프 만들기를 준비했습니다."

교육자가 고개를 끄덕인다.

"자신의 행동플랜에 대해 우리에게 얘기해주세요."

무신은 자신의 노트를 펼친다.

"제가 준비한 스프 만들기의 행동계획은 이렇습니다.

첫째, 들어와서 수납장을 열어 냄비를 꺼낸다.

둘째, 냄비에 물을 받고 가스레인지에 불을 켠다.

셋째, 냄비를 가스레인지에 올리고 뚜껑을 닫는다.

넷째, 냉장고를 열고 옥수수스프를 꺼낸다.

다섯째, 스프를 가위로 자르고 냄비에 붓는다.

여섯째, 스프가 들러붙지 않게 하기 위해 숟가락으로 젓는다.

일곱째, 찬장을 열어 접시를 꺼낸다.

여덟째, 접시에 끓인 스프를 붓는다.

아홉째, 스프 접시를 식탁에 놓고 숟가락으로 먹는다.

이렇게 저는 9개의 단위로 행동계획을 정리했고, 그에 따라 실제의 물건을 가지고 연습했으며 또한 대상 없이도 연습했습니다."

교육자는 무신의 거침없는 답변에 고개를 연신 끄덕인다.

"오케이! 준비되면 보여주세요!"

무신은 가림막 뒤로 나간다. 무대는 이미 준비해둔 소도구들로 세팅되어 있다. 무대 오른쪽에 수납장처럼 보이는 벽장이 세워져 있고, 중앙 앞쪽에는 기다란 탁자가 놓여 있다. 그리고 무대 왼쪽에는 소품용의 냉장고가 놓여 있다.

잠시 후 무신은 반팔 셔츠로 갈아입고 등장하여 실제의 수납장으로 간다. 그리고 두 손으로 수납장 문을 연다. 그는 쌓여 있는 가상의 냄비 중 한 개를 꺼낸다. 그리고는 수납장 문을 한손으로 닫고, 가상의 수도꼭지를 올리고 가상의 냄비뚜껑을 열어 냄비에 가상의 물을 받는다. 그는 냄비를 헹구고 나서 다시 물을 받는다. 물이 받길 동안 가상의 가스밸브를 틀고 가상의 가스레인지에 불을 켠다. 그리고 수도꼭지를 내린다. 냄비에 받긴 물을 적당하게 따른 뒤 가스레인지에 올리고 냄비뚜껑을 닫는다. 물이 끓을 동안 무신은 실제 냉장고로 가서 문을 열고 냉장고 위 칸에 있는 가상의 옥수수스프를 꺼낸다. 가상의 싱크대 걸이에 걸려 있는 가상의 가위를 꺼내 가상의 스프봉지를 자른다. 잘려진 봉지 윗부분은 가상의 쓰레기통에 버리고 옥수수스프를 냄비에 붓는다. 가상의 수저통에 꽂혀 있는 가상의 숟가락을 꺼내 끓고 있는 가상의 스프를 젓는다. 몇 번을 젓고 나서 가상의 싱크대 위의 가상의 찬장을 열어 가상의 접시들이 쌓여 있는 것 중 하나를 꺼낸다. 다시 찬장을 닫는다. 스프를 젓던 숟가락을 싱크대 안에 놓는다. 가스레인지의 불을 끄고, 가스밸브를 돌려 잠근다. 서랍장을 열어 가상의 행주를 꺼내어 손에 말아 냄비를 잡는다. 냄비를 들어 스프를 접시에 붓고, 수도꼭지를 틀어 냄비에 물을 받는다. 수도꼭지를 잠근다. 스프가 담긴 접시를 들고 수저통에서 또 다른 가상의 숟가락을 뽑아 무신은 식탁에 앉아 먹기 시작한다.

"여기까지 준비 했습니다."

무신은 손목을 흔들어 긴장을 풀며 시연이 끝났음을 알린다. 교육자와 학생들은 무신의 시연을 보고서 연신 고개를 끄덕거리고 있다.

"수고했어요! 연습을 많이 한 흔적이 보이는군!"

교육자가 환하게 웃는다. 그러고 난 후 그는 학생들에게 주의를 돌리고서 천천히 말문을 연다.

"결론부터 얘기하자면, 무신이 다루었던 물건들은 마치 무신의 몸에 있는 듯

했습니다. 그것은 무신의 구체적인 행동으로 증명되고 있었죠. 동의하나요?"

"네!"

학생들은 큰 소리로 교육자에게 동의의 뜻을 전한다. 무신은 안도의 한숨을 내쉬며 만면에 미소를 띠고 있다.

"특히 불과 관계하는 무신의 몸, 예를 들면 숟가락으로 스프를 저을 때 손가락의 형태는 가스레인지의 불 세기가 무신의 손 주변에 있는 것 같았습니다.

또한 물과 관계하는 무신의 행동도 일품이었어요. 처음에 물을 냄비에 받아 헹굴 때, 무신의 손목과 팔에서 마치 냄비에 물의 양이 보이는 듯 했습니다. 그리고 찬 물이 받긴 냄비와 뜨거운 스프가 들어 있는 냄비는 다른 신체행동을 요구하는데, 이때도 무신의 행동은 매우 명확했고요."

교육자가 잠시 말을 멈추자, 학생들은 그를 쳐다보며 주의를 기울이고 있다. 이윽고 교육자는 다시 천천히 입을 연다.

"그렇지만 몇 가지 지적할 것도 있습니다. 무신은 다음 번 시연 때 참고해서 연습해보도록 하세요.

첫째, 가위로 스프봉지를 자를 때 무신의 손가락과 손의 행동은 다소 부정확합니다. 가위로 무엇을 자른다는 것은 쉽지 않은 일입니다. 그것은 가위질이 자신의 손과 손가락을 매우 다양하게 변하게 하기 때문입니다. 더구나 종이나 딱딱한 물건이 아닌 비닐봉지를 자른다는 것은 분명 다른 행동을 요구하죠. 실제로 가위를 가지고 계속 연습해보세요. 일례로, 우선 가위가 봉지의 어느 부분에 닿아 자르냐에 따라 행동은 확연히 달라지기 시작합니다. 그러다가 잘 잘려지지 않는 지점이 있기 마련입니다. 그때 자신의 손과 손가락은 또 다르게 행동하죠. 자신의 손과 손가락이 목표에 반한 방해물을 만난 것입니다. 그래서 목표를 수정한 다른 행동이 이루어지는 것입니다.

둘째, 스프를 먹을 때의 행동이 아직 명확하지 않아요. 이를테면, 뜨거운 스프를 숟가락으로 다루는 행동과 스프를 입 안에 넣었을 때의 입 모양, 맛, 향 등 또한 정확하게 몸에 지니고 있어야만 합니다.

셋째, 이제 실제의 수납장과 냉장고도 제거하여 대상 없이 해보도록 하세요. 왜냐하면 수납장과 냉장고를 열 때의 힘은 순차적이며 매순간 다르게 작동하기 때문입니다. 즉 냉장고를 열 때의 최초 힘과 중간 힘, 그리고 완전히 열었을 때의 마지막 힘으로 인해 자신의 몸은 시시각각 다르게 변합니다. 또한 수납장과 냉장고를 제거함은 그 속의 또 다른 물건들과의 대상없는 행동을 요구하기에 결국 우리의 과제를 위하여 더욱 도움이 된다고 할 수 있을 겁니다.”

무신은 자신의 노트에 교육자의 멘트를 열심히 적고 있다. 교육자가 그를 지긋이 쳐다보더니 질문을 툭 던진다.

“무신은 얼마나 연습했나요?”

“아마 눈을 뜨고 있는 시간에는 몽땅 대상없는 행동 연습만 했던 것 같습니다.”

무신은 조금 상기된 표정을 짓고 있다. 교육자와 학생들은 고개를 끄덕거린다.

“연습의 과정에 대해 우리에게 간단히 얘기해주세요.”

무신은 잠시 생각하더니 이내 입을 연다.

“우선 무엇을 하면 ‘대상없는 행동’ 과제에 도움이 될까 생각했습니다. 그래서 평소 좋아하던 스프를 끓이다가 저의 신체가 많은 물건들과 만난다는 사실을 알고 처음에는 깜짝 놀랐습니다. 그리고 그 물건들을 다루면서 수많은 행동과 몸 행동의 변화들이 있다는 걸 알고 한 번 더 놀랐습니다. 내 몸이 사물들과 만나면서 이렇게 수없이, 정확하게 움직이고 있는지 이때 처음으로 알았습니다.

처음에 연습을 할 때는 제가 평상시 스프 끓이는 속도대로 해 봤습니다. 그러고 난 다음 행동의 순서를 기록하고 단위별로 나누어 하나씩 천천히 해나갔고요. 제가 처음에 나눈 행동의 단위는 58개였지만 점점 연습하면서 23개, 11개 그리고 최종적으로 9개의 단위로 축소되었습니다.”

무신이 자신의 연습과정을 비교적 차근차근 답변하자 동료들은 고개를 연신 끄덕거리며 경청하고 있다.

"오케이! 내가 지적한 부분은 다시 연습해서 해결하여 다음 시간에 보여주세요."

교육자의 요구에 무신은 고개를 힘차게 끄덕인다.

"다음 사람 볼까요?"

6

수업이 시작되어 교육자가 실기실로 들어와 자리에 앉으면 이미 무대는 긴 탁자가 중앙에 놓여 있고, 그 옆에 등받이 없는 의자가 세팅되어 있다. 그리고 무대 뒤쪽에 높은 장롱이 세워져 있다. 교육자가 앉은 책상 위 노트에는 다음과 같은 순서가 적혀 있다.

1. 한복입기 . . . 이소희
2. 화장하기 . . . 윤문숙
3. 컵라면 먹기 . . . 김현정
4. 낚시하기 . . . 손기주
5. 자동차 세척 . . . 양승욱
6. 밥하기 . . . 권주희
7. 자전거 짐 싣기 . . . 박정태
8. 스프 만들기 . . . 감무신
9. 책장 청소 . . . 이정하
10. 서예 . . . 이수정

"시작할까요, 선생님!"

소희가 교육자를 향해 낮은 소리로 말한다.

"네, 준비되면 시작하세요!"

교육자도 조용히 대답한다. 소희는 손과 손목, 어깨, 목 등을 흔들어 긴장을 풀고 물건들을 놓아 둘 위치를 눈으로 대충 확인한다. 그리고는 이내 실제 의자를 두 손으로 들어 장롱 쪽에 갖다 놓는다. 그녀는 의자 위로 올라가서 장롱 위에 놓여 있는 가상의 박스를 두 손으로 들어 올린다. 의자에서 내려와 박스를 탁자 위에 놓고 가상의 박스 뚜껑을 열어 탁자 밑에 놓아둔다. 박스 안으로 손을 집어넣으며 가상의 한복을 꺼내어 탁자 맨 끝 오른쪽에 놓는다. 다시 손을 박스 안으로 집어넣어 가상의 버선, 모자, 장신구 등을 꺼내 탁자 위에 차례대로 놓아둔다. 그녀는 잠시 멈추고서 숨을 고르고 난 후 이내 두 손으로 맨 위에 놓여 있는 가상의 속바지를 꺼내어 무대 앞으로 나와 힘껏 턴다. 그리고 무대 앞에 있는 가상의 거울을 보고 두 손으로 속바지를 벌려 한 발을 들어 집어넣고, 다시 두 손으로 속바지를 벌리며 밑으로 내려 나머지 한 발을 집어넣는다. 속바지를 한 번에 쑥 허리춤까지 끌어올리고는 손가락을 빼낸다. 다시 거울을 보고 몸 매무새를 확인하고는 가상의 한복 치마를 가지러 간다. 두 손으로 한복 치마를 정성스럽게 탁자에서 끌어내리고 한 번 크게 턴다. 그리고 거울 앞에 서서 몸에 대본다. 한복치마를 몸에 두르고 가상의 끈을 둘러 앞가슴 근처까지 가지고 온다. 두 손을 사용하여 한복 끈을 크게 돌려 한 번 묶고 다시 왼손으로 끈을 눌러 고정시킨 채 오른손으로 끈을 돌려 매듭짓는다. 그리고 다시 한 번 두 손의 손가락들로 끈을 정리하고 거울로 가서 형태를 본다. 그녀는 한손으로 가상의 치마 밑단을 살포시 잡고 탁자 쪽으로 사뿐히 걸어간다. 소희는 탁자 위를 가만히 바라보다가 가상의 한복저고리 목덜미 부분을 잡아 조심스럽게 끌어내려 힘차게 턴다. 오른손으로 목덜미 부분을 잡고 왼팔을 끼워 넣는다. 그리고 왼팔로 가상의 한복 상의 가슴 부분을 잡고 오른팔을 끼워 넣는다. 상의 가슴 부분을 두 손으로 정리하고 손가락으로 가상의 단추를 잠근다. 거울에 서서 몸을 이리저리 돌리며 몸 매무새를 확인하고 가상의 치맛단을 손등으로 정리한다. 그녀는 다시 탁자 쪽으로 사뿐히 걸어가서 가상의 버선을 집어 들고 바닥에 앉는다. 버선을 바닥에 놓고 한복 치마를 옆으로 넓게 뿌리며 천천히 앉는다. 치마를 위로 접고 바닥에 놓은 버선의 한쪽을 집어 든다. 두 손의 손가락들을 활기차게 움직이며 버선을 발에 끼운다. 발가락을 높이 들었다가 낮추며 손은 버선을 잡은 채 종아리 쪽으로 들어올린다. 발뒤꿈치와 발가락을 흔들어 정리하고서 다른 한쪽의 버선을 잡아 전과 같이 신는다. 바닥을 손으로 집고 조심스럽게 일어나서 거울을 보며 치마와 상의를 다시 고친다.

"여기까지 준비했습니다. 모자는 아직 연습을 충분히 못해서 보여드리지 못했습니다."

소희의 시연을 보고 있던 동료들이 고개를 절레절레 흔들며 박수를 치기 시작한다. 그리고 그들은 교육자를 쳐다본다. 교육자도 약간 상기된 표정을 짓고 있다. 그리고는 엄지손가락을 소희에게 치켜세운다.

"대단히 멋지고 감동적인 〈한복입기〉였습니다."

교육자의 평가에 학생들은 소희에게 진심어린 박수를 보낸다. 소희는 감동에 겨워 살짝 눈시울을 붉힌다. 교육자가 환하게 웃더니 천천히 말문을 연다.

"소희의 〈한복입기〉는 지난 시간에 부분적으로 보여줬던 시연에 대한 지적 사항을 거의 완벽히 해결한 듯합니다. 그리고 이후의 〈한복입기〉 전 과정 또한 너끈히 해결하여 더 이상 지적할 만한 것이 딱히 없는 매우 정확하고, 구체적이며, 경제적인 '대상없는 행동'이었습니다. . . . 근래에 들어 이처럼 감동적인 '대상없는 행동'을 본 적이 없는 것 같군요. 명확하고, 대담하고, 군더더기 없고, 합리적이면서 논리적인 행동이었습니다. 잘 봤어요!"

교육자의 극찬에 소희는 마냥 쑥스러워한다. 학생들은 연방 고개를 끄덕거리며 힘찬 박수를 보낸다.

"자, 소희의 '대상없는 행동' 〈한복입기〉에 대해 차근차근 얘기해볼까요?"

학생들은 교육자의 말에 이내 주의를 기울인다.

"첫째, 장롱 위의 박스를 꺼낼 때 소희의 행동은 박스의 크기와 무게, 질량, 심지어 그것을 잡은 느낌까지 우리에게 전달한 듯 했습니다.

둘째, 박스의 뚜껑을 열 때는 무척 감동적이었습니다. 왜냐하면 박스의 잘 열리는 부분과 잘 열리지 않는 부분을 행동으로 찾아 명확하게 해결하고 있었기 때문이죠. 그것은 소희에게 제법 오래된 박스로 행동화되었습니다.

셋째, 박스 안의 물건들, 즉 한복치마와 상의, 버선, 모자, 장신구 등을 꺼낼 때 소희의 손가락은 이 모든 다양한 물건들을 적합한 행동으로 다루어내어 마치 그것들이 소희의 손가락에 있는 듯 했어요. 그래서 위의 물건들이 소희의 손에 정확히 있었다고 평가됩니다.

넷째, 속바지를 입을 때 그것은 다른 어떤 바지가 아니라 분명 한복의 속바지였습니다. 대담하면서도 매우 경제적인 속바지에 대한 행동이었습니다. 아울러 속바지를 다루는 소희의 행동은 속바지에 어울리는 매우 적합한 템포-리듬을 가지고 있었다고 판단됩니다. 특히 속바지를 입고 난 후에 소희의 손가락은 속바지로부터의 탈출을 매우 정확하게 보여주고 있었습니다.

다섯째, 한복치마의 끈을 묶는 행동은 가히 일품이었습니다. 소희의 손가락은 마치 끈을 실제로 가지고 있는 듯 했는데, 그것은 우리로 하여금 끊임없이 소희의 한복치마 끈매기에서 눈을 떼지 못하게 만들었습니다.

여섯 번째, 이 부분은 특히 감동적이었습니다. 소희는 한복치마를 입고 난 후 상의를 가지러 가기 위해 탁자 쪽으로 걸어갔습니다. 이때 입었던 한복치마가 소희의 몸에 여전히 있었다는 것입니다. 왜냐하면 그녀의 걸음걸이가 그것을 증명하고 있었기 때문이죠. 아울러 나풀거리는 한복의 소리마저 들리는 듯 했습니다.

일곱 번째, 한복 상의를 입을 때 소희의 오른팔, 왼팔, 어깨, 팔 관절, 손목,

손가락 등은 정확하게 상의와 한 치의 흐트림 없는 관계를 맺으며 움직이고 있었습니다. 특히 상의를 다 입고 난 뒤에 거울 앞에서 치마를 정리하는 소희의 손등 행동은 압도적이었어요.

여덟 번째, 버선을 신는 행동 또한 발과 발가락, 종아리, 그 외의 신체기관들과 어울려 정확하게 작동되었으며, 각각의 신체부위는 버선이라는 대상과 함께 구체적으로 움직이고 있었습니다.

끝으로, 버선까지 다 신고 난 뒤의 소희의 일어섬은 여전히 한복이 소희의 몸에 있음을 여실히 보여주고 있었습니다.

다시 한 번 멋지고, 감동적인 〈한복입기〉를 시연한 소희에게 고맙다는 말을 전합니다."

교육자의 장황하면서도 구체적인 설명에 학생들은 연신 고개를 끄덕거리며 동의하는 듯하다. 정하와 현정은 펜을 꺼내 메모를 하고 있다. 교육자는 잠시 말을 멈추고서 학생들을 둘러보고는 다시 입을 연다.

"허구의 무대에서 정확한 '대상없는 행동'은 자신으로 하여금 또 다른 관찰자를 창조하게끔 합니다. 그것은 자신이 계획한 행동을 통해 대상과 관계하는 자신의 몸을 끊임없이 인식하지 않으면 불가능하기 때문이죠. 이때 우리는 가장 경제적이고 합리적이며 구체적인 행동만을 무대에서 해냅니다. 오늘 소희의 시연은 이 점을 명쾌하게 보여주고 있었습니다.

무대에서 우리는 누군가가 보고 있다는 생각에 항시 무언가를 더하게 되거나 덜하게 됩니다. 이 유혹과 떨림은 무대라는 공간에서는 본질적인 것이지만, 우리는 끊임없이 '보여줌'과 '함'이라는 경계선을 칼같이 지켜야 할 책임이 있어요. 일전에도 말했던 것처럼, 이것만이 관객에게 영합하지 않고 관객을 우리의 일로 끌어당기는 것입니다. 우리의 일이 이러할 때, 우리는 그들을 예술의 세계로 초대할 수 있습니다. 이러한 점에서도 소희의 〈한복입기〉는 명쾌한 모범이었다고 생각합니다. 오케이?"

"네!"

학생들은 확신에 찬 듯한 목소리로 화답한다.

"소희의 〈한복입기〉는 공개발표 하도록 합시다!"

교육자의 결정에 학생들은 함성을 지른다. 소희는 상기된 표정을 지으며 환하게 웃고 있다.

7

오늘도 정시에 수업이 시작되면 교육자가 실기실로 들어와서 의자에 앉는다. 책상 위 노트에는 '대상없는 행동'의 발표순서가 다음과 같이 적혀 있다.

1. 자전거 짐 싣기 . . . 박정태
2. 스프 만들기 . . . 감무신
3. 소포 포장 . . . 이정하
4. 바이올린 조율 . . . 김현정
5. 자동차 세척 . . . 양승욱
6. 서예 . . . 이수정

"준비되면 시작하겠습니다!"

정태가 막 뒤에서 소리친다.

"네."

교육자가 짧고 큰 소리로 화답한다. 잠시 후에 정태는 가림막 뒤에서 가상의 자전거를 끌고 나온다. 그는 가상의 자전거 세우는 다리를 한 발로 고정시키며 자전거를 세운다. 그리고 가상의 자전거 핸들을 돌려 안전하게 자전거를 세워둔다. 이제 정태는 막 뒤로 들어가 가상의 책들을 들고 나와서 바닥에 놓는다. 손을 털고는 가상의 자전거 뒤 의자로 가서 가상의 묶여 있는 줄을 푼다. 다시 책들을 들어 자전거 뒤 의자에 놓고, 가상의 풀려져 있는 줄로 묶는다. 줄로 책들을 몇 번 묶고 난 뒤에 줄 끝에 달려 있는 가상의 고리를 의자 프레임에 건다. 그는 책들을 잡고 움직여 본다. 안전함을 확인하고는 자전거 핸들을 잡고 자전거 세우는 다리를 발로 차고서 끌고 나간다.

"들어오세요, 정태! 그리고 실제 자전거와 책들을 가져와 보세요!"

교육자의 지시에 정태는 가림막 뒤에 있던 자전거와 책들을 가지고 나온다. 교육자와 학생들은 정태의 자전거와 책들을 유심히 살핀다. 이윽고 교육자가 말문을 연다.

"정태의 시연 〈자전거 짐 싣기〉에서 무엇이 문제였는지 말해보세요."

교육자가 학생들을 번갈아 쳐다보며 질문을 던지자 그들은 머뭇거린다.

"논의하고 토의하는 것은 우리에게 반드시 필요한 과정입니다. 또한 그것은 동료들과 어울리고 소통하기 위한 좋은 방법이기도 하고요. 논의와 토의를 통해 우리는 자신의 생각을 적절하고 알맞게 드러내는 법 또한 획득합니다. 아울러 동료들과 신뢰를 구축하는 방법도 이것을 통해 모색되는 것입니다."

교육자가 학생들을 독려하자 주희가 손을 든다.

"정태가 시연할 때 자전거의 크기와 높이가 제대로 보이질 않았어요. 그리고. . . 자전거의 튀어나온 부분과 들어간 부분 때문에 자전거를 끈다는 것은 제법 불편한 몸 행동을 줄 거라고 생각돼요."

문숙도 한마디 거든다.

"정태가 막 뒤로 들어가 실제의 책들을 들고 나왔을 때 사실 조금 놀랐습니다. 시연 때 그의 책들을 다루는 행동을 보면 몇 권 아닐 거라고 생각했는데 거의 열권을 들고 나왔기 때문이에요. 그렇다면 자전거 뒤 의자에 세우기가 상당히 어려울 것 같거든요."

주희와 문숙의 의견에 학생들은 고개를 끄덕거리고 있다.

"자전거 뒤 의자에 묶여 있는 줄을 푸는 것과 책들을 묶는 것에 대한 행동 또한 덜 섬세했던 것 같아요. 지금 정태가 실제 자전거를 끌고 나왔을 때 뒤 의자에 묶여 있는 줄을 보니까 엄청나게 복잡한 손과 손가락 행동이 필요할 듯해요."

소희도 자신의 생각을 피력한다. 동료들의 조언에 정태는 머리를 벅벅 긁으며 중얼거린다.

"사실 연습할 시간이 많질 않아서. . ."

교육자가 빙그레 웃으며 말문을 연다.

"오케이, 조금 더 구체적으로 이야기 해봅시다. 첫째, 정태가 가상의 자전거를 끌고 나왔을 때 주희의 지적처럼, 자전거의 굴곡으로 말미암아 몸의 자세는 일정한 형태의 물건을 들었을 때와는 확연히 차이가 있을 겁니다. 즉 자전거의 어느 부위에 부딪히지 않기 위해 몸은 정형을 유지하기가 힘이 들어 아마 자세가 평상시와는 완연히 달라질 것입니다. 그렇다면 자전거의 핸들에 힘을 실을 수밖에 없을 거고요. 다시 말하면, 자전거를 끌고 나올 때 몸의 변형과 핸들을 잡는 손의 힘이 달라야 하는 거죠.

둘째, 문숙의 말처럼 책들의 높이에 대한 몸의 기억이 거의 없었고, 그리고 자전거 뒤 의자에 이 만큼의 높이를 가진 책들을 묶는다는 것은 수평으로 세워져 있지 않은 자전거에 짐을 싣기가 무척 힘들 것입니다. 아마 자전거 뒤 의자에 책들을 놓기조차 힘들지도 모르죠. 그렇다면 책들을 나눠 실어야 할지도 모릅니다.

셋째, 이것은 중요한 행동의 세부사항으로 일전에도 몇 번 얘기한 적이 있습니다만, 물건을 '놓고', '들고' 할 때의 손가락들의 움직임과 형태입니다. 예를 들면, 정태가 책을 바닥에 놓을 때나 바닥에서 책을 들 때 또는 자전거 뒤 의자에 책을 놓을 때, 정태의 손가락은 책을 통과하고 있거나 바닥을 통과하고 있었습니다. 이 말은 손가락에 책이 없었다는 것이죠. 따라서 책으로부터 또는 바닥으로부터 손가락이 들어가거나 빠져나와야 함을 잊고 있다는 것입니다.

넷째, 소희가 언급한 것처럼 자전거 뒤 의자에 묶여 있는 줄을 푸는 행동은 손가락이 의자의 프레임과 같은 것으로부터 피해서 풀어야 하기에 아마 상당히 복잡한 형태의 손가락 행동을 필요로 할 겁니다. 그리고 동시에 줄이 점점 풀려남에 따라 줄의 길이가 길어진다는 사실도 염두에 둬야 합니다. 그래서 풀려진 줄의 길이가 몸의 기억에 남아 있질 않았다는 것입니다. 또한 책들을 의자에 쌓았다하더라도 이 책들을 줄로 묶는다는 것은 처음의 묶음, 중간의 묶음, 끝의 묶음에 있어서 다른 행동과 힘의 소비를 요구하는데, 그것들이 불분명했다는 사실도 지적해야 합니다. 특히 책의 끝 묶음은 많은 힘이 소비되기에 단지 오른손의 힘만으로는 결코 해결되지 못할 겁니다. 그렇다면 아마 왼손은 묶인 책을 꽉 잡아야하고, 상체는 의자 쪽으로 바짝 붙여야 할 것이며, 오른손은 긴 줄로부터 시작해 책들이 묶여질수록 점점 짧아지는 줄을 기억해야만 합니다. 그리고 책을 묶는 끝 행동은 어느 부분을 고리로 묶어야할지 프레임을 보고 난 후에 결정해야 하고요.

다섯째, 이제 출발하기 위해 자전거의 핸들을 잡을 때 이미 책들이 뒤 의자에 묶여 있다 하더라도 무척 조심해야 합니다. 그래서 이전의 자전거 핸들을 잡아서 끌고 나왔을 때와는 또 다른 힘과 행동이 요구된다는 것입니다. 이러한 상태에서 자전거를 세우는 다리를 다루는 행동 또한 한층 조심스럽게 진행되어야 하고요."

교육자가 평가를 일단락하자 정태는 쑥스러운 듯 계속 머리를 만지고 있다. 교육자는 잠시 생각에 잠겨 있다. 학생들이 그에게 주의를 기울인다. 잠시 후 교육자는 천천히 입을 뗀다.

"우리의 현 과제인 '대상없는 행동'은 대상에 대한 지독한 인내를 가지고 연습을 하지 않으면 성과를 낼 수 없는 지루한 작업입니다. 그러므로 나는 이러한 지루하고 인내와 끈기를 요구하는 '대상없는 행동'을 명확히 해낼 수만 있다면, 우리의 전술 작업에 있어서 절반 이상을 완수했다고 해도 과언이 아니라고 말하고 싶습니다. 또한 매우 명확하고 정확하게 이 작업을 수행한 학생들을 통해 나는 다음 작업에서 그들의 성과까지 가늠할 수 있습니다. 그만큼 '대상없는 행동'은 매우 중요한 처음의 과정이지만 동시에 최상의 구체적인 행동 기술이라고 할 수 있습니다.

'대상없는 행동'은 이토록 중요한 단계이자 과정이기에 자신의 모든 주의와 집중을 통해 힘을 쏟아 부어야만 합니다. 자, 우리의 현 과제인 '대상없는 행동'에 매진해보세요, 오케이?"

"네!"

학생들은 힘차게 교육자에게 화답한다.

8

교육자가 어김없이 정시에 실기실로 들어와 자리에 앉으면 노트에는 다음과 같은 순서가 빼곡히 적혀 있다.

1. 서예   . . .   이수정
2. 낚시하기   . . .   손기주
3. 설거지   . . .   권주희
4. 자전거 타이어 바람 넣기   . . .   박정태
5. 소포 포장   . . .   이정하
6. 바이올린 조율   . . .   김현정
7. 벽시계 수리하기   . . .   윤문숙
8. 스프 만들기   . . .   감무신
9. 자동차 세척   . . .   양승욱
10. 한복 입기   . . .   이소희

무대는 이미 긴 책상이 놓여 있고, 그 옆에는 작은 협탁이 있다. 그리고 책상 뒤에는 등받이 의자가 하나 보인다.

"준비되면 시작할게요!"

수정이 교육자를 향해 말한다.

"네, 준비되면 시작하세요!"

교육자가 고개를 끄덕이며 대답하자 수정은 가상의 물건들 위치를 대충 훑어보고는 손목을 흔들어 긴장을 푼다. 그리고 난 후 그녀는 책상 위 왼쪽에 둘둘 말아 가상의 끈으로 묶어 놓은 가상의 한지를 본다. 그녀는 한지에 묶여 있는 끈을 양손가락으로 푼다. 그리고 한지를 펴서 조심스럽게 책상 위에 걸친다. 책상 오른쪽에 있는 가상의 사각형 모양의 철 받침대를 가상의 한지 상단에 받쳐 놓는다. 가상의 한지 하단은 다시 손으로 조심스럽게 펴준다. 그녀는 잠시 멈추어 가상의 물건들 위치를 다시 확인하고 난 후에 책상 왼쪽에 놓여 있는 가상의 먹물 병을 든다. 왼손으로 잡아 오른손가락으로 가상의 병마개를 연다. 그리고 가상의 벼루에 먹물 병을 조심스럽게 기울여 조금만 따른다. 다시 병마개를 닫고 놓는다. 벼루 위에 놓여 있던 가상의 붓을 들고 가상의 먹물을 묻힌다. 적당한 양의 먹물을 붓에 묻히면서 그녀는 한지를 힐끗 쳐다본다. 수정은 먹물을 적당하게 묻힌 붓을 조심스럽게 한지 쪽으로 옮기고, 왼 팔꿈치는 한지에 고정시키고 글자를 쓰려고 한다.

"여기까지만 준비했습니다. 글자는 아직 무엇을 써야 할지 정하지 못했고, 글쓰기는 쉽지 않아 몇 번 연습만 해보고 있습니다."

수정의 시연이 끝나자 학생들은 고개를 연신 끄덕인다. 그리고 그들은 교육자를 쳐다보며 그의 평가를 기다린다.

"연습을 많이 한 흔적이 보이네요. 훌륭한 '대상없는 행동'인 〈서예〉라고 생각됩니다."

교육자의 칭찬에 수정은 얼굴을 붉히며 수줍어한다.

"수정의 '대상없는 행동'인 〈서예〉를 보고, 대상이 무엇이었는지 그리고 대상을 통한 행동은 무엇이었는지 모두 얘기해볼까요?"

교육자가 학생들에게 시선을 옮기며 질문한다.

"첫째는 한지였고, 둘째는 끈, 셋째는 철 받침대, 넷째는 먹물 병, 다섯째는 벼루, 여섯째는 붓이었던 것 같습니다."

소희가 차분하게 답한다.

"소희는 서예에 필요한 물건들을 잘 알고 있는 것 같은데?"

"중학교 때 서예 동아리에서 활동한 적이 있거든요."

소희의 답변에 교육자와 학생들은 고개를 끄덕거린다.

"그리고. . 첫째는 한지 보기, 둘째는 끈 풀고 한지 펴기, 셋째는 철 받침대로 한지가 흔들리지 않게 놓기, 넷째는 먹물 병으로 벼루에 먹물 따르기, 다섯째는 붓으로 벼루에 담겨 있는 먹물 묻히기, 여섯째는 붓으로 한지에 글자쓰기입니다."

무신도 확신에 찬 목소리로 자신의 의견을 내놓는다.

"맞나요, 수정?"

수정은 대답대신 고개를 힘껏 끄덕인다.

"오케이, 수정의 '대상없는 행동'인 〈서예〉에 대해 조금 더 구체적으로 얘기해봅시다. 소희와 무신이 말한 대상과 행동순서에 따라 말입니다. 첫째, 책상 위의 끈으로 묶은 한지를 푸는 행동은 무척 까다롭습니다. 왜냐하면 묶여 있는 끈을 푼다는 것은 손가락의 섬세한 행동을 요하기 때문이죠. 수정이 지난 시간에 실제의 물건을 가지고 보여준 바에 의하면, 그 끈은 새끼줄처럼 종이로 만든 얇은 것이었기에 더욱 그러합니다. 아울러 한지는 얇고 부드럽기 때문에 매우 조심히 다루지 않으면 엉키거나 찢어질 위험성이 있는 대상인데, 수정은 한지를 아주 잘 다루고 있는 듯합니다. 특히 이러한 특성의 한지를 나무책상에 놓을 때는 매우 섬세한 행동을 보여주고 있었다고 평가됩니다.

둘째, 그리 크지 않은 먹물 병뚜껑을 여는 행동은 소름끼칠 정도로 정확했어요. 즉 뚜껑을 열 때 힘의 처음, 중간, 끝의 분배에 의한 행동은 보기 좋았습니다. 이러한 수정의 '대상없는 행동'은 마치 손에 먹물 병이 있어서 그것의 뚜껑을 여는 듯했습니다. 또한 먹물 병으로 벼루에 먹물을 따를 때는 그 양까지도 우리에게 정확하게 전달되었고요.

셋째, 붓의 끝부분을 잡고 벼루에 담겨 있는 먹물을 묻힌 행동에서 우리는 붓의 어느 부위까지 먹물이 묻혀 졌는지 간파할 정도였습니다.

넷째, 먹물을 붓에 묻히면서 한지를 힐끗 보는 행동과 왼 팔꿈치를 한지에 괴는 행동은 수정이 얼마나 서예준비 연습을 많이 반복했는지를 증명하고 있었습니다. 왜냐하면 이러한 행동이야말로 서예를 하기 위한 논리적이고 합리적인 행동방식이기 때문이죠.

이후의 글쓰기는 아직 준비가 안 되어 보여주지 못했지만, 훌륭한 '대상없는 행동'으로써 〈서예〉가 될 것이라는 믿음을 주기에 충분합니다."

교육자가 평가를 끝내고 수정을 쳐다보며 말을 계속 이어간다.

"그러나 이것만은 수정의 연습을 위해 참고로 말해야 할 듯합니다. 이후의 글쓰기에서 가장 중요한 것은, 붓으로 글자를 쓸 때 손가락과 손목, 그리고 특히 붓과 한지와의 적당한 높이 문제는 또 다른 까다로운 과제라고 생각합니다. 또한 글을 쓸 때의 자세와 손과 상체의 리듬에도 주의를 기울여야 할 겁니다. 왜냐하면 글이 무엇인지에 따라 그것들이 결정될 것이기 때문이죠.

아무튼 열심히 연습해보세요, 수정! 그리고 그리 중요한 것은 아니지만 한 가지만 더 참고로 말할 것이 있어요."

수정은 눈을 깜박거리며 교육자에게 귀를 기울인다.

"그것은 물건들의 원래 놓여 있는 위치와 사용하고 난 뒤의 위치, 그리고 다시 사용할 때의 위치에 따른 행동 등이 다소 불분명했다는 것입니다. 다음시간에 글쓰기와 이 문제들을 해결하여 보여주길 바랍니다. 수고하셨어요!"

수정은 자신의 노트에 교육자의 조언을 받아 적으며 고개를 끄덕거린다. 교육자는 수정으로부터 학생들에게로 눈길을 돌린다.

"일전에도 말했지만, '대상없는 행동'은 대상을 다루는 자신의 몸을 인지하고 이해한다는 본질적인 의미가 있습니다. 이것은 대상으로 인한 행동 때문에 결국 자신을 무의식적으로 알아가고 이해해가는 우회적인 길입니다, 직접적인 길이 아니라!

지금의 단계에서 대상은 당연히 사물, 물건, 물체입니다. 단언컨대, 이처럼 사물을 통해 자신을 알아가고, 자신을 통해 사물을 알아가는 것은 여태까지 여러분의 삶에서 없었던 일이라고 장담합니다. 이후에 우리는 또 다른 대상을 알아가고 이해해나갈 것이며 동시에 자신을 또 알아갈 것입니다. 그것은. . ."

"사람, 자연으로의 이해라는 말씀이시죠, 선생님!"

무신이 큰 소리로 외치며 교육자의 말을 끊는다. 교육자가 빙그레 웃으며 그에게 엄지손가락을 치켜세운다.

"오래 전에 얘기했던 거라고 생각하는데, 잘 기억하고 있군!"

무신이 어깨를 들썩거린다.

"맞습니다. 무신의 말처럼, 우리의 일은 사물, 인간 나아가 자연을 이해하는 것이며, 결국 그것들에 대한 통찰과 배려라고 감히 말할 수 있습니다. 그렇다면 배우의 일이야말로 표본인간으로서의 일로써 인간성과 삶의 비전을 제시하는 일이겠죠. 아마 그것은 인문학과 다름없을 지도 모릅니다. 이런 의미로 볼 때 여러분은 자신의 일에 자부심을 가져도 좋습니다. 충분히!"

학생들의 눈동자는 반짝거린다.

"각자는 '대상없는 행동' 연습에 계속 매진해보세요. 그리고 또 하나의 과제를 여러분에게 제시할까 합니다. 그것은 여러분 전체가 참여할 수 있는 '대상없는 행동'을 준비해서 다음 시간에 보여 달라는 겁니다. '대상없는 행동'을 위한 물건들을 여러분 스스로 결정했던 것처럼 전체 과제 또한 '대상없는 행동'을 위한 물건은 여러분들이 상의해서 준비하여 수업시간에 보여주길 바랍니다."

교육자가 '대상없는 행동'에 대한 그룹 과제를 제시하고서 실기실을 나서자, 반班대표인 소희가 동료들을 불러 모아 과제에 대해 토론하기 시작한다.

9

평상시와 마찬가지로 수업이 시작되면 교육자가 실기실로 들어와 앉는다. 그는 학생들을 한번 쭉 훑어보며 미소를 짓더니 이내 입을 연다.

"근 두 달 동안 '신체적 행동의 기억', 즉 '대상없는 행동' 연습에 대한 인내와 끈기를 보여준 여러분들의 노력과 열정에 박수를 보냅니다. 드디어 내일 여러분은 입학한 후 처음으로 동료들과 선후배, 선생님들 앞에서 공개발표를 하게 될 것입니다."

학생들의 표정은 사뭇 진지하다 못해 비장하다.

"공개발표순서는 다음과 같습니다.

1. 한복입기   . . .   이소희
2. 스프 만들기   . . .   감무신
3. 소포 포장   . . .   이정하
4. 설거지   . . .   권주희
5. 벽시계 수리   . . .   윤문숙
6. 자동차 세척   . . .   양승욱
7. 서예   . . .   이수정
8. 낚시하기   . . .   손기주

9. 자전거 타이어 바람 넣기   . . .   박정태
  10. 바이올린 조율   . . .   김현정

　　그리고 여러분 전체가 참여하는 '대상없는 행동'인 〈이삿짐 풀기〉는 오늘 시연을 보고 발표 여부를 결정할 것입니다."

　　현정이 손을 들어 질문한다.

　　"발표순서는 어떤 의미가 있습니까, 선생님?"

　　"무대전환을 조금 편리하게 하기 위한 것 외에 특별한 의미는 없습니다. 처음으로 하는 공개발표이기에 무대전환에 대해 잠시 얘기하도록 합시다.

　　무대전환은 발표자를 제외하고 모두 투입되어 무대를 전환하도록 하세요. 그래서 이 시간 이후로 여러분은 무대전환에 대한 연습을 정확히 하길 바랍니다.

　　무대전환에 있어서 가장 중요한 것은 발표자에게 불편함을 주어서는 절대 안 된다는 것입니다. 즉 발표자를 제외한 모든 학생들은 발표자가 최상의 시연을 할 수 있도록 도와주어야 할 책임이 있어요. 이것은 발표자가 원하는 곳에 소품이나 소도구를 세팅해서 그가 무대에서 자신의 행동을 수행하는데 방해가 되어서는 안 된다는 의미입니다. 따라서 무대전환 연습 또한 공개발표의 연장선이라고 생각하세요. 아울러 발표자를 위해 무대전환을 하는 사람은 자신의 할 일만 정확하게 하고 즉각 퇴장하길 바랍니다. 무대에서 불필요하게 머물거나 쓸데없는 동작은 금물입니다. 오케이?"

　　"네!"

　　학생들은 고개를 끄덕이며 우렁차게 외친다.

　　"그리고 발표가 끝난 후엔 총평가와 개별평가가 있을 겁니다. 질문 있습니까?"

　　"없습니다!"

　　학생들은 마치 전장에 나가는 듯한 목소리로 외친다.

"오늘은 남은 시간 동안 '대상없는 행동'에 대한 각자의 연습과 무대전환을 위한 전체 연습을 하길 바랍니다. 자, 그룹과제인 〈이삿짐 풀기〉를 볼까요?"

"선생님, 저희들이 준비할 시간이 필요해요."

반대표인 소희가 손을 들어 교육자에게 요청한다. 교육자가 자리에서 일어나면 학생들은 시연을 준비하느라 분주하게 움직이기 시작한다.

10

공개발표를 위한 실기실에는 많은 학생들―연기과 선배, 연출과, 영화과 학생 등―과 각 분야의 선생님들―연기, 화술, 움직임, 춤 등―로 발 디딜 틈이 없다. 잠시 후에 담당 교육자가 무대 앞으로 걸어 나간다. 그는 프로그램을 손에 들고 느리지만 힘 있게 말문을 연다.

"오늘 우리는 학생들을 위한 첫 번째 공개발표를 하고자 합니다.

익히 아는 바와 같이, 우리의 첫 번째 공개발표는 '대상없는 행동'입니다. 허구의 무대에 존재하는 배우를 위해 대상은 그로 하여금 무엇을 하게끔 만드는 중요한 첫 단서입니다. 그리하여 '대상없는 행동'인 우리의 첫 번째 작업은 수많은 대상 중에서 사물, 물건에 대한 것입니다. 이것은 우리의 의지에 의해 비교적 손쉽게 목표를 달성할 수 있는 대상이기도 합니다.

하지만 이러한 대상이 자신의 눈앞에서 사라진다면 문제는 완전히 달라집니다. 그래서 '대상없는 행동'은 허구의 무대에서 허구의 물건을 다루는 것입니다. 허구의 무대에서 허구의 사물을 다룬다는 것은 연기와 맥락을 같이하기에, 이러한 의미에서 '대상없는 행동'은 연기술의 시작이라고 할 수 있습니다. 그것은 결국 허구의 대상을 다루는 자신의 몸 행동으로 드러날 것임에 틀림없습니다.

오늘 '대상없는 행동' 발표 이후에 우리는 '상황'이라는 또 다른 대상을 만날 것입니다. 이것은 한층 복잡한 문제입니다. 왜냐하면 그 속에는 훨씬 복잡한 대상들이 있기 때문입니다. 하지만 우리는 상황 속의 수많은 대상들을 다루는 자신의 몸 행동으로 결국 도착하게 될 것임을 믿어 의심치 않습니다.

차치하고, 우리가 근 두어 달 동안 작업한 '대상없는 행동'을 위한 오늘 공개 발표순서는 다음과 같습니다.

   1. 〈한복입기〉   . . .   이소희
   2. 〈스프 만들기〉   . . .   감무신
   3. 〈소포 포장〉   . . .   이정하
   4. 〈설거지〉   . . .   권주희
   5. 〈벽시계 수리하기〉 . . .   윤문숙
   6. 〈자동차 세척〉   . . .   양승욱
   7. 〈서예〉   . . .   이수정
   8. 〈낚시하기〉   . . .   손기주
   9. 〈자전거 타이어 바람 넣기〉 . . .   박정태
 10. 〈바이올린 조율〉   . . .   김현정
 11. 〈이삿짐 풀기〉   . . .   전체

그럼, 발표를 시작하겠습니다. 무대 뒤 소희는 준비되었나요?"

소희는 가림막 뒤에서 큰 소리로 응답한다.

'대상없는 행동'에 대한 공개발표가 끝나고 학생들은 삼삼오오 모여 자신들이 오늘 발표한 것에 대하여 이야기를 나누고 있다. 연기교육자가 실기실로 들어와 자리에 앉으면 학생들은 교육자의 표정을 유심히 살핀다. 그는 빙그레 웃으며 말문을 연다.

"공개발표와 수업시간의 시연 때와는 어떤 차이점이 있었나요?"

"너무 떨려서 무엇을 했는지 기억이 안 납니다."

정태가 아직도 흥분이 가시지 않은 듯한 목소리로 말문을 연다.

"저는 공개발표 초반부에 설거지할 것들의 물건들이 눈에 들어오질 않았습니다. 그래서 저의 계획된 행동플랜에 의해 진행되어 선생님께서 누차 말씀하신 것처럼 기계적인 행동으로 된 듯 했어요. 그런데 숟가락을 씻는 부분부터 물과 세제거품, 접시, 컵 등이 손에 잡히는 것 같았습니다. 이후에는 행동플랜은 무시하고 사물이 잡히는 대로 대상과 관계하며 행동했던 것 같아요."

공개발표 때 설거지를 한 주희가 자신의 공개발표에 대해 자평을 늘어놓는다.

"저는 바이올린 케이스를 열고 난 후에 바이올린, 현, 턱받침 등을 꺼내 책상 위에 올려놓았다가 다시 잡는 부분에서 그것들의 위치와 형태를 보지 못하고 서둘러서 잡아버렸습니다. 그래서 바이올린의 두께가 손에 정확히 없었고, 현으로 바이올린을 켤 때도 그 길이가 정확하지 않아서 순간 무척 당황했습니다. 이후에 책상 위에 꺼내 놓은 턱받침을 잡을 때는 손가락이 저도 모르게 덜덜 떨렸습니다. 그 뒤로는 무엇을 어떻게 했는지 생각이 잘 안날 정도입니다."

현정은 자신의 〈바이올린 조율〉 공개발표 때를 회상하며 쑥스러워 한다. 학생들의 이야기를 듣고 난 후에 교육자는 고개를 끄덕이더니 입을 연다.

"아마 여러분들은 선생님, 선배, 동료들이 보는 앞에서 처음으로 하는 공개발표인지라 분명 부담이 되었을 겁니다. 하지만 무대에서의 적당한 긴장은 결코 쓸모없는 것이 아닙니다. 오히려 약간의 긴장은 우리들로 하여금 더욱 집중할 수 있도록 만들어주는 보약과 같다고 할 수 있죠.

내가 정작 말하고 싶은 것은, 공개발표가 여러모로 우리들에게 유익한 과정이라는 사실입니다. 아울러 공개발표는 우리의 궁극적인 목표인 공연을 위한 사전 단계로 반드시 필요한 과정이기도 하죠. 하지만 공개발표는 아직까지는 불특정 다수인 관객과의 만남이 아니라, 여러분들과 비슷한 과정을 거쳐 온 선생님, 동료, 선후배들이 보는 앞에서 수업과정을 결산하는 자리이며, 이후의 단계로 진입하기 위한 성과물로써의 자리이어야 합니다.

그렇다면 공개발표는 궁극적으로 관객이라는 대상을 만나기 위한 예비단계라고 할 수 있겠죠. 결국 우리는 공개발표를 통해 무대에서 점차 해야 할 일이 무엇인지 명확히 알게 된 것입니다. 그리고 관객에게 영향을 올바르고 정확하게 전달하는 법 또한 터득하는 것입니다."

교육자는 잠시 말을 멈추고 생각에 잠긴다. 그리고는 학생들을 한번 훑어보더니 다시 입을 뗀다.

"허구의 무대에서 불특정 다수인 관객과 소통한다는 것은 무엇이며, 어떻게 가능한지를 이제 우리는 명확하게 생각해봐야 합니다. 또한 '관객에게 영합하지 마라'는 말이 무슨 의미인지도 이제 보다 구체적으로 생각해봐야 할 때입니다.

이 말은 관객을 자신의 의식에서 아예 없애거나 그들을 무시하라는 것이 결코 아닙니다. 어제 관객은 학생들이 대부분이었고, 오늘 관객들 중에서 저명한 평론가나 연기교육자, 연출가가 입장했다면, 우리는 그들에게 맞추어 맞춤식 연기를 하지 말아야 한다는 것은 자명하죠. 그렇다면 우리는 무대에서 우리의 일을 정확하고 구체적으로 해야만 합니다. 그 길만이 불특정 다수인 관객에게 영합하는 것이 아니라 그들과 진정으로 소통하는 방법입니다. 즉 관객을 자신의 무대적 행동으로 감화시켜야지 관객의 반응으로 우리의 일을 변경하지 말라는 의미입니다. 이 점을 여러분들은 반드시, 꼭 명심하길 바랍니다."

학생들은 고개를 힘차게 끄덕거린다.

"그런 의미에서 오늘 처음으로 공개발표한 여러분들의 '대상없는 행동'은 대체적으로 잘 수행되었다고 평가합니다. 그래서 특별히 개별평가나 총평가는 하지 않을 것입니다. 다만 우리의 첫 번째 공개발표인 '대상없는 행동'에 대해 몇 가지만 보충하여 언급하고자 합니다."

학생들은 눈을 똘망똘망 굴리며 주의를 기울인다.

"우선 '대상없는 행동'은 무대에서 실제적이며 사실적인 행동을 필요로 한다는 것입니다. 그러기에 '대상없는 행동'의 종착지는 당연히 사물을 다루는 실제적인 행동의 템포와 리듬을 전제로 해야만 합니다. 그래서 연습단계의 초반부에는 자신의 몸 행동을 인지하기 위해 천천히 과제를 수행해야 하지만, 이후는 사물을 다루는 실제의 행동 템포-리듬으로 행해져야 합니다. 물론 이러한 순서는 연습할 때 뒤섞이며 진행되어도 무방합니다. 하지만 결국 사물과 몸의 만남에서 실제적이고 일상적인 행동의 템포와 리듬으로 수행될 때 비로소 사물은 자신의 본질을 드러냅니다.

예를 들어 봅시다. 일전에 누군가가 스타킹을 신는 연습과제를 했죠? 그때 그 학생은 스타킹을 손가락으로 말아 발에 신을 때 손과 손가락, 손목 등의 작동을 지극히 천천히 수행했습니다. 물론 이러한 행동은 사물과 몸이 처음으로 만났을 때 자신의 행동 변화과정을 의식적으로 관찰하기 위한 것이었습니다. 하지만 '대상없는 행동'에 대한 수행이 여기에서 머문다면, 이것은 '대상없는 행동'의 목표치에 도달하지 못한 것이라고 말할 수 있을 겁니다. 왜냐하면 사물과 관계하는 몸의 반응과 재반응으로써의 연속적인 행동은 결국 스타킹이라는 사물을 다루는 실제적이고 일상적인 행동의 템포와 리듬으로 귀착되어야만하기 때문입니다.

따라서 위와 같은 스타킹 신기는 대상이 더 이상 스타킹이 아니라 다이너마이트나 깨지기 쉬운 어떤 다른 대상으로 바뀌었다는 것입니다. 스타킹은 스타킹일 뿐입니다. 그것은 보물이나 유리병이 아닙니다. 해서 스타킹이라는 물건을 신을 때의 실제적인 행동만이 우리에게 필요하고 요구되는 것입니다. 그렇다면 스타킹을 신을 때의 구체적이고 논리적인 행동과 더불어 그에 따른 실제적인 행동의 템포와 리듬만이 우리가 도달해야하는 목적지인 것은 분명합니다. 이러한 측면에서 오늘의 공개발표가 조금 아쉬운 부분이 있었다고 봅니다.

또 한 가지 언급해야 하는 것은, '대상없는 행동'이란 허구의 무대에서 행동하는 자신을 관찰하는 또 다른 자신은 누구이며, 실제적으로 그것은 어떻게 가능한가라는 문제에 대한 우회적인 답을 제시한다는 것입니다.

무대는 쓸데없는 감정이나 불필요한 정서를 쏟아내는 공간이 결코 아닙니다. 그것은 의식을 통해 철저히 계획되어진 자신의 구체적인 행동으로 인하여 관객을 감화시키는 공간이어야 합니다. 이러할 때 우리는 자신의 행동을 보게 되고, 자신의 말을 들을 수 있게 됩니다.

무대는 무지막지하게 냉정을 요하는 곳입니다. 자신을 관찰하는 또 다른 자신을 창조하는 과제인 '대상없는 행동'은 쓸데없는 감정을 쏟아내는 것을 허용치 않게 하여 무대에서 소름끼치는 냉정함을 절대 요구하도록 합니다. 그러므로 '대상없는 행동'이야말로 이러한 일을 가능하게 만드는 배우의 첫 번째 작업이라고 나는 확신하는 바입니다."

몇 명의 학생들은 고개를 세차게 끄덕이며 생각에 잠겨있고, 또 다른 학생들은 부지런히 메모를 하고 있다. 연기교육자는 잠시 무언가 생각하는 듯 하다가 이내 다시 입을 연다.

"일전에도 몇 차례 말했다시피, '대상없는 행동'은 '신체적 행동의 기억', '물체(사물) 없는 행동', '빈 물건 다루기', '상상의 사물을 다루는 행동' 등으로 불립니다.

이러한 '대상없는 행동'은 화가가 캔버스에 본격적으로 그림을 그리기 전에 매일 수행하는 데생과 같고, 무용수가 본격적으로 무용을 하기에 앞서 매일 바 bar를 잡고 연습하는 것과 다름없습니다. 그리하여 '대상없는 행동'은 배우에게 있어서 가장 기초적인 훈련임과 동시에 창조 작업에 있어서 정확성과 완성도를 요구하고 있습니다.

화가, 무용수, 성악가와 마찬가지로 자신의 일에서 거장이 되고자 하는 사람은 처음에는 다소 긴 시간의 인내와 끈기 있는 작업을 필요로 합니다. 배우의 예술작업에 있어서 여기에 해당하는 첫 기술이 바로 '대상없는 행동'이라고 할 수 있습니다. 그리하여 '대상없는 행동'은 인내와 끈기가 절대적으로 필요합니다. 이러한 '대상없는 행동'은 의식의 참여를 요하고, 이전의 우리의 작업인 '행동을 위한 요소훈련'의 총합이라고 할 수 있습니다. 즉 이것은 엄청난 주의와 집중, 관찰력, 논리, 상상 등을 필요로 합니다."

소희가 손을 번쩍 든다.

"저는 '대상없는 행동'을 체득하고서 이것이 왜 필요하며, 무엇을 요구하는지 명확하게 알게 된 것 같아요. 제 생각에 빈 물건을 다룬다는 것은 신체적 행동을 획득하기 위해 자신의 의식을 통해 자신의 몸으로 행동하는 기술을 스스로 터득해 나가는 것으로 이해하고 있습니다."

소희의 자평에 교육자는 고개를 끄덕이며 말을 덧붙인다.

"정확합니다. 한걸음 더 나아가 '대상없는 행동'은 궁극적으로 자신이 다루어야 하는 대상을 이해하는 과제라고 할 수 있어요. 이를테면 설거지, 자전거 타이어, 스프, 낚시 등에 사용되는 물건을 자신의 몸으로 다루다보면 그 물건들을 자연스럽게 이해하게 되는 것이죠. 이러한 사물들에 대한 이해는 결국 우리의 몸을 통해 선명하게 드러납니다. 결국 '대상없는 행동'은 사물과 몸을 합체시켜 배우 자신의 몸 행동으로 실행하게 되는 기술이라고 할 수 있겠죠.

그리고 난 후 우리의 일은 사물을 거쳐 상황, 사람 그리고 자연을 이해하는 것으로 확장됩니다."

교육자가 말을 멈추고서 학생들을 둘러본다. 학생들이 교육자를 빤히 쳐다보며 주의를 기울이자 그는 빙그레 웃으며 천천히 입을 뗀다.

"이제 비로소 여러분은 우리의 작업 중 처음 단계로써 대상인 사물을 자신의 몸과 합일화 하여 행동해내는 기술을 터득했습니다. 그것은 대상다루기의 첫 번째 작업이었다고 감히 말할 수 있습니다. 이것이야말로 아이가 직립하기 위해서 해야 할 첫걸음인 머리를 가누는 것이었습니다. 내가 여러분들을 처음에 만났을 때 이 같은 이야기를 했는데, 기억하나요?"

"네!"

학생들은 즉각 큰 소리로 화답한다.

"선생님! 질문 있습니다."

무신이 손을 번쩍 든다.

"어렴풋하게 이해하고 있습니다만 질문을 드리고 싶었습니다. 마임과 '대상 없는 행동'은 구체적으로 어떤 차이점이 있나요? 물론 처음에는 마임과 비슷한 것이라고 생각했습니다만."

"좋은 질문입니다. 마임학교에서도 처음에는 '대상없는 행동'의 연습과제부터 출발하는 것으로 알고 있습니다. 그러나 이후 마임은 '대상없는 행동'과는 다른 길로 나아갑니다.

마임은 표현을 최고의 목표로 내세웁니다. 즉 무거운 물건은 무겁게 들어 무겁다는 것을 보여줘야 합니다. 그래서 과장의 행동이 미덕이죠. 그러나 '대상없는 행동'은 표현이나 보여주는 것을 전면으로 내세우지 않습니다. 오히려 표현이나 보여 주려고 하는 것은 속에 감춰져 있습니다. 그래서 실제적이며 사실적인 행동이 미덕이죠. 또한 마임의 행동이 스타카토식의 형태를 가진 단편의 연속이라면, '대상없는 행동'에 있어서 행동은 유기적입니다. 즉 마임의 행동은 과도한 분절을 통해 자신이 무엇을 하는지 관객에게 낱낱이 보여주고자 한다면, '대상없는 행동'은 분절을 사용하지만 그것은 행동의 인식을 위한 수단에 불과하며 실제적인 행동의 템포와 리듬을 획득하는데 초점을 맞춘다는 것입니다.

결론적으로 말하면, 마임이 표현을 미덕으로 '보여주는 것'에 총력을 기울인다면, '대상없는 행동'은 사실적이고 자연스러운 행동을 지향하여 '하는 것'에 포커스를 맞추는 것이라고 할 수 있죠."

무신은 고개를 연신 끄덕이며 노트에 메모를 하고 있다. 다른 학생들도 고개를 끄덕이며 생각에 잠겨 있다. 교육자는 무신의 질문에 간단히 답하고서 잠시 생각하더니 이내 다시 입을 뗀다.

"오케이. . . 방금 말했듯이 오늘 공개발표는 특별히 지적할 만한 것이 없었기에 총평가와 개별평가는 하지 않겠습니다. 공개발표 때의 실수는 여러분 스스로 점검하길 바랍니다. 한 가지만 더 언급하고 평가를 끝낼까 합니다."

학생들은 다시 교육자에게 주의를 기울인다. 그는 잠시 생각에 잠기더니 천천히 말문을 연다.

"오늘 여러분이 발표한 '대상없는 행동'은 2인이나 그룹으로 행해질 때 더욱 흥미롭습니다. 예를 들면 '소파 나르기', '세차하기', '줄 감기', '사무실에서 일보기' 등입니다. 그런 의미에서 오늘 공개발표의 제일 마지막에 〈이삿짐 풀기〉를 시도했던 것입니다.

또한 이번 발표에는 포함되지 않았지만 '대상없는 행동'에 '상황'이 들어오면 문제는 훨씬 복잡해집니다. 예를 들어 '지각하지 않기 위해 빨리 밥을 먹어야한다'라는 상황이라면, 이때 '식탁 차리기'라는 '대상없는 행동'은 또 다른 과제가 될 것임에 틀림없습니다.

하지만 상황에 의한 '대상없는 행동'의 과제는 차후로 미루었습니다. 그 이유는 하나의 과정을 심도 있게 연구하고 실행하는 것도 중요하지만, 그것보다는 기본에 충실하여 다음의 단계에서 이것을 적용하는 것이 보다 나은 교육적 효율성이라고 판단했기 때문입니다. 물론 우리의 커리큘럼 상 시간의 부족도 이유이긴 합니다만. 따라서 남겨진 과제는 차후 졸업 공연 때 활용할 계획입니다. 오케이?"

"네!"

학생들은 큰 소리로 합창하듯 외친다. 교육자는 미소를 띠고서 다시 자신의 말을 계속 이어간다.

"우리의 선배인 스타니슬랍스키는 '대상없는 행동'을 '작은 진실이 모여 큰 진실을 만드는 것'이라고 말한 바 있습니다. 나도 선배의 말에 전적으로 동의합니다. 그 이유는 현재까지 나는 '대상없는 행동'이야말로 배우의 기술로써 처음이자 끝이라고 생각하기 때문입니다. 내가 끝이라고 말하는 이유는 '대상없는 행동'이야 말로 허구의 무대에서 소름끼칠 정도로 명확한 행동 찾기와 실행으로써의 진실성 때문입니다. 그렇다면 '대상없는 행동'이야말로 배우의 연기술을 위한 결정체라고 말할 수 있을지도 모릅니다.

따라서 수업이나 연습 때를 제외한 일상에서도 '대상없는 행동'은 지속적으로 수행되어야 할 필요가 있습니다. 왜냐하면 무대에서 명확하고 구체적인 행동, 이것이야말로 우리의 예술이니까요! 아시겠습니까?"

"네!"

학생들은 목청껏 외친다. 교육자는 학생들을 바라보며 환하게 미소 짓고서는 힘차게 말을 이어간다.

"여러분은 입학하여 오늘 처음으로 공개발표를 통해 예비관객을 만났습니다. 이제 우리의 작업은 또 다른 항해를 할 것입니다. 자, 다음 시간부터 우리의 두 번째 작업으로 들어가 볼까요? 다들 수고하셨어요!"

학생들은 모두 일어서서 자축의 박수를 서로에게 보내고 교육자에게도 우레와 같은 박수를 보낸다. 교육자도 학생들을 향해 진심어린 축하의 박수를 보낸다.

"이제 여러분은 목을 가누기 시작했습니다. 드디어 우리는 본격적으로 척추를 사용하는 법을 익혀야 할 시점입니다. 그것은 우리의 다음 단계인 '에튜드 작업'에서 이 문제를 해결하도록 해봅시다.

지독하게 지루하고 인내를 요구하는 근 두어 달 동안의 작업인 '대상없는 행동'을 열정적으로 수행한 여러분들에게 다시 한 번 수고했다고 말하고 싶습니다. 막걸리 한잔 할까요?"

"네!!!"

학생들은 실기실이 폭발할 듯 고함친다.

상황을 만나다!

1

"여러분이 믿을 수 있고, 내가 공감할 수 있는 공원을 만들어볼까요? 공원에는 무엇이 있습니까?"

연기교육자가 실기실로 들어와서 의자에 앉자마자 학생들을 향해 질문을 던진다.

"벤치와 그 위에 놓여 있는 담배꽁초, 가로등, 쓰레기통, 널려져 있는 신문지 등이 있을 것 같은데요."

수정이 빠르게 대답한다.

"전화공중박스, 화장실도 있어요."

문숙도 공원에 있을 법한 것들을 말한다.

"산책하는 아주머니, 세발자전거를 타는 아이, 운동하는 배불뚝이 아저씨도 보일 것 같은데요!"

주희도 거든다.

"연인들을 빼면 안 되죠!"

최근 연애를 시작한 기주가 한마디 하자 학생들이 그를 쳐다보며 야유를 보낸다. 교육자가 그를 바라보며 씩 웃는다.

"오케이! 20분의 시간을 줄 테니, 내가 그리고 여러분이 신뢰할 수 있는 공원을 만들어 놓으세요."

교육자가 과제를 제시하고 실기실을 나선다. 학생들은 실기실에 있는 소도구와 소품들을 가지고 공원을 만들기 시작한다. 남자들은 가림막을 이용하여 양 옆으로 막고 뒤쪽 정중앙에 팔걸이 벤치를 갖다 놓는다. 여자들은 무대 오른쪽에 소도구용 가로등을 세우고, 그 옆에 둥그런 휴지통을 놓는다. 또 다른 한 무리의 학생들은 무대 왼쪽에 낮고 팔걸이 없는 낡은 벤치를 갖다 놓는다. 그리고 가림막을 세워 객석이 보이도록 'toilet'이라고 쓴 종이를 가림막 위에 붙인다. 무대 왼쪽에는 조금 낮은 가림막을 이용해 공중박스를 만들어 가림막 전면에 'telephone'이라고 적은 종이를 붙이고 있다. 또 다른 여학생들은 신문지, 캔, 담배꽁초 등을 공원 여기저기에 흩뜨려 놓고, 나머지 남학생들은 큐빅을 이용하여 화장실 공중박스 주변에 쌓아 마무리 작업을 하고 있다.

잠시 후 교육자가 들어와 학생들이 만들어놓은 공원을 꼼꼼히 보더니 고개를 끄덕인다.

"오케이! 신뢰할 수 있는 공원의 무대군요. 자, 첫 번째 과제입니다. 자신이 공원에 등장해야만 하는 이유를 가지고 들어와 보세요. 그리고 난 후에 공원에서 무엇을 할 수 있는지 또한 보여주고요."

"···"

학생들은 공원을 바라보며 생각에 잠겨 있다.

"자신이 공원에 왜 와야 하는지 그리고 공원에서 자신이 무엇을 할 수 있는지를 보여주는 지극히 간단한 과제입니다."

교육자가 망설이고 있는 학생들을 재촉하자 정하가 벌떡 일어나서 실기실 밖으로 나간다. 잠시 후에 정하가 공원으로 들어온다.

"잠깐만요."

교육자는 정하가 공원으로 등장하자마자 멈춰 세운다.

"자네가 공원에 오는 이유는 무엇이지?"

". . . 잃어버린 물건을 찾으러 왔는데요."

그녀는 잠시 머뭇거리다가 답변한다.

"잃어버린 물건은 무엇이죠?"

"핸드폰입니다."

"오케이, 그렇다면 다시 들어와 보세요."

정하는 쭈뼛거리며 밖으로 나간다. 잠시 후에 그녀는 다시 공원으로 들어온다.

"잠깐만!"

교육자가 다시 정하의 시연을 끊는다.

"왜, 무엇 때문에 공원으로 와야 하는지 명확하질 않아요. 정하에게 휴대폰은 어떤 대상인가요? 그것은 잃어버려도 되는 물건인가요?"

교육자가 정하에게 질문을 퍼붓자 그녀는 고개를 세차게 가로로 흔든다.

"오케이, 그렇다면 휴대폰은 자네에게 잃어버려서는 안 되는 물건이군. 그럼, 이제 다시 공원으로 등장해보세요!"

그녀가 알았다는 듯이 고개를 힘차게 끄덕이며 밖으로 나간다. 잠시 후 정하는 아까와는 달리 급히 공원으로 뛰어 들어온다. 그리고는 이곳저곳을 마구 뒤지기 시작한다.

"잠깐!"

교육자가 다시 그녀의 시연을 중단시킨다.

"처음에 자네가 공원으로 등장했을 때보다는 훨씬 정당성이 있어 보여요. 하지만 이제 이것을 생각해볼까? 만일 자네가 휴대폰을 언젠가 한번 잃어버린 적이 있다고 생각해보지. 그래서 한번만 더 그것을 잃어버린다면 자네 엄마가 다시는 휴대폰을 사지마라고 엄명을 내렸다고 가정해보세요. 그렇다면 오늘, 지금 공원으로 휴대폰을 찾으러 들어오는 자네는 확연히 다른 상황을 가지게 되겠지? 아마 그것은 좀 더 구체적인 자네의 상황이 될 테고!"

정하는 고개를 끄덕인다.

"이러한 구체적인 상황을 가지고 공원으로 들어와야 한다면, 자네는 잃어버린 물건인 핸드폰을 찾기 위해 급하게 들어와서 아무렇게나 찾을 것이 아니라, 더욱 정확하게 찾는 것이 중요하겠지. 이해되나요? 이해되었다면 다시 들어 와 볼래요, 정하?"

정하는 골똘히 생각하며 실기실을 나선다. 잠시 후 그녀는 매우 급하게 등장하여 벤치 쪽으로 다가가더니 핸드폰을 찾기 시작한다. 그리고 난 다음 벤치 밑을 살피고, 벤치 나무 사이사이를 훑어본다. 이제 그녀는 가로등 옆에 놓여 있는 휴지통을 들여다보고 난 후에 곧장 공중박스 쪽으로 가서 이리저리 살피기 시작한다.

"잠깐만요!"

교육자가 재차 그녀의 시연을 끊는다. 정하는 교육자에게 무엇이 문제였느냐는 듯한 눈빛을 보낸다.

"이제 자네가 공원으로 들어와야만 하는 이유가 꽤 명확하게 보이는군. 더구나 무엇을 찾는지도 조금씩 보이기 시작하고 말이야. 자네의 행동을 통해 이런 것들은 증명되고 있다고 할 수 있어.

그런데 이제 이것을 생각해볼까? '벤치 밑을 본다', '벤치 나무 사이를 본다', 그리고 난 후에도 핸드폰이 보이질 않으면?"

" . . . "

정하가 머뭇거리자 문숙이 마치 정답을 알아낸 듯한 목소리로 외친다.

"아! 휴대폰을 어디에 놓아두었는지, 어디에서 휴대폰을 잃어버렸는지를 생각해봐야 할 것 같아요!"

교육자가 문숙을 향해 엄지손가락을 높이 치켜세운다.

"오케이! 그래서 그와 같은 생각의 시간을 가지고 난 후에 '휴지통을 들여다본다', '공중박스 안을 살핀다'로 연결되어야 하겠지. 이해되었다면 정하는 다시 등장해볼까?"

정하는 고개를 힘차게 끄덕이며 실기실 밖으로 다시 나간다. 잠시 후에 정하는 이전과 마찬가지로 급하게 뛰어 들어온다. 그녀는 잠시 공원을 둘러보고 생각에 잠기더니 이내 벤치 쪽으로 뛰어간다. 벤치 밑과 벤치 나무 사이를 훑어보고 나더니 털썩 벤치에 주저앉는다. 다시 그녀는 무엇을 생각하다가 이내 휴지통 쪽으로 다가가 휴지통을 들여다보고 뒤지기 시작한다. 그리고는 공중박스 쪽으로 급하게 걸어가서 안을 꼼꼼하게 살피고 있다. 교육자와 학생들은 연신 고개를 끄덕거린다.

"오케이! 거기까지만 볼게요. 수고했어요. 정하는 무슨 일로 공원으로 왔죠?"

교육자는 학생들 쪽으로 시선을 돌리며 질문을 던진다.

"잃어버린 물건을. . ."

"구체적으로 이야기 해보세요!"

교육자가 정태의 말을 가로챈다.

"잃어버린 휴대폰을 찾으러 왔습니다!"

기주가 큰 소리로 외친다.

"오케이! 우리의 일은 구체적이면 구체적일수록 좋습니다. 정하는 이전의 시연과 달리 이제 무엇 때문에 공원으로 등장하며 그리고 무언가를 정확하게 찾기 시작했어요. 이러한 정하의 행동은 우리로 하여금 그녀가 찾고 있는 물건이 자신에게 상당히 중요한 물건임을 보여주고 있고요. 그녀의 행동이 그것을 증명하고 있죠. 그렇다면 찾는 물건에 대한 행동이 구체적이고 정확해야만 그 물건이 어떤 것일지가 우리에게도 명확해지겠죠?"

학생들은 고개를 크게 끄덕인다. 갑자기 교육자가 자리에서 벌떡 일어나더니 호주머니에서 천원 권 지폐를 꺼낸다.

"여러분이 만들어 놓은 공원에 내가 천 원을 숨길 테니 한 사람씩 나와서 찾아보세요. 만일 찾는다면 천 원은 여러분 것입니다."

"정말입니까?"

학생들은 소리 높여 외친다.

"뒤돌아 앉으세요. 숨기겠습니다!"

학생들이 뒤돌아 앉자 교육자는 천원 권 지폐를 꼬깃꼬깃 구긴다. 그리고는 어디에 숨길지 이리저리 살핀다. 마침내 그는 지폐를 어딘가에 숨긴다.

"누가 찾아보겠습니까?"

학생들은 저마다 팔을 높이 든다.

"정태가 찾아보세요. 시간은 30초를 주겠습니다. 시작!"

정태는 쏜살같이 뛰어나가 가로등 옆에 있는 휴지통을 뒤집어엎는다. 그는 돈이 없음을 확인하고 쓰레기들을 재빨리 담는다. 그리고는 벤치 쪽으로 가서 여기저기 살피기 시작한다.

"10초 남았습니다."

정태는 벤치 근처 주변을 구석구석 찾아보다가 급히 공중박스로 다가간다.

"시간이 지났습니다. 누가 또 찾아볼래요?"

동료들은 정태의 찾는 모습을 유심히 지켜보다가 전과는 비교가 안 될 정도로 더욱 적극적으로 팔을 치켜든다.

"이번에는 조건이 있습니다. 천 원을 찾지 못하면 나한테 천 원을 줘야 합니다. 동의합니까?"

학생들은 잠시 머뭇거리다가 고개를 끄덕인다.

"오케이, 정하가 찾아보세요. 마찬가지로 30초의 시간을 주겠습니다. 시작!"

정하는 빠른 걸음으로 공중전화 쪽으로 다가가 세밀하게 박스 안을 살펴본다. 그리고 난 후에 그녀는 벤치를 살펴보더니 뒤집어엎어 밑면도 세심히 살피기 시작한다.

"10초 남았습니다."

교육자가 큰 소리로 시간을 알린다. 정하는 벤치 다리부근을 여기저기 살피다가 나무 틈 사이에 끼여 있는 돈을 발견한다.

"찾았습니다!"

정하는 큰 소리로 외치며 폴짝폴짝 뛴다.

"선생님, 표정이 안 좋으신 데요!"

기주가 큰 소리로 외치자 학생들은 소리 내어 웃는다. 교육자는 떨떠름한 미소를 짓고 있다. 학생들이 키득키득 웃어댄다.

"여러분들은 정태와 정하가 실제로 무엇을 찾는 것처럼 보였습니까?"

"네!"

학생들은 교육자의 물음에 즉각 큰 소리로 외친다.

"동의합니다. 그들은 무엇을 찾는 것 같았습니다."

교육자가 말을 멈추고 학생들을 빤히 바라보더니 조용히 묻는다.

"그런데. . . 만일 찾아야 할 것이 천 원이 아니라 만 원이었다면요?"

"아마 난리가 날겁니다!"

"십만 원 권 수표라면요?"

교육자가 재빨리 학생들에게 다시 되묻는다.

"전쟁입니다!"

기주가 큰 소리로 대답하자 학생들은 고개를 끄덕이며 웃어댄다.

"나도 충분히 그럴 거라 생각합니다. 그런데. . . 만일 찾아야 할 것이 머리카락이거나 투명렌즈라면요?"

"아마 엄청난 주의를 기울여 찾아야 할 겁니다."

현정이 손을 번쩍 들어 소리친다.

"오케이, 만일 머리카락이나 투명렌즈를 찾아야 한다면 찾는 행동 또한 달라지겠죠! 즉 여러분의 눈이나 몸이 달라진다는 말입니다. 이 말은 찾는 것이 무엇이냐에 따라 자신의 몸이 달라진다는 것입니다. 환언하면, 대상에 따라 자신의 행동이 달라지는 것이죠. 그렇다면 우리는 우선 대상이 무엇인지 잘 생각해 보아야만 합니다. 그런데 이러한 과정은 일상에서 무척 자연스럽게 진행된다는 것입니다. 그렇죠?"

"네!"

학생들은 우렁찬 목소리로 화답한다.

"오케이, 정하의 시연으로 되돌아가서 얘기해봅시다. 정하가 찾는 물건은 휴대폰입니다. 그것은 바늘이 아니며, 가방이나 컵도 아닙니다. 휴대폰이라는 대상이죠. 그렇다면 휴대폰을 찾는 행동이어야 합니다."

학생들은 고개를 끄덕인다.

"또한 나는 정하의 엄마 얘기도 곁들이며 잃어버린 휴대폰에 대해 언급했죠? 이것을 나는 정하의 '전前상황'이라고 말합니다. 그렇다면 이러한 정하의 전상황으로 인해 휴대폰이라는 대상을 명확하게 찾아야만 한다는 결론에 도달합니다."

학생들은 고개를 계속 끄덕거리고 있다.

"내가 천 원을 숨겼을 때 정태와 정하가 찾았던 행동이 기억납니까? 천 원은 종이지폐죠. 그런데 이것을 찾지 못하면 여러분이 나한테 천 원을 줘야만 합니다. 이러한 전상황에서 천 원, 즉 종이지폐인 대상을 명확하게 찾아야만 하겠죠? 오케이?"

몇몇 학생들은 고개를 끄덕거리고 있고, 몇몇은 자신의 노트에 무언가를 적기 시작한다.

"오케이! 다음 시간부터 대상과 전상황에 대해 본격적으로 얘기해보도록 합시다."

교육자가 정하 쪽으로 시선을 옮긴다.

"밥 먹을 돈이 없는데. . ."

정하는 씩 웃으며 고개를 가로로 흔든다.

2

수업이 시작되자 교육자가 들어와 자리에 앉으며 말문을 연다.

"지난 시간에 나는 대상에 대해 언급했습니다. 대상에 대해서는 학기 초반부에 간략히 말했지만, 이제 본격적으로 이야기해야 할 때입니다. 뿐만 아니라 전상황, 사건과 평가, 목표, 행동 등에 대해서도 구체적으로 언급해야 할 시점이기도 합니다.

일전에도 말했던 것처럼 위의 단어들은 모두 '무대적'이라는 말이 생략되어 있는 말들입니다. '무대적'이라는 의미는 일상, 현실, 실제와는 다른 상상에 의한 것, 가정에 의한 것임과 동시에 이것을 우리는 이미 알고 있다는 것입니다. 따라서 '무대적'이라는 의미는 이미 알고 있는 상황, 말, 행동 등을 모르는 것처럼 해야 한다는 의미를 내포하고 있습니다. 환언하면, 허구를 실재화해야 한다는 것이죠.

허구의 무대에서 대상은 광범위합니다. 그것은 가시적이거나 구체적인 것과 비가시적이거나 추상적인 것으로 나눠집니다. 가시적이거나 구체적인 대상은 말 그대로 눈앞에 보이는 어떤 것을 말합니다. 예를 들면 책, 편지, 주전자, 손, 상대배우 등입니다. 비가시적이거나 추상적인 대상은 오늘 아침 엄마의 말, 어릴 적 시골의 풍경, 보이지 않는 사막, 사랑 등입니다. 이것은 어떤 일로 인해 연상되어지거나 상상되어지는 것으로 나타나기도 하죠.

이전의 작업이었던 '대상없는 행동'에서도 여러분들은 물건이라는 대상을 다루어 냈습니다. 그것은 처음에는 실제의 대상이었지만 나중에는 허구의 대상이 되었죠. 이처럼 '대상없는 행동'에서도 여러분은 허구를 실재화 하는 작업을 경험했던 것입니다. 그렇죠?"

"네!"

학생들이 큰 소리로 교육자에게 화답하자 교육자는 고개를 끄덕이며 자신의 말을 계속 이어간다.

"무엇보다 중요한 것은, 대상에 대한 이해가 우선되어야 한다는 것입니다. 이것 또한 '대상없는 행동'에서 내가 강조했던 것이죠.

지난 시간에 나는 천 원, 만 원, 십만 원 수표라는 대상에 대해 말한 바 있습니다. 이러한 대상에 따라 '찾다'라는 행동을 해야 된다면, 이 대상들에 대한 이해가 우선되지 않는다면 우리의 궁극적인 목표인 행동은 해결되지 않을 것입니다. 이를테면 십만 원 수표가 자신에게 어떤 가치인지를 이해해야 하는 것이죠.

일상에서는 대상에 대한 이해로부터 행동의 과정은 너무나도 자연스럽게 해결됩니다. 그 이유는 그것이 실제로 나의 일이며, 나의 문제이기 때문이죠. 하지만 무대에서는 그렇질 못합니다. 왜냐하면 그것이 허구 속에서 나의 일이며, 나의 문제이기 때문이죠. 그렇다면 무대에서 대상에 대한 이해는 이제 새로이 인지될 필요가 있어요. 이러한 의미에서 나는 대상에 대한 이해가 우선시 되어야 한다고 강조하고 있는 것입니다. 결론적으로 말하자면, 우리는 대상에 대한 이해 이후 자신의 행동으로 드러내는 일을 해야만 합니다."

교육자가 잠시 말을 멈추고 생각에 잠기자 학생들은 그에게 주의를 기울인다. 잠시 후 그는 다시 입을 연다.

"대상 다루기와 같은 의미인 행동은 크게 속 행동(내적 행동), 겉 행동(외적 행동), 말 행동(언어적 행동)으로 나눠집니다. 이것들에 대한 구체적인 언급은 여러분들이 시연하는 것을 보고 좀 더 자세히 이야기하도록 하죠. 자, 10분 동안 시간을 줄 테니 지난 시간의 공원으로 복구시켜 놓으세요!"

교육자의 지시에 따라 학생들은 일제히 지난 시간의 소도구, 소품 등을 찾아 나선다. 잠시 후에 지난 시간의 공원이 학생들에 의해 다시 실기실에 만들어지면 교육자가 실기실로 들어온다.

"오케이! 지난 시간의 과제와 마찬가지로 자신이 공원에 무엇 때문에, 왜 와야 하는지, 그리고 무엇을 해야 할 지 보여주세요. 다른 말로 하면, 공원에 등장하기 전에 구체적이고 명확한 전상황을 가지고 등장하여 자신으로써 행동을 해보라는 것입니다.

만일 물건이나 소품이 필요하다면 실제의 것을 가지고 하세요. 만일 실제 물건을 가지고하기가 불가능하다면 대체 물건을 가지고 하면 됩니다. 예를 들어, 개가 필요하면 나무막대기나 그 외의 다른 것으로 대체할 수 있을 겁니다. 하지만 대체한 것은 개를 다루는 행동으로 정확하게 수행되어야만 합니다. 이해되었으면 보여주세요!"

정태는 일어나서 가방과 필요한 물건들을 주섬주섬 챙겨 실기실 밖으로 나간다.

"준비되면 시작하겠습니다."

그는 문 밖에서 큰 소리로 외친다.

"네. 준비되면 시작하세요."

교육자도 큰 소리로 화답한다. 잠시 후에 정태는 힘없이 등장한다. 그는 잠시 멈춰 서 있다가 천천히 벤치로 가더니 털썩 주저앉는다. 그리고 골똘히 무엇인가 생각하고 나서 가방을 열어 물통을 꺼내 한 모금 마신다. 물통을 내려놓고 또 무엇인가를 생각하다가 상의 안주머니에서 종이를 꺼낸다. 한참동안 종이를 쳐다본다. 그리고 그것을 품에 넣고 물을 또 마신다. 그는 물통을 닫고서 가방을 열어 그것을 넣는다. 그리고는 일어나서 힘없이 공원을 나간다.

"안주머니에서 꺼낸 종이는 무엇이죠?"

교육자가 공원을 나가는 정태를 붙잡는다.

"성적표입니다."

그는 다시 벤치에 앉으며 답변한다.

"그런데요?"

"학사경고입니다."

교육자와 학생들은 정태의 간단명료한 답변에 고개를 끄덕거린다.

"오케이, 정태의 시연에서 그의 전상황이 보였습니까?"

교육자가 학생들에게 시선을 돌리며 질문한다.

"네!"

학생들의 목소리는 확신에 차 있다. 교육자가 고개를 끄덕인다.

"정태의 등장으로 미루어보건대 분명 그에게는 전상황에서 무슨 일이 발생한 듯합니다. 이러한 무슨 일은 정태로 하여금 행동의 변화를 가져왔습니다. 학기 초에 언급한 것처럼, 행동의 변화를 가져온 무슨 일을 우리는 사건이라고 말합니다. 정태의 사건은 그가 무대에 등장하기 전에 이미 발생했죠. 사건은 이처럼 등장하기 전에 발생할 수도 있고, 지금 무대에서 발생할 수도 있어요.

아무튼, 정태의 전상황으로 말미암아 그가 무대로 등장할 때의 걸음걸이는 힘없어 보입니다. 이것을 우리는 정태가 자신의 전상황으로 인해 공원으로 들어올 수 있는 힘을 가진 것이라고 말합니다."

학생들은 눈을 말똥말똥 굴리며 교육자의 설명에 주의를 기울이고 있다.

"이때 우리는 '힘없이'라는 감정에 매달리기보다는 자신의 전상황에서 무슨 일이, 얼마만큼의 크기와 정도로 나에게 발생했는지를 알고 이해하는 것이 중요하다고 할 수 있습니다.

'힘없이'는 어떻게 연기해야 됩니까? 나는 아직까지 그 해답을 찾지 못하고 있습니다. 자신의 전상황에 대한 이해와 이후의 행동으로 말미암아 이처럼 추상적이고도 모호한 '힘없이'는 자연스럽게 해결되는 편이 훨씬 낫습니다. 그렇다면 우선 자신의 전상황이 무엇인지에 모든 주의를 기울여보세요!

이처럼 전상황에 대한 이해는 우리로 하여금 무대에서 무엇을 하게끔 만드는 출발점입니다. 그러므로 전상황에 대한 이해의 깊이를 갖추는 것이 우선시되어야만 하는 것이죠. 이해되나요?"

"네!"

학생들이 큰 소리로 화답한다. 교육자는 고개를 끄덕이며 그들에게 재차 질문을 던진다.

"정태의 시연에서 사건에 대한 그의 평가는 명확했나요?"

"평가요?"

기주가 되묻는다. 학생들은 고개를 갸웃거리며 서로를 쳐다본다.

"일전에 사건과 평가에 대해 이미 말한 것 같은데. . . 사건에 대한 평가란 사건에 대한 자신의 생각과 그러고 난 후 자신이 무엇을 할 수 있는지를 생각하는 시간을 의미합니다. 한마디로 말해 사건에 대한 생각의 시간이라고 할 수 있죠."

몇 명의 학생들은 생각이 난 듯 고개를 힘껏 끄덕거리기 시작한다. 교육자가 계속 말을 이어간다.

"정태가 보여 준 것을 예로 들어 봅시다. 정태의 전상황으로 미루어 보건대 그는 학교에서 성적표를 받아보았습니다. 그런데 학사경고입니다. 이것은 정태에게 있어서 분명 사건이었습니다. 이때 사건에 대한 첫 반응은 우리말로 '어!'이며, 영어로는 'What's up?', 'What's happened?'에 해당한다고 할 수 있어요. 그러고 난 후에 우리는 무엇을 할 수 있을지를 생각합니다. 그렇다면 사건의 크기가 크면 클수록 사건의 평가에 대한 자신의 첫 반응의 깊이 또한 깊어진다고 할 수 있겠죠. 이처럼 우선 자신에게 발생한 사건의 크기와 정도에 대해서 명확하게 이해하는 것은 매우 중요합니다. 여기에 우리의 행동 양태가 결정된다고 해도 과언이 아니기 때문이죠.

그런데 사건은 반드시 평가를 동반합니다. 그리하여 사건과 평가는 순차적이거나 거의 동시에 이루어지는 동전의 양면과 같은 것이라고 할 수 있습니다. 이러한 평가 이후에 우리는 무엇을 합니다. 즉 행동으로 옮긴다는 것입니다. 정태의 시연에서 성적표를 꺼내 보고서 '한숨을 내쉬다'가 여기에 해당한다고 할 수 있겠죠."

몇몇 학생들은 고개를 끄덕이고, 다른 학생들은 노트에 뭔가를 열심히 적고 있다.

"정태는 자신의 전상황을 가지고 무대로 등장한 후에 매우 구체적이고도 명확한 행동들을 순차적으로 행했습니다. 그의 시연을 통해 행동 순서를 나열해보세요."

" . . . "

교육자가 학생들을 향해 답변을 요구하자 그들은 머뭇거린다. 소희가 침묵을 깬다.

"벤치로 간다. . . . "

"아니, 정태는 벤치로 가기 전에 분명히 어떤 다른 행동을 했어요!"

교육자의 즉각적인 응답에 그녀는 잠시 생각하다가 외친다.

"아! 정태는 등장하여 잠시 서 있었습니다."

"오케이! 그것은 분명 전상황으로 인한 사건에 대한 평가의 순간이었다고 할 수 있습니다. 다음은요?"

교육자가 소희에게 재차 묻는다.

"그리고. . . 벤치로 간다, 벤치에 앉는다. . . . 물통을 꺼낸다. . . ."

"정태는 물통을 꺼내기 전에 어떤 행동을 한 것 같은데?"

기주가 손을 번쩍 들어 소리친다.

"가방을 열었습니다!"

"아니, 아니, 가방을 열기 전에 정태는 어떤 다른 행동을 했죠."

교육자가 기주와 학생들을 번갈아 쳐다본다.

". . ."

학생들은 눈동자를 똘망똘망 굴리고 있다.

"정태는 무엇 때문에, 왜 가방을 열어 물통을 꺼내 물을 마셨습니까?"

교육자가 학생들을 재촉하듯 빠르고 강한 어조로 묻는다.

"아! 목이 말라 물을 마시고 싶었을 겁니다."

승욱이 답을 알았다는 듯 외친다.

"오케이! 그렇다면 정태가 가방을 열어 물통을 꺼내 물을 마시고 싶은 것은 무엇 때문이었습니까? 바로 이전의 행동을 생각해보세요!"

교육자가 다시 학생들을 독려하자 몇 명이 동시에 외친다.

"생각, 생각을 했습니다!"

"오케이! 정태의 이 생각은 그로 하여금 가방을 열어 물통을 꺼내 물을 마시게끔 했습니다. 이제 정태의 이 생각은 무엇인지 추측해볼까요?"

이번에는 문숙이 손을 높이 들며 소리친다.

"성적표에 대한 생각입니다!"

"아버지의 얼굴이 떠올랐습니다!"

현정도 소리친다. 학생들은 현정의 대답에 공감하듯 큰 소리로 웃는다.

"여러분의 의견에 동의합니다! 정태의 이 생각은 비가시적인 대상을 다루는 시간이었을 겁니다. 이것을 우리는 평가에 의한 속 행동 혹은 내적 행동이라고 부릅니다. 오케이?"

"네!"

학생들은 큰 소리로 화답한다. 몇 명의 학생은 메모를 하면서 경청하고 있다.

"내적 행동, 즉 속 행동이라 불리는 이것은 겉으로는 거의 움직임이 없지만 속으로, 내적으로 대상을 가지고 움직이는 것을 의미합니다. 정태의 시연에서 보면, 그는 분명 성적표나 아버지 등의 대상을 가지고 있었고, 이러한 대상에 의해 그의 내부는 끊임없이 움직이고 있었다고 할 수 있죠?"

학생들은 대답대신 고개를 힘차게 끄덕거린다. 소희와 무신은 교육자의 설명을 경청하며 메모를 하고 있다.

"이후에 정태는 '가방을 열다', '물통을 꺼내다', '물을 마시다' 등의 행동을 하였습니다. 우리는 이러한 행동을 겉 행동 혹은 외적 행동이라고 말합니다. 내 말에 따라오고 있나요?"

"네! 따라가고 있습니다!"

학생들이 큰 소리로 응답하자 교육자는 빙그레 웃으며 자신의 말을 계속 이어간다.

"오케이, 정태의 무대 등장 이후의 행동을 순차적으로 나열해 본다면 아마 이렇게 정리할 수 있을지도 모릅니다.

   1. 멈춰 선다.
   2. 생각한다.
   3. 벤치로 가서 앉는다.
   4. 생각한다.
   5. 가방을 연다.
   6. 물통을 꺼낸다.
   7. 물을 마신다.

8. 생각한다.
9. 물통을 내려놓는다.
10. 종이를 꺼낸다.
11. 종이를 쳐다본다.
12. 한숨 쉰다.
13. 호주머니에 종이를 넣는다.
14. 물을 마신다.
15. 물통의 뚜껑을 닫는다.
16. 물통을 가방에 넣는다.
17. 일어선다.
18. 공원을 나간다.

맞나요, 정태?"

" . . . "

정태가 자신이 시연했을 때를 생각하자 교육자는 그의 답변에는 아랑곳하지 않은 채 말을 계속 이어간다.

"정태가 이것을 계획했든, 계획하지 않고 무의식적으로 했든 지금 당장은 중요하지 않습니다. 중요한 것은, 정태 자신도 모르게 이와 같은 행동을 시연 때 매우 명확하게 해 냈다는 사실입니다. 이것은 아마도 우리의 전前작업과정을 훌륭히 수행해냈기 때문이라고 생각하는데, 즉 '대상없는 행동'의 작업에 기인한 결과라고 판단됩니다. '대상없는 행동' 작업 때도 말했던 것처럼, 우리는 이것을 '행동계획(플랜)'이라고 말합니다.

그렇다면 '대상없는 행동' 작업 때처럼 의식적으로 행동플랜을 수립하여 무대에서 행동으로 옮겨 보도록 하세요. 사실, 이것은 여러분이 이미 '대상없는 행동'에서 구체적으로 경험한 바 있습니다. 그렇죠?"

학생들이 고개를 세차게 끄덕이자 교육자가 시계를 쳐다본다.

"자, 오늘 수업은 여기까지 합시다. 다음 시간에도 공원을 만들어 놓으세요!"

교육자가 자신의 물건들을 챙겨 실기실을 나서자 학생들은 마룻바닥에 드러누워 노트에 필기를 하거나 동료와 이야기를 나누기 시작한다.

3

수업이 시작되면 교육자가 실기실로 들어와서 자리에 앉는다. 학생들은 지난 시간의 공원무대를 이미 만들어 놓았다. 교육자는 학생들이 만들어 놓은 공원을 한 번 훑어보고는 고개를 끄덕거린다.

"오케이, 지난 시간과 마찬가지로 자신의 전상황을 가지고 등장하여 무엇을 할 수 있는지 행동으로 보여주세요."

무신은 벌떡 일어나 필요한 소품들을 챙겨 나간다. 잠시 후에 그는 한손에 복권을 들고 들어와서 벤치에 앉는다. 그는 주위를 휙 둘러보고 나서 바지 호주머니에서 동전을 꺼내 복권을 긁기 시작한다. 갑자기 그는 기뻐 날뛰며 소리를 지른다. 그리고 어쩔 줄 몰라 방방거리다가 뛰어나간다.

"얼마에 당첨된 거죠?"

교육자는 이미 퇴장한 무신에게 큰 소리로 질문을 던진다. 무신은 가림막 뒤에서 머리를 긁적거리며 들어와 벤치에 다시 앉는다.

"천만 원입니다!"

학생들은 일제히 고함을 지른다. 교육자가 잠시 생각에 잠기더니 이내 학생들에게 시선을 돌린다.

"무신이 시연을 끝내고 난 후에 다시 등장했을 때 그의 행동을 기억하나요?"

"…"

교육자의 질문에 학생들은 눈동자만 똘망똘망 굴리고 있다. 그때 정태와 승욱이 거의 동시에 소리친다.

"네!"

다른 학생들도 그제서 고개를 끄덕거리기 시작한다.

"무신은 시연을 끝낸 후에 가림막 뒤에서 머리를 긁적이며 다시 등장했습니다. 아마 그는 자신의 시연에 대한 나와 여러분의 평가가 어떨지 무척 궁금했을 것이며 약간 떨리기까지 했을 겁니다. 그렇죠?"

학생들은 교육자의 설명에 고개를 끄덕이며 동의의 뜻을 표한다.

"달리 말해서, 무신은 자신의 전상황, 즉 나의 '얼마에 당첨된 거죠?'라는 질문에 답하기 위해 다시 등장했어요. 이때 그의 '머리를 긁적이다', '눈치를 살피다' 등의 행동은 자신의 전상황으로 인한 매우 정확한 행동의 실행이었다고 평가됩니다. . . . 자, 이런 맥락에서 무신의 시연에 대해 좀 더 구체적으로 얘기해볼까요?"

교육자가 무신을 빤히 쳐다본다.

"천만 원이라는 액수는 자네에게 어느 정도의 가치이지?"

무신은 잠시 생각하다가 답변한다.

"아마 1년의 학비와 약간의 생활비 정도의 가치는 될 듯합니다."

교육자가 고개를 끄덕끄덕 거리며 잠시 생각하다가 다시 그에게 질문한다.

". . . 자네는 축제장이나 행사장에서 시계나 핸드폰, 텔레비전 등과 같은 경품에 당첨된 적이 있니?"

무신은 또 잠시 생각하다가 대답한다.

"몇 년 전에 제가 근무했던 군대에 위문공연이 왔는데, 그때 1박 2일의 휴가증을 받은 적이 있습니다."

"어떻게 휴가증을 받았는지 그 과정에 대해 간단히 얘기해주겠니?"

교육자는 궁금한 듯 재빨리 무신에게 되묻는다.

"위문공연이 끝나고 내무반에 들어왔는데, 저희 소대에 휴가증 1장이 할당되었습니다. 그래서 선임하사가 들어와서 휴가증을 어떻게 할 것인지 소대원들과 논의를 했습니다. 논의의 끝에 우리는 사다리를 타서 한 명을 휴가보내기로 결정했고요. 저희들은 환호성을 질렀고 이내 내무반장 이하 병사들이 사다리를 그렸습니다. 다른 동료들이 차례로 '꽝'이 되고, 마침내 거의 끝번호인 제 차례가 되었습니다. 선임, 후임 병사들이 주위로 몰려들었습니다. 사다리 한 칸씩 내려갈 때마다 모두 엄청난 집중을 했었던 것 같습니다."

무신은 당시의 상황을 회상하며 조금 흥분한 듯 빠르게 설명한다.

"아주 생생하게 기억하고 있는 것 같군. 그럼, 다시 자네의 시연으로 돌아가서 얘기해 보지. 복권에 당첨되었을 때 당첨 숫자는 모두 몇 개였지?"

"음. . . . 총 7개로 되어 있습니다. 그리고 일곱 숫자가 다 맞으면 1억의 당첨금이고, 끝 번호 하나만 틀리면 천만 원의 상금입니다."

무신은 손에 들고 있는 자신의 복권을 힐끗 쳐다보며 답변한다. 교육자는 고개를 끄덕이고서 학생들에게 눈길을 돌린다.

"무신이 공원에 등장하여 동전으로 복권을 긁었을 때는 어쩌면 아무 생각 없이 했을 수도 있을 겁니다. 그런데 2개, 3개, 4개의 숫자가 맞아 들어간다면. . . 상상이 됩니까?"

학생들은 교육자의 말에 고개를 세차게 끄덕이며 고함을 지른다.

"그러다가. . . 마침내 6번째의 숫자까지 맞았다면. . . 어떻습니까? 상상이 되나요?"

"네!!"

학생들은 마치 자신의 일인 양 괴성을 지른다.

"천만 원이라는 금액은 지금 여러분들이 함성을 질렀던 것과 같은 바로 그런 것입니다. 당연히 천만 원에 당첨된다는 것은 엄청 기쁜 일일 것입니다. 어쩌면 기쁘다는 말로는 부족할지도 모르죠.

그런데 '기쁘다'라는 것은 '왜, 무엇 때문에'라는 이유에 따라 우리의 행동이 확연히 달라집니다. 그렇다면 천만 원 당첨이라는 사건의 크기와 정도에 대해 자신으로서 소름끼칠 정도로 명확하게 이해하는 것이 우선이라는 사실을 명심해야 합니다. 무신의 말처럼, 천만 원이라는 금액은 그에게 있어서 일 년 치의 학비, 그리고 약간의 생활비와 맞먹은 정도의 사건입니다. 이것에 대한 이해는 그렇게 어려운 일이 아닙니다. 자신의 일로써 잘 생각해보면 해결되는 문제니까요.

'기쁘다'라는 것은 감정입니다. 이것은 무대에서 어떻게 보여 져야만 할까요? 학기 초에도 언급한 바 있지만, 감정이라는 놈은 우리에게 있어서 위험한 것인 동시에 보물과도 같습니다. 그것은 자칫 잘못 건드리면 터져버리거나 아예 꼭꼭 숨어버리지만, 획득되기만 한다면 둘도 없이 소중한 보물과 같은 것이죠.

텍스트에 '불과 같은 화를 내며 꽃을 집어 던진다'라는 작가의 지문이 있다고 가정해 봅시다. '불과 같은 화를 내며'는 어떻게 연기해야만 할까요? 여기에서 '화를 내며'는 감정이며, '불과 같은'은 양태입니다. 감정과 양태는 둘 다 보이지 않을 뿐만 아니라 모호하거나 막연하기 그지없죠. 반면에 '꽃을 집어 던진다'는 명확한 대상을 가진 행동에 해당합니다. 그렇다면 왜, 무엇 때문에 '불과 같은 화를 내며'에 해당하는 전상황을 이해하여 '꽃을 집어 던진다'인 행동으로 연결해보세요. 한편 꽃을 집어 던질 수밖에 없는 전상황을 자신으로서 이해하여 '세게'라는 부사와 연결해보면 '세게 꽃을 집어 던진다'가 되죠. '왜, 무엇 때문에'를 생각하여 이처럼 부사를 활용한다면, 행동의 양태 또한 결정되어 우리는 보다 구체적인 행동을 해낼 수 있을 겁니다.

일전에도 강조한 것처럼, 무대에서는 감정의 발현이 아니라 행동의 드러남이 중요하며 또한 그렇게 되어야만 합니다. 그렇다면 우선 '왜, 무엇 때문에'로 당연히 주의를 돌려야만 합니다. 결국 '왜', '무엇 때문에'로 인해 '꽃을 집어 던진다'가 해결되는 것이죠. 아울러 '어떻게'에 해당하는 '세게'가 결정될 가능성이 있고요.

결론적으로 말해서 무대는 행동을 하는 공간이어야 한다는 것입니다. 이것은 모호하고, 추상적이고, 막연한 감정을 끄집어내는 것보다 훨씬 편리하고 용이하게 무대에 있기 위한 방법이라고 할 수 있습니다. 따라서 '왜, 무엇 때문에'로 인한 전상황의 이해와 그러고 난 후 행동을 찾아서 실행할 수만 있다면, 이것은 무대에서 우리로 하여금 보다 구체적이고 합리적으로 존재할 수 있도록 할 것입니다. 내 말에 따라오고 있나요?"

"네! 따라가고 있습니다!"

승욱과 기주는 큰 소리로 교육자의 말을 복창한다. 교육자는 빙그레 웃으며 계속 말을 이어간다.

"오케이! 이러한 점을 생각하고서 무신의 시연으로 다시 돌아가서 얘기해볼까요? 우선 시연에서 무신은 천만 원이라는 금액이 어느 정도의 돈인지 정확하게 이해하지 못하고 있었다는 사실입니다. 환언하면, 무신은 천만 원이라는 금액을 자신으로서 이해하지 못하여 단순히 엄청난 액수라고 평가하고 있었다는 것이죠. 하지만 방금 무신과의 대화를 통해 알 수 있었던 것처럼, 천만 원이라는 금액은 무신의 일 년치 학비와 약간의 생활비에 맞먹는 것임이 증명되었습니다. 그렇다면 무엇보다도 우선 이것이 자신의 문젯거리로써 구체적으로 이해되어야 함을 잊지 말아야 합니다.

둘째, 무신은 복권의 숫자를 하나씩 긁다 보니 점차 복권 당첨에 가까이 가는 몸으로 바뀌어야만 합니다. 이를테면 자신의 눈, 호흡, 자세 등이 점차 변화되어야 하는 것이죠. 이런 이유로 인해 무신에게는 지금, 여기 공원에서 복권의 숫자를 하나씩 긁는 것이 절대적으로 중요한 행동이며, 이에 따라 긁힌 숫자를 정확하게 보는 것이 전제되어야 한다는 것이죠. 이때 자신의 몸은 구체적으로 변하기 시작합니다. 이것은 이제 행동이 되는 것입니다.

셋째, 이것은 첫 번째의 연장선상입니다만, 무신은 천만 원이라는 액수의 당첨이 그로 하여금 매우 기쁘게 만들 것이라는 추상적인 감정에 호소하고 있었다는 점입니다. 물론 천만 원의 당첨은 무신을 분명 흥분하게 만들 것입니다. 하지만 천만 원이라는 금액의 당첨으로 '엄청나게 기쁘다'라는 막연하고 추상적인 감정에 의지하기보다는 천만 원이라는 금액에 대한 자신으로서의 소름끼치는 이해가 우선되어야 합니다. 그러고 난 후 복권을 긁으며 보이는 숫자로 인해 다시 복권 긁는 행동을 명확히 실행해 내었더라면 훨씬 감동적이었을 겁니다.

결국 내가 이야기하고 싶은 건, 애매하고 모호한 감정을 찾아서 연기하려고 하지 말고 구체적이고 자신으로서 수행 가능한 행동을 찾아 실행하는 것이 유용하다는 것입니다. 그것은 대상에 대한 자신의 이해로 출발하여 자신의 행동으로 옮겨내는 일이며, 결국 굳이 존재하지도 않는 감정으로 연기하려고 하지 않아도 된다는 의미입니다. 그렇다면 연기는 더 이상 누군가에게 '보여주는 것'이 아니라, 자신이 '하는 것'이 되는 것이죠."

몇 명의 학생들은 고개를 연방 끄덕거리며 노트에 무언가를 계속 적고 있다. 또 다른 몇 명의 학생들은 깊은 생각에 잠겨있다.

"하나만 더 물어볼까요? 무신의 시연에서 그가 공원으로 등장해야만 하는 전 상황은 보였나요?"

" · · · "

학생들은 고개를 갸우뚱거리며 중얼거리기 시작한다.

"동의합니다. 무신은 왜, 무엇 때문에 공원으로 와야 하는지가 명확하지 않았으니까요. 이렇게 생각해 봅시다. 만일 무신에게 있어서 복권 당첨이 자신의 가정형편상 등록금을 해결하기 위한 것이라는 보다 구체적인 전상황을 가지고 있었다면 어떨까요?

이러한 전상황은 무신을 분명 좀 더 복잡하고 고민스럽게 만들었을 겁니다. 그렇다면 이러한 전상황으로 인해 무신의 '복권 긁기'가 행해졌다면, 분명히 아까와는 완전히 다른 목표를 가질 수밖에 없겠죠. 즉 목표의 크기와 정도가 훨씬 커지거나 깊어진다는 의미입니다. 이제 무신의 '복권 긁기'라는 행동은 전과는 비교할 수 없을 정도로 절실한 어떤 일이 되겠죠. 결국 사건과 목표의 크기와 정도에 따라 평가 또한 달라질 것이고, 이후의 행동 또한 달라질 수밖에 없는 결론에 도달합니다."

교육자는 잠시 말을 멈추고 학생들을 찬찬히 바라본다.

"개강 초에 간략히 말했던 (무대적) 목표라는 놈은 우리에게 있어서 무지막지하게 중요한 개념입니다. 한 번 더 말하자면, 목표는 '~하기를 원한다', 혹은 '~하고 싶다' 등으로 설명될 수 있습니다. 부디 자신의 목표가 무엇이며, 어느 정도인지 잘 생각하길 바랍니다. 이러한 자신의 목표에 따라 무대에서의 행동이 결정되는 것이니까요! 이해했나요?"

"네!"

학생들의 대답에 교육자는 고개를 끄덕인다.

"오케이! 다음 시간의 과제입니다. 이제 다른 공간으로 가볼까요? 다음 수업시간에는 옥상을 만들어 놓으세요. 그것은 나와 여러분들이 믿을 수 있는 옥상이어야 합니다. 과제는 자신의 전상황, 사건과 평가 그리고 목표를 가진 행동으로 준비해서 보여주세요."

교육자가 과제를 학생들에게 남기고 실기실을 나서자 학생들은 노트에 무언가 열심히 적거나 동료와 대화를 나누기 시작한다.

4

수업시간 전에 몇 명의 남학생들은 무대 중앙에 평상을 놓고 빨랫줄을 만들어 옷을 걸어놓거나 이동용 발레 바를 이용하여 옥상 난간으로 만들고 있다. 여학생들은 작은 큐빅 위에 화분과 운동화를 놓아둔다. 그리고 또 다른 남학생들은 가림막을 이용하여 옥상으로 올라오는 문을 만든다. 수업이 시작되자 교육자가 들어와서 학생들이 합심해서 만들어 놓은 옥상을 유심히 살피고 나더니 천천히 입을 연다.

"우리에게 있어서 공간은 무엇보다도 중요합니다. 그 곳에서 우리는 결국 무엇을 하며 살 수밖에 없기 때문이죠. 그런데 무대 위에는 배우의 행동을 위해 꼭 필요한 것만 있으면 족합니다. 그러할 때 무대 위의 도구와 장치는 더 이상 장식용이 아니라 배우의 행동에 의해 살아 있는 것이 됩니다. 여러분들이 합심해서 만든 옥상이라는 무대는 이러한 면에서 볼 때 믿음이 가는 공간이라고 생각합니다. 자, 지난 시간에 제시한 과제를 볼까요?"

"시작할까요?"

어느새 소희는 가림막 뒤에서 고개를 내밀며 외친다.

"예, 준비가 되면 시작하세요!"

잠시 후 소희는 밝은 표정으로 옥상으로 들어온다. 그녀는 가방을 벗어 평상에 던지고 난 다음 서둘러 호주머니에서 쪽지 편지를 꺼내 읽기 시작한다. 그녀의 표정이 점점 밝아진다. 소희는 편지를 다 읽고 나서 만면에 미소를 함박 머금고 있다. 그리고는 깡충깡충 뛰어 다니며 환호성을 지른다. 그녀는 핸드폰을 꺼내 문자를 보내려고 하다가 잠시 멈추더니 이내 빠른 손놀림으로 문자를 찍는다. 그러나 이내 지우고 잠시 생각하다가 다시 문자를 찍어 보낸다. 그녀는 핸드폰을 평상에 조심스럽게 놓아둔다. 그리고 두어 걸음 뒤로 물러서서 뚫어지게 핸드폰을 바라보고 있다. 잠시 후 문자 전송음이 울린다. 그녀는 아주 천천히 핸드폰으로 다가가 받은 문자를 소리 내어 또박또박 읽는다.

"지금 학교 앞 카페에서 기다릴게!"

그녀는 핸드폰을 꼭 쥐며 환한 미소를 짓는다. 그리고 가방을 챙겨서 발걸음 가볍게 옥상을 나간다. 동료학생도 미소를 머금고 있다.

"소희의 전상황에 대해 간단히 말해볼래요?"

교육자가 학생들을 바라보며 질문을 던진다.

"아마도 소희는 좋아하고 있는 어떤 남자로부터 편지를 받은 것 같아요."

현정이 답변한다. 옆에 앉아 있던 주희가 고개를 끄덕이며 동의하는 듯하다.

"좀 더 구체적으로 말해도 될까요?"

문숙이 되묻는다.

"구체적이면 구체적일수록 좋습니다."

교육자가 문숙에게 기분 좋게 답변한다.

"소희는 학과의 어떤 남자 선배님을 좋아하고 있는 듯합니다. 그렇지만 감히 말을 못하고 있었습니다. 그런데 그 선배 또한 소희를 눈여겨 본 듯합니다. 오늘 학교에서 연습을 마친 후에 그 선배가 소희에게 편지를 전해주어 프러포즈를 한 것 같아요."

"보다 구체적인 전상황인 듯하군. 우리가 소희의 시연에서 추측할 수 있는 것은 사건이 이미 전상황에서 발생했다는 사실입니다. 그것은 소희가 등장할 때의 행동에 의해 충분히 짐작되죠. 그리하여 소희는 전상황으로 인해 옥상으로 등장할 수 있는 힘을 가지고 있었다고 판단됩니다. 그런데 소희는 편지를 은밀히 보기 위해 자신의 방이 아니라 옥상으로 올라왔죠. 이때 소희의 목표는 '편지를 읽기를 원한다'로 결정되었습니다.

편지를 읽은 후 소희의 목표는 답장을 문자로 보내는 것이죠. 그래서 '답장을 보내고 싶다'가 소희의 목표로 다시 자리 잡아요. 그런데 마음에 드는 단어와 문구를 선택해야 하는데, 이것이 그녀의 목표를 방해하고 있습니다. 소희는 목표를 달성하기 위해 처음의 문자를 지워버립니다. 다시 마음에 드는 단어와 문구를 생각하여 마침내 소희는 자신의 목표를 달성합니다."

교육자가 문숙의 말에 설명을 더하자 수정이 손을 높이 든다.

"선생님, 방해라는 것은 무슨 뜻이죠?"

교육자가 고개를 끄덕이며 수정의 질문에 답한다.

"우리의 행동은 목표를 동반해야만 행동으로 성립됩니다. 즉 목표가 있어야만 우리는 행동 또는 행위라고 부르는 것입니다. 이것은 학기 초에 몇 번 언급한 바 있죠.

이때 우리는 목표를 달성하기 위해 어떤 난관을 뚫고 지나가야 하는데, 이 난관이 바로 방해물입니다. 이제 목표는 방해물과의 충돌이 필연적입니다. 더러는 목표가 승리할 수도 있고, 더러는 방해물이 승리할 수도 있습니다. 만일 방해물이 승리한다면, 목표는 평가를 통해 수정될 것이고요. 그렇죠?"

수정을 포함한 학생들이 큰 소리로 응답한다. 교육자는 잠시 생각하다가 이내 자신의 말을 계속 이어간다.

"소희가 편지를 읽을 때 소희의 눈과 몸을 기억합니까? 이때 소희에게서 어떤 내부의 움직임이 보입니까? 물론 눈으로 보이지는 않지만 우리는 소희가 편지를 읽을 때 소희의 속이 움직이고 있음을 간파하고 있습니다. 이것을 나는 속 행동 혹은 내적 행동이라고 말한 바 있습니다. 그리고 난 후 소희의 얼굴에 환한 미소가 번지는 것을 보았죠? 이것을 나는 겉 행동 또는 외적 행동이라고 또한 말했습니다.

대부분 속 행동과 겉 행동은 비례하지만 반드시 그렇지는 않습니다. 일례로 기쁜데 티를 내지 못하는 상황이 그러한 경우이고, 또는 속은 너무 안타깝지만 겉은 다를 수 있습니다."

교육자는 말을 끊고서 학생들을 바라본다.

"소희의 시연에서 그녀의 전상황과 목표에 따른 행동은 적합한 것이었나요?"

"네, 그렇습니다!"

무신이 확신하며 큰 소리로 외치자 다른 학생들은 고개를 끄덕이며 무신의 대답에 동의한다.

"나도 동의합니다. 소희의 행동은 자신으로서 잘 이해된 사건과 목표의 크기에 따라 적합한 것이었다고 평가됩니다. 아주 흥미로운 시연이었습니다."

소희는 쑥스러운 듯 고개를 떨어뜨린다.

"한 가지만 더 언급하고 다음 과제로 넘어갑시다. 소희의 시연에서 그녀가 한 말을 기억하나요? '지금 학교 앞 카페에서 기다릴게'라는 말을요!"

소희와 학생들은 고개를 끄덕이며 교육자에게 주의를 기울인다.

"무대에서의 말이란 무엇일까요? 무대의 말은 어떤 경로를 통해 생성되어 우리에게 전달되어야 할까요? 지난 시간에 나는 '말 행동'이라는 단어를 사용했습니다. 기억하나요?"

학생들이 큰 소리로 화답하자 교육자는 고개를 끄덕이며 계속 말을 이어간다.

"말 행동이란 글자 그대로 말이 행동이 되는 것을 뜻합니다. 이 말은 무슨 의미인가요?"

학생들은 눈을 또르륵 굴리며 생각에 잠겨 있다.

"소희가 말한 '지금 학교 앞 카페에서 기다릴게'는 행동입니까?"

교육자가 독려한다.

"··· "

학생들은 여전히 침묵하며 생각에 잠겨있다.

"소희야, 밖에 나가서 물 한잔만 가져와라!"

교육자가 갑자기 소희에게 심부름을 시키자 그녀는 당황한 듯하다. 그러나 이내 밖으로 나가기 위해 일어서려 한다.

"방금 내가 소희에게 한 말은 행동이었습니까?"

소희는 엉거주춤 서 있다. 몇 명의 학생들이 고개를 끄덕거리기 시작한다.

"소희에게 심부름을 시킨 나의 말은 소희로 하여금 행동을 불러 일으켰습니다. 물론 그전에 나는 물을 마시고 싶었습니다. 그래서 소희에게 물을 가져다 달라는 나의 목표를 말로써 실행에 옮긴 것이고요. 물을 마시고 싶은 목표를 가진 것이 말로 실행된다면 이것은 말 행동이라고 할 수 있어요. 또한 목표를 가지고 있는 나의 말이 상대방으로 하여금 행동을 불러일으킨다면, 우리는 이것을 말이 행동화되었다고 하는 것입니다.

다시 말하면, 글이 나의 목표로 인해 말로 실행되거나 그것이 상대방에게 영향과 자극을 주어 그로 하여금 행동하도록 만든다면, 이때 말은 비로소 행동이라고 할 수 있습니다. 그렇다면 글은 어떤 경로를 통해 말이 될 수 있나요?"

교육자가 학생들에게 다시 질문을 던진다.

"우선 자신에게 말할 수 있는 목표가 있어야 글은 말이 될 수 있습니다! 이때 자신은 말을 할 수 있는 힘이 생기는 것이고요. 마침내 글은 말이 되는 경로를 찾게 되었습니다."

승욱이 자신의 생각을 또박또박하게 제법 논리적으로 대답하자 다른 학생들이 그를 쳐다본다. 그는 어깨를 들썩거린다. 교육자가 그에게 엄지손가락을 들어 보인다.

"승욱의 말에 전적으로 동의합니다. 이처럼 글이 말이 되는 경로는 아주 간단합니다. 자신으로 하여금 목표를 가진 어떤 것이 되어야 글은 말이 될 수 있다는 사실을 유념하길 바랍니다. 그러할 때 종이 위의 글은 비로소 말이 되는 것입니다. 그렇다면 무엇보다도 우선 글이 자신의 목표가 될 수 있는지를 생각해봐야만 하겠죠?"

몇 명의 학생들은 고개를 힘껏 끄덕이고, 몇 명의 학생들은 열심히 메모를 하고 있다.

"그럼, 소희의 시연으로 되돌아가서 좀 더 구체적으로 얘기를 계속 해볼까요? 소희는 좋아하는 남자가 보낸 문자, '지금 학교 앞 카페에서 기다릴게'라는 글을 진정 읽고 싶었을까요? 틀림없이 그랬을 겁니다. 왜냐하면 자신이 좋아하는 남자가 보낸 답신이었으니까요.

이제 문자를 읽고 싶은 소희의 목표로 인해 그녀의 몸은 바뀌게 됩니다. 자신의 내부는 물론이고, 눈과 팔, 다리 등을 포함한 몸말입니다. 그리고 소희는 자신이 좋아하는 남자가 보낸 문자를 아주 부드럽고 감미롭게 읽을 수 있을 겁니다. 이때 소희가 내뱉은 말은 행동이라고 감히 말할 수 있겠죠. 또한 '부드럽게' 혹은 '감미롭게'라는 감정이나 양태는 부수물과 같은 것으로 자연스럽게, 저절로 획득되는 것이고요. . . ."

교육자의 설명이 채 끝나기도 전에 정태가 손을 번쩍 든다.

"선생님, 감정이나 양태가 부수물과 같은 것으로 얻어질 수 있다는 것은 무슨 의미입니까?"

교육자가 고개를 끄덕거리더니 천천히 입을 뗀다.

"간단하게 말해서, 만일 말의 생성과 경로 과정이 이처럼 합리적이고 논리적이라면 행동의 양태 또한 저절로 결정될 가능성이 높다는 것입니다. 그런데 '부드럽고, 감미롭게' 등은 감정의 단어들입니다. 이때 우리가 염두에 두어야 할 것은, 감정을 우선적으로 또는 일차적으로 생각하지 않아야만 한다는 사실입니다. 즉 대상, 목표와 방해물, 사건과 평가 그리고 행동이라는 일련의 과정에 대한 자신의 이해를 거친다면 감정이라는 놈은 그에 따라 자연스럽게 얻을 수 있다는 것이죠. 그리하여 감정은 일차적으로 해결되기보다는 부수물과 같은 것으로 획득되어져야 한다고 나는 말했던 것입니다."

정태는 눈을 끔벅거리며 생각에 잠겨 있다. 무신과 몇 명의 학생들은 부지런히 메모를 하고 있다.

"오케이, 소희의 시연을 예로 들어 이야기 해봅시다. 자신이 좋아하는 선배의 편지(대상), 자신이 보내야 하는 문자와 문자 수정(목표와 방해물), 선배가 보내온 문자와 그것에 대한 생각(사건과 평가), 문자 읽기(말 행동)를 거쳐 문자 전

상황을 만나다! ● 223

송(겉 행동)이라는 일련의 과정에서 '부드럽게, 감미롭게' 등의 감정은 어디에도 끼어 들 데가 없습니다. 하지만 위의 과정을 '문자 전송'이라는 겉 행동으로까지 일관성 있게 수행한다면, '(부드럽게, 감미롭게) 지금 학교 앞 카페에서 기다릴 게'라는 문자 읽기는 소희에게 말 행동으로 작동할 가능성이 있겠죠. 이때 (   )의 감정은 말 행동의 과정에서 부수물과 같은 것으로 획득될 수 있다고 나는 말했던 겁니다. 이를테면, 오징어를 수확하기 위해 바다로 나가 그물을 올렸는데, 그 속에 조개와 홍합, 다른 물고기 등이 수확되는 경우라 할 수 있죠."

교육자는 잠시 말을 멈추고 난 뒤 다시 입을 연다.

". . . 어쩌면 감정이라는 놈은 우리가 가져야 하는 것이 아니라 무대에서 배우가 명확하게 행하는 행동으로 인해 관객이 가져가야 하는 몫이라고 말할 수 있을 지도 몰라요. 다시 말하자면, 감정은 배우에 의해 관객의 반응으로 결정되는 것이 옳을 수 있다는 것이죠. 그렇다면 무대에서 행동은 배우의 일이며, 그로부터 발생하는 감정은 관객의 몫이라고 이야기할 수 있겠죠. 이해되나요?"

"네!"

학생들은 교육자의 설명에 큰 소리로 화답한다. 정태는 자신의 노트에 뭔가를 열심히 적고 있다.

"다음 시간의 과제 또한 〈옥상에서〉입니다. 이제 말이 필요하면 과감하게 하길 바랍니다. 하지만 그것은 행동으로써의 말이어야 함을 잊지 마세요!"

교육자가 실기실을 나서자 무신과 소희는 피아노 옆에 기대어 열띤 토론을 벌이고 있다. 정태는 아예 마룻바닥에 드러누워 무언가 계속 적고 있다.

5

수업이 시작되자 정하는 지난 시간에 만들었던 옥상 평상에 앉아 있다. 교육자가 들어와서 자리에 앉으며 정하를 바라본다.

"시작할까요?"

정하는 고개를 끄덕이고는 잠시 숨을 고르며 집중하려고 한다. 이윽고 그녀는 담배를 핀다. 정하는 제법 오랫동안 땅바닥만 쳐다보고 있다. 손가락 사이에 끼워진 담뱃재가 타들어 가는지도 모르고 있다. 갑자기 정하는 담배를 땅바닥에 힘껏 내던진다. 그리고는 재킷을 벗어 던지고 평상에 벌러덩 드러눕는다.

"아!"

그녀는 큰 소리로 외친다. 한참 동안 평상에 드러누워 있다가 정하는 벌떡 일어나서 벗어 던진 상의를 챙겨 힘없이 나간다.

"들어와서 앉으세요. 자신의 전상황에 대해 간단히 말해줄래요?"

교육자가 큰 소리로 외치자 정하는 들어와서 평상에 앉는다.

"남자 친구와 요 며칠 전부터 사이가 별로 좋질 않았어요. 그런데 오늘 제 방에서 책을 보고 있었는데 남자 친구로부터 그만 만나자는 문자를 받았습니다."

여학생들은 낮은 신음을 내뱉는다. 교육자가 고개를 끄덕이더니 입을 연다.

"남자 친구는 등장하지 않았지만 정하는 그 남자를 정말 좋아하고 있는 것 같아요. 그것은 정하의 행동, 즉 '담뱃재가 다 탈 정도로 땅바닥을 쳐다본다', '담배를 땅바닥에 세게 던진다', '재킷을 벗어던지고 평상에 벌러덩 드러눕는다', '소리친다' 등을 보면 알 수 있습니다. . . . 사랑한다는 것은 무엇일까요?"

학생들은 대답대신 그저 배시시 웃고 있다.

"지하철에서 혼자 무엇을 생각하며 웃고 있는 사람을 본 적 있나요? 만일 그가 지하철에서 본 어떤 사람으로 인해 자신이 알고 있는 사람을 떠올려 미소 짓고 있다면, 그것은 자신이 알고 있는 사람에게 호감이 있거나 그 사람을 좋아하고 있다는 증거입니다.

또 다른 예로, 길을 가다가 자신이 호감을 가지고 있는 사람과 비슷한 옷을 입었거나, 비슷한 안경을 썼거나, 비슷한 목소리를 가진 사람으로 인해 자신이 호감을 가지고 있는 사람을 떠올린다면, 여러분은 그 사람을 좋아하고 있는 것이 확실합니다. 망설이지 말고 과감하게 그 사람에게 프러포즈하세요!"

학생들은 소리 내어 웃는다. 교육자도 미소를 띤다. 그는 다시 자신의 말을 이어간다.

"정하의 일련의 행동, 즉 담뱃재가 타들어 가는지도 모를 정도로 무엇을 생각하거나 담배를 집어 던졌던 행동 등을 보면 정하는 등장하지 않은 그를 사랑하고 있음이 증명됩니다. 정하의 이러한 행동으로 인해 확실히 말할 수 있는 것은, 이것이 정하 자신이 이해하고 있는 사랑임과 동시에 정하 자신의 문제였다는 것이죠."

"선생님, 잘 못 들었습니다. 다시 한 번 설명해주시면 안 될까요?"

노트에 무언가 적고 있던 현정이 갑자기 손을 번쩍 들더니 소리친다. 교육자는 현정을 바라보며 고개를 끄덕끄덕 거린다. 그리고는 천천히 말문을 연다.

"예전에 어떤 여학생이 〈공원에서〉라는 에튜드를 보여준 적이 있어요. 그녀는 공원에서 책을 보며 휴식을 취하고 있었습니다. 그런데 자신이 평소에 좋아하는 사람이 운동하고 있는 것을 목격했죠. 갑자기 그녀는 가방에서 빗과 거울을 꺼내더니 머리카락을 이리저리 손질하고는 옷을 털기 시작했습니다. 그러고 난 후 그녀는 허리를 쭉 펴고 상체를 곧추세우더니 다리를 옆으로 가지런히 모았습니다. 그리고는 머리카락을 귀 뒤로 연방 넘기며 그 사람을 힐끗힐끗 쳐다보고 배시시 웃기 시작했습니다. 그녀의 시연을 멈추게 한 뒤 나는 이렇게 말했습니다.

자신으로서 잘 생각해보세요. 자신이 그 사람을 정말 좋아하고 있는지 말입니다. 만일 자네가 어떤 사람을 진실로 좋아하고 있다면 그와 같은 행동을 하지 않을 겁니다. 자네는 지금 좋아한다는 감정을 우리에게 보여주려고 하거나 아니면 좋아한다는 감정을 표현하려고 하고 있어. 어쩌면 그와 같은 감정을 보여주는 것과 표현하는 것은 자신이 어떤 사람을 좋아하고 있다는 것을 우리에게 강요하는 것인지도 몰라요.

자신으로서 잘 생각해보세요. 그러면 해결될 겁니다. 예를 들어 자신이 어떤 사람을 좋아하는데, 오늘 우연히 그 사람을 공원에서 만났다면 자신의 속(내면)은 폭풍이 휘몰아칠지 모르지만 겉(외면)은 평상시를 유지하기 위해 안간힘을 쓸 겁니다. 다시 말하면 머리를 빗거나, 거울을 보거나, 다리를 꼬거나, 힐끗힐 끗 쳐다보거나, 배시시 웃는 행동 등은 우리에게 '나는 이 사람을 좋아합니다'라는 감정을 보여주려고 하는 것이기에 정작 자신은 '좋아한다'라는 것이 무엇인지 모르고 있다고 할 수 있죠.

그렇다면 내가 '자신으로서 잘 생각해보세요. 그러면 해결될 겁니다'라고 말했던 것은 그것이 자신의 일이자 문제이어야 함을 의미합니다. 이것이 자신의 일이자 문제라면 자신은 비로소 좋아한다는 것이 무엇인지 구체적으로 이해하기 시작할 것이며, 결국 합리적이고 논리적이며 보편적인 행동을 찾을 수 있는 근거를 확보할 것이고요."

교육자가 갑자기 벌떡 일어나 평상 쪽으로 성큼성큼 걸어가서 앉더니 현정을 향해 말한다.

"우리는 같은 동네에 살지만 잘 모르는 사이라고 가정해볼까? 하지만 자네는 나를 알고 있어. 그리고 내심 좋아하고 있지. 그런데 자넨 한 번도 나한테 내색이나 말을 한 적은 없어.

이곳은 동네 가게 앞의 평상이고, 자네는 엄마의 심부름으로 외상값을 갚기 위해 가게에 들렀다고 생각해보지. 가게주인이 외상값을 정리하여 청구할 동안 자네는 평상에 앉아 있어. 그때 저 쪽에서 나는 담배를 사러 이곳으로 오는 중이지. 자, 시작해볼까?"

교육자가 현정에게 평상에 앉으라고 지시하고는 실기실 밖으로 나간다. 현정은 평상에 앉아 무엇을 생각하는 듯 조용히 앉아 있다. 이윽고 그녀는 가게 안쪽으로 시선을 돌리고서 살짝 일어나더니 기웃기웃 거린다. 이때 교육자가 실기실 문을 열고 등장한다. 현정은 그를 쳐다보더니 급히 가게 쪽으로 고개를 돌린다. 교육자가 현정 쪽으로 다가가자 그녀는 자세를 살짝 비틀어 앉는다. 그리고 땅바닥을 쳐다보며 발로 땅을 톡톡 친다. 교육자가 현정을 지나쳐서 가게 안으로 들어가자 그녀는 천천히 고개를 들어 가게 쪽으로 시선을 돌린다. 잠시 후에 교육자가 가게에서 나온다. 교육자와 현정의 시선이 마주친다. 그녀는 엉거주춤 일어서서 간단히 목 인사를 한다. 교육자 또한 가볍게 목례를 하고서는 실기실 문 쪽으로 걸어간다. 그녀는 천천히 평상에 앉으며 교육자가 나간 곳으로 시선을 옮긴다.

학생들은 흥미롭게 교육자와 현정을 지켜보며 연신 고개를 끄덕거리면서 웃고 있다. 교육자가 실기실 문으로 다시 등장하여 현정을 바라보며 입을 연다.

"방금 자네와 나의 시연에서 나는 자네에게 있어서 특별한 사람인 것 같았어. 자네의 행동들이 그것을 증명하고 있었지. 그런데 자네와 나의 시연에서 재미난 사실은, 자네는 '좋아한다'라는 감정을 표현하거나 드러내려고 한 것이 아니라 오히려 내면 깊숙이 숨겨 놓고 있었지. 반면에 자세를 살짝 고치거나, 바닥을 보거나, 발로 바닥을 두드리거나, 내가 자네를 스쳐 지나간 것을 온몸으로 느끼며 가게 쪽으로 시선을 돌리는 행동만 정확히 해내고 있었어. 이러한 자네의 일련의 행동으로 미루어 보건대 자네는 나를 좋아하고 있다고 단언할 수 있지."

현정은 '아!'하는 짧은 소리를 내뱉는다. 소희와 기주는 노트에 무언가 적기 시작하고 무신과 문숙은 생각에 잠겨 있다.

"오케이! 이제 정하의 시연으로 되돌아가서 좀 더 얘기해볼까요? . . . 그녀의 시연에서 행동을 모두 나열해보세요."

교육자가 학생들 쪽으로 고개를 돌리며 질문을 던진다.

"담배를 핀다. . . . 바닥을 쳐다본다, 담배를 던진다. 재킷을 벗어 던진다, 평상에 눕는다, 소리친다, 일어나서 재킷을 챙겨 나간다 등입니다."

문숙이 빠르고 강한 어조로 답변한다.

"오케이! 만일 여러분들이 시연할 때, 이렇게 행동을 계획하고 행동과 행동 사이를 메워나간다면 추상적이고 모호한 감정으로부터 벗어날 수 있습니다. . . ."

"선생님, '행동과 행동 사이를 메꾼다'라는 것은 행동을 단위로 나누어 실행할 때, 단위와 단위 사이를 속 행동, 겉 행동, 말 행동으로 채우라는 의미입니까?"

교육자의 말이 끝나기도 전에 소희가 손을 들어 자신의 의견을 또렷하게 피력한다. 교육자는 고개를 힘차게 끄덕이더니 말을 이어간다.

"행동플랜에 대해서는 이제 제법 능숙하게 해내는 것 같군요. 그것은 '대상 없는 행동'에 대한 훈련의 성과라고 생각합니다. 이제 '행동의 분절'에 대해 이야기하고 다음 과제로 넘어가 보도록 합시다.

정하의 시연에서 '담배를 핀다', '바닥을 쳐다본다' 등을 우리는 '행동의 단위'라고 말합니다. 이때 단위별로 행동을 분절시켜 실행한다면, 우리는 좀 더 정확하고 힘 있게 무대에서 무언가를 할 수 있습니다. 예를 들어봅시다."

교육자가 갑자기 기주에게 시선을 돌린다. 그는 벌떡 일어서더니 기주 쪽으로 천천히 걸어간다. 기주는 교육자가 다가오자 쭈뼛쭈뼛하며 겸연쩍은 미소를 짓고 있다. 교육자가 기주 앞에 멈춰 선다. 기주는 고개를 반쯤 숙이고 있다.

"내일부터 연습시간에 늦지 않았으면 좋겠다!"

교육자의 낮은 소리에 기주는 머리를 긁적이기 시작한다.

". . . 네."

학생들은 기주의 기죽은 모습을 바라보며 소리 내어 웃는다. 교육자도 빙그레 웃는다. 그는 학생들을 향해 입을 연다.

"내가 기주를 쳐다보고, 일어서서 기주 쪽으로 천천히 걸어갈 때, 기주의 행동을 보았습니까? 기주는 분명 나의 행동, 즉 쳐다보다, 일어서서 걸어가다 등에 의해 변화되고 있었죠. 그리고 내가 기주 앞에서 멈춰 그를 바라보고 있을 때도 기주의 행동은 계속 바뀌고 있었습니다. 마침내 내가 그에게 '내일부터 연습시간에 늦지 않았으면 좋겠다'라고 말했을 때, 기주는 머리를 긁적이며 '네'라고 대답했습니다. 그렇죠?"

"네!"

학생들은 큰 소리로 웃으며 합창하듯 대답한다.

"이처럼 행동의 단위를 분절시켜 실행하면 내 안에 어떤 힘을 생성시킬 수 있습니다. 이때 중요한 것은, 자신이 목표를 소유한 채 대상을 끈질기게 가지고 있어야 한다는 것입니다. 이제 이러한 힘은 상대방에게 고스란히 전달되어 그에게 어떤 영향을 줄 가능성이 크겠죠.

이때 나는 기주라는 대상에게 나의 목표를 감정으로 드러내거나 표현하려고 한 흔적을 어디에도 드러내지 않았습니다. 나의 목표는 속에 잘 감추어 놓고 대상으로의 행동만 정확히 수행하고 있었습니다. 이를테면 기주를 보고, 일어서고, 그에게 걸어가고, 그에게 말하고 등 이었죠.

이처럼 행동의 단위를 분절시켜 정확히 실행한다는 것은 결국 자신의 목표를 달성하기 위한 내적 에너지를 강화하는 방법입니다. 이때 목표를 속에 깊숙이 감춘 채 생성된 말은 상대배우를 흔들어 놓을 수 있는 자극제로써의 언어가 되죠."

"선생님, 질문 있습니다."

무신이 교육자의 말이 끝나자마자 손을 반쯤 든다.

"그런데. . .만일 장면연극이나 공연에 있어서 이처럼 행동을 일일이 분절시킨다면 시간과 템포가 한없이 늘어나서 엄청나게 지루할 수도 있을 것 같은데. . ."

교육자는 고개를 세차게 끄덕이더니 즉각 답변한다.

"당연합니다. 행동을 단위별로 분절시켜 행한다는 것은 내 안의 힘을 생성하는 방법이기에 장면연극이나 공연의 템포, 리듬과는 별개입니다. 그러므로 행동 분절은 무대에서 목표달성을 위하여 행동을 정확하게 하기 위함인 동시에 차후의 우리의 과제인 '2인 에튜드'나 '장면연극'에서 파트너인 상대배우에게 자극과 영향을 명확하게 준다는 의미라고 할 수 있습니다.

우리의 다음 작업인 '2인 에튜드'에서 행동 분절에 대해 다시 한 번 구체적으로 언급하겠지만 행동의 분절이 왜 필요하며 무엇 때문에 해내야만 하는지는 기억해놓길 바랍니다! 오케이?"

학생들은 큰 소리로 화답한다. 교육자가 잠시 생각에 잠긴 듯 하더니 이내 학생들을 한번 휙 훑어보고서는 자신의 말을 계속 이어간다.

"우리는 이제까지 '1인 에튜드'를 위한 기본항목들을 섭렵했습니다. 그것은 전상황, 사건과 평가, 목표와 방해물이라는 요소들을 통해 자신이 무엇을 할 수 있는지, 즉 자신의 행동으로 실행해 내는 연습과제들이었습니다. 자, 다음 시간부터 본격적으로 '1인 에튜드'를 시작해 보도록 합시다.

일전에도 간단하게 언급한 바 있습니다만, 에튜드는 '즉흥 연습극', '즉흥 상황극' 등으로 불려 집니다. 내가 '극'이라고 말하는 이유는 에튜드가 극의 구조를 가지고 있기 때문입니다. 그것은 '발단-전개-위기-절정-결말' 등과 유사한 구조를 가지고 있다는 의미이죠. 그러므로 에튜드는 다음과 같은 구조적인 조건을 가지고 있어야 합니다.

1. 시작은 어디에서 어떻게 할 것인가? (에튜드의 시작)
2. 사건은 전상황에서 발생한 것인가? 현재 이 공간에서 발생하는가? (사건)
3. 자신이 원하는 것은 무엇인가? (목표)
4. 나는 목표를 위해 무엇을 할 수 있는가? (행동계획)
5. 해결은 어떻게 할 것인가? (에튜드의 끝)

그리고 에튜드가 '연습극'이라는 의미는 장면연극이나 공연으로 들어가기 전에 거쳐야 하는 워밍업으로써의 작은 극이라는 뜻입니다. 또한 '상황극'이라는 의미는 에튜드가 상황에 의한 작은 극이며, 그것은 대상이 물건이나 사물이 아닌 보다 크고 넓은 의미의 상황이라는 것이죠.

한편 '즉흥'이라는 의미는 에튜드에서 가장 중요한 특징이라고 할 수 있습니다. 이것은 아무것도 준비되지 않은 상태에서 무엇을 한다는 것이 결코 아닙니다. 우리에게 즉흥이라는 것은 일전에도 언급한 것처럼, 남사당패의 연희자나 이태리 코메디 델아르트 배우의 즉흥성과 유사합니다. 환언하면, 에튜드에서 즉흥의 의미는 이미 '준비되어진 즉흥'이라고 해야 정확한 말일 겁니다.

남사당패의 줄타기는 무지막지한 훈련으로 무장되어 있는 행동 기술입니다. 하지만 시장바닥인 마당에서 줄타기를 할 때 마치 그들은 처음인 것처럼 해냅니다. 그리하여 그들은 공연 때 불특정 다수의 관객들과 그날 새롭게 만나는 것이죠. 코메디 델아르트의 배우들도 마찬가지입니다.

이러한 의미에서 에튜드는 즉흥성을 필히 내포하고 있습니다. 에튜드의 즉흥성은 무수한 반복을 절대 전제로 하고 있습니다. 그것은 의식을 통한 반복을 거쳐 무의식적인 수행으로 나아가게끔 합니다. 결국 이것은 배우로 하여금 마당이나 극장에서 처음인 것처럼 행할 수 있도록 만들죠. '대상없는 행동'에서도 여러분들은 이와 같은 과정을 경험한 바 있을 겁니다."

몇 명의 학생들은 생각에 잠겨있고, 또 다른 몇 명의 학생들은 자신의 노트에 무언가 빠르게 적고 있다.

"그러나 에튜드에서는 행동플랜을 위한 연습은 금물입니다. 에튜드는 행동플랜을 연습하는 것이 아니라 의식적으로 행동계획을 수립하여 허구의 공간에서 자신으로서 '지금, 여기에서' 행동계획을 배우 자신이 실행할 수 있느냐하는 즉흥성의 문제라고 할 수 있습니다. 그렇다면 시연 시 정작 중요한 것은, 행동계획이 아니라 대상 다루기이어야 합니다. 이렇게 시연을 반복함으로써 에튜드 작업은 자신의 행동플랜이 더 이상 의식의 도움 없이 수행되는 즉흥성의 획득이 목표라고 할 수 있습니다.

다시 말해, 에튜드의 즉흥성은 행동플랜을 연습함으로써 행동을 획득하는 것이 아니라, 행동을 획득하기 위해 의식을 통하여 훈련되어져 더 이상 의식의 도움 없이 행해지는 행동의 즉흥성을 획득하는 것이라고 할 수 있습니다.

에튜드 작업은 우리를 즉흥의 세계로 인도하여 무대라는 허구의 공간에서 살아 있게 만드는 최고의 도구입니다. 에튜드를 통해 무대에서 '살아 있음'이 무엇인지 몸으로 체득해보길 바랍니다."

교육자는 잠시 말을 멈추고 생각에 잠긴다. 잠시 후에 그는 학생들을 향해 다시 입을 뗀다.

"그렇지만 에튜드 작업 시 가장 중요한 것은, 이 모든 것이 자신으로부터 출발하여 생각하고 이해하여 자신의 행동으로 드러나야 하는 것임을 명심해야만 합니다. 그러므로 '자신의 상황은 무엇인가, 자신은 사건을 어떻게, 얼마만큼 이해하고 있나, 자신은 이것들로부터 무엇을 할 수 있나, 자신은 이러저러한 행동들을 할 수 있나' 등을 생각하여 계획을 수립하고 실행하는 것입니다.

역役은 아직까지 없습니다. 이전에도 말했지만 햄릿은 없습니다. 단지 역할을 수행하는 무신만 있을 뿐입니다. 그렇다면 무신이 얼마만큼 햄릿을 이해하고 햄릿의 행동을 찾아 실행하느냐 하는 것이 절대적으로 중요하며 우선이어야만 합니다. 오케이?"

"네!"

학생들은 큰 소리로 화답하며 고개를 세차게 끄덕거린다. 소희와 무신은 생각에 잠겨있다.

"자, 다음 시간부터 에튜드를 위한 일체의 항목들을 여러분 스스로 생각하고 계획하여 자신의 행동을 통해 '1인 에튜드'를 보여주길 바랍니다."

　교육자가 자신의 물건들을 챙겨 실기실을 나서자 소희가 무신에게 다가가 에튜드에 대해 이야기를 나누기 시작한다. 정태와 승욱은 실기실 구석에 있는 피아노 근처에서 토론을 하고 있다.

6

　책상 위에 놓인 수업노트에 학생들이 준비한 '1인 에튜드'가 다음과 같이 적혀있다.

1. 반지　　　　　　　. . . 손기주
2. 공원에서　　　　　. . . 이수정
3. 극단 연습실에서　　. . . 양승욱
4. 야영 캠핑장에서　　. . . 윤문숙
5. 편지　　　　　　　. . . 이정하
6. 놀이터에서　　　　. . . 이소희
7. 지하철에서　　　　. . . 김현정
8. 갑자기　　　　　　. . . 권주희
9. 집 앞에서　　　　　. . . 손기주
10. 사랑에 대한 추억　. . . 박정태

　교육자가 의자에 앉아 노트를 들여다보고서 입을 연다.

　"에튜드의 제목 정하기는 사건에 대한 직접적인 언급이거나 추상적인 제목이면서 애매모호한 단어와 구절은 지양하는 것이 좋아요. 바꿔 말하면, 사건의 암시에 해당하는 어떤 단어나 구절 또는 사건이 발생하는 공간에 대한 기록이 적합하다는 것입니다.

예전에 어떤 학생이 에튜드의 제목으로 〈비오는 날의 수채화〉라고 적어온 적이 있습니다. 또 어떤 학생은 〈우리는 오늘도 걷고 걷는다〉라는 제목을 쓴 적도 있습니다. 기주가 적어 놓은 것처럼 〈반지〉를 통해 무슨 일이 있을까, 승욱이 써놓은 것처럼 〈극단 연습실에서〉는 어떤 사건이 발생할지 우리들로 하여금 상상하게 만들어 주는 제목이 적합하다는 것입니다."

학생들은 고개를 끄덕인다. 주희와 정태는 제목을 다시 쓰기 위해 펜을 꺼낸다.

"기주는 준비되었나요? 시작해볼까요?"

기주는 자신이 가져다 놓은 공원 벤치 쪽으로 걸어가서 앉는다.

"준비되면 시작하겠습니다!"

기주의 시작을 알리는 말에 교육자는 고개를 끄덕이며 응답한다. 잠시 후, 그는 벤치에 앉아 손을 꼼지락거리기 시작한다. 그리고는 손바닥을 펴더니 무엇을 바라본다. 반지다. 한동안 그는 반지를 바라보다가 무엇을 결심한 듯 일어서서 나간다.

"자신의 전상황에 대해 간단히 말해주세요."

연기교육자가 기주를 불러 묻는다.

"집에 쌀이 떨어졌습니다."

기주가 다시 실기실로 들어와서 답변하자 학생들이 '와'하고 웃는다.

"그래서요?"

교육자가 기주에게 재빨리 되묻는다.

"그래서. . . 오늘 아침 아내 몰래 결혼반지를 들고 나왔습니다."

"왜 집에 쌀이 없나요?"

교육자가 흥미로운 듯 질문한다.

"직장을 안 다닌지 2년 가까이 됩니다."

"왜 직장을 안 다녔습니까?"

"고시공부를 하고 있기 때문입니다."

학생들은 그제서 '아!'하고 소리친다.

"그래서 평가 이후의 목표는 무엇으로 결정되었나요?"

"반지를 팔지 않는 것과 다시 공부를 하기 위해 고시원으로 가는 것입니다."

기주의 전상황과 목표에 대한 설명을 듣고 나서 교육자와 학생들은 고개를 끄덕인다.

"기주에게 있어서 전상황은 현실적이며 구체적인 것 같습니다. . . . 기주의 시연에서 특히 나에게 흥미로웠던 점은, 기주가 손바닥을 펴서 움켜쥐고 있던 반지를 보는 것이었습니다. 왜냐하면 반지라는 대상으로 인해 기주는 끊임없이 움직이고 있었기 때문이죠. 내가 움직이고 있었다고 말하는 것은, 기주가 겉으로 움직이고 있었다는 것이 아니라 대상인 반지로 인해 기주의 속이 움직이고 있었다고 말하는 겁니다. 즉 기주의 행동은 대상으로 인한 속 행동으로 정확하게 수행되고 있었다는 것이죠. 동의하나요?"

"네!"

학생들은 동의의 뜻을 즉각 전한다. 교육자가 잠시 말을 멈추고 생각에 잠긴다. 학생들이 그에게 주의를 기울이자 교육자는 천천히 말문을 연다.

"그런데. . . 기주는 이후에도 속 행동에 함몰되어 '상태'에 빠져 있었다고 말할 수 있습니다."

학생들은 일제히 눈망울을 말똥말똥 굴리기 시작한다.

"상태에 빠진다는 건 무슨 의미입니까? 선생님!"

소희가 그들을 대변하듯 재빨리 질문한다. 교육자는 고개를 끄덕이더니 입을 뗀다.

"누차 강조했던 것처럼, 무대는 행동을 수행해야만 하는 공간입니다. 그것이 속 행동이든, 겉 행동이든, 말 행동이든 말입니다. 그래서 무대는 자신의 이러한 행동으로 옮겨내는 공간이어야 합니다. 하지만 상태는 행동의 반대 개념으로 '아무것도 하지 않음'이라는 의미입니다. 물론 무대에서 아무것도 하지 않는 사람은 없습니다. 그러나 대상과 사건에 적합하고 논리적이며 일관성 있는 어떤 행동이어야 한다면 문제는 달라지죠. 이런 측면에서 일관성이 없거나 사유적인 것 또한 행동이 아닌 상태에 포함된다고 할 수 있습니다."

"선생님, 이제 행동의 반대개념으로써 상태는 이해됩니다만 사유 또한 행동이 아니라는 말씀은 어떤 의미입니까?"

무신이 또박또박한 발음으로 질문하자 교육자는 다시 고개를 끄덕이더니 입을 연다.

"내가 '사유 또한 상태다'라고 말하는 이유는 이러합니다. 우리말의 사유라는 사전적 의미는 생각이나 사고 등을 뜻하지만, 동시에 이것은 다분히 철학적인 의미를 내포하고 있는 단어이기도 합니다. 즉 이 단어는 개념, 구성, 판단, 추리 등을 요하는 이성작용이라는 의미를 내포하고 있다고 쓰여 있죠. 그러므로 한자로 '思惟, 영어로 'reason'이라고 표기하고 있는 이 단어는 당면한 사건에 대한 평가인 속 행동과는 다른 어떤 철학적 행위를 뜻합니다. 환언하면 우리말의 사유라는 단어는 지금, 여기에서 발생한 사건이나 대상을 직접적으로 다룬다기보다는 그것들의 본질에 대한 이성작용을 요하는 철학적 행위를 드러내는 의미를 다분히 내포하고 있다는 것이죠. 그래서 나는 이것을 상태의 연장선이라고 말했던 것입니다. 그러므로 우리말 사유는 사건과 대상에 대한 속 행동이 속으로만 계속 머물러 행동으로 옮겨내지 못하는 상태로 함몰할 가능성이 농후한 단어라고 여기는 것이죠. 그렇다면 우리는 '지금, 여기에서' 발생한 사건과 대상을 통해 적확하고 구체적인 행동으로 일관성 있게 옮겨내는데 모든 주의를 기울여야 한다는 것입니다."

학생들은 깊은 생각에 잠겨 있다. 교육자가 말을 멈추더니 기주에게 눈길을 돌린다.

"기주의 시연을 예로 들어 봅시다. 우선 그가 반지를 보면서 그의 보이지 않는 내면이 움직이고 있음을 우리는 간파하고 있습니다. 그것은 반지를 팔아서 생활비에 보태야 할지 말아야 할지, 아내의 얼굴이 떠오르는 것 등에 대한 평가라고 말할 수 있겠죠. 그렇다면 반지라는 대상에 대한 그의 속 행동은 일단 정당하다고 평가됩니다.

그러나 이후 기주의 속 행동은 구체적인 행동으로 일관성 있게 드러나지 않고 있습니다. 반지에 대한 그의 평가는 그로 하여금 여러 가지 것들을 연상시킬 것입니다. 이를테면 아내와의 결혼식장, 아내의 얼굴, 지금의 자신의 처지 등 말입니다. 그리하여 이러한 대상에 대한 기주의 내면의 흐름은 이후에 그로 하여금 반지를 '도저히 팔 수 없다'라는 것으로 결정되어 그의 목표로 자리 잡게 만들 것입니다. 그렇다면 기주의 이러한 목표는 반지를 다시 움켜쥐거나 반지를 케이스에 도로 넣기 위해 그것을 호주머니에서 꺼낼 수도 있는 행동 등으로 옮겨내야만 합니다.

만일 기주에게 있어서 평가 이후의 행동이 이렇게 실행된다면, 그는 아무것도 하지 않거나 사유의 상태에 빠지는 위험에 놓이지 않을 수도 있을 겁니다. 하지만 기주는 반지(대상)에 대한 생각(평가)과 '반지를 팔고 싶지 않다'라는 목표를 통해 일관성 있는 행동으로 옮겨내지 못하고 계속 속 행동에 머물러 결국 아무것도 하지 않거나 사유의 상태로 함몰되어 있었습니다. 따라서 기주는 평가 이후에 목표를 이미 행동으로 실행해내어야만 함에도 불구하고 여전히 평가에 의한 속 행동에만 머물러 있었기에 그것을 나는 '사유에 함몰되어 있다'라고 말했던 것이죠. 그리고 이것을 나는 "상태에 빠져 있다."와 동의어라고 평가했던 것이고요. 결론적으로 말하자면, 나는 기주가 한 순간도 상태나 사유에 빠지지 않고 행동으로 옮겨내는 일을 무대에서 계속해야 한다고 말하고 있는 것입니다.

한 번 더 말하자면, 우리의 일은 상태나 사유에 빠지지 않기 위해 적합하고 구체적인 행동을 찾아 실행—반지를 움켜쥐거나 반지케이스를 호주머니에서 끄집어내는 행동 등—해내는 것이 중요합니다. 이것은 결국 우리가 허구의 무대에서 끊임없이 행동으로 옮겨내는 일이 될 테고요. 따라서 이것이야말로 우리가 무대에서 해야 할 일이라고 나는 강조하고 있는 것입니다."

무신이 손을 번쩍 든다.

"선생님, 그렇다면 결국 겉 행동으로 옮겨내라는 말씀입니까?"

교육자는 고개를 가로젓는다.

"겉 행동뿐만이 아닙니다. 만일 '아!'라는 한숨이 계획되어 이것으로 옮겨낼 수만 있다면, '아!'라는 한숨은 이미 말 행동으로 바뀐 것이겠죠. 물론 겉 행동으로 실행될 수도 있습니다. 예를 들면, 서성이거나 하늘을 쳐다보거나 머리카락을 움켜쥐거나 등 말입니다."

무신은 고개를 끄덕끄덕 거린다. 학생들은 생각에 잠겨 있다. 교육자는 잠시 말을 끊더니 이내 다시 자신의 말을 이어간다.

"그런데. . . 어떤 시연의 경우에는 상태에 빠지지 않기 위해 서둘러 평가를 끝내어 정확한 속 행동이 되지 못하는 경우도 왕왕 있습니다. 이것 또한 우리는 경계해야 합니다. 언급한 바와 같이, 대상을 구체적이고 끈질기게 자신의 내부에 가지고 있는 것이야말로 허구의 무대에서 존재하게 되는 것이니까요.

그렇다면 무대에서의 행동은 흡사 광대의 외줄타기와 유사하다고 할 수 있어요. 광대의 외줄 타기는 공중에서 몸의 밸런스가 매우 잘 유지되어야만 가능합니다. 배우 또한 무대적 대상이 명확하지 않아 행동을 덜하게 되거나 더하게 되어 상태나 사유로 빠질 가능성이 항상 도사리고 있는 환경에 놓여 있습니다. 그리하여 더도 말고 덜도 만 형태의 한가위 보름달처럼 배우의 무대 행동은 매 순간 모자라지 않으면서도 꽉 차있는 것이어야 합니다.

결론적으로 말해서, 무대는 사유하는 철학의 공간이나 아무것도 하지 않는 상태의 공간이 아니라 행동의 공간이어야 한다고 나는 강조하고 있는 것입니다. 그리하여 무대에서 한 순간도 상태나 사유에 빠지지 않기 위해서는 자신의 행동으로 옮겨내는 일을 구체적이면서도 일관성 있게 해야 함과 동시에 더도 덜도 아닌 꼭 그만큼의 행동으로 수행해야함을 명심하길 바랍니다. 오케이?"

"네!"

몇 명의 학생들은 큰 소리로 교육자에게 화답한다. 수정과 주희는 생각에 잠겨있고, 소희와 문숙은 노트에 뭔가를 쓰기 시작한다.

"10분 휴식 후 수정의 에튜드를 볼까요?"

학생들은 수정의 발표를 위해 무대를 공원으로 재빨리 전환하기 시작한다. 교육자와 기주는 복도에서 이야기를 나누고 있다.

7

10분 휴식 후 교육자가 실기실로 들어오면 수정의 에튜드 〈공원에서〉는 이미 준비되어 있다. 그녀는 실기실 밖에서 소리친다.

"시작해도 될까요?"

"준비되었으면 보여주세요!"

교육자도 큰 소리로 수정에게 외친다. 잠시 후 수정이 공원으로 등장한다. 그녀의 손에는 봉지가 들려있다. 수정은 슬리퍼를 질질 끌고 들어오며 껌을 짝짝 소리 내어 씹고 있다. 그녀는 곧장 벤치에 앉아 봉지 속의 우유와 빵을 꺼낸다. 그리고 껌을 뱉어 휴지통에 버리고 빵과 우유를 먹기 시작한다. 그녀는 주위를 둘러보더니 주머니에서 핸드폰을 꺼내 통화한다. 그녀의 목소리는 퉁명하다.

"어디야? 왜 안와! . . . 뭐, 못 온다고! 야, 니가 만나자고 전화해놓고 안 오면 어떡하냐! 알았어, 내일 학교에서 보자. 끊어!"

수정은 전화를 끊고 빵과 우유를 챙긴다. 그리고 우유를 마시면서 나가기 위해 일어선다.

"오케이, 지금은 몇 시죠?"

교육자가 수정을 앉히며 질문한다.

"밤 10시쯤입니다."

수정이 엉거주춤 앉으며 대답하자 교육자는 고개를 끄덕거린다.

"자신의 전상황에 대해 간단히 얘기해 줄래요?"

교육자가 수정에게 재차 질문한다.

"같은 과 친구가 전화를 해서 저의 집 근처 공원에서 만나자고 했어요."

"무슨 일로 친구는 수정을 만나자고 했나요?"

교육자가 재빨리 그녀에게 되묻는다.

"별말은 없었어요. 그런데 전화상의 목소리로 짐작할 때 그녀는 기분이 조금 안 좋은 것 같았습니다. . . ."

교육자는 수정의 대답이 채 끝나기도 전에 연이어 질문한다.

"그 친구는 자네와 어떤 관계인가요?"

"같은 과 친한 친구입니다!"

교육자가 고개를 끄덕거리더니 잠시 생각에 잠긴다. 이윽고 그는 수정을 바라보며 천천히 말문을 연다.

"자네는 친한 친구가 전화를 해서 자네 집 앞에 온다면 무슨 일인지 궁금하지 않을까요? 그것도 늦은 밤에 말입니다. 그런데 그 친구가 오지 않아 전화를 해보니, 올 수 없다고 한다면 더욱 궁금하지 않을까요? 만일 궁금하지 않다면 그 사람은 수정에게 친한 친구가 아닐 수도 있을 겁니다. 그러면 수정은 그 친구와의 관계를 재고해봐야만 할거고요."

"제가 가끔은 친한 친구한테도 건성으로 대할 때가 있거든요."

수정은 머쓱한 듯 머리를 긁적이며 답변한다. 교육자는 빙그레 웃으며 학생들에게 시선을 돌린다.

"무대에서의 사건은 특별한 것이어야 합니다. 내가 특별하다고 말하는 것은, 자신에게 명확한 영향과 자극을 줄 수 있는 사건이어야 한다는 의미입니다. 수정의 시연을 예로 들면, 밤늦은 시간에 친구가 전화를 해서 집 앞 공원으로 찾아온다는 것은 수정에게 분명 어떤 영향을 주는 것이어야 합니다. 이를테면, '이 늦은 시간에 무슨 일이지?'라는 물음이나 생각을 일으켜야 한다는 것이죠. 그런데 그 대상이 친한 친구라면 더욱 수정을 흔들어 놓을 것입니다. 이런 의미에서 무대적 사건을 나는 '특별한 것'이라고 말하는 것입니다."

학생들은 고개를 힘껏 끄덕거린다. 몇 명의 학생들은 자신들의 노트에 메모를 하기 시작한다.

"무대에서의 목표 또한 특별한 어떤 것이어야 합니다. 예를 들면 수정의 상황에서 늦은 밤 친구를 공원에서 만나기로 했는데 그 친구가 안 온다고 가정합시다. 그런데 그 친구는 내일 학교에 가면 만날 수도 있어요. 그래서 나는 집으로 돌아갑니다.

그렇지만 이것과 비교해서 공원에서 만날 친구가 만약 내가 혼자 속으로 좋아하고 있는 사람이어서 그 사람이 늦은 밤 공원으로 온다고 가정해 봅시다. 그런데 한참을 기다렸는데도 그 사람이 오지 않습니다. 이것은 위의 상황과 비교해볼 때 완전히 다른 문제가 되겠죠. 그렇다면 대상이나 사건이 달라져서 자신의 목표 또한 달라진다고 할 수 있을 겁니다. 이제 목표는 나에게 있어서 특별합니다. 즉 그의 목소리를 듣기 위해 계속 전화를 할 수도 있고, 아니면 아예 그 사람을 만나기 위해 그 사람 집으로 가는 것 등의 목표가 생길 것입니다.

이처럼 목표가 특별해야 한다는 것은 어떤 대상이나 사건으로 인해 자신을 절실하게 만드는 '원함'을 말합니다. 그것은 나로 하여금 무엇을 하고 싶은 욕구를 제공하는 것이죠. 달리 말하면, 목표는 대상이나 사건이 자신에게 명확한 영향과 자극을 주어 자신으로 하여금 진정 무엇을 하도록 만드는 것입니다. 만일 무대에서 이와 같은 특별한 목표를 가지지 못한다면 우리는 무대에서 아무것도 할 수 없거나 할 필요가 없습니다. 결국 해도 되고 안 해도 되는 그 어떤 것은 무대에서는 해서는 안 된다는 결론에 도달합니다."

학생들은 노트에 재빠르게 메모를 하고 있다. 교육자는 잠시 말을 끊더니 이내 다시 천천히 말을 이어간다.

"수정의 시연에서 또 하나 언급해야 할 것은, 그녀가 보여준 사람은 수정이 아니라 어떤 다른 사람인 듯 했다는 점입니다. 다른 말로 하면, 수정 자신이 아니라 역할인 듯 했습니다.

어떤 상황이 나로 하여금 급하게 만드는 것과 내가 급한 사람이라는 것은 차이가 있습니다. 전자는 어떤 상황으로 인해 내가 있는 것이고, 후자는 성격의 문제입니다. 성격은 역할의 한 부분이라고 할 수 있죠. 에튜드는 자신의 문제로부터 출발하여 자신의 사건과 평가, 그리고 자신의 행동으로 해결되어야 합니다. 이것을 우리는 '자기화'라고 말합니다. 그러므로 에튜드에서 가장 중요한 출발점은 상황이 자신의 문제로 인식되어야 한다는 것이죠. 그렇다면 나는 무엇을 원하는가, 나는 이러한 상황에서 무엇을, 어떤 행동을 할 수 있는가 하는 것이 절대 전제이어야만 합니다.

그런데 '나는 껄렁한 사람이야', '나는 우유부단한 사람이야', '나는 급한 사람이야' 등은 어떤 사람의 성격이자 역할의 자질이라고 할 수 있기에 우리의 현 단계에서 이러한 역할로써의 작업은 몽땅 배제하길 바랍니다. 그렇다면 나는 여러분 자신이 상황을 어떻게 이해하고, 여러분 자신이 무엇을 원하고, 여러분 자신이 무엇을 할 수 있는지 자신의 행동을 찾아서 자신으로서 행동하기를 바라는 것입니다.

수정의 시연으로 되돌아가서 좀 더 구체적으로 얘기해 봅시다. 수정의 시연에서 '슬리퍼를 질질 끈다', '껌을 소리 내어 씹는다', '퉁명스럽게 말한다' 등은 어떤 사람의 성격을 보여주는 것이라고 할 수 있습니다. 이것을 나는 수정이 아닌 다른 사람인 듯 하다고 말했던 것입니다."

"선생님, 저는 평소에 조금은 퉁명스럽게 말한다고 얘기를 듣고 있고, 슬리퍼를 신을 때는 조금 끌면서 걸을 때도 있는 것 같아요. 그리고 공원으로 올 때 껌은 별 생각 없이 질경거리면서 씹게 되었고요. 이런 것들이 제가 아닌 다른 사람의 행동이라고 말씀하시는 건가요?"

수정이 조금 볼멘 목소리로 대꾸한다. 교육자가 고개를 끄덕이더니 이내 그녀의 질문에 답변한다.

"신발을 질질 끌면서 걷는다든지 껌을 소리 내어 씹는다든지 그리고 누군가와 대화를 할 때 말을 툭툭 내뱉는다든지 등의 행동은 분명 무대에서 가능합니다. 그러나 그것이 자네의 버릇이나 습관에서 기인한 것이라면 무대에서는 마땅히 제거되어야만 합니다. 왜냐하면 무대에서는 항상 바른 자세와 정확한 걸음걸이, 명확한 발음과 발성을 기본으로 하기 때문이죠.

그런데 그것이 어떤 역할로써의 행동이라면 이제 다른 문제가 됩니다. 그래서 나는 수정의 이런 행동으로 말미암아 어떤 인물, 즉 역할의 행동이라고 말했던 것입니다.

한편 무대에서의 행동은 반드시 필연적인 이유가 있어야만 합니다. 수정이 행한 행동들 또한 예외가 될 수는 없습니다. 그렇다면 수정의 시연 시의 행동들은 어떤 구체적인 이유가 있으리라고 생각해야 하는 것이죠. 그렇기에 나는 수정이 아닌 어떤 다른 사람의 행동이라고 또한 말했던 것입니다. 즉 어떤 사람의 성격이나 환경, 전사前史, 역사 등으로 말미암은 행동 말입니다."

수정은 팔짱을 끼고서 고개를 끄덕끄덕 거리며 생각에 잠겨 있다.

"선생님. . . 만일 어떤 상황으로 인해 자신의 성격으로 비롯된 행동들이 드러난다면 그것 또한 역할이라고 생각해야 합니까? 그렇다면 에튜드 시연에서도 그것은 배제되어야 하나요?"

무신이 메모하던 노트에서 눈을 떼며 질문한다. 교육자가 고개를 끄덕거리며 학생들에게 시선을 옮긴다.

"성격은 영어로 캐릭터character라고 쓰고 있죠. 이 단어는 등장인물이라는 의미로도 쓰입니다. 등장인물의 의미가 아닌 성격이라고 말하는 영어의 캐릭터란 무슨 뜻일까요?"

"그 사람의 기질이요."

"어떤 사람임을 드러내는 모든 것이요."

"어떤 사람의 행동 방식입니다."

학생들이 각자의 생각을 피력하자 교육자는 고개를 연신 끄덕인다.

"여러분들의 생각에 동의합니다. 하지만 성격이라는 단어는 너무나 모호한 개념이어서 우리는 그것을 차라리 없는 것이라고 생각하는 편이 나을지도 모릅니다. 그 이유는 성격이라는 것은 대상에 따라 달라지고 변하기 때문이죠.

예를 들어 봅시다. 무신은 아버지와 관계할 때와 애인과 관계할 때 다른 사람이 됩니다. 또한 양복을 입었을 때와 군복을 입었을 때도 무신의 행동은 달라지죠. 그렇다면 무신은 어떤 성격의 소유자라고 말할 수 있을까요? 아마 한마디로 무신을 이런 저런 사람이라고 정의내리기는 쉽지 않을 것입니다.

분명한 사실은, 인물의 사람됨을 나타내는 성격이라는 단어는 이처럼 대상에 따라 다면체로 나타난다는 것입니다. 그렇다면 자신이 누구와, 무엇과 관계하는지가 당연히 우선 고려되어야 할 겁니다. 그래서 어떤 대상과 관계하는 사람의 행동과 말, 태도 등을 보고 우리는 그 사람을 '이런 사람, 저런 사람이구나'라고 판단하게 되는 것이죠.

내가 정작 말하고 싶은 것은, 성격이나 캐릭터라는 단어에 집착하지 말고 차라리 자신이 무엇과, 누구와 관계하며 어떤 행동을 하는지 이해하려고 하는 편이 훨씬 낫다는 것입니다."

무신은 고개를 연방 끄덕이며 자신의 노트에 무언가 빠르게 적고 있다. 수정은 여전히 생각에 잠겨있다.

"오케이, 수정의 시연에서 한 가지만 더 언급하고 다음 사람의 에튜드로 넘어갑시다. . . .전화를 하고 있는 사람을 관찰한 적이 있나요?"

교육자가 학생들을 바라보며 질문을 툭 던진다.

"네! 당연합니다."

정태가 큰 소리로 교육자에게 답한다. 다른 학생들도 당연하다는 듯이 고개를 끄덕거린다.

"그때 전화하는 사람의 눈과 몸을 관찰해 보면 이렇습니다."

교육자는 자신의 휴대폰을 들고서 전화를 건다. 그는 전화기를 귀에 대고 손가락으로 책상을 두드리기 시작한다. 잠시 후에 그는 소리친다.

"뭐라고? . . . 그건 안 돼!"

그는 책상 위의 노트를 만지작거린다.

"할 수 없지, 뭐! . . . 너무 늦을 것 같으면 오지 않는 게 낫지 않을까?"

그는 자신의 오른발을 왼발 위에 포개었다가 풀었다가를 반복한다.

". . . 오케이! . . . 그렇게 해!"

교육자는 마침내 전화를 끊고서 학생들을 바라본다.

"내가 방금 전화를 할 때 어떤 행동을 했는지 기억하나요?"

". . ."

"책상을 두드린다. . . . 노트를 만지작거린다. . . . 한쪽 발을 다른 발에 올렸다 내렸다한다 등입니다."

주희가 침묵을 깨고 느리지만 또박또박 답변한다.

"오케이! 그렇다면 내가 전화할 때 나의 주의의 대상은 무엇이었습니까?"

"..."

"전화기에서 들려오는 소리였습니다!"

이번에는 승욱이 침묵을 뚫고 소리친다.

"오케이!"

교육자의 힘찬 응답에 학생들은 고개를 세차게 끄덕거린다.

"그렇다면 주희가 답변한 나의 행동들은 대상에 대한 적합한 행동이었습니까?"

"..."

학생들이 다시 침묵하자 이번에는 교육자가 침묵을 깬다.

"그것은 목표를 가진 행동은 아니었습니다. 우리는 이것을 헛행동, 제스처 또는 버릇이나 습관에 의한 행동이라고 말합니다. 승욱이 말한 것처럼, 내가 전화를 할 때 나의 주의의 대상은 분명 수화기를 통해 들려오는 소리였습니다. 그렇다면 나는 수화기를 통해 들려오는 소리를 들으며 헛된 행동이나 습관적 행동을 하고 있었다고 말할 수 있겠죠. 그러므로 대상에 대한 나의 진짜 행동은 수화기를 통해 들려오는 소리를 '듣다'였습니다. 오케이?"

학생들은 대답 대신 고개를 크게 끄덕거린다. 수정도 고개를 끄덕인다.

"이제 수정의 시연으로 되돌아가서 얘기해볼까요? 이런 맥락에서 볼 때 수정은 전화할 때 수화기를 통해 들려오는 소리를 정확히 듣지 않고 자신의 말만 생산해 내고 있었다고 할 수 있습니다. 수화기를 통해 들려오는 소리를 잘 들어보세요. 그래서 이것 때문에 내가 무엇을 할 수 있는지, 무슨 말을 할 수 있는지 잘 생각해보세요. 이때 말은 암기된, 계획된, 기계적이어서는 결코 안 됩니다. 내가 강조하고 싶은 것은, 자신의 주의를 가지게 만드는 대상이 무엇인지 잘 생각해 보라는 것입니다."

수정은 고개를 끄덕거리며 자신의 노트에 뭔가를 적기 시작한다.

8

수업이 시작되기 전에 소희는 동료들과 함께 자신이 시연할 무대를 만들고 있다. 몇 명의 남학생들은 무대 뒤편 중앙에 큰 큐빅과 중간 큐빅, 작은 큐빅으로 미끄럼틀 형태를 만들고 있고, 오른편에는 벤치를 갖다 놓는다. 놀이터인 듯하다. 얼추 소희의 에튜드 〈놀이터에서〉 무대가 완성되자 교육자가 들어온다. 그는 자리에 앉으며 수업용 노트를 들여다본다.

1. 놀이터에서　　　　. . . 이소희
2. 지하철에서　　　　. . . 김현정
3. 편지　　　　　　　. . . 권주희
4. 창덕궁에서　　　　. . . 박정태
5. 집 앞에서　　　　 . . . 손기주
6. 오징어　　　　　　. . . 이수정
7. 귀가　　　　　　　. . . 양승욱

"준비되면 시작하겠습니다."

소희는 다시 한 번 자신의 공간과 소품을 점검하고는 교육자를 향해 말한다.

"네!"

교육자가 고개를 들어 소희를 향해 짧게 대답한다. 소희는 놀이터 구석에 앉아 잠시 집중을 하더니 이내 맥주 캔을 딴다. 그리고 그녀는 멍하게 앉아 있다가 맥주를 한 모금 마신다. 한숨을 내쉬고 하늘을 쳐다본다. 그리고는 팔을 뻗는다. 비가 온다. 그녀는 비를 피해 미끄럼틀 밑으로 쏜살같이 뛰어간다. 소희는 쏟아지는 비를 한참 바라보다가 들고 있던 맥주 캔을 벌컥벌컥 마신다. 그러다가 주위를 살핀다. 구석에 내팽개쳐져 있는 다 떨어진 우산을 발견한다. 소희는 우산을 펼치고 천천히 밖으로 나온다. 빗속에서 이리저리 거닐기 시작한다. 그러다가 소희는 빗물이 고여 있는 웅덩이에 신고 있는 슬리퍼의 한 발을 담근다. 그리고는 두 발을 담근다. 깡충깡충 뛰며 물장구치기 시작한다. 이제 그녀는 웅덩이에서 나와 비가 쏟아지는 놀이터를 신나게 뛰어 돌아다닌다. 마침내 그녀는 우산을 집어 던지고 비를 맞으며 뛰어 돌아다니기 시작한다. 얼굴을 들어 비를 흠뻑 맞는다. 그러다가 그녀는 다시 고삐 풀린 망아지마냥 뛰어 돌아다닌다. 갑자기 그녀는 벤치로 뛰어 올라간다. 그리고는 큰 소리로 외친다.

"난 할 수 있어!"

그녀는 벤치 위에 서서 얼굴을 하늘로 향한 채 비를 맞다가 손으로 얼굴을 문지른다. 잠시 후에 소희는 벤치에서 뛰어내려 슬리퍼를 손에 들고 뛰어 나간다. 우산만 덩그러니 빗속에 남아 있다.

학생들은 소희의 시연을 바라보며 고개를 연방 끄덕거리고서는 교육자에게 주의를 옮긴다.

"들어오세요."

교육자가 소희를 불러들인다. 소희는 쑥스러운 듯 배시시 웃으며 들어와 벤치에 앉는다. 학생들이 주위를 기울이며 교육자의 평가를 기다리고 있다. 교육자가 천천히 입을 연다.

"소희의 에튜드 〈놀이터에서〉는 무척 재미있었어요. 그것은 감동적이기까지 했습니다. 동의하나요?"

교육자의 물음에 학생들은 세차게 고개를 끄덕이며 동의의 뜻을 전달한다.

"조금 더 구체적으로 얘기해 봅시다. 우선 소희의 시연에서 맥주 캔을 놀이터에 사온 전상황이 이후의 행동을 통해 명확하게 드러나고 있었습니다. 그리고 비, 우산, 맥주 등의 대상도 소희는 정확하게 다뤄내고 있었고요. 아울러 행동의 계획 또한 적확하게 실행되어 빈틈없었고 동시에 행동 단위의 사이사이를 제법 정확하게 행동으로 메워놓고 있었습니다. 그리고 말 또한 목표를 가진 행동으로써 손색이 없는 것 같습니다. 따라서 소희의 에튜드는 우리의 현 과제인 '1인 에튜드'로써 갖춰야 할 것은 몽땅 지니고 있었다고 할 수 있어요."

학생들은 교육자의 평가에 고개를 힘차게 끄덕인다. 소희의 얼굴은 조금 상기된 듯 붉그스름하다. 교육자가 계속 말을 이어간다.

"특히 소희가 비와 관계했을 때의 행동들은 무척 인상적이었습니다. 마치 비가 소희의 머리와 얼굴, 몸에 내려와 있는 듯했기 때문입니다. 그것은 소희의 정확한 행동이 그걸 증명하고 있었습니다. 즉 머리, 얼굴, 등, 목 등으로 흘러내리는 빗물이 소희의 구체적인 행동에 의해 정확하게 있었다고 판단됩니다."

교육자가 잠시 말을 멈추고 소희에게 고개를 돌린다. 그리고는 말을 잇는다.

"그런데. . . 우리는 이것을 생각해봐야 합니다. 소희의 에튜드 시연에서 몇 군데는 자신의 행동 플랜을 정확하게 옮기는 것에 충실하고 있다는 것입니다. 즉 행동계획이 well-made(잘 짜여 있음)하여 그것을 정확하게만 수행하고 있습니다.

에튜드에서 가장 중요한 것은, 제시된 상황 하에 자신의 목표를 자신의 행동으로 달성할 수 있느냐 하는 문제가 최우선으로 자리 잡아야 합니다. 이때 중요한 전제 조건은 이것들이 자신의 문제로써 해결될 수 있느냐하는 것이죠. 그렇다면 이것은 자신의 행동으로 직결되어야 합니다. 다시 말해 자신의 목표와 그에 반하는 방해물이 충돌하여 자신의 목표를 달성하고자 하는 것이 자신의 행동으로 실행될 수 있느냐하는 것이겠죠.

결론적으로 말하자면, 에튜드는 자신이 제시한 상황 속에서 사건, 목표를 통해 자신의 행동으로써 자신을 온전히 드러내는 것이어야 한다는 것입니다. 그렇다면 에튜드에서 자신의 목표는 어떤 방해물을 만날 것이며, 자신은 방해물을 뚫고 목표를 달성할 수 있는지 아니면 새로운 목표로 수정할 것인지에 대한 자신의 평가 또한 정확하게 필요합니다. 이러한 필연적인 과정은 마침내 최종적으로 자신의 행동을 통해 에튜드를 성취하는 것입니다."

학생들은 교육자의 멘트를 주의 깊게 경청하고 있다. 몇 명의 학생들은 자신의 노트에 뭔가 긁적이고 있다. 그는 계속해서 말을 이어간다.

"결국 에튀드에서 상황에 대한 묘사적 행동이나 자신의 행동플랜을 단순히 옮겨 놓는 것은 자신의 문제가 아닌 삼자의 문젯거리일 가능성이 있거나 기계적인 행동이 될 수 있음을 유념해야 합니다. 나는 이것을 우리가 지금 생각해봐야 한다고 말함과 동시에 또한 경계해야 한다고 말하고 있는 것입니다.

무대에서의 예술적 감동은 제시된 상황을 자신의 문제로 이해하여 자신으로서 평가하고, 자신의 행동으로 정확히 수행되어질 때라는 사실을 명심하길 바랍니다."

"선생님, 솔직히 말해서 명확하진 않지만 어렴풋하게는 이해돼요. . . ."

소희가 불분명하게 웅얼거린다.

"이해는 된다니 다행입니다. 중요한 건 이해가 우선입니다."

교육자가 소희를 향해 미소를 띠고 있다.

"선생님, 예를 들면 소희의 에튀드에서 어떤 것이 그러했나요?"

문숙이 손을 들어 질문하자 교육자는 고개를 끄덕이며 입을 연다.

"오케이, 소희의 시연에서 구체적인 예를 들어볼까요? 소희는 자신의 전상황을 가지고 맥주를 놀이터에서 마시고 있었습니다. 이를 테면 오디션의 불합격 통지서를 받은 것이 그녀의 전상황에서의 사건이었다고 가정해봅시다. 소희는 맥주를 사서 공원에 들어옵니다. 그리고 난 다음 그녀는 전상황에서 발생한 사건에 대한 평가를 통해 몸이 바뀌고 있었습니다. 이것을 우리는 목격했었습니다.

이때 하늘에서 비가 내립니다. 그런데 '비'는 소희에게 있어서 우연한 사건이어야 합니다. 그렇다면 소희의 '팔을 뻗다'라는 행동은 자신의 계획에 의해서가 아니라 이 우연한 사건을 이 자리에서 보고, 평가하고 난 후에 자신의 목표가 있어야만 비로소 '팔을 뻗다'라는 행동을 할 수 있는 근거가 마련되는 것이겠죠.

그런데 시연 시 소희의 '팔을 뻗다'는 단순히 잘 짜인 행동플랜으로 이루어져 결국 잘 만들어진 행동이 되어버렸다고 나는 평가했던 것입니다.

놀이터의 웅덩이 발견 또한 마찬가지입니다. 이것 또한 우연한 사건이어야 웅덩이에 발을 담그는 놀이가 가능하겠죠. 그 외에도 소희의 시연에서 이러한 부분이 몇 군데 노출되어 있었습니다."

"아!"

소희가 고개를 끄덕이며 마치 도가 튼 듯한 소리를 내뱉는다. 문숙은 고개를 크게 끄덕이며 자신의 메모장에 뭔가 급히 적어내려 간다.

"다시 말하면 소희의 전상황, 사건과 평가, 목표, 속과 겉 행동 그리고 말 행동은 대체적으로 나무랄 데 없었지만, 부분적으로 잘 만들어진 플롯과 행동계획으로 말미암아 기계적인 어떤 것이 되고 말았다는 것이죠. 이때 행동은 자신을 명확하게 건드린 대상이 아닌 이미 수립된 자신의 행동계획에 의해 수행된 것이 되어 예술적 감동은 희석되었고요."

소희는 계속해서 자신의 노트에 빠르게 메모하고 있다. 교육자는 잠시 말을 끊고 난 후에 다시 학생들을 향해 시선을 돌린다.

"자신이 수립한 행동계획은 시연 전에는 고정된 행동계획이지만 시연 시에는 유연한 행동계획이어야 합니다. 그렇지 않으면 계획된 행동에 의해 움직이는 기계가 무대에 존재하게 되죠. 그렇다면 정작 중요한 것은 행동계획이 아니라 '지금, 여기에서' 대상을 다루어낼 수 있는 것이겠죠. 이러할 때 자신이 수립한 행동계획은 더 이상 계획이 아니라 무대에서 살아 있는 행동으로 바뀌게 될 것이고요."

소희는 계속 고개를 연신 끄덕이며 자신의 노트에 뭔가를 적다가 생각에 잠겨 있다. 다른 학생들도 고개를 끄덕이며 생각에 잠겨 있다.

"결론적으로 말하자면, 행동계획은 우리가 무대에서 무엇을 할 것인가에 대한 큰 줄기를 형성하는 것과 다름없습니다. 정작 중요한 것은, 시연 시 이미 수립된 행동계획이 살아 있는 자신의 행동으로 실행되느냐하는 것이라고 할 수 있어요. 그렇다면 대상에 대한 '지금, 여기에서'의 자신으로서 다루기입니다. 이것을 명심하길 바랍니다!"

9

수업이 시작되자 교육자가 실기실로 들어온다. 그는 자리에 앉아서 책상 위에 놓여 있는 노트를 들여다본다. 노트에는 다음과 같은 순서가 적혀 있다.

1. 집 앞에서   . . . 손기주
2. 젓갈   . . . 윤문숙
3. 시외버스터미널에서   . . . 김현정

"기주와 문숙, 현정을 제외하고 나머지 사람들은 오늘 발표하지 않나요? 벌써 방학인가요?"

교육자가 노트를 들여다보며 학생들을 나무란다.

". . ."

"수업시간에 발표를 하고 안하고는 여러분들의 자유의지에 달려 있습니다. 하지만 시연을 통한 수업이 원만히 진행되지 못한다면, 나는 더 이상 수업을 할 수 없어요. 왜냐하면 여러분들이 보여줄 것이 준비되지 않는다면 나는 아무것도 할 일이 없기 때문입니다."

학생들은 고개를 하염없이 떨구고 있다.

"우리의 일은 적극적이고 능동적인 작업이어야 합니다. 하루도 거르지 않고 연구에 몰두하고 있는 과학기술원의 연구원들과 매일 바bar를 잡고 연습에 매진하는 무용수들을 생각해보길 바랍니다. 또한 역도, 피겨스케이팅, 축구선수 등도 거의 매일 연습을 빼먹지 않습니다. 우리의 작업도 마찬가지이어야 합니다."

학년대표인 소희가 손을 반쯤 들어 우물쭈물 거리며 말한다.

"사실. . . 어제 선배들의 졸업공연 때문에 저희들이 스태프로 참여하여 밤샘을 했습니다. . . ."

교육자가 고개를 끄덕거린다.

"그렇지만 그 어떤 일이 있다하더라도 우리의 일은 해내어야 해요. 아파서도 안돼요. 수업이 시작되거나 차후에 공연연습이 시작되면 우리의 몸은 이미 자신의 몸이 아니라는 사실을 명심하길 바랍니다. 나로 인해 파트너와 동료들이 연습을 못하게 되어 여러분들을 만나러 오는 미래의 관객들을 극장에서 돌려보내서는 안 되기 때문입니다. 오케이?"

"네!"

학생들은 우렁찬 목소리로 응답한다.

"오케이! 기주가 준비한 에튜드 〈집 앞에서〉를 봅시다!"

기주는 벌떡 일어나 무대 가림막 뒤로 나간다. 무대는 이미 세팅되어 있다. 무대 중앙에 대문으로 보이는 철제 프레임이 설치되어 있고, 양 옆으로 큰 큐빅을 세워 기둥으로 만들었다. 기둥에는 초인종이 설치되어 있다. 그 옆으로 가림막을 세워 담벼락으로 만들었으며 가림막 오른쪽에는 밖으로 통하는 계단이 놓여 있다. 가림막 왼쪽에는 벤치와 휴지통이 보인다. 가림막 뒤에서 기주가 소리친다.

"준비되면 시작하겠습니다!"

교육자가 짧게 응답한다. 잠시 후 기주는 가림막 뒤에서 계단을 통해 조심스럽게 올라와서 집 대문 쪽 골목으로 고개를 살짝 내민다. 그의 손에는 포장된 꾸러미가 들려 있다. 그는 천천히 계단 밑으로 내려와 대문 쪽으로 조심스럽게 다가가다 갑자기 놀라며 다시 계단 쪽으로 뛰어가서 숨는다. 잠시 동안 그는 숨어 있다. 잠시 후에 그는 고개를 살짝 내밀어 아무도 없음을 확인하곤 다시 계단을 내려와 천천히 대문으로 다가간다. 대문 앞에서 기웃거린다. 그러더니 그는 휴대폰을 꺼내 시간을 본다. 그리고 난 후 기주는 계단 쪽을 쳐다본 다음 벤치를 바라본다. 다시 휴대폰의 시계를 보고 잠시 생각하다가 벤치 쪽으로 간다. 기주는 벤치에 앉아서 계단 쪽을 바라본다. 누구를 기다리는 듯하다. 그리고 그는 하늘을 쳐다본다. 손에 쥐고 있는 휴대폰을 만지작거린다. 휴대폰을 본다. 잠시 후 다이얼을 누른다. 갑자기 기주는 다이얼을 누르기를 멈추고 끊는다. 전화를 뚫어지게 쳐다보고는 한숨을 내쉬며 다시 하늘을 쳐다본다. 갑자기 손에 들고 있던 포장 꾸러미를 벤치에 놓아두고 계단 쪽으로 급히 걸어간다. 계단 위에 서서 계단 바깥쪽을 기웃거리다가 천천히 계단을 내려온다. 계단 밑단에 서서 그는 한숨을 내쉰다. 그리고 벤치 쪽으로 가다가 포장 꾸러미를 보고 멈춰 선다. 천천히 벤치로 가서 힘들게 앉는다. 그는 포장 꾸러미를 잠시 쳐다보다가 매듭을 푼다. 조그만 곰 인형이다. 곰 인형을 이리저리 만진다. 곰 인형 팔을 자신의 얼굴에 갖다 대고 툭툭 때린다. 그리고 나서 곰 인형을 무릎에 놓고 소리친다.

"야!"

잠시 말을 끊고 난 후에 기주는 곰 인형에게 다시 소리친다.

"야! 또 보자!"

그는 곰 인형을 조심스럽게 들어 대문 쪽으로 가져간다. 대문 한쪽 구석에 곰 인형을 정성스럽게 놓고 포장지를 구겨 휴지통에 던진다. 그는 계단 쪽으로 가다가 멈춰 선다. 곰 인형 쪽으로 가더니 앉아서 곰 인형 팔을 배 쪽으로 나란히 모으고 툭 친다. 잠시 곰 인형을 보고서는 일어선다. 그리고는 계단을 천천히 넘어간다.

"수고했어요! 들어오세요, 기주!"

교육자가 계단을 통해 퇴장한 기주를 부르자 그는 머쓱해하며 들어와서 벤치에 앉는다. 학생들은 고개를 연방 끄덕이며 다소 상기된 표정으로 교육자에게 주의를 기울인다.

"우선 몇 가지 물어볼 것이 있어요. . . . 이곳은 어디인가요?"

교육자가 기주에게 질문을 던진다.

"제가 좋아하고 있는 여자의 집 앞입니다."

학생들과 교육자는 고개를 끄덕인다.

"지금 시간은 대략 몇 시쯤인가요?"

"오후 4시쯤 되었습니다."

교육자는 기주의 대답을 듣고 고개를 끄덕이며 재차 질문한다.

"등장하지 않은 여자와의 관계에 대해 간단히 말해주세요, 기주!"

"같은 과 여학생입니다. 동갑내기고요. 평소에는 별 스스럼없이 지내고 있습니다만 저의 속마음은 그렇지 않습니다."

기주가 머리를 긁적이며 말하자 여학생들은 낮은 소리로 '오우!'하고 외친다.

"그녀의 집 방문은 오늘이 처음인가요?"

다시 교육자가 기주에게 묻는다.

"아닙니다!"

"그러면요?"

"이미 서너 번 찾아 왔습니다. 시간은 달랐지만요."

"그럼, 한 번도 그녀와 집 앞에서 부딪힌 적은 없나요?"

교육자가 흥미로운 듯 재차 묻는다.

"네. . . 만날 시간대를 일부러 피해서 왔습니다."

"왜요?"

기주가 잠시 머뭇거린다.

". . . 아직까진 만나서 무엇을 얘기해야 할지 . . . 설령 무엇을 얘기한다 해도 그녀가 부담스러워 할 수 있겠다는 생각을 했습니다."

여학생들은 기주의 답변에 안타까운 소리를 내지른다.

"오케이, 곰 인형은 오기 전 가게에 들러 사온 건가요?"

다시 교육자가 기주에게 질문을 던지자 그는 머리카락을 긁적인다.

". . . 아닙니다! 벌써 몇 주 전에 사 놓았던 겁니다."

기주의 기어들어가는 듯한 목소리에 여학생들은 탄식의 함성을 내지른다.

"오케이! 하나만 더 물어볼까요?"

학생들은 교육자와 기주의 대화에 적극 동참하며 이미 자신의 일인 양 주의를 기울이고 있다.

"곰 인형과의 대화 중 '야! 또 보자!'라는 말은 무슨 의미이죠?"

교육자의 질문에 학생들은 일제히 기주를 쳐다본다. 기주는 잠시 뜸을 들이다가 쑥스러운 듯 천천히 말을 잇는다.

". . . 제가 좋아하는 그녀와 만일 잘 된다면. . . 또 볼 수 있을 것 같아서요!"

기주의 답변에 여학생들은 자지러질 듯한 고함을 내뱉으며 쓰러진다. 교육자는 미소를 머금고 있다. 잠시 후에 그는 학생들에게 시선을 돌린다.

"기주의 에튜드에서 대상은 무엇이었죠? 모두 얘기해보세요!"

"대문, 음. . . 대문에서 들리는 소리, 전화, 곰 인형. . . 하늘, 계단, 벤치 그리고. . . 그녀였습니다."

주희가 기억을 더듬으며 또렷한 목소리로 답변한다.

"오케이, 그러면 기주의 이러한 대상 다루기는 어땠나요?"

"아주 명확했습니다. 소름끼칠 정도로요!"

무신의 답변에 학생들은 웃음을 터뜨린다. 교육자가 무신을 쳐다보고서 미소 짓는다.

"기주에게 있어서 사건은 무엇이었습니까? 이것 또한 몽땅 말해보세요."

". . ."

학생들이 잠시 머뭇거리자 문숙이 손을 번쩍 들어 큰 소리로 대답한다.

"대문에서 들리는 소리, 하늘, 핸드폰 신호음, 음. . . 그리고. . . 계단 뒤에서 들리는 소리, 포장 꾸러미, 곰 인형. . . 그녀의 오지 않음 등이었습니다."

"오케이! 그렇다면 기수에게 있어서 사건의 크기와 성도는 명확하게 설성되어 있었나요? 만일 그렇다면 그것은 기주의 평가를 통해 적합한 행동으로 드러나고 있었습니까?"

"네, 그렇다고 할 수 있습니다."

정태가 즉각 답변한다.

"구체적으로 예를 들어 말해보세요."

교육자가 정태를 다그친다.

"예를 들면. . . 대문에서 들리는 소리로 인해 기주는 급하게 계단 쪽으로 도망가다시피 뛰어가서 숨었습니다. 그리고 계단 쪽에서 들리는 소리 때문에 그는 벤치에 앉아 있다가 확인하러 황급히 계단으로 뛰어갔고요. . . . 또한 기주는 기다리는 여자가 오지 않자 시계와 하늘을 쳐다보거나 계단 쪽을 계속 쳐다보았습니다."

교육자가 정태의 답변에 고개를 끄덕거리며 학생들에게 시선을 돌린다. 그리고는 질문을 던진다.

"그러면 기주의 일련의 속 행동과 겉 행동은 논리적이고 정당했나요? 그리고 말은 행동으로 작동하고 있었습니까?"

"네! 뭉클하기까지 했습니다."

소희가 살짝 떨리는 목소리로 답한다. 교육자가 고개를 끄덕인다.

"오케이, 하나만 더 물어볼까요? 기주의 목표와 방해물, 그리고 또 다른 목표와 또 다른 방해물은 부딪혀서 일관성 있게 기주의 행동으로 드러나고 있었나요?"

"네!"

학생들은 주저 없이 큰 소리로 외친다. 교육자는 고개를 끄덕이며 잠시 생각에 잠기더니 이윽고 천천히 말문을 연다.

"기주의 시연에 있어서 나에게 무엇보다도 흥미로웠던 것은, 기주의 행동플랜은 과거이었지만 행동은 바로 '지금 여기에서' 이루어지고 있었다는 점입니다. 그것은 대상과 사건, 평가 등이 기주가 머물렀던 여자의 집 앞에서 '지금, 여기에서' 생생하게 행동으로 진행되고 있었다고 말할 수 있죠. 나는 이러한 것들이 바로 기주 자신의 문제, 고민, 생각, 행동으로 나타났다고 확신합니다.

기주에게 있어서 과거에 이와 유사한 경험이 있었든 없었든 그것은 나에게 있어서 별로 중요하지 않습니다. 이러한 상황을 기주가 얼마나, 어떻게 자신으로서 이해하느냐가 중요한 것입니다. 그러할 때 기주 자신은 명확히 드러나고, 우리는 이러한 기주의 행동을 통해 고개를 끄덕일 수 있겠죠. 이해되나요?"

"네!"

학생들은 우렁찬 목소리로 화답한다.

"오케이! 이제 여러분과 점점 의사소통이 단단해 지고 있다는 느낌이 듭니다. . . . 기주의 〈집 앞에서〉는 공개발표 하도록 합시다!"

교육자가 잠시 뜸을 들이다가 힘차게 말하자 학생들은 기주를 향해 부러움의 함성을 지른다. 기주는 머리카락을 쓸어 넘기며 머쓱해한다. 교육자가 미소를 띠고 있다. 잠시 후 그는 학생들을 향해 말문을 연다.

"다음 시간부터 에튜드의 상황을 좀 더 복잡하게 확장시켜 볼까요? 이를테면, 환상적인 상황과 사건을 만나는 것입니다. 예를 들어, 카프카의 〈변신〉에서 주인공은 자고 난 다음 날 아침 이상한 벌레로 변신되었습니다. 그리고 내가 만약 길거리에 있는 우체통이라면? 아니면 내가 만약 키가 콩만 하게 작아진 상황에 처했다면? 혹은 화장실 입구의 표지 인물이 나라면? 등입니다.

이때 여러분이 첫 번째로 해결해야 하는 것은 대상인 형상에 대한 형상화를 모색하는 일입니다. 만일 자신이 칫솔이라면, 칫솔이라는 대상을 관찰하여 자신이 이것을 어떻게 형상화시켜야 할 지 결정해야 한다는 것입니다.

둘째로, 만일 자신이 칫솔이라면 칫솔인 자신의 상황을 만들어 보세요. 그래서 제시된 상황에서 사건을 만나보고 칫솔인 자신은 사건에 대해 무엇을 할 수 있을지 찾아보고 행동으로 실행해보세요.

셋째로, 환상적인 상황에 처하거나 자신이 어떤 사물로 치환된다 하더라도 결국 자신의 문제로 출발하여 자신으로서 행동을 해야 함을 잊지 말길 바랍니다. 이때 전상황, 사건과 평가 그리고 목표와 방해물 또한 이전의 '1인 에튀드'와 동일하게 적용되어야 합니다. 이해되었나요?"

주희가 손을 번쩍 든다.

"선생님, 의상이나 소품, 분장 등이 필요할 수도 있을 듯한데요?"

교육자가 고개를 힘껏 끄덕인다.

"여러분의 형상화에 도움이 되어 행동에 영향을 주는 것이라면 그것들을 적극적으로 활용해보세요!"

학생들은 고개를 세차게 끄덕거린다.

"자, 문숙의 에튀드 〈젓갈〉을 볼까요?"

교육자의 지시가 떨어지자 학생들은 문숙의 〈젓갈〉 에튀드를 위해 신속하게 무대전환을 하기 시작한다.

10

오늘도 여느 때와 다름없이 정시에 수업이 시작되면 교육자가 앉은 책상 위 노트에는 발표할 순서가 다음과 같이 빼곡히 적혀 있다.

　1. 이순신 장군 동상　　 . . . 양승욱

무대 중앙에는 대큐빅이 세로로 세워져 있고, 뒤쪽 멀리 가림막이 병풍처럼 처져있다. 가림막 뒤쪽에서 승욱은 큰 소리로 외친다.

"준비되면 시작할까요?"

"네! 준비되면 시작하세요."

교육자도 큰 소리로 외친다. 잠시 후 승욱은 장군복 차림의 갑옷을 입고, 머리에는 장군의 군모를 쓰고, 신발은 군화를 신고, 손에는 장검을 들고 가림막 뒤에서 등장한다. 그리고 얼굴에는 수염을 붙였다. 그는 대큐빅 위로 올라가서 오른손에 장검을 들고 꼿꼿하게 선다. 학생들과 교육자는 승욱의 모습을 보고 소리 내어 웃는다. 이윽고 그는 이순신 장군 동상 형상을 취하고서 근엄하게 말한다.

"시작하겠습니다!"

학생들은 박장대소한다. 승욱은 장군 형상을 취한 채 한동안 미동도 꿈쩍 하지 않고 서 있다. 학생들과 교육자는 그를 바라보며 웃음을 머금고 있다. 잠시 후에 그의 눈동자가 조금씩 흔들린다. 그리고 그는 목을 좌우로 돌리려고 애쓰지만 무척 힘든 기색이 역력하다. 마침내 목을 천천히 돌리며 이리저리 둘러본다. 마치 누가 있는지 확인하는 듯하다. 그는 아무도 없음을 확인하고 나서 허리를 굽히려고 한다. 역시 마음대로 되지 않는 듯하다. 검이 들려 있는 팔을 올리려 하지만 그것도 뜻대로 되지 않는다. 이번에는 앉으려고 하지만 무릎이 구부려지지 않는다. 안간힘을 쓴다. 몇 번의 시도와 노력 끝에 그는 검을 내려놓고 매우 힘들게 무릎을 구부렸다 폈다하고, 팔과 목도 천천히 흔들어 본다. 그리고 어깨도 돌리고 허리도 좌우로, 앞뒤로 흔들어 몸을 푼다. 학생들은 그의 이러한 행동을 보며 웃어댄다. 이제 그는 힘들게 투구를 벗고 갑옷과 군화도 벗는다. 마침내 그는 자리에 주저앉아 편한 자세를 취하고서 만면에 웃음을 띠고 있다. 잠시 후에 그는 일어서더니 뒤돌아선다. 뒤를 힐끔 쳐다보고 바지를 내린다. 학생들은 손뼉을 치면서 큰 소리로 웃어댄다.

"여기까지 준비했습니다!"

교육자도 소리 내어 웃고 있다. 승욱은 대큐빅 위에서 조심스럽게 내려온다.

"광화문 광장에 있는 이순신 장군 동상입니까?"

교육자가 미소를 띤 채 그에게 질문한다. 승욱은 고개를 세차게 끄덕인다.

"이순신 장군 동상을 관찰의 대상으로 선택한 계기는 무엇이었나요?"

"세종문화회관에 공연을 보러 갔다가 시간이 남아 광장에서 차 한 잔하고 있었습니다. 그때 장군이 제 눈에 들어왔고, 문득 과제가 생각났습니다. 처음으로 가까이서 본 동상인지라 이것저것이 신기했지만 오랜 세월을 여기, 이렇게 서 있었다면 상당히 힘들었을 거라는 생각을 하게 되었습니다. 그래서 동상이 '만약 나라면 어떨까?'라는 생각을 하게 되었습니다. 그리고 투구와 장검, 철갑옷, 군화 등이 무척 무거웠을 것이며, 관절 또한 무뎌 질대로 무뎌졌을 거라는 데까지 생각이 미쳤습니다. 무엇보다도 소변이 엄청 마려웠을 거라는 생각이 들었습니다."

그의 답변을 들으며 교육자와 학생들은 연신 고개를 끄덕인다.

"멋진 상상력입니다! 그런데 투구와 갑옷, 군화, 수염 그리고 장검은 어디서 구했나요?"

"아는 분이 방송국에 계셔서 빌렸습니다."

승욱은 주저함이 없이 곧장 답변한다. 교육자가 고개를 끄덕이며 입을 연다.

"오케이! 승욱이 보여 준 에튜드를 우리는 '판타스틱fantastic 에튜드'라고 말합니다. '판타스틱 에튜드'는 관찰한 대상에 대한 형상화를 모색하는 것이 우선시 되어야 합니다. 승욱은 이것을 멋지게 달성했다고 할 수 있죠. 방송국까지 가서 필요한 의상과 소품들을 대여해 왔을 정도니 말입니다.

'판타스틱 에튜드'에 있어서 가장 중요한 것은 자신의 상상력입니다. 승욱의 시연을 예로 들면 광화문에 있는 이순신 장군 동상에 대한 관찰을 통한 그의 상상력 말입니다. 그것은 사물에 대한 자신의 관점으로써의 관찰이라고 말할 수 있습니다. 즉 오랜 세월 동안 장비를 갖춘 채 서 있다 보면 관절에 분명 무리가 있을 것이고, 또한 무거운 것을 벗어버리고 싶고, 소변이 마렵고 등의 자신의 관점 말입니다. 이제 대상에 대한 관찰로부터 자신의 상상력이 발동되고 난 후에 해결해야 할 것은 목표를 가진 자신의 행동으로 옮겨져야 합니다.

이러한 점에서 승욱의 에튜드는 자신의 멋진 상상력으로 출발하여 자신의 행동으로 이루어진 훌륭한 '판타스틱 에튜드'였다고 생각합니다. 특히 내가 좋았다고 평가하고 싶은 것은, 승욱이 장군으로서 행동을 함에 있어서 서두르지 않고 계획된 행동을 정확하고 구체적으로 해내고 있었다는 점입니다. 아주 흥미로운 '판타스틱 에튜드'였습니다. . . . 광화문의 이순신 장군 동상은 왼손잡이였습니까? 아니면 오른손잡이였습니까? 승욱!"

교육자의 갑작스런 질문에 승욱은 잠시 생각하더니 큰 소리로 답변한다.

"동상을 볼 때 분명 왼손잡이였습니다. 왜냐하면 장군은 오른손으로 장검을 쥐고 있었기 때문입니다."

교육자가 고개를 끄덕인다.

"오케이, 수고했어요! 다음 사람 준비해서 보여주세요! 10분간 휴식!"

교육자가 자리를 뜨자 학생들은 승욱의 투구와 철갑옷, 장검 등을 신기한 듯 만지며 이야기를 나눈다. 현정은 승욱의 수염을 이리저리 만지며 장난친다.

11

저녁 식사 후에도 연기수업은 계속해서 보강 중이다. 교육자의 책상 위에 놓여 있는 수업용 노트에는 학생들이 적은 발표순서가 다음과 같이 적혀 있다.

〈판타스틱 에튜드〉
1. 눈雪   . . . 윤문숙
2. 동태   . . . 박정태
3. 꿈   . . . 이소희
4. 공원벤치   . . . 감무신
5. 코   . . . 권주희
6. 사자인형   . . . 김현정
7. 신문지   . . . 손기주

〈1인 에튜드〉
1. 부둣가에서   . . . 양승욱
2. 라면   . . . 이정하
3. 강의실 203호에서 . . . 이수정

휴식 후에 교육자가 들어와 자리에 앉으며 노트를 쳐다본다.

"다섯 번째 주희 차례인가요?"

"네!"

주희는 무대 위에 세팅되어 있는 침대에 누워서 대답한다. 무대 정중앙 뒤쪽에 침대가 있고, 침대 위쪽 구석에는 책상과 의자가 놓여 있다. 책상 위에는 책,

시계, 화장품, 작은 스탠드 등이 여기저기 널려 있다.

"준비되면 시작할게요!"

주희가 이불 속에서 소리친다. 교육자가 짧게 화답한다. 잠시 후 주희는 기지개를 켜면서 이불 속에서 얼굴을 내민다. 그녀는 불분명한 소리로 중얼거리다가 벌떡 일어나 탁자 위의 시계를 쳐다본다. 잠시 멍하게 앉아 있다가 침대에서 나와 기지개를 활짝 켠다. 그녀는 잠옷차림이다. 주희는 책상 쪽으로 가서 의자 밑에 있는 가방을 들어 책상 위에 놓는다. 그리고 흥얼거리며 가방을 열고 책 몇 권을 집어넣고 거울을 힐끔 쳐다본다. 그녀는 화장품을 챙겨 가방 앞주머니에 넣고 다시 거울을 힐끔 쳐다본다. 그리고는 머리카락을 쓸어 넘기며 여전히 흥얼거린다. 갑자기 주희는 멈춘다. 천천히 손을 얼굴에 가져간다. 코 부분에 와서 그녀의 손은 멈춘다. 급히 손을 내리고 거울을 쳐다보기 위해 천천히 몸을 거울 쪽으로 굽힌다. 그녀는 거울을 쳐다보고 재빨리 떨어진다. 다시 거울 쪽으로 천천히 다가간다. 얼굴을 비춰보고는 눈을 크게 뜬다. 의자에 털썩 주저앉는다. 주희는 한참을 멍하니 앉아 있다가 손을 코에 갖다 댄다. 외마디 비명을 지르며 무릎에 얼굴을 파묻는다. 한동안 무릎에 얼굴을 파묻고 있던 주희는 급하게 침대 쪽으로 가서 이불을 뒤집는다. 베개도 뒤집어 이리저리 살핀다. 그리고는 침대에서 내려와 침대 밑을 뒤지기 시작한다. 주희는 땅바닥에 털썩 주저앉는다. 잠시 멍하게 있던 주희는 다시 손을 코에 갖다 대본다. 고함을 지른다. 잠시 후 그녀는 벌떡 일어나 밖으로 뛰어 나간다. 다시 급하게 방으로 들어와서 코트를 걸치고 뛰어 나간다. 그녀는 급하게 다시 방으로 들어온다. 책상 서랍을 뒤져 마스크를 꺼내 쓰고 황급히 나간다. 동료들이 소리 내어 웃어 댄다.

"여기까지입니다."

주희는 가림막 뒤에서 소리친다.

"러시아 작가 고골의 〈코〉를 읽었구나!"

교육자가 가림막 뒤에서 주뼛거리며 걸어 나오는 주희를 쳐다보며 말을 건넨다. 그녀는 이해하지 못한 듯 "네?"라고 대답한다.

교육자는 고개를 살짝 갸우뚱거리더니 재차 그녀에게 되묻는다.

"오케이, 〈코〉 에튜드를 발표하게 된 계기는 무엇이었나요?"

"얼마 전 코가 없어진 꿈을 꾼 적이 있어요. 그 다음날 하루 종일 마스크를 쓰고 다니며 코를 만졌던 기억이 생생해서 이걸 에튜드해 봐야겠다고 생각했습니다."

학생들은 소리 내어 웃는다.

"오케이, 이 시간 이후 도서관에 가서 러시아의 소설가이자 극작가인 고골의 〈코〉라는 소설을 찾아서 읽어 보세요!"

교육자가 부드러운 목소리로 말하자 그녀는 고개를 힘껏 끄덕인다. 소희와 무신은 재빨리 메모한다.

"고골의 〈코〉에 등장하는 남자 주인공의 행동과 주희가 실행한 행동은 무척 비슷해요. 고골이 주희의 꿈에 나타나 에튜드를 선물한 것 같은데?"

학생들이 주희를 향해 함성을 보내자 그녀는 손사래를 친다.

"아무튼. . . 주희의 에튜드에서 그녀의 행동은 마치 자신의 일인 양 진지하게 진행되었습니다. 특히 주희의 사건에 대한 평가는 우리들로 하여금 충분히 주의를 가지게 만들었다고 판단됩니다. 즉 '어느 날 코가 없어진다면?'이라는 판타스틱한 사건을 자신의 문제로 받아들여 평가하고 있다는 뜻입니다. 이후의 주희가 행했던 행동들 또한 설득력 있는 것이었다고 생각하고요."

교육자는 평가를 멈추고 잠시 생각하더니 이내 입을 뗀다.

"하지만 조금 아쉬웠던 점도 있었습니다. 예를 들면, 사건 발생 이후 평가를 거친 그녀의 행동, 즉 '이불을 뒤지다', '베개를 뒤지다', '침대 밑을 뒤지다' 등의 행동들이 다소 병렬로 나열되고 있었다는 점입니다. 그래서 잃어버린 코를 찾기 위해 '이불을 뒤지다'는 이후의 '베개를 뒤지다'와 연관성이 결여되어 있고, 또 이후의 '침대 밑을 뒤지다'와의 유기성도 약해 보입니다. 다시 말하면, 이불을 뒤져 코가 없다면 '나는 이제 무엇을 할 수 있을까?'라는 또 다른 평가 이후에 베개를 뒤져야만 한다는 것이죠. 이제 사건의 크기가 증폭되겠죠. 그렇다면 '베개를 뒤지다'는 또 다른 행동의 템포를 가지게 될 것이고요. '침대 밑을 뒤지다' 또한 이러한 사건의 증폭되는 크기를 일관성 있게 가져야 합니다. 이러한 점에 유념하여 주희는 다음 시간에 〈코〉 에튜드를 한 번 더 보여주길 바랍니다."

그녀는 고개를 힘껏 끄덕인다. 교육자가 그의 말을 계속 이어간다.

"그러나 고골이 제시한 주인공의 행동처럼 주희가 침대, 베개 그리고 침대 밑을 대상으로 행동을 찾아 실행했다는 것은 놀랍고도 흥미로운 것이었습니다. 그래서 나는 주희에게 고골의 선물이라고 말했던 것이고요.

주희의 시연에서 또 하나 흥미로웠던 행동은, 그녀가 급히 밖으로 나가고, 다시 들어와서 코트를 입고 나가고, 다시 들어와서 마스크를 찾아 쓰고 나가는 행동이었습니다. 이것은 무척 흥미로운 행동 찾기였습니다. 그것은 마치 코미디 장르에 등장할 만한 행동을 보는 듯했습니다."

교육자가 주희에게 시선을 돌린다.

"한 가지 물어볼 게 있어요. 자네는 어디로 그렇게 급히 나가는 것이었지?"

"어젯밤 늦게까지 근처에 사는 친구와 술을 마셨기 때문에 당장 그녀 집에 가려고요."

"그래서요?"

교육자가 궁금한 듯 다시 그녀에게 재빨리 묻는다.

"잘 기억나지 않는 어젯밤의 정황을 듣고 싶고, 무엇보다도 그 친구의 도움을 받아야 할 것 같아서요."

교육자와 학생들은 고개를 끄덕거린다.

"오케이! '판타스틱 에튜드'는 상황에 대한 자신의 상상력을 극대화시켜 자신으로서 행동 찾기와 실행이라고 할 수 있습니다. 이때 중요한 것은, '나라면?'이라는 관점의 대입입니다. 이와 같은 환상적인 상황이나 사건을 통해 자신으로서 가능성 있는 행동과 말을 계획해서 실행해 보길 바랍니다. 오케이?"

"네!"

학생들은 큰 소리로 교육자에게 화답한다.

12

수업이 시작되면 실기실에서 학생들은 삼삼오오 모여 대화를 나누거나 쉬고 있다. 연기교육자가 반대표인 소희한테서 지난 시간에 가져간 수업용 노트를 들고 실기실로 들어온다. 그는 의자에 앉아 수업용 노트를 펼친다.

"모레, '1인 에튜드'를 공개발표 하도록 하겠습니다."

학생들은 고함을 지른다.

"공개발표 리스트입니다."

학생들의 고함소리에 아랑곳하지 않고 교육자가 말을 이어가자 그들은 언제 그랬냐는 듯 금방 주의를 기울인다.

1. 집 앞에서	. . .	손기주
2. 옥상에서	. . .	감무신
3. 골목길에서	. . .	이수정
4. 연습실에서	. . .	양승욱
5. 삼각관계	. . .	윤문숙
6. 1,000원	. . .	손기주
7. 레포트	. . .	김현정
8. 말벌	. . .	박정태

"공개발표 리스트는 여러분들이 수업시간에 시연했던 많은 에튜드들 중에서 성과가 있었던 1~2개를 선택한 것입니다. 개인별로 10개 정도의 에튜드를 수업시간에 보여줬지만, 그중에 어떤 것은 한 번의 시연으로 발표를 하게 된 것도 있고, 또 어떤 것들은 과제를 부여받아 몇 번의 수정을 거쳐 마침내 선택된 것들도 있습니다.

지난 번 '대상 없는 행동' 공개발표 이후 여러분들은 두 달 여 동안 '1인 에튜드'를 열심히 준비해 왔습니다. 이제 '1인 에튜드'를 공개발표 할 시점에 이르렀습니다.

지난 번 '대상 없는 행동'의 공개발표 즈음에도 말했던 것처럼, 공개발표는 우리의 작업에서 필수적으로 해야만 하는 과정 중 하나입니다. 하지만 공개발표는 발표를 위한 발표가 되어서는 안 됩니다. 그것은 공개발표의 결과가 중요한 것이 아니라 과정이 더욱 중요하다는 의미이죠. 따라서 공개발표 또한 수업의 연장선이라고 이해하는 것이 좋습니다.

공개발표의 관객은 아직까지는 불특정 다수인 사람이 아닌 우리의 조력자이거나 협력자인 여러분의 선배나 동료 그리고 선생님입니다. 이러한 공개발표를 통해 여러분들은 차후의 불특정 다수인 관객과의 만남을 준비할 것이고요. 이러한 의미에서도 우리의 공개발표는 유용한 것이며 필수적이라고 할 수 있습니다."

"선생님, 그런데 공개발표는 1~2개만 발표해야 합니까?"

주희가 손을 들어 질문한다.

"반드시 그렇지는 않습니다. 그러나 공개발표에 있어서 중요한 것은 양이 아니라 질입니다. 하나라도 정확하고 명확하게 해결하는 것이 훨씬 중요합니다. 그래서 수업시간에 여러분들이 보여준 에튜드 중에서 어떤 것은 몇 번의 토론과 수정을 거친 후에 발표하게 된 것도 있고요."

주희가 고개를 끄덕인다.

"모레 '1인 에튜드' 공개발표가 끝나고 나면 간단하게 총평가와 개별평가가 있을 겁니다. 그러고 난 후에 우리의 다음 과제인 '2인 에튜드'에 대해 간단하게 설명하고 마칠까합니다. 질문 있나요?"

교육자는 학생들을 번갈아 쳐다본다.

"무대전환은 전과 같이 저희들 스스로 준비합니까? 선생님?"

문숙이 손을 들어 질문한다.

"네, 그렇습니다. 지난 번 '대상없는 행동'의 공개발표와 마찬가지로 무대전환은 여러분들 스스로 준비하고 연습하세요. '대상없는 행동' 때의 무대전환은 무척 간단했을 겁니다. 그러나 '1인 에튜드'나 차후의 '2인 에튜드'의 무대전환은 그것보다는 훨씬 복잡할 것입니다. 소도구, 소품 등이 그만큼 많아질 것이기 때문이죠.

지난 공개발표 때도 말했지만, 무대전환 또한 공개발표의 연속선상으로 생각해야 합니다. 무엇보다도 중요한 건, 발표자가 집중할 수 있도록 배려하는 일입니다. 그러므로 무대전환을 위한 각자의 일들을 신속히 끝낸 이후에는 무대에서 얼쩡거리지 말고 재빨리 퇴장하십시오. 다시 말하면, 무대전환 시에도 자신의 할 일만 정확히 하라는 것입니다.

아울러 쓸데없는 소품이나 소도구는 무대에 필요치 않습니다. 자신의 행동을 위한 소품이나 소도구만 있으면 족합니다. 그러할 때 무대 위의 소품이나 소도구, 대도구들은 단순한 장식품이 아니라 살아 있는 물건이 되는 것입니다. 그리고 동료와 중복되는 소도구나 소품 등은 공유하되 동료가 어떤 것은 자신의 행동을 위해 반드시 필요하다고 한다면 조율하길 바랍니다. 오케이?"

"네!"

학생들은 큰 소리로 응답한다.

"남은 시간은 공개발표를 위해 준비하세요. 이 말은 공개발표 할 에튜드를 반복 연습하라는 의미가 아닙니다. 반복 연습은 차후의 작업인 장면연극이나 공연에서 필요합니다.

또한 에튜드는 아직까지 텍스트를 필요로 하지 않습니다. 에튜드는 자신이 제시한 상황 하에 자신의 목표를 가진 자신의 행동의 정확한 실행만 있을 뿐입니다. 결국 에튜드는 자신의 행동계획을 무대에서 '지금, 여기에서' 처음인 것처럼 실행하면 되는 것입니다. 그렇다면 에튜드 발표 연습은 공연에서처럼 작품의 완성도를 위한 반복을 요구하는 것이 아니라 자신의 전상황, 사건, 목표 그리고 행동계획 등을 다시 한 번 이해하고 점검하는 과정만 필요합니다. 그리하여 공개발표 시에는 '지금, 여기에서' 처음인 것처럼 행동의 실행을 요구하는 것이죠. 이것은 에튜드 작업이 허구의 무대에서 자신이 존재하기 위한 즉흥성으로써의 행동 획득을 목표로 하기 때문입니다."

몇 명의 학생들은 고개를 연신 끄덕거리고 있고, 또 다른 학생들은 눈을 또르륵 굴리며 생각에 잠겨있다.

13

공개발표장인 실기실에는 배우과科, 연출과, 영화과 학생들과 화술, 움직임, 이론전공 교육자들 그리고 연기전공 교육자들로 발 디딜 틈이 없다. 담당 연기 교육자가 일어나 무대로 나간다.

"두어 달 전에 학생들은 처음으로 '대상없는 행동'을 공개발표 했습니다. 오늘 우리는 '1인 에튜드'로 두 번째 공개발표 시간을 가지려고 합니다.

익히 아시다시피, '대상없는 행동'이 사물에 대한 대상 다루기, 즉 사물을 다루는 자신의 행동모색과 실행이었다면, '1인 에튜드'는 상황이라는 보다 넓은 대상을 배우 자신의 행동 찾기와 실행으로 해결하는 난계입니다. 따라서 아직까지 우리는 역할을 만나기 전에 배우 자신에 대한 작업에 전력하고 있습니다. 차후의 세 번째 작업인 '2인 에튜드'에서도 배우 자신에 대한 작업은 계속 될 것이고요. 차치하고, 지금부터 1학년의 두 번째 공개발표를 시작하도록 하겠습니다. 순서는 다음과 같습니다."

〈1부〉
1. 〈집 앞에서〉   . . . 손기주
2. 〈옥상에서〉   . . . 감무신
3. 〈골목길에서〉   . . . 이수정
4. 〈연습실에서〉   . . . 양승욱
5. 〈삼각관계〉   . . . 윤문숙
6. 〈1000원〉   . . . 손기주
7. 〈레포트〉   . . . 김현정

휴식 (10분)

〈2부〉
1. 〈말벌〉   . . . 박정태
2. 〈편지〉   . . . 이정하
3. 〈마포갈비 집에서〉   . . . 권주희
4. 〈전화〉   . . . 이소희
5. 〈여관방에서〉   . . . 감무신

6. 〈코〉   . . . 권주희
7. 〈이순신 장군 동상〉   . . . 양승욱

　공개발표가 끝난 후 학생들은 자신의 의상과 소품 등을 정리하며 공개발표에 대해 이야기를 나누고 있다. 교육자가 들어와서 자리에 앉자 학생들은 긴장하며 그에게 주의를 기울인다. 이윽고 그가 말문을 연다.

　"오늘 공개발표는 대체로 잘 진행된 듯합니다. 그런데 공개발표 중 몇 개는 지난 번 수업시간에 보여주었던 것보다 생동감이 없거나 밋밋했다고 생각합니다. 즉 '오늘, 지금, 여기'에서 명확하게 살아 있지 못했다고 할 수 있어요. 그 이유는 대체로 행동의 플랜을 나열하여 보여주는데 그친 경우라고 할 수 있으며, 또한 시연 시 어떤 부분에서는 이미 행동으로 실행해야 함에도 불구하고 해내지 못한 경우를 통틀어 말하고 있는 겁니다. 다시 말하면, 기계적이거나 상태에 머물러 있었다고 평가할 수 있습니다. . . . 그럼에도 불구하고 오늘 공개발표 '1인 에튜드'는 전반적으로 볼 때 우리의 현재 목표가 달성된 듯 하여 만족할 만하다고 평가합니다."

　교육자가 잠시 말을 멈추고 공개발표 프로그램을 쳐다보자 학생들은 더욱 주의를 기울이기 시작한다.

　"간단하게나마 개별평가를 해보도록 할까요? 첫 번째, 기주의 에튜드 〈집 앞에서〉는 수업시간의 시연 때보다는 생동감이 덜했습니다. 그것은 이미 자신이 행동 플랜을 알고 있어 그것을 옮겨놓는데 그쳤다는 인상이었습니다. 예를 들면 수업 때의 시연에서 기주는 무대로 등장한 후 계단 위에서 골목길을 바라보는 행동을 무척 조심스럽게 행했습니다. 왜냐하면 혹시라도 누가 대문으로 나오거나 집 앞에 누가 있을지도 모른다는 것을 기주 자신이 현문제로 가지고 있었기 때문이죠. 하지만 발표 때의 기주의 '골목길로 고개를 내민다'는 위에서 말한 대상이 없어져 버

려 행동을 위한 행동이 되어 버렸다고 할 수 있습니다. 이러한 점들이 시연 때 몇 군데 노출되고 있었습니다. 무대는 항상 '지금'이어야 합니다. 이 점을 잊지 말아야 합니다. 그렇지 않으면 배우가 아닌 기계만이 무대에 있게 될 것입니다."

기주는 교육자의 평가에 고개를 연신 끄덕이며 노트에 무언가를 빠르게 적기 시작한다.

"두 번째, 무신의 에튜드 〈옥상에서〉는 아주 좋았습니다. 전상황은 무신 자신의 문젯거리였으며, 찾아진 행동과 실행 또한 적절했습니다. 사건과 평가 또한 그 크기만큼 이해되어 행동으로 나타났다고 할 수 있습니다. 무엇보다도 흥미로웠던 것은, '편지를 움켜쥐다'라는 행동의 실행이었어요. 편지를 읽고 난 후 그것을 정확하게 움켜쥔 무신의 행동은 딱 그만큼의 사건의 크기를 가지고 있었기에 고스란히 무대적 힘으로 전달되었습니다.

수정의 에튜드 〈골목길에서〉는 사건의 평가에 대한 짧고 얕음으로 인해 조금 서둘렀다는 느낌입니다. 예를 들면, 더 정확하게 사건을 평가하여 인형을 꼭 껴안아야 그만한 '껴안다'라는 행동이 정당성을 확보할 수 있었을 텐데 말입니다."

무신은 약간 상기된 표정을 짓고 있고, 수정은 짧은 탄식을 내뱉는다.

"승욱의 에튜드 〈연습실에서〉는 좋았으며 무척 재미있었습니다. 다만 전화로 '뭘 어떻게 하란 말이야! 도대체 나보고 더 이상 뭘 어떻게 하란 말이야!'라는 말의 발음이 정확하지 않았던 것은 옥에 티입니다. 아무리 행동을 잘 찾아 실행한다하더라도 말이 기본적으로 발음이나 발성의 불충분함으로 인해 전달력을 약화시킨다면 모든 것은 도로 아미타불입니다. 무대에서의 말과 행동은 급할수록, 격렬할수록 서두르지 않아야 합니다. 그런 의미에서 평소 때 발음과 발성 연습을 게을리 하지 않아야 하는 것은 기본이겠죠. 수업시간 때의 호흡과 발음, 발성 연습은 빙산의 일각에 지나지 않습니다. 매일 이것은 지속적으로 연습되어야만 변화, 발전하는 것입니다. 듣기 좋은 목소리와 발성을 부모님으로부터 물려

받았다면 더할 나위 없이 좋겠지만, 그렇지 않다면 평상시 일관성 있게 연습하지 않으면 아무리 속 행동, 겉 행동이 훌륭하다 할지라도 모든 것은 수포로 돌아갑니다. 그럼에도 불구하고 이 문제가 해결되지 않으면 무용이나 노래, 그 외의 예술을 알아봐야 할 겁니다."

승욱은 고개를 연신 끄덕이며 머리를 긁적인다.

"문숙의 에튜드 〈삼각관계〉와 기주의 에튜드 〈1,000원〉은 한 가지 중요한 오류를 범하고 있습니다. 그것은 오토매틱하게 행동이 실행되었다는 것입니다. 그래서 잘 만들어진 행동의 나열과 진열로 그쳐버렸어요. 행동을 위한 '왜, 무엇 때문에'를 강화했다면 이러한 오류는 생기지 않을 겁니다. 아마 공개발표라는 것이 조금은 부담이 되었을 거라고 생각합니다. 그러나 무대에서 배우는 자신의 일을 정확하고 명확하게 행동으로 해내는 사람이어야 합니다. 관객의 영향을 안 받을 수는 없지만, 무대에서 자신의 일에 집중하여 행동으로 옮겨낸다면 관객의 주의를 자연스럽게 유도하여 결국 자신이 관객에게 영향을 줄 수 있을 겁니다. 그래서 차후의 관객과의 교류라는 우리의 초목표를 합리적으로 달성할 수 있습니다.

만일 배우가 관객과 영합하려고 하면 할수록 쓸데없고 거추장스러운 어떤 것을 생각하고 해내기 시작합니다. 진정한 관객과의 교류는 이런 방식으로는 요원합니다. 강조하건대, 행동단위와 행동단위 사이를 정확하고 일관성 있게 메워 넣는 것은 전적으로 배우의 일입니다. 그렇지 않으면 계획된 행동만의 단순한 실행으로 인해 우리는 무대에서 기계가 되어 버릴 것입니다."

문숙과 기주 또한 자신들의 에튜드에 대한 평가를 노트에 열심히 적으며 고개를 계속 끄덕거리고 있다. 교육자가 다시 프로그램을 한 번 쳐다보고는 평가를 계속 이어간다.

"현정의 에튜드 〈레포트〉와 정태의 에튜드 〈말벌〉은 좋았습니다. 시연 때 현정의 실수로 레포트 용지가 준비되어 있지 않아서 잠시 당황했지만, 이내 재적응하여 책으로 주의를 옮겨 대상에 대한 행동을 해낸 것은 에튜드의 속성인 즉흥에 대한 훈련이 성과를 보이고 있는 듯합니다. 무대는 live이기 때문에 작은 실수가 항상 발생하기 마련이죠. 재빨리 대상으로의 주의를 가지고 행동으로 옮겨낸다면 무대에서 재적응은 쉽게 해결될 것입니다. 이러한 재적응의 문제는 여러분들이 에튜드 수업을 통해 획득한 것으로 이미 무의식적으로 작동되고 있다고 확신하는 바입니다.

한편 정태의 에튜드에서 말벌의 갑작스러운 방안 침투 때 정태가 구석에서 말벌을 바라보는 행동은 매우 인상적이었습니다. 그것은 말벌의 비행을 정태 자신의 눈으로 정확히 보고 있었기 때문이죠. 파리의 비행, 모기의 비행, 벌의 비행은 우리에게 다른 '봄'을 줍니다. 파리의 비행은 충분히 우리의 눈으로 따라 갈 정도의 크기와 궤적이지만, 모기의 비행은 소리로 가늠할 수밖에 없을 정도의 크기와 속도를 가지고 있습니다. 그래서 모기를 잡을 때의 우리의 눈은 파리나 벌 등의 곤충과는 다른 눈을 가지게 되는 것이죠. 그런 의미에서 정태의 말벌이 이리저리 날아다니는 것을 보는 행동은 매우 명확해서 감동적이기까지 했습니다."

현정과 정태는 교육자의 평가에 미소를 함박 머금고 있다.

"정하의 〈편지〉 에튜드는 목표의 크기가 상당함에도 불구하고 명확하게 자신으로서 그 크기가 결정되지 않아서 결국 자신의 평가와 행동이 조금은 가벼워 보였습니다. 사건의 크기와 정도에 대한 자신의 이해는 무척 중요합니다. 수업 시간에도 누차 말했지만, 사건의 크기와 정도에 따라 우리의 목표는 보다 구체적으로 결정됩니다. 그리하여 이것은 목표의 크기와 정도로 연결되어 결국 그것과 비례하는 행동으로 귀착되는 것이죠. 그렇다면 '사건의 크기와 정도 - 목표의 크기와 정도 - 구체적인 행동'이라는 일련의 공식을 주의하길 바랍니다.

〈마포갈비 집에서〉 에튜드인 주희의 공개발표는 지적할 만한 것이 딱히 없습니다만, 무대에서의 건들거림과 발을 질질 끄는 형태는 지양해야 할 태도와 자세입니다. 만일 그것이 습관화된 자신의 행동이라면 당연히 고쳐야 하고요. 왜냐하면 그것 또한 무대에서의 쓸데없는 짓에 해당하기 때문입니다."

정하는 자신의 노트에 메모를 하고 있고, 주희는 머리카락을 쓸어 넘기며 얼굴을 살짝 붉힌다.

"소희의 에튜드 〈전화〉는 아주 좋았습니다. 목표는 뚜렷했고, 속 행동과 겉 행동은 선명했으며, 남자와의 긴 통화의 말임에도 불구하고 계획된 말 행동은 수화기를 통해 들려오는 소리로부터 정확한 반응으로써의 말이었습니다. 소희의 〈전화〉 에튜드는 말로 이루어진 에튜드의 전형이었다고 해도 과언이 아닙니다. 그것은 쓸데없는 것은 전혀 없을 정도로 차분하고 정확한 말 행동이었습니다. 특히 내가 좋았다고 평가하고 싶은 것은, 수화기로부터 들려오는 말에 대한 소희의 정확한 '들음'이었습니다. 그래서 소희는 수화기를 통해 들려오는 소리를 통한 자신의 겉 행동과 속 행동을 명확하게 찾아 반응함으로써 허구의 소리로부터 자신의 존재감을 충분히 드러내 보였습니다.

무신의 두 번째 에튜드인 〈여관방에서〉는 상황의 확장이었습니다. 그것은 수업시간에 무신이 이 에튜드를 보여줬을 때 언급했던 것처럼 소설에서 상황을 차용했지만 결국 자신의 문제나 행동으로 해결할 수 있느냐하는 것입니다. 만일 이것이 무신 자신의 사건, 평가, 목표를 가진 행동으로 바뀐다면 얼마든지 에튜드로 충분히 가능한 소재입니다. 따라서 무신의 에튜드에서 제시된 상황은 어디에서나 봄직한 멜로드라마의 한 장면으로써의 상황이었지만, 결국 무신이 자신의 문제로 인식하여 자신의 행동으로 해결했기에 퍽 인상적이었다고 평가합니다.

끝으로, '판타스틱 에튜드'인 주희의 〈코〉와 승욱의 〈이순신 장군 동상〉은 내가 수업 때 지적한 과제에 대해 명확한 해결을 보여준 발표였습니다. 주희의 에튜드 〈코〉에서 이제 그녀의 행동은 템포와 리듬을 정확하게 획득하고 있었습니다. 즉 사건의 크기와 정도가 대상과 관계할 때마다 달라졌고, 사이와 침묵은 우리의 주의의 끈을 더욱 당기고 있었습니다. 또한 이 에튜드는 그로테스크한 분위기와 코메디와 같은 행동이 어우러진 수작이었다고 평가됩니다.

승욱의 에튜드 〈이순신 장군 동상〉 또한 두 번째 보여준 것이었지만 '오늘, 지금, 여기에서' 살아 있는 듯했습니다. 수업의 시연 때보다 훨씬 흥미로웠던 것은, 형상화에 대한 승욱의 자신감 넘치는 믿음이었습니다. 이것은 이미 승욱 자신의 문제로 자리 잡았음을 의미합니다. 그래서 승욱이 이순신 동상인지, 이순신 동상이 승욱인지 분간되지 않을 정도였습니다. 추측건대, 승욱은 장군 동상을 관찰하기 위해 몇 번 더 광화문을 찾아갔으리라 생각됩니다."

교육자가 다소 긴 개별평가를 마치고나더니 말을 멈춘다. 그는 학생들을 쭉 한 번 훑어보고 난 뒤에 다시 천천히 말문을 연다.

"오늘 '1인 에튜드'의 공개발표는 부분적으로는 아쉬운 점이 있었지만 전체적으로 볼 때 성과를 충분히 낸 듯합니다.

이전의 공개발표인 '대상없는 행동'은 대상이 물건들이었죠. '1인 에튜드'에서 대상은 '대상없는 행동'에서의 물건을 포함한 상황입니다. 상황 속에는 우리가 다루어내야 할 많은 대상들이 포함되어 있습니다. 가시적인 것과 비가시적인 것들 말입니다. 이러한 대상을 제법 차분하고 정확하게 자신의 행동으로 해결했기에 성과는 있었다고 나는 판단합니다."

교육자의 전체 평가를 듣고 나서야 학생들은 비로소 안도의 한숨을 내쉰다. 교육자는 빙그레 웃으며 계속 자신의 말을 이어간다.

"이제 우리의 다음 과제는 '2인 에튜드'입니다. '2인 에튜드'에서 대상은 물건과 상황에 하나의 또 다른 대상이 첨가되는데, 바로 상대배우입니다. 상대배우라는 대상이 더해지면 우리의 일은 이제 상당히 복잡해집니다. 그것은 '대상없는 행동'이나 '1인 에튜드'에서 대상이 대부분 자신의 의지나 노력에 의해 행동으로 해결된다면, '2인 에튜드'에서의 대상인 상대배우는 자신의 의지나 목표에 반

反하는 것이기에 행동 찾기와 실행은 매우 유동적이기 때문입니다. 이 말은 자신의 의지나 노력, 목표만큼이나 상대배우의 의지와 노력, 목표 또한 존재하기에 자신의 목표 달성이 결코 쉽지 않다는 의미입니다. 따라서 목표를 가진 두 사람의 충돌은 불가피하겠죠. 그러므로 이러한 두 사람 간의 목표의 충돌이 어떻게 행동으로 드러나느냐 하는 것이 '2인 에튜드'의 목적이라고 단언할 수 있습니다."

교육자는 학생들을 한 번 쳐다보고서는 고개를 가볍게 끄덕이더니 다시 말을 잇는다.

"에튜드는 연극학교에서 배우의 기술을 연마하는데 중요한 창작도구이며 수업기자재입니다. 이러한 에튜드는 많은 기능을 확보하고 있는데, 여러분들이 이미 경험한 것처럼 작가로서, 무대미술가로서, 연출가로서 그리고 배우로서의 기능성을 확보하고 있다고 할 수 있어요. 그러므로 에튜드를 반복 학습하다보면 자연스럽게 연극작업에 필요한 모든 역할들을 섭렵하도록 만들어 줍니다. 아마 여러분들은 이러한 것을 조금씩 인지하고 있거나 무의식적으로 해결하고 있다고 나는 확신하고 있어요."

교육자는 공개발표에 대한 평가와 다음 과제에 대한 간단한 설명을 마친 듯한 표정이다. 그가 빙그레 웃으며 학생들을 바라보자 학생들도 그에게 웃음으로 화답한다.

"우리의 두 번째 단계를 훌륭하게 마친 여러분들에게 다시 한 번 수고했다고 말하고 싶습니다. 모두들 수고하셨어요! 호프 한 잔 할까요?"

학생들은 강의실이 폭발할 정도로 고함을 지른다. 교육자가 실기실을 나서자 학생들은 함성을 내지르며 자신들의 공개발표를 자축한다. 소희와 문숙은 서로 꼬옥 껴안고, 무신과 승욱은 악수를 하며 어깨를 세게 부딪친다. 한동안 실기실은 시끌벅적하다. 한참 후에 그들은 공개발표 때의 속사정을 이야기해가며 소품과 의상을 빠른 속도로 챙기기 시작한다.

상대배우를 만나다!

1

"벤치를 무대 중앙에 갖다 놓으세요."

연기교육자가 실기실로 들어와서 자리에 앉자마자 학생들에게 지시한다. 기주와 정태가 벌떡 일어나 벤치를 무대 한가운데 갖다 놓으면 교육자가 소희와 무신에게 시선을 돌린다.

"소희와 무신은 벤치에 앉아보세요."

그들은 엉거주춤 일어나 벤치로 가서 앉는다.

"둘은 연인 사이입니다. 여러분이 연인 사이임을 말없이 행동으로만 보여주세요."

교육자의 갑작스러운 과제에 소희와 무신은 잠시 생각에 잠긴다. 소희가 손을 들어 질문한다.

"소품을 사용해도 될까요?"

"자네들의 행동에 도움이 된다면 얼마든지!"

교육자의 답변에 그들은 각자의 물건들을 챙겨 벤치로 가서 다시 앉는다. 잠시 후 무신이 가방에서 책을 꺼내 소희의 무릎에 머리를 대고 눕는다. 소희는 빙그레 웃으며 무신을 바라본다. 그러더니 그녀는 이어폰을 가방에서 꺼내 휴대전화에 꽂아 음악을 듣기 시작한다. 무신은 흘러나오는 음악소리에 맞춰 다리를 까딱까딱 흔들며 책을 읽고 있다. 한동안 그들은 각자의 일을 하고 있다. 잠시후 소희가 가방을 열어 초콜릿을 꺼낸다. 그리고 무신의 입에 넣어 주고 자신도 먹는다. 무신은 소희에게 엄지손가락을 치켜세운다. 소희가 환하게 웃으며 그의 머리카락을 쓰다듬는다.

"수고했어요."

교육자가 그들의 시연을 끊는다. 소희와 무신의 시연을 지켜보던 학생들은 입가에 미소를 띠고 있다.

"무신과 소희는 어떤 관계인가요?"

교육자가 학생들을 향해 질문을 던진다.

"애인인 것 같습니다."

기주와 현정이 큰 목소리로 동시에 대답한다.

"그들이 연인 사이임을 어떻게 알 수 있죠?"

교육자가 학생들에게 재차 묻는다.

"그들은 무척 다정해 보여요. 예를 들면 남자가 여자의 무릎에 머리를 대고 누워 책을 보고 있거나 여자가 초콜릿을 남자에게 먹여 주고 머리를 쓰다듬는 행동은 그들을 충분히 애인처럼 보이게 해요."

문숙이 카랑카랑한 목소리로 대답한다.

"문숙의 말에 동의하나요?"

학생들은 큰 소리로 동의한다. 교육자는 고개를 끄덕이더니 천천히 말문을 연다.

"관계성은 우리가 '2인 에튜드'에서 첫 번째로 생각하고 고려해야 할 중요한 항목입니다. 우리는 어떤 사물이나 사람과 항상 어떤 관계성을 가지고 있어요.

자신이 즐겨 쓰는 펜, 다른 바지보다 훨씬 편한 낡은 청바지 그리고 어머니와 아들, 아빠와 딸, 중학교 동창생, 아파트 주민, 라이벌 등의 관계에 따라 우리의 행동은 확연히 달라집니다. 이러한 관계에 따라 자신은 바뀌고 변하는 것이라고 할 수 있죠.

다시 말하면 아버지와 나, 친구와 나, 선생님과 나라는 관계 때문에 나의 자세, 태도, 말 등이 바뀌는 것입니다. 그렇다면 이러한 관계 때문에 결국 자신의 무엇이 바뀐다고 할 수 있습니까?"

"..."

학생들이 잠시 머뭇거리자 승욱이 재빨리 큰 소리로 대답한다.

"행동입니다!"

교육자가 승욱에게 엄지손가락을 들어 보인다.

"오케이! 무신과 소희가 시연했던 것으로 되돌아가 얘기를 좀 더 해볼까요? 우리가 그들이 연인 사이임을 알 수 있었던 것은 그들의 행동 때문이었다고 말할 수 있나요?"

"네!"

학생들의 목소리는 확신에 차 있다.

"오케이! 그렇다면 우리는 무엇보다도 우선 사물이나 사람에 대한 자신과의 관계에 대해 잘 생각해 보고 이러한 관계성에 따른 적합하고 논리적인 행동을 찾는 것이 중요하다는 것을 알아야 합니다. 예를 들면 나와 친한 친구, 나와 경쟁자, 나와 엄한 아버지, 나와 까다로운 직장상사 등의 관계성에 따라 나는 무엇을 할 수 있는지를 찾아야 한다는 것입니다. 이해되나요?"

학생들은 고개를 힘껏 끄덕인다. 교육자가 승욱과 기주에게 시선을 돌린다.

"무대에 테이블 두 개와 의자 두 개를 갖다 놓아보세요."

그들은 구석에 있는 테이블 두 개와 의자 두 개를 잽싸게 무대에 갖다 놓는다.

"정하는 왼쪽 테이블, 기주는 오른쪽 테이블에 앉아볼까요?"

그들이 테이블에 각자 앉자 교육자가 과제를 제시한다.

"여기는 카페입니다. 우선 정하와 기주는 왜 이 카페에 와 있는지 전상황을 가지고 앉아 있어야만 해요. 그리고 난 후에 두 사람은 카페에서 할 수 있는 행동을 해보세요.

둘째, 정하와 기주는 모르는 사이입니다. 그런데 어디서 본 듯해요. 제시된 상황은 이것이 전부입니다. 이해되었으면 보여주세요."

정하와 기주는 난감해 하며 잠시 생각에 잠긴다.

"밖에서 등장해도 관계없습니까?"

기주가 묻는다.

"관계없습니다."

"전상황이나 관계에 대해 잠시 논의해도 될까요, 선생님?"

정하가 묻자 교육자는 고개를 가로로 세차게 흔든다.

"내가 제시한 관계와 상황만 가지고 즉흥적으로 부딪혀 보세요!"

정하와 기주는 고개를 끄덕이며 주섬주섬 물건들을 챙겨 밖으로 나간다. 잠시 후 정하가 들어와서 탁자에 앉아 노트북을 펼친다. 그리고 공책을 편다. 그러더니 노트북을 쳐다보며 무언가 열심히 적기 시작한다. 이윽고 기주가 카페에 들어온다. 그는 두리번거리다가 빈 탁자에 앉는다. 그는 앉아서 시계를 보며 누군가를 기다리는 듯 계속 두리번거린다. 그가 주위를 두리번거리다가 정하를 본다. 정하가 고개를 들다가 기주와 눈이 마주친다. 기주는 고개를 돌린다. 잠시 후에 기주는 다시 슬쩍 정하를 쳐다본다. 정하도 기주를 쳐다본다. 그들의 눈이 정면으로 마주치자 이번에는 정하가 고개를 돌린다. 그녀는 잠시 생각에 잠긴다. 기주 또한 고개를 돌리고 생각에 잠겨 있다.

"수고했어요. 거기까지만 볼게요."

교육자가 그들의 시연을 끊는다.

"기주는 무슨 일로 카페에 왔죠?"

교육자가 학생들에게 눈길을 돌려 질문을 던진다.

"친구를 만나러 왔는데 조금 일찍 도착한 것 같습니다."

무신이 확신에 찬 목소리로 대답한다. 학생들은 고개를 끄덕인다.

"기주에게 정하는 누구인가요?"

무신은 고개를 갸우뚱거리며 답변한다.

"음. . . 확실하지는 않지만 그녀는 초등학교 친구인 듯합니다."

교육자가 고개를 끄덕인다.

"정하는 무엇 때문에 카페에 왔죠?"

교육자가 정하에게 묻는다.

"학교 근처에 있는 카페에서 리포트를 쓰기 위해 왔습니다. 커피도 마실 겸 해서요."

"자네에게 있어서 기주는 누구입니까?"

교육자가 정하에게 다시 묻는다.

"친한 언니의 전 남자 친구인 듯합니다. 처음에는 긴가민가했는데, 생각해 보니 그가 맞는 것 같아요."

동료학생들이 고개를 끄덕거린다.

"기주는 정하와 눈이 마주치고 난 이후에 무엇을 할 생각이었습니까?"

이번에는 교육자가 기주를 향해 묻는다.

"가서 물어볼 생각이었습니다. 무슨 초등학교를 졸업했는지 말입니다."

기주의 답변에 무신이 어깨를 으쓱한다. 교육자는 그의 답변에 고개를 끄덕이더니 정하에게 눈길을 돌린다.

"정하는요?"

"모른 척 할까 생각했습니다. 근데 지금 다시 생각해보니, 노트북과 가방을 챙겨 나가야 할 듯합니다. 혹시 아는 척하면 곤란할 것 같거든요."

정하가 자신이 시연 때 보여준 행동을 수정하며 대답한다. 교육자와 학생들이 고개를 끄덕인다.

"오케이! 기주와 정하가 카페에 온 전상황은 명확해 보입니다. 그들의 행동이 그것을 증명하고 있기 때문이죠. 이후 기주는 정하라는 대상을 만납니다. 이것은 그에게 사건으로 자리 잡습니다. 그리고 기주는 사건 평가 후에 정하에게 '물어보기를 원하다'를 목표로 가지고 있습니다.

한편 정하에게 있어서 사건 이후의 평가를 통한 목표는 '밖으로 나가기를 원하다'입니다. 정하의 수정된 말에 의하면 말이죠. 그렇죠?"

학생들은 고개를 연방 끄덕이며 동의한다.

"그런데 기주의 목표가 대상, 즉 정하에게 초등학교 동창인지 '물어보기를 원하다'로부터 실제로 행동으로 옮겨졌다면 이제 문제는 조금 복잡해집니다. 왜냐하면 그들의 목표는 서로에게 방해물이 될 가능성이 있기 때문이죠. 즉 기주의 목표는 '확인하고 싶다'이지만, 정하의 수정된 목표에 의하면 '밖으로 나가기를 원한다'이기 때문입니다. 필연적으로 그들 사이에는 목표의 충돌이 발생하겠죠. 당연히 자신의 목표가 쉽사리 달성되리라는 보장은 없습니다. 왜냐하면 기주에게 있어서 목표는 정하에게 방해물이 될 것이고, 정하에게 있어서 목표는 기주에게 방해물이기 때문입니다. 오케이?"

학생들은 동의의 표시로 고개를 힘차게 끄덕인다.

"이처럼 '2인 에튜드'에서는 대상이 자신의 목표에 반대되는 목표를 가진 상대배우이기에 목표의 충돌은 불가피합니다. 이것이 바로 '2인 에튜드'와 '1인 에튜드'의 근본적인 차이점이라고 할 수 있어요."

교육자의 말이 채 끝나기도 전에 주희가 손을 번쩍 들어 또박또박하게 말한다.

"선생님, '1인 에튜드'에서도 목표의 방해물로 인한 충돌은 있었다고 생각되는데요."

"예를 들면요?"

교육자가 주희를 넌지시 쳐다보며 되묻자 그녀는 잠시 생각하더니 차분한 목소리로 답변한다.

"그러니까. . . 예를 들어. . . '1인 에튜드'에서 저는 친구와 함께 심야영화를 보러 갈 계획이었는데, 엄마가 너무 늦은 밤에는 외출을 못하게 한다면 말이에요. 이때 '영화를 보고 싶다'는 나의 목표이고, 엄마의 명령은 나의 목표의 방해물이라고 생각됩니다만."

교육자가 고개를 끄덕이며 입을 연다.

"주희의 생각에 동의합니다. 하지만 '1인 에튜드'에서 목표달성을 위한 방해물은 등장하지 않은 사람이기에 어느 정도 자신의 의지에 따라 극복될 수 있다면, '2인 에튜드'에서의 목표달성을 위한 방해물은 면전에 있는 파트너의 목표이기도 합니다. 그렇다면 지금 내 눈앞에 있는 파트너를 보고, 파트너의 말을 듣고, 파트너를 살피면서 그와의 조율이나 협의, 투쟁이 반드시 필요로 하겠죠. . . ."

교육자의 설명이 채 끝나기도 전에 이번에는 수정이 손을 번쩍 든다.

"선생님, '대상없는 행동'에서도 목표의 방해물로 인한 충돌은 있었나요?"

"당연히 있었습니다. 어떤 것일까요?"

교육자가 수정의 질문에 대한 답변대신 학생들을 향해 되묻자 뒤쪽에 서 있던 소희가 끼어든다.

"예를 들면. . . 씻기 위해 상의를 벗어야 하는데 오른팔 상의가 잘 벗겨지지 않는 것이 그 예입니다. 그래서 오른팔 상의를 벗기 위한 목표를 수정하여 왼팔 상의를 벗고 난 후에 오른팔 상의를 벗는 경우라고 할 수 있을 것 같아요."

교육자가 고개를 힘차게 끄덕인다.

"정확한 예입니다. 그렇지만 '대상없는 행동'에서도 '1인 에튜드'처럼 자신의 목표달성을 위한 방해물의 극복은 대부분 자신의 의지나 노력에 달려 있다고 할 수 있어요. 왜냐하면 '대상없는 행동'에 있어서 대상은 사물이기 때문이죠."

수정은 고개를 끄덕인다.

"그러나 '2인 에튜드'는 목표를 가지고 있는 상대배우인 유기체가 눈앞에 있게 됨으로 인해 자신의 목표달성이 그리 쉽지 않습니다. 그 이유는 우선 자신의 목표달성을 위해서 상대배우에게 주의를 가지고 그를 면밀히 살펴야 할 것이며, 또한 파트너가 자신에게 하는 말을 듣고 난 후에 자신의 목표달성을 위해 무엇을 할지 결정해야 할 필요가 있기 때문이죠. 그렇다면 상대배우로부터 생성되는 것—분위기, 표정, 제스처, 말 등—을 정확하게 보고 들어야만 자신의 목표를 달성할 수 있는 전술을 마련할 수 있을 겁니다. 마치 군대에서 전략(목표)를 위해 전술(수단과 방법)을 구사하는 것과 마찬가지라고 할 수 있죠."

몇 명의 학생들은 고개를 끄덕이며 노트에 뭔가를 부지런히 적고 있다. 현정이 하품을 해대자 교육자는 빙그레 웃는다.

"오케이, 잠시 쉬었다가 좀 더 해볼까요?"

2

휴식 후 교육자는 들어오자마자 수정과 정태를 향해 지시한다.

"수정과 정태는 벤치에 앉아보세요. 둘은 연인 사이입니다. 그런데 둘은 어제 무슨 일로 다퉜어요. 정태는 화해하고 싶지만 수정은 화해할 생각이 없어요. 제시된 상황은 이것이 전부입니다. 보여주세요!"

교육자의 즉흥 과제에 대해 정태가 일어서며 묻는다.

"말을 해도 될까요?"

"물론입니다. 필요하다면 얼마든지 하세요."

정태는 고개를 끄덕이며 필요한 소품들을 챙겨 벤치로 나가 앉는다. 수정은 그와 조금 떨어져 앉는다. 둘은 잠시 동안 말없이 앉아 있다. 이윽고 정태가 일어나서 담배를 꺼내 문다. 수정은 여전히 말없이 앞만 주시한 채 앉아 있다. 정태가 수정을 바라본다. 그는 물고 있는 담배를 집어넣고 수정의 오른편에 가서 앉는다.

"내가 잘못했으니. . . 이제 그만 화 풀어!"

정태가 조심스럽게 말을 꺼낸다. 수정은 말없이 고개를 돌려 정태를 쳐다본다. 정태는 자세를 고쳐 앉으며 고개를 숙인다. 정태의 이 모습을 지켜보고 있던 동료들이 애써 웃음을 참고 있다.

"니가 뭘 잘못했는지 알고 있니?"

수정이 정태에게 말을 툭 내뱉는다.

". . . 아니까, 여기까지 왔잖아!"

정태는 머뭇거리다가 다소 퉁명스럽게 대답한다.

"얘기해봐, 뭘 잘못했는지!"

수정이 정태를 빤히 쳐다보며 질책한다.

"수고했어요. 여기까지만 볼까요?"

교육자가 그들의 시연을 끊고서 학생들에게 눈길을 돌리며 입을 뗀다.

"우선 둘 간의 전상황은 그들을 둘러싸고 있는 공기와 분위기를 통해 명확하게 전달되고 있습니다. 전상황으로 인해 그들은 침묵으로 일관하고 있기 때문입니다. 즉 그들의 전상황이 보이는 것이죠. 아울러 정태의 목표와 수정의 목표는 충돌을 일으키고 있습니다. 그들의 말을 통해 이것은 증명되고 있죠. 물론 방금 보여준 정태와 수정의 말은 '지금, 여기에서' 즉흥적으로 생산된 말입니다."

교육자는 잠시 말을 멈추고서 생각에 잠긴다. 학생들은 그에게 주의를 기울이고 있다. 이윽고 그가 천천히 입을 뗀다.

". . . 그들의 시연에서 나에게 흥미로웠던 점은, 그들의 시연이 비록 거친 즉흥이었지만 '1인 에튜드'의 경험으로 말미암아 그들 간에 발생하고 있는 말의 생성과 경로가 상대방을 '보고 들음'으로 인해 말 행동으로 바뀌고 있다는 것입니다. 바꿔 말하면, 정태와 수정은 그들의 목표를 가지고 말을 '주고받고' 있었다고 할 수 있어요. 즉 정태는 자신의 목표달성을 위해 수정에게 말을 주고 있고, 수정 또한 자신의 목표달성을 위해 정태에게 말을 주고 있었죠.

이처럼 자신의 목표를 가진 말을 파트너를 통해 주고받는 것을 우리는 '말의 교류'라고 말합니다. 이것은 겉 행동과 속 행동에서도 동일하게 적용되어야만 하는 것입니다. 그렇다면 우리의 현재의 작업인 '2인 에튜드'의 목표는 바로 '교류'라고 할 수 있습니다. 오케이?"

학생들은 고개를 연신 끄덕이며 자신들의 노트에 부지런히 메모하기 시작한다. 교육자는 말을 계속 이어간다.

"교류는 '주고받음', 'give and take'이며 '상호행동'입니다. 그렇다면 자신은 파트너에게, 파트너는 자신에게 무엇을 주어야 할까요?"

"행동이요!"

문숙과 소희가 자신 있게 답변한다. 교육자가 그들에게 손가락으로 동그라미를 표한다.

"오케이! 파트너와 자신은 행동을 주고받습니다. 그렇다면 이제 이 점을 생각해 봅시다. 파트너의 행동을 불러일으키기 위해 자신은 파트너에게 무엇을 주어야 합니까?"

" ㆍ ㆍ ㆍ "

학생들은 잠시 머뭇거린다.

"자신의 목표요!"

주희가 나지막하지만 확신에 찬 목소리로 침묵을 깬다. 교육자가 주희에게 엄지손가락을 높이 치켜든다.

"그렇습니다! 자신의 원함, 목표를 파트너에게 전달해야합니다. 그러면 파트너는 상대방의 목표를 가진 행동으로 인해 영향을 받고 자신의 목표를 위하여 반드시 어떤 전술을 구사해야 할 것입니다. 이것은 곧 상대방의 목표로 인해 자신의 목표를 관철해야 할지, 수정해야 할지, 포기해야 할지로 나아갑니다. 만일 상대방의 목표를 자신이 받아들일 수 없다면 둘 간의 충돌은 불가피할 겁니다. 하지만 파트너의 목표를 받아들인다면 에튜드는 더 이상 진행되지 못하고 해결점으로 나아가겠죠.

결론적으로 말해서, 교류는 자신의 목표를 가지고 파트너에게 말이나 행동, 침묵 등으로 자극이나 영향을 주는 것이 전제이어야 하며, 이러한 목표를 가진 말이나 행동은 충돌을 통한 주고받음을 통해 결국 행동으로 실행되는 것이라고 할 수 있습니다. 이해되나요?"

몇몇은 고개를 끄덕끄덕 거리며 생각에 잠겨 있고, 몇 명은 교육자의 설명을 곱씹으며 노트에 뭔가를 적기 시작한다.

"오케이! 서두르지 말고 차근차근 과제를 해결해 보도록 합시다."

교육자는 잠시 뜸을 들이더니 다시 자신의 말을 이어간다.

"우리의 현 과제인 '2인 에튜드'는 두 단계로 나눌 수 있습니다. 첫 번째는 '침묵 2인 에튜드'이고, 두 번째는 '말을 가진 2인 에튜드'입니다. 방금 보여준 정태와 수정의 거친 즉흥 연습과제는 이 두 가지를 동시에 보여준 경우라고 할 수 있어요.

'침묵 2인 에튜드'는 말 그대로 침묵할 수밖에 없는 상황을 가진 '2인 에튜드' 입니다. 하지만 그것은 말을 못하는 것이 아니라 말을 할 수 없는 상황이라는 것입니다. 수정과 정태의 에튜드 도입부분에서 그들이 보여준 것이 여기에 해당한다고 할 수 있죠.

우리는 말로써 다른 사람에게 우리의 의중이나 의도, 원함을 100퍼센트 전달할 수는 없습니다. 말 이외의 어떤 것이 우리의 상황이나 원함을 전달할 때가 훨씬 많죠? 이를테면 분위기, 무드, 공기, 제스처, 행동 등이 그것입니다. 하지만 이것 또한 상대방에게 영향이나 자극이라고 할 수 있겠죠?"

교육자가 학생들을 한 바퀴 빙 둘러보더니 질문을 던진다.

"어젯밤 엄마와 언쟁을 하고 난 후, 다음날 아침밥을 먹기 위해 엄마와 부엌에서 만난 적이 있습니까?"

"네!"

학생들은 큰 소리로 공감을 표한다.

"그때 부엌에서 자신은 무엇을 하죠?"

"평소에 잘 하지 않던 일들을 해요."

현정이 배시시 웃으며 답변한다.

"예를 들면요?"

"평상시와는 달리 아침식사 준비를 위해 냉장고에서 반찬을 꺼내 식탁에 세팅하는 것?"

학생들은 현정의 답변에 동의하듯 박수를 쳐댄다.

"마침내 식사를 하기 위해 식탁에 앉았을 때 엄마와 나 사이에 발생하는 공기를 기억하나요?"

교육자가 재차 학생들에게 질문을 던진다.

"네! 밥만 먹죠. 그리고 밥을 씹으면서 반찬만 뚫어지게 보고 있습니다."

정태의 대답에 동료들은 한바탕 웃음을 터뜨린다. 교육자도 공감의 표시로 고개를 힘껏 끄덕이며 미소 짓고 있다.

"정태의 말에 전적으로 동의합니다. 우리의 현재 작업, 즉 '2인 에튀드'에서 말 이전에 반드시 획득해야 할 일이 있다면 그것은 바로 침묵입니다. 침묵은 단순한 말없음이 아닙니다. 침묵은 오히려 말보다 훨씬 강력한 행동이라고 할 수 있어요. 이러한 침묵을 제대로 해결할 수 있다면, 상대방과의 교류가 무엇인지 명확하게 알게 될 것입니다. 그래서 '침묵 2인 에튜드'가 '말로 이루어진 2인 에튜드'보다 왜 먼저 수행되어야 하고 해결해야만 하는지를 인식해야만 합니다."

학생들은 고개를 끄덕이며 노트에 뭔가를 열심히 적고 있다.

"그러고 난 다음 '1인 에튜드'에서 행동을 위한 플랜을 가져온 것처럼, '말을 가진 2인 에튜드'에서도 말을 계획해보세요.

무대에서의 말 또한 철저히 계획되어져야 합니다. 이때 말의 계획이 교류의 수행으로 잘 옮겨졌는지는 에튜드 시연 후에 파트너와 함께 점검하면 되고요. 우선 파트너와 함께 말에 대한 계획을 세워 보세요. 무대 위에서 말을 주고받는 것이 제대로 실행되는지는 여러분들이 에튜드를 시연할 때 다시 자세히 얘기하도록 합시다.

자, 우선은 말 이전에 해결해야 할 침묵으로 들어가 볼까요? 방금 말했던 것처럼, 침묵을 통해 '2인 에튜드'의 목표인 교류는 무척 선명하게 드러납니다. 침묵은 또 다른 행동의 언어입니다. 현정이 말했던 것처럼 말이죠."

학생들은 현정의 말을 상기하며 미소 짓는다.

"그렇다면 우리는 침묵을 행동으로 수행해야 합니다. 정태가 말했던 것처럼, 밥을 씹는 행동과 반찬만 뚫어지게 바라보는 행동으로 말입니다. 오케이?"

"네!"

학생들은 소리 내어 웃으며 고개를 세차게 끄덕거린다. 교육자가 잠시 말을 끊자, 학생들은 교육자에게 주의를 기울인다. 잠시 후 그는 천천히 입을 뗀다.

"사무엘 베케트의 작품 〈고도를 기다리며〉를 읽어 본 적이 있나요?"

학생들은 서로를 쳐다보며 구시렁거린다. 교육자가 곧바로 자신의 말을 이어간다.

"〈고도를 기다리며〉에는 '사이', '침묵', '잠시', 그리고 '. . .' 등이 수없이 등장합니다. 차후의 우리의 작업단계인 '장면연극'에서 여러분은 자신의 상상력을 동

원하여 이것들을 몽땅 논리적인 인물의 행동으로 옮겨야만 합니다. 밥을 씹거나 반찬만 뚫어지게 보는 것처럼 말입니다. 체홉의 장막극은 읽었나요?"

"··· "

학생들이 다시 구시렁거리지만 명확한 답변은 없다. 교육자는 아랑곳하지 않은 채 자신의 말을 이어간다.

"체홉의 장막극에서도 '···', '사이', '침묵', '잠시' 등은 헤아릴 수도 없이 많이 등장합니다. 차후의 작업인 '장면연극'에서 여러분은 이것 또한 몽땅 속 행동, 겉 행동, 말 행동으로 옮겨야만 합니다.

이런 연유에서만 본다면, 아마 〈고도를 기다리며〉와 체홉의 장막극은 사촌지간이라고 할 수 있을지도 모릅니다. 해서 어떤 이는 체홉극을 말 많은 부조리극이라고 평하고 있는 지도 모릅니다."

교육자가 학생들을 넌지시 바라보더니 다시 말을 이어간다.

"수정과 정태의 시연에서 한 가지만 더 언급하고 오늘 수업은 마치도록 합시다. 정태의 '잘못했으니 그만 화 풀어!'라는 말에 수정이 말없이 정태를 쳐다보자, 정태가 자세를 바꾸며 고개를 숙였던 것을 기억합니까?"

학생들이 정태를 바라보며 키득거린다. 그는 멋쩍게 웃고 있다.

"지금처럼, 수정과 정태의 시연 때도 여러분은 정태의 모습을 보며 웃었죠? 이처럼 관객과의 진정한 교류는 무대의 배우로부터 출발해야 한다는 사실을 알아야합니다. 그것은 배우의 명확하고 구체적인 행동에 의한 것이어야만 가능하다는 사실 말입니다. 이를테면, 시연 때 정태의 모습에 반응한 여러분의 '웃음'은 수정으로부터 받은 정태의 정확한 행동이 전제였습니다. 나는 여러분과 정태의 교류가 이때 획득되었다고 말하고 있는 것입니다. 따라서 나는 이것이야말로 차후의 우리의 궁극적인 목표인 관객과의 진실한 교류라고 말하고 싶습니다.

그런데 만일 수정으로부터 받은 정태의 행동이 명확하지 않았다면, 여러분은 아마 그렇게 웃지 않았을지도 모릅니다. 어쩌면 '코웃음'이나 '비웃음', '헛웃음' 등이었을 수도 있겠죠. 하지만 그들의 시연 시 여러분의 웃음은 정태의 행동이 명확한 것이었기에 진실어린 웃음이었다고 나는 확신합니다. 이것을 나는 관객과의 교류에 있어서 배우의 명확하고 구체적인 행동이 전제가 되어야 한다고 강조하고 있는 것입니다. 내 말에 따라오고 있나요?"

"네!"

학생들은 고개를 세차게 끄덕이며 힘찬 목소리로 교육자에게 동의한다. 교육자가 급히 손목시계를 쳐다본다.

"곧 공연이 있어서 오늘은 이쯤에서 마치도록 할게요. 방금 말하려고 한 수정과 정태의 시연에서 정태가 고개를 숙였던 것에 대해서는 다음 시간에 다시 얘기하도록 합시다."

교육자가 서둘러 가방을 챙겨서 실기실을 나서자 반대표인 소희가 급히 따라나선다.

3

교육자가 실기실로 들어와서 자리에 앉으면 학생들은 여기저기 흩어져 편하게 앉아 있다. 그들은 교육자에게 주의를 기울인다.

"지난 시간 수정과 정태가 보여준 즉흥적인 시연을 기억합니까?"

학생들은 수정과 정태의 시연을 떠올리며 큰 소리로 "네!"라고 활기차게 답변한다.

"오케이, 정태의 '그만 화 풀어!'라는 말에 수정은 말없이 정태를 쳐다보았습니다. 그때 정태가 자세를 고치고서 고개를 숙인 것을 기억해요?"

학생들은 피식 웃으며 고개를 끄덕거린다.

"정태의 말은 수정으로 하여금 그를 쳐다보게끔 만들었습니다. 이어서 수정이 정태를 쳐다보자 이것은 정태로 하여금 고개를 숙이게끔 만들었고요. 나는 이것을 지난 시간에 교류라고 이야기했던 것입니다.

언급했던 것처럼, 교류는 자신의 목표를 가지고 상대배우에게 자극과 영향 주어 행동을 주고받는 것입니다. 그렇다면 우선 자신의 목표가 무엇인지 잘 이해하여 부디 상대방에게 자극과 영향을 주려고 해보세요."

교육자가 말을 끊고서 학생들을 바라본다. 그리고는 질문을 툭 던진다.

"그런데 정태와 수정의 시연에서 결코 놓쳐서는 안 되는 교류를 위한 사전행동이 있었습니다. 그것은 무엇이죠?"

" . . . "

학생들이 머뭇거리자 교육자가 재촉한다.

"자신의 목표달성을 위하여 상대방에게 말이나 행동으로 영향을 주려면 어떤 선행행동이 필요할까요?"

" . . . "

학생들은 깊은 생각에 빠져 있다.

"자신의 원함이 무엇인지 이해하는 것이요."

무신이 침묵을 깨며 큰 소리로 대답한다.

"그것은 앞서 이미 얘기했고 또한 행동도 아니죠. 수정으로 하여금 정태를 쳐다보게끔 만들려면 무엇이 필요합니까?"

교육자가 학생들을 재차 독려한다.

"아! 정태의 말을 들어야 해요!"

소희가 퍼즐게임에서 조각을 맞춘 듯 큰 소리로 외친다. 교육자는 고개를 힘껏 끄덕인다.

"오케이! 정태의 말을 들어야만 소희는 정태를 쳐다볼 수 있는 힘이 생길 것입니다. 그래야만 수정은 '니가 뭘 잘못했는지 알고 있니?'라는 자극체로서의 말을 정태에게 할 수 있겠죠.”

학생들은 고개를 세차게 끄덕인다.

“그럼. . . 수정이 정태로 하여금 고개를 숙이게 하려면 말 이전에 무엇이 선행되어야 합니까?”

“정태를 봐야합니다!”

이번에는 기주와 문숙이 마치 이것이 정답이라는 듯이 동시에 큰 소리로 외친다. 교육자가 다시 고개를 힘껏 끄덕인다.

“오케이! 수정이 정태를 쳐다보아야만 그는 고개를 숙일 수 있겠죠. 이 시점에서 내가 말하고 싶은 것은, 자신의 목표를 말이나 행동으로 파트너에게 전달하기 전에 ‘보고 들음’이 선행되어야 한다는 사실입니다. 물론 이것은 말과 동시에 이루어지기도 합니다. 하지만 명확한 ‘보고 들음’은 자신으로 하여금 또는 상대방으로 하여금 무엇을 하도록 만드는 힘의 원천입니다. 그러므로 수정과 정태의 시연에서 수정이 정태의 말을 정확하게 들으면 들을수록 자신의 말을 더욱 명확하고 구체적으로 해낼 수 있는 힘이 생기는 것입니다.”

몇 명의 학생들은 자신들의 노트에 빠르게 뭔가 적어 내려가고 있다. 교육자가 말을 멈추고 잠시 생각하는 듯 하더니 이내 입을 연다.

“오케이, 그들의 시연을 통해 ‘보고 들음’에 대해서 조금 더 구체적으로 이야기해 봅시다. 정태의 말은 수정으로 하여금 무엇을 불러 일으켰을까요? 아마도 화를 돋웠겠죠. 그래서 이후의 정태를 쳐다보는 수정의 눈은 냉랭했을 겁니다. 이것은 정태를 고개 숙이게 만들었고요. 이때 ‘냉랭하게’는 행동의 성질이나 양태입니다. 이 성질은 ‘어떻게’에 해당하는 것이라고 할 수 있어요. 그런데 이러한 행동의 성질은 ‘무엇 때문에’가 결정되면 자연스럽게 해결되는 것입니다. 그렇다면 ‘어떻게’는 차후의 문제이고, 정작 중요한 것은 ‘무엇 때문에’라고 할 수 있을 겁니다. 따라서 우리는 ‘무엇 때문에’에 총력을 기울여야 한다는 결론에 도달합니다.

나는 이 '무엇 때문에'를 위하여 '보고 들음'이 전제가 되어야만 한다고 말하고 있는 것입니다. 그래서 우리가 '무엇 때문에'를 이해하고 난 후에 '보고 들음'을 명확하게 수행할 수 있다면, '냉랭하게'라는 '어떻게'는 자연스럽게 해결될 것입니다. 환언하면, 더 이상 '어떻게'라는 방법에 고민하지 말고 '무엇 때문에'라는 것을 생각하고 이해하라는 것입니다. 그렇다면 교류를 위해서 다음과 같은 공식이 성립될 지도 모릅니다.

(행동)교류 = 목표 + 보고 들음 + 목표의 충돌 = (행동)주고받음

'대상없는 행동'이나 '1인 에튜드'에서도 내가 '대상을 보세요!'라고 자주 언급했던 것을 기억하나요?"

"네!"

학생들은 즉각 큰 소리로 합창하듯 소리친다.

"이제 나는 '2인 에튜드'에서도 '유기체인 파트너를 보세요. 그리고 파트너의 말을 들어 보세요!'라고 강조합니다. 만일 상대배우인 파트너의 행동과 말을 명확하게 보고 듣는다면, 반드시 자신에게는 무엇인가가 생기기 마련입니다. 이것이야말로 교류를 위한 주고받기의 선행단계라고 할 수 있습니다. 이후에 자신은 파트너에게 무엇을 다시 주거나 받을 가능성이 생기겠죠. 그리하여 이러한 일련의 과정이 명확한 주고받기로 수행된다면 우리의 현 단계 목표인 교류는 달성되는 것입니다. 그렇다면 '2인 에튜드'에서 교류를 위한 '보고 들음'은 우선 해결되어야 할 절대 항목임을 명심하길 바랍니다. 내 말에 따라오고 있나요?"

"네! 따라가고 있습니다!"

몇 명의 학생들이 한 목소리로 교육자에게 화답하자 그는 빙그레 웃으며 말을 계속한다.

"오케이, '1인 에튜드'와 마찬가지로 '2인 에튜드' 또한 전상황, 사건과 평가,

목표, 그리고 해결을 가지고 있어야 합니다. 따라서 '2인 에튜드' 역시 '1인 에튜드'와 마찬가지로 극 구조를 가진 형태이어야 합니다.

자, 30분 정도 휴식시간을 줄 테니 방을 만들어 놓으세요. 그리고 각자 파트너를 선택하여 이야기를 나누고 난 뒤 '침묵 2인 에튜드'를 보여주길 바랍니다."

교육자가 과제를 제시하고 실기실을 나선다. 학생들은 방 공간에 대해 토의하기 시작한다. 얼마 후 그들은 토의를 마치고 맨 먼저 가림막을 사용하여 방의 외벽을 만든다. 그리고 난 후 그들은 철제 프레임을 오른쪽에 놓아 베란다로 통하는 문으로 만들고, 철제 프레임 바깥인 베란다에 작은 탁자를 갖다 놓고 그 위에 재떨이를 가져다 놓는다. 또한 방 왼쪽에 책상과 의자를 놓고, 그 뒤쪽 구석에 큰 큐빅을 이용하여 침대를 만들고 있다. 침대 옆에는 작은 큐빅을 놓고 천을 덮어 씌워 협탁으로 만든다. 얼추 무대 세팅을 끝낸 후 학생들은 각자 파트너를 정하여 실기실, 복도, 야외 벤치 등에서 담배를 피거나 차를 마시면서 과제에 대해 이야기를 나누고 있다.

잠시 후에 교육자가 다시 실기실로 들어와서 학생들이 합심하여 만든 방을 보고서는 고개를 끄덕인다.

"오케이, 여러분들이 함께 만든 방이라는 공간에 신뢰가 갑니다. 자, 과제를 보여 주세요!"

무신이 일어나서 베란다로 나간다. 소희는 침대에 앉는다. 무신이 소희와 눈을 마주치며 고개를 끄덕인다. 그리고는 소리친다.

"준비되면 시작하겠습니다!"

교육자가 화답의 뜻으로 고개를 끄덕인다. 잠시 후 무신은 담배를 핀다. 소희는 여전히 방안 침대에 조용히 앉아 있다. 이윽고 무신이 담배를 끄고 방안으로 들어온다. 소희가 그를 쳐다본다. 그러나 무신은 소희의 시선을 무시하고 곧장 책상으로 가서 앉는다. 잠시 앉아 있던 그는 종이를 찾아서 무언가를 적기 시작한다. 무신은 종이쪽지를 소희에게 건네고 방을 나간다. 소희는 쪽지를 소리 없이 눈으로 읽는다.

"여기까지입니다."

소희가 시연이 끝났음을 알리자 교육자가 재빨리 그녀에게 질문을 던진다.

"둘은 어떤 관계인가요?"

소희가 쪽지를 만지작거리며 답변한다.

"애인입니다."

"자신들의 전상황에 대해 간단하게 말해주세요."

무신이 들어와서 침대에 소희와 나란히 앉자 교육자는 그들을 번갈아 쳐다보며 답변을 요구한다.

"제가 해외로 출장을 가게 되었습니다. 약 1년 간요. 그 일로 전상황에서 남자 친구와 언쟁이 있었습니다. 남자 친구는 가지 않았으면 좋겠다고 고집했고요."

소희가 또박또박 그들의 전상황에 대해 설명하자 교육자가 무신을 향해 고개를 돌린다.

"무신은 소희가 왜 가지 않았으면 합니까?"

"사귄지 6개월 정도 되었는데, 1년간 해외로 출장을 간다면 저희들의 관계가 소원해질 것 같았습니다. 그리고 여자 혼자 외국에 보낸다는 것도 은근히 마음이 놓이질 않았고요."

무신은 제스처를 사용하며 자신의 생각을 전달한다. 교육자가 그의 말을 듣고서 고개를 끄덕거린다.

"종이에는 무엇을 적었죠, 무신?"

교육자가 다시 그에게 묻는다. 무신은 잠시 뜸을 들이더니 입을 연다.

". . . '사랑해'라고 적었습니다. . . ."

"말로 해도 되는 것을 왜 굳이 쪽지에 적었습니까?"

무신의 대답이 끝나기도 전에 교육자가 재빨리 다시 묻는다.

"전상황에서 여자 친구의 해외출장 때문에 한 차례 언쟁이 있었습니다. 그래서 더 이상 말을 하는 것보다 저의 지금 심정을 간단하면서도 솔직하게 적는 것이 낫겠다고 판단했습니다."

교육자는 무신의 답변을 들으며 고개를 끄덕인다.

"오케이, 그래서 쪽지를 소희에게 내밀고는 자신의 목표를 이루었다고 판단하여 바로 나가는 것이고요."

"네."

무신은 고개를 끄덕이며 짧게 화답한다. 교육자는 잠시 생각에 잠기더니 이내 말을 꺼낸다.

"무신과 소희의 '침묵 2인 에튜드' 시연에 대해 몇 가지만 얘기해 봅시다."

학생들은 즉각 교육자에게 방향을 틀어 귀를 기울인다.

"방금 무신과 소희가 보여준 '침묵 2인 에튜드'는 특별히 나무랄 데가 없었습니다. 하지만 우리의 현 과제인 침묵을 통해 교류를 달성하는 데 있어서는 조금 미흡한 면이 있었다고 생각됩니다.

우선 무신이 베란다에서 담배를 피우고 있었고 그때 소희가 침대에 혼자 앉아 있는 것으로 미루어 보건대 전상황에서 둘 사이에 어떤 일이 있었음을 암시하고 있는 듯했습니다. 소희의 말없이 침대에 앉아 있는 것과 무신의 베란다에서 담배 피는 행동 등이 그것을 증명하고 있기 때문입니다.

이때 소희에게는 대상이 명확히 있어서 평가가 올바르게 진행되고 있었기에 그녀의 속 행동은 대상을 가지고 정확하게 움직이고 있었다고 평가됩니다. 또한 무신의 담배피우는 행동에서도 그의 전상황으로 말미암아 구체적인 대상이 보였습니다. 그것은 무신의 담배피우는 행동이 평상시와는 다른 담배피기, 즉 대상을 가지고 있는 구체적인 행동이었기 때문이죠.

이제 무신은 담배를 다 피우고 무언가를 결정하고서는 방으로 들어옵니다. 그리고 의자에 앉아 있다가 책상 위의 종이와 펜을 찾아 무언가를 적기 시작했어요. 이때 소희는 여전히 무신을 쳐다보고 있었습니다. 그렇죠?"

학생들이 고개를 끄덕인다.

"내가 정작 이야기하고 싶은 것은 이후부터입니다. 만일 무신이 좀 더 종이와 투쟁을 벌였다면, 이를테면 의자에 앉아 무엇을 적을지 고민하거나 또는 무엇을 적을지 결정하고서 방에 들어와 막상 적었지만 마음에 들지 않아 구겨버렸다거나 등의 행동을 해냈더라면, 이 모습을 보고 있는 소희는 무엇을 할 수 있었을까요? 아니면 무신이 종이에 무언가를 적다가 소희를 쳐다볼 수 있는 힘을 만들었다면, 둘 사이에는 어떤 전류가 흐를까요? 물론 그 전류는 둘 사이에 있어서 보이지 않는 방사선과 같은 것입니다. 그렇다면 이때 둘 사이에서 발생되는 침묵은 그들이 방금 보여준 시연 때의 침묵과는 또 다른 행동으로써의 침묵이었을 겁니다. 또는 무신이 종이에 무언가를 다 적고 난 후에 소희에게 이것을 건네자마자 나가버리지 않고 소희를 좀 더 끈질기게 보고 있었더라면, 이로 인해 소희 또한 쪽지를 건넨 무신을 쳐다볼 수 있는 힘을 가지고 있었다면, 그들 간에 발생하는 침묵은 어떤 보이지 않는 전류를 방사하게 될까요?

결국 내가 말하고 싶은 것은, 무신과 소희의 전상황으로 인한 처음의 둘 사이에서 발생하는 침묵은 매우 정당성 있어 보이지만, 그 이후는 다소 서둘러버려 중요한 침묵의 순간을 적합한 행동으로 채우지 못하고 흘려버리고 말았다는 것입니다."

몇 명의 학생들은 교육자의 평가를 들으며 고개를 연신 끄덕거리고 있고, 또 다른 학생들은 생각에 잠겨 있다. 무신과 소희는 자신의 노트에 뭔가 바지런히 메모하고 있다.

"침묵을 통해 상대배우와 무엇을 주고받아야 할 지 점검해보는 것은 매우 중요합니다. 그 이유는 침묵을 통한 교류가 무대에서 자신을 기계적이 아닌 살아 있는 무엇으로 만들기 때문이죠. 침묵은 파트너와 끊임없이 살아 있는 무엇을 주고받을 수 있는 어떤 힘을 제공합니다.

아울러 침묵은 무대에서 생각을 가지는 소중한 시간입니다. 이러한 생각은 대상을 가지고 있어야만 하는 시간입니다. 무대에서 생각의 시간은 침묵을 통해 명확하게 획득할 수 있는 매우 중요한 순간입니다."

교육자가 잠시 말을 멈추고 학생들을 바라보더니 다시 말문을 연다.

"이러한 측면에서 그들의 시연에 대해 좀 더 얘기해보자면, 무신이 건네준 종이쪽지를 읽고 난 후 소희의 사건에 대한 평가는 불분명하거나 서둘러 버렸다는 점입니다. 이를 테면 무신이 건네 준 종이쪽지의 내용은 소희에게 있어서 사건이 되어야 합니다. 그렇다면 소희에게 있어서 평가는 당연한 것이고, 아울러 사건의 크기가 결정되어야만 평가 또한 명확해 질 수 있을 겁니다. '사랑해!'라는 무신의 글을 소희는 예상하고 있었나요?"

교육자가 소희를 향해 질문을 불쑥 던진다.

"저희들끼리 논의한 결과 찾은 말이지만, 막상 에튜드 시연 때에는 알지 못했던 것입니다."

소희가 즉각 대답한다. 교육자가 고개를 끄덕이며 말을 잇는다.

"그렇다면 이것은 소희에게 우연한 사건이어야 하며, 이 우연한 사건의 크기와 정도가 결정되어야 합니다. 그런데 소희는 이 우연한 사건의 크기를 명확하게 스스로 결정하지 않아서 아무것도 하지 못한 것이 되어버렸거나 기계적인 어떤 것이 되어버렸습니다. 이것은 곧 소희로 하여금 사건에 대한 평가 후의 행동이 명확하게 행동으로 실행되지 못한 것으로 전락해 버린 셈이 되어버렸고요."

교육자가 소희를 쳐다보더니 다시 질문을 던진다.

"지금 한번 생각해볼까요? 이 우연한 사건에 대한 평가가 명확하게 결정되었

더라면 자네는 무엇을 하게 될까?'

"　．．．"

소희가 답변을 생각하며 잠시 침묵하자 문숙이 손을 든다.

"제가 답변해도 될까요? 선생님!"

교육자가 당연하다는 듯 고개를 끄덕인다.

"예를 들면．．．무신이 건넨 종이쪽지를 읽고 난 후 멍하게 바라보게 된다든지, 종이쪽지를 구긴다든지, 아니면 무신을 쫓아간다든지 등의 행동 아닐까요?"

교육자는 문숙의 답변에 동의하듯 고개를 끄덕거린다.

"오케이! 문숙이 말한 이러한 행동을 수행할 수 있는 사건의 평가가 충분히 가능함에도 불구하고 소희는 서둘러 평가를 끝내버려 결국 적합한 행동을 실행하지 못했다는 인상을 주고 있었습니다."

"선생님, 기계적인 어떤 것이 되어버렸다는 건 어떤 의미입니까?"

노트에 무언가를 열심히 적고 있던 정태가 손을 들어 교육자에게 질문한다.

"말 그대로 무대에서 기계적으로 움직인다는 의미입니다. 무대에서 살아 있음을 가능하게 하는 것은 전적으로 대상에 달려있습니다. 따라서 배우는 이러한 대상이 명확하게 무엇인지, 그리고 대상을 다루어내는데 있어서 행동으로 일관성을 가지고 드러내야만 합니다. 이것은 곧 허구의 무대라는 공간에서 허구의 대상을 자신의 행동으로 실행함으로써 허구를 실재화시키는 기술입니다. 결국 그것은 허구 속에서 살아 있음을 의미하죠.

'2인 에튜드'에서 우리의 일은 상대배우로부터 시작되어 끝난다고 해도 결코 과언이 아닙니다. 즉 우리가 무대에서 무엇을 할 수 있다는 것은 상대배우가 있기 때문입니다. 그렇다면 '2인 에튜드'에서 주 대상은 상대배우라고 할 수 있는데, 이러한 상대배우인 대상으로부터 영향을 받는 것이 없다면 나는 이것을 기계적이라고 말하는 것입니다. 이것은 곧 자신의 행동플랜을 그대로 찍어내는 인

쐐기와 다름없겠죠.

또한 기계적이라는 의미는 '1인 에튜드'에서도 언급했던 것처럼, 전의 행동과 다음의 행동, 즉 행동단위 사이를 논리적인 무엇으로 메꿔 놓지 못하는 것을 이르는 말입니다. 이것은 결국 상대배우의 행동은 고려되지 않은 자신의 행동플랜을 순차적으로 실행만 하였기에 이것 또한 나는 기계적이라고 말했던 거고요."

교육자가 정태의 질문에 답변을 끝낼 즈음에 주희가 승욱을 슬쩍 쳐다보더니 소리친다.

"선생님! 무신오빠와 소희가 보여준 것을 저희가 해보면 안 될까요?"

승욱이 주희를 바라보며 손가락으로 자신을 가리킨다.

"관계와 전상황이 동일한 '침묵 2인 에튜드'로 말입니까?"

교육자가 흥미로운 듯 주희에게 되묻는다.

"네!"

주희가 고개를 끄덕이며 승욱을 쳐다보자 그는 어깨를 들썩인다.

"오케이! 10분 정도 승욱과 이야기할 시간을 줄 테니 보여주세요! 주희와 승욱을 위해 10분만 쉬었다 합시다."

교육자가 실기실을 나가면 주희는 승욱을 데리고 밖으로 나간다. 무신과 소희는 마룻바닥에 앉아서 이야기를 나누고 있다.

4

10분 휴식 후 교육자가 실기실로 다시 들어온다. 학생들은 파트너끼리 이야기를 나누고 있다. 주희와 승욱은 이미 무대에 위치해 있다.

"주희와 승욱은 준비되었나요?"

"네, 준비되면 시작하겠습니다."

승욱이 의자에 앉아서 대답한다. 주희는 침대에 엎어져 누워 있다. 잠시 후

승욱은 탁자 위에 놓여 있는 주전자를 들더니 잔에 물을 따라 마신다. 주희는 작은 소리를 내며 울먹이고 있다. 승욱이 주희를 바라보며 잔을 내려놓는다. 그리고는 그녀에게 다가가기 위해 일어선다. 그러나 그는 이내 다시 의자에 앉는다. 그때 주희가 벌떡 일어나서 눈물을 훔치고 윗옷을 입기 시작한다. 승욱은 이러한 주희의 행동을 쳐다보고만 있다. 주희가 가방을 어깨에 메고 방을 나가려 하자 승욱은 급히 일어나 주희의 팔을 잡는다. 그들은 정지한 듯 움직이지 않는다. 갑자기 승욱은 그녀를 와락 껴안는다. 잠시 후에 주희도 그를 꼭 껴안는다.

"여기까지입니다."

주희가 승욱으로부터 다급하게 떨어진다.

"와우!"

동료들이 큰 소리로 야유를 보낸다.

"포옹은 주희가 제안한 행동인가요?"

교육자가 장난 섞인 목소리로 외친다.

"아닙니다! 제가 하자고 했습니다!"

승욱이 마치 주희를 보호하듯 즉각 소리친다.

"분명히 주희가 하자고 했을 거예요! 에튜드를 핑계 삼아 회포를 푸는 거죠!"

현정이 비아냥거리며 깐죽거린다. 주희는 얼굴을 붉히며 연거푸 손사래를 치고 있다. 다른 학생들도 한 마디씩 거든다.

"포옹 이후는 어떻게 되죠?"

교육자가 빙그레 웃으며 재차 외친다.

"그 후는 말이나 어떤 다른 행동이 필요할 것 같아 여기까지만 보여드렸습니다."

승욱은 즉시 교육자의 질문에 답변한다.

"어떤 다른 행동?"

승욱의 말을 재빨리 가로채며 정태가 실눈을 뜨고 느끼하게 조잘댄다. 승욱은 정태에게 주먹을 불끈 쥐어 보인다. 다른 학생들도 정태와 한편이 되어 승욱에게 야유를 보낸다. 교육자가 분위기를 추스르기 위해 주희에게 질문을 던진다.

"오케이! 한 가지만 더 물어볼까요? 왜 주희는 침대에서 울고 있었죠?"

"소희와 무신오빠의 전상황처럼 해외출장 문제로 언쟁이 있고 난 직후였어요. 그런데 언쟁 중에 더 이상 만나지 말자고 승욱이 말했기 때문이에요."

주희의 답변에 교육자는 고개를 끄덕인다.

"오케이! 주희와 승욱의 '침묵 2인 에튜드'는 흥미로웠습니다. 그들의 시연을 통해 좀 더 구체적으로 얘기해볼까요? 첫째는, 가방을 챙기는 주희의 행동을 보고 있는 승욱의 속 행동이었습니다. 그것은 가방을 챙기고 있는 주희를 아무런 겉 행동 없이 말없이 보고 있었지만 승욱의 속은 끊임없이 움직이고 있었기 때문입니다.

둘째는, 주희가 가방을 챙겨나가려고 할 때 승욱이 주희의 손목을 잡고난 후에 발생한 그들 간의 침묵이었습니다. 그것은 마치 화면의 정지장면을 보는 듯했지만 그들 간에 흐르는 전류는 실기실 전체를 꽉 메우는 어떤 것이었다고 말할 수 있어요. 그래서 우리는 주의를 기울여 그들의 다음 행동을 기다릴 수밖에 없는 포로가 되고 말았고요.

셋째는, 승욱의 갑작스러운 포옹이후의 주희의 행동, 즉 주희의 포옹이었습니다. 승욱의 갑작스러운 포옹은 그녀에게 있어서 분명 사건이었을 겁니다. 이 사건은 주희에게 있어서는 어쩌면 우연일지도 모릅니다. 이 우연한 사건을 평가하는 주희의 의식의 흐름이 포옹하고 있는 침묵의 순간에도 명확하게 전달되고 있었고, 마침내 주희의 또 다른 포옹이라는 행동은 우리에게 뭉클함마저 주고 있었습니다. 다시 말하면, 주희의 포옹은 승욱의 갑작스러운 포옹이라는 '주기'에 대한 명확한 '받기'로써의 행동이었다고 평가됩니다. 결국 주희의 포옹은 승욱의 포옹으로부터 출발한 구체적인 행동의 실행이었다고 결론내릴 수 있습니다. 이것은 우리의 침묵 '2인 에튜드'의 목표인 교류의 전형을 보는 듯 했고요."

교육자의 평가에 주희와 승욱은 살짝 상기된 표정을 짓고 있다.

"오케이, 이제 승욱과 주희가 보여준 포옹과 같은 신체적 접촉, 즉 손을 잡는 것, 키스, 뺨을 때리는 것 등에 대해 좀 더 자세하게 언급해보도록 합시다.

'2인 에튜드'에서 교류로써의 신체적 접촉은 매우 구체적으로, 명확하게 해결해야 될 기술입니다. 우선 신체적 접촉은 명확하게 자신의 목표를 달성할 수 있는 방법이라는 것입니다. 그 이유는 신체적 접촉이야말로 그 어떤 행동보다도 자신의 목표를 강렬하면서도 직접적으로 전달할 수 있기 때문이죠. 따라서 이러한 신체적 접촉은 상대방으로 하여금 정확하게 자극과 영향을 줄 수 있는 직접적인 행동이기에 매우 명확하게 행해져야 하는 것입니다.

승욱과 주희의 포옹장면을 예로 들어 좀 더 구체적으로 이야기해볼까요? 승욱의 갑작스러운 포옹은 '난 널 보낼 수 없어' 혹은 '출장을 가야하지만 난 널 사랑해'라는 의미를 가진 껴안음이라고 할 수 있습니다. 그렇다면 승욱은 이러한 목표를 가지고 주희를 정확하게 안아야만 할 것입니다. 승욱의 이러한 목표가 껴안음으로 정확하게 실행된다면, 그의 포옹은 분명 주희를 흔들어 영향을 줄 수 있겠죠. 이러할 때 주희는 자신의 몸이 바뀌게 되어 승욱을 '꼭 껴안다'라는 행동을 수행할 가능성이 커지는 것일 테고요.

이제 주희의 승욱을 '꼭 껴안음'은 '고마워!' 혹은 '나도 너를 사랑해'라는 의미를 가진 행동으로 수행될 것입니다. 이런 연유로 방금 그들의 시연에서 본 것처럼 승욱의 포옹 이후에 주희의 몸이 변화되어 승욱을 꼭 안을 때의 과정은 매우 명확한 것이었다고 평가됩니다. 오케이?"

"네!"

학생들은 승욱과 주희의 포옹장면을 떠올리며 확신에 찬 소리를 교육자에게 전달한다. 교육자가 고개를 힘껏 끄덕거리며 자신의 말을 계속 이어간다.

"이처럼 목표를 가진 신체적 접촉으로 인한 교류는 침묵이나 말보다는 훨씬 직접적이며 강렬한 행동기술이라고 할 수 있기에 우리는 이것을 매우 명확하고 정확하게 해내어야만 합니다. 즉 손을 잡는 것, 어깨를 잡는 것, 머리를 쓰다듬는 것, 허리를 껴안는 것, 포옹, 키스, 그리고 격투 시의 신체적 접촉 등 말입니다."

무신과 소희는 고개를 끄덕이고 있고, 정태와 문숙은 노트에 뭔가를 열심히 적고 있다. 교육자가 학생들을 한 번 휙 바라보고서 다시 말을 잇는다.

"자, 다음 시간부터 본격적으로 '침묵 2인 에튜드'로 들어가 볼까요? 임의의 파트너를 각자 정해서 이야기하고 난 후에 행동을 계획하여 보여주길 바랍니다!"

교육자가 과제를 학생들에게 제시하고 실기실을 나서자 기주가 현정에게 슬쩍 다가간다.

"다음 시간에 나와 에튜드 해볼래?"

"좋아!"

현정은 기다렸다는 듯 망설임 없이 기주의 제안을 승낙한다. 소희는 수정과 이야기를 나누고 있고, 정태와 무신도 담배와 라이터를 챙겨 실기실을 나간다.

5

수업이 시작되자 교육자가 실기실로 들어와 의자에 앉는다. 책상 위에 놓여 있는 수업용 공책에는 다음과 같은 순서가 적혀 있다.

1. 신혼여행　　 . . .　 김현정 / 손기주
2. 오이　　　　 . . .　 윤문숙 / 양승욱
3. 형제　　　　 . . .　 감무신 / 박정태
4. 청계천에서　 . . .　 이소희 / 이수정
5. 부츠　　　　 . . .　 이정하 / 권주희

"현정과 기주는 준비되었나요?"

교육자가 그들에게 외친다.

"준비되면 시작하겠습니다."

가림막 뒤에서 현정이 소리친다.

"네."

교육자가 짧게 화답한다. 가림막을 이용하여 외벽으로 정갈하게 설치해놓은 무대 오른쪽에는 침대가 세로로 놓여 있다. 그리고 머리맡 협탁에는 스탠드가 밝게 빛나고 있다. 왼쪽 구석에 빨간색 천으로 테이블을 덮은 둥근 탁자가 보이고, 그 주위에 둥근 의자 두 개가 나란히 위치해 있다.

잠시 후 현정이 기주를 부축하고서 힘겹게 들어온다. 그녀의 손에는 여행용 가방이 들려있고 어깨에는 작은 손가방이 걸려 있다. 기주는 많이 취한 모습이다. 현정은 방으로 들어서자마자 여행용 가방과 손가방을 내팽개치고 기주를 거의 끌다시피 부축하여 침대로 데려가 눕힌다. 그녀는 한숨을 내쉰다. 그리고 자신의 옷매무새를 고치고 의자로 가서 힘없이 털썩 주저앉는다. 현정은 술에 취해 꼬꾸라져 자고 있는 기주를 한참 쳐다보고 있다. 이윽고 그녀는 기주에게 다가가더니 그의 옷과 양말을 벗기기 시작한다. 그러다가 갑자기 그녀는 짜증이 난 듯한 얼굴 표정을 짓고 벌떡 일어나 방안을 이리저리 걸어 다닌다. 그리고는 핸드백을 챙겨 밖으로 나가버린다.

"수고했어요. 신혼여행을 온 건가요?"

교육자가 그들의 시연이 끝나자마자 즉시 질문을 던진다.

"네, 제주도의 한 호텔입니다."

기주가 침대에서 부스스 일어나며 대답한다.

"술은 얼마나 마셨나요?"

교육자가 기주에게 재차 질문한다.

"결혼식이 끝난 후에 친구들과의 술자리가 있었습니다. 친구들 때문에 소주와 맥주를 섞어 연거푸 20잔 가까이 마셨던 것 같습니다."

"현정은 그런 그를 보고 짜증이 났었고요?"

교육자가 현정에게 시선을 돌린다.

"네."

교육자는 고개를 끄덕이며 그녀에게 다시 질문한다.

"핸드백을 들고 어디로 가는 건가요?"

"밖에 바람 쐬러 가요."

현정은 교육자의 질문에 짧게 답한다. 교육자가 잠시 생각에 잠기자 학생들이 그를 바라보며 주의를 기울이고 있다. 이윽고 교육자가 천천히 입을 연다.

". . . 현정과 기주의 에튜드는 '침묵 2인 에튜드'라기보다는 거의 '1인 에튜드'에 가깝다고 할 수 있어요. 왜냐하면 이미 기주가 술에 많이 취해 있어서 현정의 목표를 달성하기 위한 방해물로써 작용을 못하기 때문입니다. 그래서 그들 간에 있어서 명확한 목표의 충돌이 발생하지 않고 있어요. 따라서 현정과 기주의 〈신혼여행〉은 '침묵 2인 에튜드'로써 그리 적합하지 않다고 할 수 있습니다."

"선생님!"

교육자의 설명이 채 끝나기도 전에 무신이 손을 든다.

"그렇지만. . . 현정은 '옷을 벗겨주고 싶다', '밖으로 나가길 원한다' 등의 목표가 있었다고 생각해요. 그리고 현정의 목표인 '옷을 벗겨주고 싶다'는 기주가 너무 취해 있어서 방해물을 만났고요. 그래서 결국 현정은 '밖으로 나가고 싶다'라는 새로운 목표가 생기지 않았나요?"

교육자가 무신의 제법 논리적인 말에 고개를 끄덕이더니 말문을 연다.

"무신의 의견에 동의합니다. 하지만 현정이 다루어 내어야 할 대상, 즉 기주는 '대상없는 행동'이나 '1인 에튜드'에서처럼 사물과 유사하다고 할 수 있어요."

학생들은 기주가 사물이라는 교육자의 말에 웃음을 터뜨린다. 교육자도 미소를 띤 채 설명을 덧붙인다.

"전에도 말했던 것처럼 '2인 에튜드'에서 주요 대상은 상대배우인 파트너입니다. 파트너 또한 목표를 가진 유기체이죠. 하지만 그들의 시연 때 기주는 이미 많이 취해 있기에 그와 같은 역할을 하지 못하고 있다고 말할 수 있습니다. 그러므로 나는 기주와 현정의 시연이 '2인 에튜드'로써 썩 적합하지 않다고 말하는 것이고요.

여기에서 내가 '썩'이라고 말하는 것은 좀 더 적극적으로 목표를 가진 대상(파트너)과 부딪혀 보라는 뜻을 담고 있습니다. 그래서 파트너의 목표와 자신의 목표가 충돌하여 자신의 목표가 달성될지 아니면 수정되어 목표가 바뀔지를 행동으로 보여 달라는 것입니다. 오케이? 무신!"

"네!"

무신은 고개를 끄덕이며 짧고 굵은 목소리로 응답한다.

"또한 현정과 기주의 〈신혼여행〉 에튜드를 통해 드러난 한 가지 중요한 점을 지적하고자 합니다."

학생들은 다시 재빨리 교육자에게 주의를 기울인다.

"그것은 감정을 드러내어 표현의 도구로 삼지 말아야 한다는 사실입니다. 이것에 대해서는 일전에 몇 번 언급한 바 있죠? 만일 상황에 의한 자신의 목표를 행동으로 찾아 명확히 실행한다면, 감정은 부수물처럼 획득되어지는 어떤 것이 될 것입니다.

방금 현정과 기주의 시연을 통해 예를 들어봅시다. 현정과 기주의 '침묵 2인 에튜드' 〈신혼여행〉에서 현정은 술에 잔뜩 취한 기주의 양말과 옷을 벗기다가 짜증이 나서 바람을 쐬러 밖으로 나갑니다. 그렇죠?"

학생들은 고개를 힘껏 끄덕인다.

"이때 '짜증나다'는 감정입니다. 그러나 자신이 '왜', '무엇 때문에' 짜증이 나는지를 이해한 다음 행동으로 정확히 옮겨낸다면, 추상적인 감정은 구체적인 행동으로 바뀌게 되어 자신은 무대에서 훨씬 편해질 수 있습니다. 아울러 이것들로 인해 집중하여 구체적인 행동을 하고 있는 배우를 보는 우리도 마찬가지로 편할 수 있고요. 자, 현정은 무엇 때문에 짜증이 날까요?"

교육자가 학생들을 향해 질문을 툭 던진다.

"오늘은 신혼 첫날인데 술에 잔뜩 취해 있는 기주의 모습 때문입니다."

문숙이 손을 들어 답변한다.

"문숙의 말에 동의합니다. 현정에게 오늘은 신혼여행의 첫날인데, 기주 친구들의 배려심 없음과 기주의 술 취함이 그녀를 짜증나게 만든 것입니다.

사실, 짜증을 연기하는 것은 쉬운 일입니다. 조금만 인상을 찌푸리거나 억양을 달리하면 짜증을 내는 것처럼 할 수 있기 때문이죠. 하지만 누차 강조한 것처럼, 무대는 감정을 드러내거나 표현하는 공간이 아니라 행동으로 옮겨내는 공간이어야 합니다."

교육자는 말을 끊고서 학생들에게 시선을 옮기며 다시 질문을 불쑥 던진다.

"현정이 보여준 행동 중에 술에 잔뜩 취해 침대에 누워 있는 기주를 바라보는 것과 옷과 양말을 벗긴 것을 기억하나요?"

". . . 네!"

동료들은 현정의 시연을 떠올리며 이내 큰 소리로 화답한다.

"술 취해 누워 있는 기주를 보면서 현정은 무엇을 생각할까요? 많은 생각들이 들겠죠. 그렇지만 결국 그녀는 기주의 옷과 양말을 벗깁니다. 이때 술 취해 누워 있던 기주를 '봄'은 현정으로 하여금 옷과 양말을 벗기게 만드는 힘입니다. 아마 현정은 그래도 자신과 결혼한 남자라고 생각했기에 그의 옷과 양말을 벗겨주려고 했을 겁니다. 마침내 그녀는 기주의 옷과 양말을 벗겨야 한다고 결정합니다.

그런데 기주의 옷과 양말을 벗기게 했던 힘도 만일 옷과 양말이 쉽게 벗겨지지 않는다면, 이제 문제는 또 다른 국면으로 접어들겠죠. 술 취한 남자의 옷과 양말을 벗기기는 여자의 힘으론 쉽지 않을 겁니다. 이러한 새로운 문제가 그녀로 하여금 옷과 양말 벗기기를 그만 두게 만듭니다. 이것은 결국 그녀를 짜증나게 해서 얼굴을 찌푸리거나 옷과 양말을 벗기는 것을 그만두게 하고 벌떡 일어나 방안을 이리저리 거닐게 만드는 거죠. 이해되나요?"

학생들은 교육자의 설명에 귀를 기울이며 고개를 세차게 끄덕거린다.

"이처럼 짜증이 나서 얼굴을 찌푸리거나 방안을 이리저리 거닐게 만든다면, 막연히 '짜증이 나다'와 '성이 나다'보다는 왜, 무엇 때문에 얼굴을 찌푸리게 만들거나 방안을 이리저리 거닐게 만드는지에 초점을 맞추는 것이 훨씬 낫다고 나는 말하고 있는 것입니다. 동의하나요?"

"네!"

학생들은 큰 소리로 화답한다. 무신과 소희는 자신의 노트에 빠르게 메모를 적어 내려가고 있다.

"그렇다면 답은 의외로 간단합니다. 그것은 '옷을 벗기다'와 '양말을 벗기다'를 정확하게 해내는 것입니다. 이제 감정이라는 놈은 행동으로 바뀌게 될 가능성이 있습니다. 만일 위의 행동들을 정확하게 수행하다가 짜증이 나서 얼굴을 찌푸리거나 성이 나서 이리저리 거닌다면, '짜증나다'와 '성나다'는 부수물과 같은 것으로 획득되겠죠? 그리고 우리는 보물과 같은 감정이라는 놈을 우회적인 방법으로 포획하게 될 것이고요. 이제 더 이상 짜증나는 것과 성이 나는 것은 추상적인 감정이 아니라 구체적인 행동과 긴밀히 결부될 가능성을 확보하게 됩니다. 내 말에 따라오고 있나요?"

"네, 열심히 따라가고 있습니다!"

무신과 소희는 메모를 해가며 큰 소리로 화답한다. 그들의 합창에 학생들은 웃음을 터뜨린다. 교육자는 빙그레 웃으며 자신의 말을 계속 이어간다.

"결론적으로 말해, 나는 현정이 막연히 '짜증이 나다'라는 감정을 끄집어내어 연기하려고 했다고 말하는 것입니다. 이와 같은 형태를 나는 '연기하지 마세요', '표현하지 마세요', '감정을 드러내지 마세요', '척하지 마세요'라고 누차 말했던 거고요!"

현정은 고개를 갸웃거리며 손을 반쯤 든다.

"선생님 말씀은 결국 감정으로 연기하지 말라는 것인데. . . 그래서 저는 침대에 누워 있는 기주를 쳐다본 다음, 선생님 말씀처럼 그래도 내가 결혼한 사람이기에 그의 양말과 옷을 벗기기로 결정했습니다. 그래서 그의 옷과 양말을 벗겼고요. 그런데 다시 화가 났어요. 그리고 바람을 쐬기 위해 나갔습니다. 이것은 감정플랜이 아니라 저의 행동계획에 의한 것들이었고요. 무엇이 문제였을까요?"

교육자가 현정의 이야기를 다 듣고 난 후에 고개를 끄덕인다. 그리고는 그녀를 쳐다보며 부드럽게 말한다.

"침대에 누워 있는 기주를 바라본 평가의 결과가 자네의 목표를 만들었지. 그래서 자네는 '양말과 옷 벗기기'라는 행동으로 옮겼고 말이야. 여기까지는 나도 자네의 행동계획과 실행에 전적으로 동의해.

이제 내가 정작 말하고 싶은 것은, 자네가 '양말과 옷 벗기기'라는 행동을 대충 해치워 버렸다고 말하고 있는 것이지. 양말을 벗기다보니, 옷을 벗기다보니 짜증이 나는 것인데 말이야. 그렇다면 방금도 말했지만, 기주의 양말과 옷을 정확하게 벗기는 것이 중요하겠지? 이것을 구체적으로, 정확하게 해내어야만 해. 그래야만 비로소 자네는 얼굴 표정이 일그러지고 방안을 이리저리 거닐 수 있는 힘을 얻기 때문이지. 이해되나요? 현정!"

"아!"

현정은 고개를 크게 끄덕이며 자신의 노트에 무언가 빠르게 적어내려가기 시작한다. 다른 학생들은 고개를 끄덕거리며 생각에 빠져있다.

"오케이, 잠시 쉬었다가 문숙과 승욱의 에튜드를 볼까요?"

교육자가 자리에서 일어나 실기실을 나가자 무신과 소희가 그를 뒤따라간다.

6

오늘도 어김없이 정시에 수업이 시작되면 교육자가 실기실로 들어온다. 그는 의자에 앉자마자 학생들에게 질문을 던진다.

"무대에서 말은 어떤 경로를 통해 생성될까요? 그리고 말이 행동으로 작용하려면 어떻게 해야 합니까?"

". . ."

학생들이 침묵하자 교육자가 독려한다.

"이것에 관해서는 '1인 에튜드' 작업 때 잠시 언급한 바 있는데. . ."

몇 명의 학생들은 서로를 쳐다보며 쑥덕거리기 시작한다. 또 다른 몇 명의 학생들은 고개를 살짝 끄덕거리고 있다.

"무대 언어는 일상 언어와는 같으면서 다릅니다. 우선 내가 '같다'라고 이야기하는 것은 무대 언어든 일상 언어든 그것은 자연스러움의 획득을 추구하는 것이라는 의미에서이고, '다르다'라고 말하는 것은 무대 언어가 일상 언어와는 구별되어야만 하는 것입니다. 즉 무대라는 허구의 공간에서 이미 알고 있는 말이지만 목표를 가진 자신의 말로 생산되어야 하고, 상대배우에게는 정확한 자극과 영향체로서의 언어이어야 한다는 뜻입니다.

물론 일상의 말 또한 자신에게나 상대방에게 명확한 목표를 가진 언어입니다. 하지만 이것은 알고 있는 말이 아니기에 의식을 통한 재과정이 필요치 않습니다. 그래서 일상 언어는 '지금, 여기에서' 생성될 수 있는 환경이 충분하다고 말할 수 있죠. 그러기에 자연스럽게 자신이나 상대방한테 목표를 가진 말이 되기에 전혀 무리가 없는 것입니다. 그러나 무대 언어는 의식을 통한 재창조 과정이 반드시 필요합니다. 왜냐하면 자신과 파트너가 이미 알고 있는 언어이기 때문이죠.

한편 자연스러움에 대해서도 엄밀히 말하자면, 무대에서는 무대에서의 자연스러움을 뜻하기에 일상의 자연스러움과는 다르다고 말할 수 있어요. 무대에서

상대배우를 만나다! ● 315

의 자연스러움이란 본질적으로 허구 속에서 형성되기에 일상의 자연스러움과는 근본적으로 다른 것입니다. 아울러 무대에서는 이미 알고 있는 상황과 말이기에 그것들은 싱싱하지도 못하죠. 그렇다면 무대에서 자연스러움을 획득하기 위해서는 다른 무엇이 필요할 겁니다. 결론부터 말하자면, 그것은 '마치 처음인 것처럼' 대할 필요가 있다는 것입니다."

교육자가 잠시 말을 멈춘다. 학생들이 그에게 주의를 기울이자 교육자는 천천히 다시 입을 연다.

"에튜드는 제시된 상황을 '마치 처음인 것처럼' 맞이하여 자신의 행동을 찾고 실행해 내기 위해 고안된 교육도구입니다. 그래서 에튜드는 즉흥의 속성을 한껏 내포하고 있다고 말할 수 있습니다.

즉흥은 '오늘today, 여기here, 지금now'에서 해결되어야만 가능합니다. '오늘, 여기, 지금'은 자신의 신체기관을 허구의 무대에서 명확하고, 구체적으로 활용하지 않으면 결코 해결되지 않습니다. 따라서 무대에서의 자연스러움은 이와 같은 경로와 항목을 우선 전제로 해야만 합니다.

이러한 점을 상기하며 무대에서의 말에 대해 좀 더 구체적으로 이야기해보도록 합시다. 방금 언급한 것처럼, 무대의 말은 우선 목표가 있어야만 생성됩니다. 즉 자신이 원하는 것이 있어야만 말로써 표현되는데, 이러할 때 말은 글의 살아 있는 또 다른 기호라고 할 수 있습니다.

그런데 무대는 대상이라는 놈이 항상 존재합니다. 그렇다면 대상을 보고, 듣고, 느끼고 난 후 그 대상으로 인해 자신의 원함이 목구멍까지 차 올라올 때 말은 터져 나옵니다. 이러할 때 말은 무대에서 행동이라고 감히 말할 수 있을 겁니다. 그렇다면 무대에서 상대배우와의 말은 다음과 같은 경로를 거쳐 행동화될 수 있습니다.

첫째, 대상과 목표를 정확히 소유하고,

둘째, 파트너인 상대배우에게 전달되어 그에게 영향을 주어,

셋째, 그로 하여금 어떤 행동을 유발시켜야 한다.

이때 말은 비로소 행동화되었다고 할 수 있습니다. 다시 말하면, '2인 에튜드'에서 말은 배우 자신의 목표를 가진 영향체로서 상대배우를 흔들어 행동하도록 하는 것이라고 할 수 있습니다. 이러할 때 상대방과 자신이 말로 무엇을 '주고받음'을 우리는 말에 의한 교류라고 부릅니다. 이해되나요?"

학생들은 깊은 생각에 잠겨 있다. 교육자가 학생들을 한 번 살피고 나더니 다시 말문을 연다.

"오케이, 연습과제를 통해 구체적으로 해결해볼까요? 연습과제는 다음과 같습니다.

A : 우리 사이는 어떤 사이니?
B : 날 사랑하긴 하니?

10분 후에 보여주세요! 내가 제시한 두 사람의 대화 이외는 어떤 말도 필요하지 않습니다. 그렇지만 위의 대사에서 주 의미는 유지한 채 조사나 어미는 어느 정도 바뀌어도 무방합니다."

"장소는 어디든 상관없습니까?"

정하의 질문에 교육자가 고개를 끄덕인다. 그가 실기실을 나서자 학생들은 각자 파트너를 선택하여 과제에 대해 이야기하고 토론하기 시작한다.

10분 후 교육자가 실기실로 다시 들어오면 정태와 주희는 이미 무대에 앉아 있다. 둥근 탁자와 의자 몇 개가 무대에 놓여 있고, 정태는 탁자의 오른쪽에 앉아 담배를 피우고 있다. 탁자의 왼쪽에는 주희가 커피를 마시며 앉아 있다.

"시작해도 될까요?"

주희는 집중한 채 조용히 입을 연다.

"네, 준비되면 시작하세요."

교육자가 그들에게 답한다. 정태는 여전히 담배를 피우고 있다. 그는 재떨이에 담뱃재를 턴다. 주희도 여전히 커피만 마시고 있다. 정태는 담배를 끄고 천천히 일어선다. 그리고 가방을 든다. 그는 커피를 마시고 있는 주희를 바라보더니 다시 자리에 앉는다. 이윽고 그는 담담하게 말을 내뱉는다.

"우리 사이. . . 넌 아니?"

주희가 커피 잔을 천천히 내려놓으며 정태를 쳐다본다. 그들 사이에 침묵이 흐른다.

"넌. . . 날 사랑하긴 하니?"

주희는 음절을 씹듯 또박또박 정태에게 되묻는다. 둘은 한동안 쳐다보고 있다. 주희가 자리를 뜬다. 정태는 주희가 나간 곳을 한참 바라보며 서 있다. 그는 담배를 다시 꺼낸다.

"여기까지입니다."

정태가 연습과제가 끝났음을 알린다. 학생들은 고개를 끄덕거리며 교육자에게 주의를 돌린다.

"자신들의 전상황에 대해 간단하게 말해 줄래요?"

교육자가 정태와 주희를 향해 부드럽게 질문한다.

"저희들은 사귄지 2년 가까이 된 애인 사이입니다. 며칠 전 여자 친구가 저한테는 아무 말 없이 외국여행을 갔다 왔습니다. 그리고 오늘 겨우 연락이 되어 카페테라스에서 만났습니다."

정태가 자신의 전상황을 차분하게 말하자 교육자와 학생들은 고개를 끄덕인다.

"자네의 목표는 무엇이지?"

교육자가 그에게 재차 질문한다.

"오늘 여자 친구를 만나서 우리가 계속 만날 건지에 대해 솔직하게 물어 보고 대답을 듣는 것입니다."

"만일 여자 친구가 이제 그만 만났으면 좋겠다고 대답한다면, 자네는 무엇을 할 생각이지?"

교육자의 재차 질문에 정태는 잠시 생각하다가 답변한다.

"일단은 여자 친구가 그렇게 이야기하는 진짜 이유를 들어보는 것이 저한테는 중요할 듯합니다. 그리고 만일 그녀가 말하는 이유가 저에게 납득이 된다면 . . . 우리 사이에 대해 전적으로 다시 생각해볼 것 같습니다."

교육자는 고개를 끄덕이며 주희 쪽으로 시선을 돌린다.

"주희는 왜 남자 친구에게 한마디 말없이 친구들과 외국여행을 갔다 왔나요?"

". . . 그가 시간 약속도 잘 지키지 않고. . . 만나서 별 이야기도 없고. . . 아무튼 우리 사이가 예전과 달라진 듯해서 오랜만에 고등학교 친구들이랑 바람도 쐴 겸 태국으로 3박 4일 여행을 갔다 왔어요."

주희는 교육자의 질문에 차근차근 답변한다.

"오케이!"

교육자가 그들에게 짧게 화답하고서 잠시 생각에 잠긴다. 이윽고 그는 학생들에게 눈길을 돌린다.

"우선 정태의 '우리 사이. . . 넌 아니?'라는 말은 주희에게 자극으로써의 말로 작용하고 있나요?"

학생들은 잠시 생각하다가 큰 소리로 동의의 뜻을 전한다.

"그 이유는요?"

교육자가 즉각 되묻는다.

"주희가 커피 잔을 천천히 내려놓는 것과 그를 쳐다보는 것이 그 증거입니다."

무신이 교육자의 질문을 기다렸다는 듯 재빨리 답변한다.

"무신의 말에 동의하나요?"

학생들은 대답 대신 고개를 힘차게 끄덕인다.

"나도 여러분들의 생각에 동의합니다. 그것은 분명 주희라는 대상에게 정태의 목표를 전달하는 말이라고 평가됩니다. 즉 정태는 그녀와 자신의 관계를 진정 알고 싶은 것이겠죠. 그렇다면 정태의 원함이 말로써 생성되기에 충분한 경로를 가지고 있다고 판단됩니다. 이제 정태는 이 말을 할 수 있는 힘을 갖추었다고 평가되며, 이것은 대상인 주희에게 명확하게 영향을 준 말 행동으로 작동되어 그녀를 분명히 흔들어 놓고 있었습니다. 그렇죠?"

"네!"

학생들은 우렁차게 소리 지르며 응답한다.

"따라서 정태가 내뱉은 이 말은 주희로부터 영향을 받은 것임과 동시에 주희에게 자극을 주는 어떤 것이 되고 있습니다. 그렇다면 이제 그의 말은 주희의 '넌. . . 날 사랑하긴 하니?'라는 말을 생성하게 만드는 동기를 제공하게 되겠죠."

학생들은 고개를 연신 끄덕이며 교육자의 설명에 계속 주의를 기울이고 있다. 몇 명은 자신의 노트에 메모를 부지런히 하고 있다.

"결국 주희의 '넌. . . 날 사랑하긴 하니?'라는 말 이전의 행동, 즉 '커피 잔을 천천히 놓고 정태를 쳐다본다'는 정태의 말에 대한 정확한 들음의 결과로써의 행동이었다는 것이 증명된 셈입니다. 이제 그녀의 말은 분명 생성될 수 있는 힘을 갖추었으며, 결국 '넌, 날 사랑하긴 하니?'라는 말을 정태에게 정확하게 주고 있었습니다. 이 말을 들은 정태는 다시 평가를 통해 속이 움직이고 있었다고 판단되고요. 그렇죠?"

"네!"

학생들은 합창하듯 소리친다. 교육자는 고개를 끄덕이며 말을 계속 이어간다.

"오케이! 그렇다면 정태와 주희의 시연은 말의 생성과 경로, 말로써 영향을 주고받기라는 우리의 과제가 나무랄 데 없이 진행되었다고 할 수 있습니다. 또한 목표를 가진 말은 분명히 행동으로 작용을 하고 있다고 결론지을 수 있습니다. 이것을 우리는 말 행동이라고 합니다.

결론적으로 말해서, 나는 그들의 시연을 목표의 충돌로써 말이 교류의 도구로 사용되고 있다고 말하고 싶은 것입니다."

교육자는 설명을 마치고서 시계를 쳐다본다.

"오늘 수업은 여기까지만 하죠. 스태프 회의가 있어서. . ."

교육자가 옷과 가방을 챙겨 실기실을 나서자 문숙과 소희는 큐빅에 앉아 이야기를 나누기 시작한다. 다른 학생들도 끼리끼리 모여 앉아 대화를 하고 있거나 마룻바닥에 엎드려 자신들의 노트에 뭔가 적고 있다.

7

여느 때와 다름없이 정시에 교육자는 실기실로 들어와서 자신의 의자에 앉는다. 학생들은 여기저기 흩어져 편안한 자세를 취한 채 교육자에게 집중한다. 그는 학생들에게 시선을 고정시키고서 말문을 연다.

"오늘의 과제는 말싸움입니다. 즉 논쟁입니다. 잠시 후에 보여주길 바랍니다. 그런데 우선 논쟁이라는 과제를 위해 해결해야 할 일이 있습니다. 그것은 파트너와 상의하여 말을 계획해보라는 것입니다. 다시 말하면, 파트너와 말을 순서화시켜 플랜으로 만들어서 공유해보세요. 하지만 그것은 잘 만들어진 대본이 아니라, 파트너의 말에 대하여 자신이 할 법한 말에 대한 계획이면 족합니다. 이때 정작 중요한 것은, 할 법한 말에 대한 가능성을 최대한 열어두고 실제로 무대에서 발생한 파트너의 즉흥적인 말을 듣고 자신의 말을 찾아서 실행하는 것입니다.

달리 말하면, 말의 계획은 파트너와의 말에 대한 두리뭉실한 약속이면 충분하다는 것입니다. 즉 시연을 위해 할 수 있는 말들에 대한 가능성만 상대배우와 계획해보세요. 그렇다면 시연 때는 말이 계획대로 될 수도 있고 그렇지 않을 수도 있을 겁니다.

내가 정작 말하고 싶은 것은, 시연 시 파트너와 계획된 말의 플랜을 가지고 진행하되 무대에서는 상대방의 말을 들어야만 자신의 말은 생성될 수 있다는 것입니다. 따라서 이때 중요한 것은 시연 시 파트너의 말을 들어야만 한다는 것이죠. 그리고 난 후에 계획된 자신의 말을 상대배우에게 전달해보세요. 물론 계획되어진 말이 아닌 즉흥적인 말이 생성될 가능성도 충분히 있을 겁니다."

학생들은 고개를 연신 끄덕이고 있다. 교육자는 잠시 말을 끊고서 생각에 잠기더니 이내 계속 말을 이어간다.

"오늘의 과제인 논쟁은 글자 그대로 말싸움입니다. 이것은 자신의 목표를 말로써 달성할 수 있느냐 하는 문제입니다. 말로써 상대배우를 설득시켜 자신의 목표를 달성해보세요. 이때 말의 충돌은 불가피하겠죠. 상대방을 설득시킬 수 있는 말의 논리와 힘은 당연한 것이고요. 자, 각자 파트너를 정해서 이야기해보고 잠시 후에 논쟁이라는 과제를 보여주세요."

교육자가 실기실을 나서면 학생들은 각자 파트너를 선택하여 교육자가 제시한 과제에 대하여 대화를 나누기 시작한다. 잠시 후에 교육자가 다시 실기실로 들어오자 무신과 소희는 벌써 벤치에 앉아 있다.

"무신과 소희는 준비되었으면 시작하세요."

교육자가 그들을 쳐다보며 말한다.

"시작하겠습니다!"

소희가 나지막이 말한다. 그들은 잠시 동안 집중한 채 조용히 앉아있다. 이때 무신이 대뜸 소희에게 다그친다.

"솔직히 말해봐. 왜 연습을 못하겠다는 거야?"

"어제 얘기했잖아. 가족들과 해외여행을 가야한다고!"

소희가 짜증 섞인 소리로 크게 말한다.

"가족여행 갔다 올 때까지 우리끼리 연습하고 있을 테니 그때 합류해도 된다고 내가 얘기했잖아!"

무신도 큰 소리로 받아친다.

"안 돼! 다음 주에 여행가면 8월 중순경에 들어오는데, 일단은 너무 늦게 합류하는 거고. . . 그러면 다른 사람들한테도 미안하고. . . 그래서 이번 연습은 너희들끼리 하는 게 좋을 것 같아!"

소희는 단호하면서도 분명한 어조로 말한다.

"이번 공연에 네가 꼭 필요해! 이 역할은 네가 아니면 할 사람이 없어. 다시 한 번 잘 생각해봐!"

무신이 소희를 설득하자 그녀는 고개를 가로로 세게 흔든다.

"이미 저번 겨울방학 때 가족여행을 간다고 부모님과 약속했어. 이제 와서 부모님께 어떻게 이야기하니? 너 같으면 할 수 있어?"

소희의 반격에 무신은 되받아 친다.

"계속 얘기하는 거지만, 이번 공연은 방학 때 연습해서 쇼 케이스를 하고 겨울쯤에 대학로에서 공연하기로 계획 중이야. 그리고 기획사도 잡을 거고. 해서 이번 여름방학 때 네가 빠지면 겨울에 공연을 못한다고! . . . 그러니 사정을 잘 말씀드려봐."

소희는 무신의 제법 설득력 있는 말을 듣고 난 후에 생각에 잠긴다.

"오케이, 여기까지만 볼까요?"

교육자가 그들의 시연을 끊는다.

"둘 사이에 말에 대한 계획은 있었나요? 만일 있었다면 말의 계획이 시연 때 어떻게 실행되었죠?"

교육자는 무신과 소희를 번갈아 쳐다보며 질문을 던진다.

"계획된 말이 그대로 실행된 것도 있었지만 그야말로 즉흥적으로 생성된 말도 있었습니다."

"예를 들면요?"

무신의 답변이 끝나자마자 교육자가 재차 그에게 질문한다.

"예를 들면. . . 소희의 가족여행이 8월 중순까지 라는 것은 계획된 말이었습니다. 그런데 가족여행이 부모님과 저번 겨울방학 때 약속되었다는 말은 시연 때 즉흥적으로 발생한 말이었습니다. 그때 저는 소희를 좀 더 강력하게 설득할 필요를 느꼈습니다. 그래서 구체적인 일정을 소희에게 말해야만 설득시킬 수 있겠다고 생각했습니다. 물론 이 말 또한 즉흥적인 말이었습니다."

무신이 또박또박 자신의 생각을 피력하자 교육자는 고개를 끄덕이며 소희 쪽으로 시선을 옮긴다.

"무신의 '사정을 잘 말씀드려봐'라는 말에 왜 침묵했나요?"

"그 말이 저희들 간에 계획된 말이 아닌 즉흥대사라서 무슨 말을 해야 할지 잠시 망설였습니다. 그래서 무신을 다시 설득해야 할 말을 찾고 있었어요."

소희가 웃으며 답변하자 교육자는 고개를 끄덕이더니 학생들에게 주의를 돌린다.

"오케이! 논쟁이라는 연습과제를 통해 무신과 소희는 자신들의 목표를 말로 옮겨내고 있는 듯합니다. 그리고 그 말들은 서로 부딪히고 있었고요. 즉 목표를 가진 말들이 충돌하고 있었다고 평가됩니다. 동의하나요?"

학생들은 대답대신 동의의 뜻으로 고개를 힘차게 끄덕거린다.

"무엇보다도 흥미로웠던 건, 시연 시 그들은 파트너의 말을 듣고 자신의 말을 생성시키고 있었다는 점입니다. 물론 몇 부분에 있어서 즉흥적인 대사 때문에 실제의 포즈가 발생했지만 이것 또한 상대방의 말을 듣고 평가하고 있음을 의미하므로 과제에 대한 명확한 실행이었다고 간주됩니다.

그들의 시연에서 본 것처럼, 무대에서 자신의 말은 상대배우의 말에 의해 생산되어야 한다는 것이죠. 이점을 명심하길 바랍니다."

교육자는 잠시 생각하다가 이내 입을 뗀다.

"시연이 끝난 후에 나와 소희의 대화중에서 '그 말이 저희들 간에 계획된 말이 아닌 즉흥대사라서 무슨 말을 해야 할지 잠시 망설였습니다. 그래서 무신을 다시 설득해야 할 말을 찾고 있었어요'라고 소희가 말한 것을 기억하나요?"

학생들이 큰 소리로 화답하자 교육자는 고개를 끄덕이며 계속 말을 이어간다.

"무신과 소희의 시연 중 이 부분만큼은 소희가 더욱 명확하게 무신의 말을 들었다고 여겨집니다. 왜냐하면 이것은 소희로 하여금 다시 무신을 설득해야 할 말을 찾도록 만든 진실 된 평가의 시간이었기 때문이죠. 이때 소희의 몸, 특히 눈은 생각의 눈을 만들기에 충분했고요."

소희는 고개를 끄덕이며 동의한다. 교육자가 무신에게 눈길을 돌린다.

"자네는 소희가 자신과의 공연연습을 꺼려하는 다른 이유가 있다고 생각하나?"

무신은 고개를 끄덕이더니 즉각 답변한다.

"네. 소희에게 다른 이유가 있는 듯합니다."

이때 소희가 끼어든다.

"솔직히 말하면. . . 가족여행은 변명입니다. 그래서 무신의 끈질긴 설득이 계속 이루어진다면 진짜 이유를 말할 참이었어요. 가을쯤에 다른 사람과의 공연연습이 있다는 걸 말입니다."

교육자가 흥미로운 듯 그들에게 되묻는다.

"만일 그렇다면 이후의 논쟁은 좀 더 첨예화되겠군!"

"당연히 그럴 것 같습니다."

무신과 소희는 고개를 세차게 끄덕이며 거의 동시에 대답한다.

"오케이! 소희와 무신은 차후에 이 연습과제를 좀 더 논의하여 '2인 에튜드'로 발전시켜 보여주세요."

소희와 무신은 고개를 끄덕인다. 교육자는 학생들에게 주의를 돌린다.

"자, 다음 시간부터 본격적으로 '2인 에튜드'를 시작해볼까요?"

"네!"

학생들은 우렁찬 목소리로 외친다. 교육자가 실기실을 나서면 정태는 현정에게 다가가서 자신의 노트를 펼쳐 보이며 에튜드를 위한 이야기를 나누기 시작한다. 소희와 무신은 방금 시연한 것에 대해 토론을 하고 있다.

8

연기실기실로 교육자가 들어오면 무대는 이미 첫 번째 발표를 위하여 세팅되어 있다. 중앙에서 조금 뒤쪽에는 낡은 소파가 놓여 있고, 오른쪽 무대 앞에는 긴 탁자 위에 TV가 있고, TV 옆에는 작은 전화기가 놓여 있다. 무대 왼쪽과 오른쪽 구석으로 가림막을 이용하여 등·퇴장로가 만들어져 있고, 오른쪽 등·퇴장로 옆에는 책상과 의자가 세로로 놓여 있다. 교육자가 앉은 책상 위의 노트에는 다음과 같은 순서가 쓰여 있다.

1. 명절   . . .   박정태 / 김현정
2. 마로니에 공원에서   . . .   이정하 / 권주희
3. 옥상에서   . . .   이소희 / 손기주
4. 캐스팅   . . .   이수정 / 윤문숙
5. 공터에서   . . .   감무신 / 양승욱

"준비되면 시작하겠습니다!"

가림막 뒤에서 큰 소리가 들린다.

"네!"

교육자가 경쾌하게 화답한다. 잠시 후 가림막 뒤에서 노래 소리가 크게 들린다. 이윽고 술 취한 정태와 현정이 비틀거리며 들어온다. 학생들은 그들을 바라보며 소리 내어 웃는다. 정태의 오른손에 검은 봉지가 들려있고, 현정은 두 손에 소주 한 병씩 들고 있다. 둘은 문 입구 앞에서 휘청거리며 신발을 벗는다. 현정은 신발을 벗어 아무렇게나 차버리고는 들어와서 소파에 벌러덩 드러눕는다.

"오빠, 술상 차려와!"

현정은 소파에 길게 드러누워 큰 소리로 외친다. 정태는 아무렇게 누워 있는 현정에게 알았다는 표시로 손가락을 동그라미로 그려 보이고는 왼쪽 문으로 나간다. 현정은 누워서 고래고래 고함치며 노래를 부르기 시작한다. 동료들이 큰 소리로 웃음을 터뜨린다. 이윽고 정태가 작은 밥상에 술상을 차려온다. 술상이라고는 큰 그릇의 김치 통과 젓가락이 전부다. 정태는 검은 봉지에서 마른 오징어와 종이 잔을 꺼내고서는 현정의 손에 들려져 있는 소주를 빼앗아 상에 놓는다.

"한 잔 더하자, 현정아!"

술상을 준비한 정태가 낮은 소리로 웅얼거리자 그녀는 여전히 소파에 드러누워 노래를 부르고 있다.

"한 잔 더하자, 김 현정!"

정태가 고함을 치자 그제서 현정은 부스스 일어나서 술상 앞에 비틀거리며 앉는다.

"자, 마시자!"

정태는 잔에 술을 부어 현정에게 건넨다. 현정은 한입에 소주를 털어 넣는다.

"크! 좋다!"

정태도 한입에 술을 털어 넣는다. 둘의 시연을 보고 있던 동료들이 큰 소리로 웃어 댄다. 정태는 다시 술잔을 따라 입에 털어 넣는다.

"오늘이 추석이지, 현정아?"

정태가 혀가 꼬인 발음으로 현정에게 소리친다.

"응, 추석이야, 오빠! 그리고 우리 둘은 이렇게 텅 빈 서울에서 술을 마시고 있고! 헤헤헤."

". . ."

둘은 잠시 말이 없다. 정태는 소주를 한잔 더 부어 마신다. 현정은 손으로 술상을 두드리며 노래 부르기 시작한다. 정태가 벌떡 일어나더니 비틀거리며 전화기 쪽으로 간다. 수화기를 들고 전화를 건다. 침묵. 다시 그는 전화를 건다.

"전화 좀 받아라. . . . 여보세요, 현식인가? 성님이다. 이눔아! 자네 집은 다 평안하신가? . . . 그려, 그려. 쬐끔 거시기하다. 보고 잡다, 친구야! . . . 그려, 그려, 그려! 보고 잡다, 친구야! . . . 또 통화함세."

정태는 수화기를 내려놓고 한참동안 고개를 숙이고 있다. 갑자기 그는 비틀거리며 일어나서 술상으로 다가간다. 목청을 따며 노래 부르던 현정은 이미 소파로 올라가 늘어져 자고 있다. 정태는 자고 있는 현정을 물끄러미 쳐다본다. 그리고 씩 웃으며 자신이 입고 있는 윗옷을 벗어 현정에게 덮어준다. 그는 비틀거리며 술상으로 걸어가서 허물거리는 자세로 앉더니 소주를 따른다.

"여기까지입니다!"

정태가 에튜드가 끝났음을 알리자 현정이 벌떡 일어나 앉는다.

"수고했어요!"

교육자가 빙그레 웃으며 그들을 쳐다보더니 말을 꺼낸다.

"여기는 어디인가요?"

"정태의 자취방입니다."

현정의 짧은 대답에 교육자는 고개를 끄덕이며 다시 질문한다.

"둘은 어떤 관계인가요?"

"학과 동료입니다. 애인은 아니고 허물없는 사이입니다."

정태 또한 짧게 대답한다.

"둘은 추석인데 왜 고향에 내려가지 않았습니까? 서울에서 무슨 일이 있나요?"

교육자가 그들에게 재차 묻자 정태가 현정을 힐끔 보며 대답하라는 제스처를 취한다. 그러자 현정은 정태에게 대답하라는 몸짓을 한다. 정태가 알았다는 듯 교육자를 바라보며 답변한다.

"현정과 저는 집안 형편상 이번 추석에 내려가질 못했습니다. 그리고. . . 고향으로 내려가는 버스 값이 없기도 하고요!"

학생들은 고개를 끄덕이며 '아하고 소리 지른다.

"친구한테 버스비는 빌릴 수도 있었을 텐데?"

교육자가 재차 그들을 향해 질문한다.

"이미 빌린 돈이 너무 많아 지금 아르바이트를 하고 있어도 전부 갚긴 힘든 상태입니다."

정태가 교육자의 연이은 질문에 진지하게 대답한다. 교육자가 고개를 끄덕이고서 잠시 말을 멈춘다. 학생들은 그를 주시하며 평가를 기다리고 있다. 이윽고 교육자가 천천히 입을 연다.

"현정과 정태의 에튜드는 아주 좋았습니다. 아니 그것은 감동적이기까지 합니다."

학생들은 일제히 현정과 정태를 향해 고함을 보낸다. 학생들의 고함소리를 뚫고 교육자가 큰 소리로 말을 이어간다.

"그들의 시연은 무척 인상적이었으며 명확했다고 생각됩니다. 그들의 시연에 대해 좀 더 구체적으로 얘기해 봅시다.

우선 그들의 전상황은 선명하게 보입니다. 그것은 그들이 왜, 어디에서, 무엇 때문에 술을 마셨는지 설명하지 않아도 눈에 선하게 보일 정도로 명확하다는 것입니다."

학생들은 고개를 크게 끄덕거린다.

"둘째, 그들은 말과 행동으로 정확하게 파트너에게 영향을 주고받고 있습니다. 그것은 구체적인 목표를 가진 영향력으로써 서로에게 작용하고 있었다고 생각됩니다.

셋째, 그들이 계획한 말과 행동의 플랜은 플랜으로 끝나지 않고 '지금, 여기에서' 작동되고 있다는 것입니다. 그래서 그들의 계획된 행동은 지금 정태의 자취방에서 살아 있는 행동으로 재생되고 있었다고 평가됩니다.

넷째, 현정과 정태는 그들의 행동플랜을 믿고 대담하고 용감하게 그들의 일을 해내고 있다는 사실입니다. 그것은 마치 어린아이들이 '칼싸움놀이'나 '총싸움놀이'를 할 때처럼 순진하고 순수하게 그들의 상황을 온전히 자신의 상황으로 믿으며 그들의 목표를 가진 행동으로 실행하고 있다고 생각됩니다."

교육자가 평가를 일단락 한 듯 잠시 생각에 잠긴다. 이윽고 그는 다시 천천히 입을 연다.

"... 끝으로 무엇보다도 감동스러웠던 것은, 그들이 무대에서 정확하게 할 것만 하고 있었다는 점입니다. 이런 이유로 그들의 행동과 말은 무척 경제적이라는 것인데, 그것은 무대에서 불필요하거나 쓸데없는 것이 거의 없었다는 의미를 내포하고 있습니다.

일전에 나는 '경제적 행동'에 대해 간단하게 언급한 바 있습니다. 무협지에서 내공이 상당한 고수들의 칼베기는 무척 간결하면서도 한방에 행해지죠. 좋은 배우들 또한 무대에서 잡스런 행동을 결코 하지 않아요. 즉 그들은 대상으로의 집중과 목표를 가진 행동을 단번에, 거추장스럽지 않게, 단순하게 행한다는 것이죠. 어느 분야에서든 고수들의 행동은 이처럼 간단하면서도 명확합니다. 우리 또한 무대에서 쓸데없고 쓰레기 같은 이런저런 짓을 허용치 않아야 합니다. 그렇다면 여러분들은 무대에서 해야 할 것만 정확하게 행동으로 옮겨야만 합니다.

결론적으로 말해서, 현정과 정태의 시연은 경제적이고, 합리적이며, 논리적인 행동 찾기와 실행으로써의 멋진 에튜드였다고 평가하고 싶습니다!"

현정과 정태는 상기된 표정을 짓고 있다. 잠시 후 교육자가 다시 말문을 연다.

"그런데. . . 만일 내가 내일 다시 현정과 정태에게 이 에튜드를 보여 달라고 하면, 이들의 에튜드는 오늘 같지 않을 수도 있을 겁니다. 확신컨대, 만일 그들이 오늘 좋았던 것을 내일 똑같이 보여주려고 하면 틀림없이 좋지 않은 결과가 있을 겁니다. 그 이유는 오늘 좋았던 것－행동, 말, 감정 등－을 기억해서 그것을 재생하려고만 하기 때문이겠죠. 그렇다면 또 한 번 기계가 무대에 존재하게 되는 셈입니다. 그러므로 우리가 주의하고 명심해야 할 것은 자신과 파트너와의 관계, 전상황, 사건과 평가, 목표, 행동과 말의 플랜을 가지고 내일 또 다시 '처음인 것처럼' 대상을 보고 들으며 대담하게 행동으로 부딪혀야 한다는 것이죠. 그러할 때 우리의 궁극적인 목표지인 무대에서 존재의 세계로 진입하는 길을 확보할 수 있을 것입니다."

교육자는 현정과 정태를 향해 눈길을 돌린다.

"하지만. . . 현정과 정태의 시연에서 한 가지 지적해야만 하는 것이 있어요. 그것은 알코올에 의한 몸의 변형입니다. 소주 한 잔과 한 병은 분명 우리 몸을 다르게 바꿉니다. 물론 술의 종류에 따라서도 달라지겠지만요. 술을 마시면 다리가 풀려 걸음걸이가 꼬이고, 눈동자가 게슴츠레 해지며, 했던 말을 또 하고, 상체와 팔의 움직임이 평상시와 다르게 아무렇게 흔들거립니다. 술을 마셔본 적 있죠?"

학생들은 당연하다는 듯 고개를 크게 끄덕이며 웃고 있다. 교육자도 빙그레 웃으며 말을 이어간다.

"만약 술에 잔뜩 취한 사람을 골목길에서 만난다면 우리는 일단 경계하게 되죠. 왜냐하면 술 취한 사람이 언제 돌발적인 행동과 말을 하게 될지 몰라 주의를 기울일 수밖에 없기 때문입니다. 그때 그의 눈을 기억해보면 꿰뚫어보는 듯하면서도 퀭한 눈빛이라는 것을 감지할 것입니다. 이것은 그가 주의를 가지고 집중한 채 어떤 대상을 강렬하게 보기 때문입니다. 또한 그의 말을 기억해보면 했던 말을 반복하거나 횡설수설하지만 유난히 강조하는 단어나 구절이 있음을 간파할 수 있어요.

우스갯소리로 술이 많이 취한 사람은 옷을 벗어 전봇대의 튀어 나온 고리에 그것을 걸어 놓는다고 합니다. 그것은 그에게 있어서 전봇대의 고리가 이미 그의 집에 있는 옷걸이로 치환되었기 때문일 겁니다. 아마 그 이유는 알코올이 그로 하여금 엄청난 집중과 믿음을 주어 이러한 행동을 하도록 하기 때문이죠."

학생들은 소리 내어 웃는다.

"이러한 현상으로 미루어보건대 보통 때와는 달리 술에 잔뜩 취한 상태는 엄청난 주의를 가진 집중력이 발생한다고 말할 수 있습니다. 즉 알코올은 우리의 몸을 이완시키지만 주의 집중은 더욱 강하게 만드는 것이라고 할 수 있겠죠. 그렇나요?"

"네!"

학생들이 큰 소리로 응답한다.

"알코올에 의한 자신의 몸 상태가 기억이 잘 나질 않는다면 술 취한 사람을 관찰해보는 수밖에 없습니다. 하지만 이 작업, 즉 '관찰 작업'은 우리의 다음 작업이기에 이것에 대한 구체적인 언급은 뒤로 미루기로 하겠습니다.

아무튼, 오늘 보여준 현정과 정태의 〈명절〉 에튜드는 퍽이나 흥미롭고 감동적이었습니다. 〈명절〉 에튜드는 공개발표 하도록 합시다! 단, 알코올에 의한 구체적인 몸의 변형은 공개발표 때 해결해서 보여주세요. 오케이?"

정태와 현정은 대답대신 서로 부둥켜안으며 기뻐한다. 동료들은 부러운 시선을 보내고 있고, 교육자는 빙그레 웃으며 실기실을 나선다.

9

수업이 시작되면 교육자가 앉은 책상에는 의례히 한 권의 노트가 놓여 있다.

수업용 노트에는 발표순서가 다음과 같이 적혀 있다.

1. 캐스팅 . . . 이수정 / 윤문숙
2. 공터에서 . . . 감무신 / 양승욱
3. 버스정류장에서 . . . 이소희 / 손기주
4. 커피 . . . 이정하 / 박정태
5. 야영캠핑장에서 . . . 권주희 / 김현정

무대는 이미 옥상으로 만들어져 있다. 무대 뒤편 왼쪽에는 밖으로 통하는 통로가 보이고 중앙 뒤편에 벤치가 가로로 놓여 있다. 벤치 옆 오른쪽에는 큰 휴지통이 세워져 있다. 문숙은 이미 벤치에 앉아 있다.

"시작할까요? 선생님."

문숙은 노트를 쳐다보고 있는 교육자를 향해 소리친다.

"네, 준비되면 시작하세요."

교육자가 문숙을 향해 고개를 끄덕이며 답한다. 잠시 후 문숙은 벤치에 앉아 자판기에서 뽑은 커피를 한 모금 마시고는 담배를 피기 시작한다. 그때 왼쪽 출입구 쪽에서 수정이 들어온다. 수정은 곧바로 문숙이 앉아 있는 벤치로 가지 못하고 출입구 쪽에서 문숙을 살피 듯 쳐다보며 서있다. 문숙은 수정을 힐끗 쳐다보고는 신경 쓰지 않은 채 커피를 다시 한 모금 마시더니 담배를 발로 비며 끈다. 잠시 후에 수정은 문숙 옆으로 조심스럽게 다가와 앉는다.

" . . . "

그들은 한참동안 말이 없다.

"담배 하나 줄래?"

문숙이 갑자기 수정에게 불쑥 말을 던지자 수정은 아무런 대꾸 없이 호주머니에서 담배를 꺼내 내민다.

"불도 좀 줘!"

수정은 다시 호주머니를 뒤져 라이터를 문숙에게 건넨다.

". . ."

수정은 발로 바닥을 툭툭 차고 있고 문숙은 담배만 피고 있다.

"축하해!"

문숙은 담배를 한 모금 흡입하고 내뱉으며 시큰둥하게 말한다.

". . ."

그들 사이에 또다시 어색한 침묵이 흐른다. 천천히 문숙은 수정을 쳐다본다.

"미안!"

수정은 문숙을 쳐다보지 못하고 고개를 숙인 채 중얼거린다. 문숙은 고개를 돌려 담배 연기를 내뱉으며 수정을 쳐다보지 않고 말한다.

"네가 왜 미안하니?"

문숙은 자세를 틀어 수정을 쳐다본다.

"근데 한 가지 물어볼게 있어. 솔직히 대답해 줄래?"

수정이 고개를 들고 문숙을 바라본다.

"너. . . 연출이랑 무슨 사이니?"

수정은 잠시 문숙을 바라보다가 어이없다는 듯이 대꾸한다.

". . . 무슨 말을 하고 싶은 거니?"

문숙은 바닥에 담배를 끄고 일어서더니 퉁명스럽게 말한다.

"아니, 그냥 궁금해서. . . 아니면 말고. 나 먼저 내려간다."

문숙이 옥상 문 쪽으로 나가려 하자 수정은 발끈하며 소리친다.

"야! 너, 그렇게 치사한 줄 몰랐다."

수정의 외침에 문숙은 홱 돌아선다. 그리고 수정에게 빠른 걸음으로 다가가서 퍼붓기 시작한다.

"치사! 너 치사라고 그랬냐? 너라면 어떻게 생각하겠냐? 그렇잖아, 맨날 주연은 너 혼자 다하고. 극단에 여자가 너뿐이니? 그래, 말이 나왔으니 해보자! 사실, 인물로 따지면 너보다야 송희가 낫지. 또 연기는. . ."

수정은 자리에서 벌떡 일어나서 빠른 걸음으로 옥상 문 쪽으로 가서 문을 쾅 닫고 나가버린다.

"야! 야! 도망 가냐?"

문숙은 수정이 나간 쪽을 향해 큰 소리로 고함친다. 그리고 담배와 라이터를 챙겨 급히 따라 나간다.

"수고했어요! 들어오세요."

문숙과 수정은 머리를 긁적이며 들어온다.

"이곳은 극단 연습실 옥상이고, 전상황은 막 캐스팅이 발표된 이후고요?"

교육자가 그들을 쳐다보며 확인 차 묻는다.

"네."

수정과 문숙은 동시에 대답한다.

"주연은 항상 수정 몫이어서 다른 여배우들은 불만이 가득 차 있는 상태고요. 그렇다면 이제 문숙은 무엇을 하기를 원합니까?"

교육자가 문숙을 향해 질문을 던진다.

"극단을 이제 나가야되겠다고 생각하고 담배를 피러 옥상에 올라왔습니다."

문숙이 차분하게 대답하자 교육자는 고개를 끄덕거린다. 그리고 수정에게 고개를 돌린다.

"수정은 왜 옥상에 올라왔습니까? 그리고 문숙에게 무엇을 원하죠?"

"문숙이 옥상에 있을 거라고 생각하고 올라왔습니다. 그리고 문숙에게 미안하다고 말해주고 싶었습니다."

수정의 대답에 교육자는 고개를 끄덕이더니 잠시 생각에 잠긴다. 잠시 후 교육자가 다시 그들에게 질문한다.

". . . 에튜드 시연을 위한 행동과 말에 대한 계획은 있었습니까? 만일 그렇다면 우리들에게 간단하게 말해주세요!"

문숙이 수정을 힐끔 쳐다보자 수정은 자신의 노트를 들추더니 교육자에게 내민다.

"저희들이 에튜드를 위해 논의하여 수립한 행동과 말에 대한 계획은 이렇습니다."

수정의 노트에는 다음과 같은 행동계획과 말계획이 빼곡히 적혀 있다.

행동계획

문숙 행동계획	수정 행동계획
1. 커피를 마신다.	1. 옥상으로 들어온다.
2. 담배를 핀다.	2. 문숙을 본다.
3. 수정을 쳐다본다.	3. 벤치에 앉는다.
4. 커피를 다시 마신다.	4. 담배를 내민다.
5. 담배를 핀다.	5. 라이터를 준다.
6. (바닥에) 담배를 끈다.	6. 고개를 숙인다.
7. 문 쪽으로 나간다.	7. 일어선다.
8. (수정에게) 돌아선다.	8. (문숙을) 노려본다.
9. (수정에게) 다가간다.	9. 나간다.
10. 나간다.	

말행동계획

문숙 말계획	수정 말계획
1. 담배 하나 줄래?	1. 미안!
2. 불도 좀 줘.	2. 무슨 말을 하고 싶은 거니?
3. 축하해!	3. 야! 너, 그렇게 치사한 줄 몰랐다.
4. 네가 왜 미안해?	4. 침묵.
5. 근데 한 가지 물어볼 게 있어. 솔직히 대답해줄래?	
6. 너 연출이랑 무슨 사이니?	
7. 아니, 그냥 궁금해서. 아니면 말고. 나 먼저 내려간다.	
8. 치사! 치사라고 그랬냐? 너라면 어떻게 생각하겠냐? 주연은 항상 너 혼자 다 하잖아! 극단에 여자가 너뿐이냐? 인물로 따지면 송희가 훨씬 낫지. 또 연기는. . .	
9. 야! 도망 가냐?	
10. 침묵.	

교육자는 노트를 유심히 들여다보며 연신 고개를 끄덕거린다. 몇 명의 학생들이 노트를 힐끗 쳐다본다. 잠시 후 교육자는 노트에서 눈을 떼며 그들에게 묻는다.

"노트를 참고로 볼 때 자네들의 시연 때 행동과 비교해보면 행동의 실행은 무난하게 진행된 듯한데?"

"네, 시연 때 행동은 비교적 무난하게 진행된 듯합니다. 하지만 시연 시 행동 단위의 사이를 메워 넣으면서 저희들이 시연 전에 논의했을 때와는 조금 다르게 진행된 듯합니다."

문숙이 교육자의 질문에 조근 조근 답변한다.

"예를 들면?"

교육자가 흥미로운 듯 다시 그녀에게 질문한다.

"예를 들면. . . 수정이 옥상에 등장했을 때 저는 인기척을 느끼고 옥상 문 쪽으로 쳐다보았는데 거기에 수정이 서 있었습니다. 저희들이 에튜드를 준비하면서 논의한 바에 의하면 제가 수정을 쳐다볼 수 있는 정당성은 있을 거라고 판단했습니다. 그래서 '옥상 문에 서 있는 수정을 쳐다본다'가 저의 행동계획이었는데, 시연 때는 '슬쩍 쳐다본다'로 수행되고 난 후 커피를 한 모금 마셨습니다. 이때 저는 살짝 놀랐습니다. 왜냐하면 저의 행동계획은 수정을 '쳐다본다'였기 때문입니다. 아울러 말 사이의 포즈는 시연 때 대부분 저절로 발생된 것들이었고요."

문숙의 답변이 끝나자마자 수정도 자신의 의견을 내놓는다.

"저 또한 옥상 문으로 등장하고 난 후에 '벤치에 앉아 있는 문숙을 본다'가 시연 전에 문숙과 논의한 후에 결정된 저의 행동계획이었는데, 실제로 시연 때는 문숙을 감히 쳐다보지 못한 행동으로 나타났습니다. 결국 문숙을 '살피듯 본다'가 되었습니다. 또한 '나간다'는 시연 때 '문을 꽝 닫고 나간다'로 변경되었고요."

학생들은 고개를 끄덕이며 경청하고 있다. 교육자도 그들의 자평을 듣고 난 후에 고개를 끄덕이더니 천천히 말문을 연다.

"하지만 시연 전에 자네들이 전상황과 파트너와의 관계, 사건과 평가, 목표, 행동 등을 서로 이야기하고 논의하여 행동계획을 수립한 것과 자네들이 시연 때 보여준 행동은 결코 다르지 않았다고 말할 수 있어. 왜냐하면 자네들의 행동플랜은 시연 시 플랜으로만 그치지 않았으며, 행동의 양태까지도 그 순간 대상으로부터 생성된 것이었기 때문이지. 따라서 시연 때의 행동은 '지금, 여기에서' 맞닥뜨린 행동이었다고 생각해. 결국 자네들은 시연 때 대상을 끈기 있게 다루고 있었으며, 이것은 곧 자신의 목표를 위한 구체적이며 살아 있는 행동으로 수행되었다고 평가해."

교육자는 잠시 생각하는 듯 하다가 계속 말을 이어간다.

" . . . 좀 더 구체적으로 말해보자면, 문숙의 '힐끗 쳐다본다'는 자네가 전상황에서의 사건을 자신의 문제로 믿고 있었기에 '힐끗'이라는 행동의 양태가 자연스럽게 결정되었다는 것이지. 그것은 곧 '수정을 별로 보고 싶지 않다'라는 자네의 목표의 달성을 위한 행동이니까.

또한 수정의 '살피 듯 본다'도 자네가 이미 무대 밖에서 발생한 사건과 문숙과의 관계를 자신으로서 이해하고 믿었기에 '살피 듯'이라는 행동의 성질은 그때, 그 자리에서 획득한 것이라고 볼 수 있어. 그것은 곧 '문숙에게 무슨 말이라도 하고 싶다'라는 자네의 목표가 이면에 있었기 때문이지."

수정과 문숙은 교육자의 평가를 집중해서 듣고 있다. 현정은 자신의 노트에 메모를 하기 시작한다. 교육자는 학생들에게 시선을 옮긴다.

"내가 정작 하고 싶은 말은, 파트너와 이야기하고 논의하여 수립한 행동계획은 계획일 뿐 무대로 등장하면서 자신의 전상황, 사건, 목표 등을 가지고 대상과 대담하게 부딪혀보라는 것입니다. 이때 행동계획과 말계획은 다소 변화를 가지지만 정작 중요한 것은 파트너를 자신이 끈기 있게 대상으로 다루고 있느냐 하는 것이죠.

따라서 수립된 행동과 말의 계획은 이미 여러분들이 무대에 있기 위한 줄기를 형성하도록 만들기에 대상에 대한 명확한 집중만 있다면 잔가지들은 줄기에 합류되어 일관된 행동으로 수행될 것입니다. 시연 시 파트너를 통해 자극과 영향을 주고받아 행동계획들이 살아 있는 행동으로 실행되는지는 시연 후에 파트너와 점검하면 되는 것이고요.

한마디로 말해서, 무대로 등장하는 순간부터 자신은 이미 이전의 행동계획을 잊고 대상으로 향한 자신의 목표달성에만 집중하라는 것입니다. 이때 계획된 행동과 말은 수정되거나 퇴화와 진화를 자연스럽게 거쳐 나갈 것입니다. 그렇지만 행동계획은 여전히 큰 줄기를 형성하고 있을 것이고요. 오케이?"

학생들은 대답대신 고개만 끄덕거린다. 수정과 문숙은 눈망울을 또르륵 굴리며 생각에 잠겨 있고, 정태와 주희는 자신의 노트에 뭔가를 부지런히 적고 있다.

"조금 쉬었다가 계속 해볼까요?"

"네!"

학생들은 우렁찬 목소리로 화답한다.

10

휴식 후에 교육자가 실기실로 다시 들어와서 자리에 앉으면 학생들은 그에게 주의를 기울인다.

"오케이, 문숙과 수정의 시연에 대해 좀 더 이야기 해볼까요? 우선 그들의 시연에서 동의하고 싶은 것은, 수정이 옥상에 들어와서 문숙을 쳐다볼 때 둘의 전상황이 명확히 보였다는 사실입니다. 그것은 둘 사이에 무슨 일이 있었음을 암시하였고, 아울러 수정은 문숙한테 원하는 것이 있음을 우리에게 전달하고 있었습니다. 따라서 수정의 문숙을 '쳐다봄'은 행동으로 작동되고 있다고 말할 수 있겠죠.

또한 수정이 문숙에게 다가서서 옆에 앉는 것도 마찬가지로 행동으로 작동되고 있었으며, 이후 수정의 '미안해!'라고 말하는 데까지는 말과 행동, 그리고 침묵에서 그들 간의 교류는 명확하게 이루어지고 있음이 선명하게 보입니다. 따라서 여기까지는 그들의 에튜드 〈캐스팅〉은 '2인 에튜드'로써 성과를 보이고 있다고 평가됩니다."

학생들은 고개를 연신 끄덕이며 동의의 뜻을 표한다.

"하지만. . . 문숙의 '물어볼게 있어', '연출이랑 무슨 사이니?' 등의 말은 말의 플랜을 다소 그대로 옮겨 놓은 듯합니다. 어쩌면 조금 서두른 감이 없지 않아 말 행동으로 충분하게 작용을 못하고 있는 듯합니다.

대상을 좀 더 끈질기게 확보하고 있어야 합니다. 이 말은 대상에게 말을 할 수 있는 힘을 가져보라는 것이며, 그러고 난 후 말을 상대방에게 전달할 때는 자극체로서의 언어가 되어야 합니다. 이때 말은 정확하고 또박또박 전달되어 상대방을 흔들어 놓아야 하고요.

그렇다면 우선 문숙과 수정이 어떤 관계냐에 따라 위의 말은 해 낼 수도 있고 그렇지 않을 수도 있을 겁니다. 만일 둘이 허물없고 막역한 관계라면 문숙은 위의 말을 이 자리에서 할 수 있을까요? 왜냐하면 문숙의 질문 아닌 질문은 둘 사이에 있어서는 상당히 예민한 것이어서 둘의 관계의 정도에 따라 이 말이 행동으로 명확하게 옮겨지느냐 하는 것이 결정되기 때문이죠. 이런 이유로 대상인 파트너를 좀 더 끈질기게 다루어 자신의 말을 할 수 있는 힘을 만들고, 그러고 난 후에 생성된 자신의 말을 정확하게 파트너에게 전해보라고 나는 말하고 있는 것입니다.

말의 계획을 실행하고 안하고는 자신의 플랜에 의해 진행되어서는 결코 안 됩니다. 문숙의 말은 자신의 정당성과 필연적인 이유로부터 태동되어야 하는데, 그것은 대상인 수정으로부터 시작되어야만 가능한 일입니다. 그렇다면 문숙의 말은 수정과의 관계성, 수정의 분위기, 수정의 말에 대한 뉘앙스, 수정의 행동거지 등에 의해 결정되어야 함을 잊지 말아야 합니다."

몇 명은 고개를 끄덕이며 생각에 잠겨 있고, 또 다른 몇 명의 학생들은 노트에 뭔가를 계속 적고 있다. 교육자가 잠시 침묵하더니 이내 자신의 말을 계속 이어간다.

". . . 또 하나 언급해야 할 것은, 문숙의 불만이 직접적으로 터져 나오는 부분입니다. 만일 문숙의 가당찮은 말을 수정이 이 자리에서 정확하게 들었다면 수정은 무엇을 할 수 있을까요? 수정한테 있어서 문숙의 불만 토로가 자신에게 말도 안 되는 것이라면 수정은 무엇을 할 수 있을까요? 그렇다면 수정은 문숙의 말을 끊을 수 있는 어떤 행동을 할 수도 있을 것이고, 또는 종이컵을 던질 수도 있을 것 같고, 맞받아칠 수 있는 적합한 말을 생산해 낼 수도 있을 것이고, 노려볼 수도 있을 테죠. 그런데 문숙의 가당치 않은 말에 대해 수정은 행동이나 말을 적확하게 수행하지 못한 채 '나간다'라는 자신의 행동의 플랜만 실행해 내고 있다는 느낌입니다."

교육자는 잠시 말을 멈추고 학생들을 빙 둘러보고 나더니 다시 말을 이어간다.

"무대에서 '듣는다'는 것은 도대체 무슨 의미일까요? 자신이 이미 알고 있는 파트너의 말을 듣는다는 것은 이미 수립된 행동계획이나 말계획으로 곧장 수행될 가능성이 크지요. 해서 '지금, 여기에서' 마치 처음인 것처럼 파트너의 말을 듣는다는 것은 자신에게 자극체로서의 언어가 되어야만함을 전제로 합니다. 만일 그러하다면, 이제 파트너의 말은 자신의 신체를 변화시켜 자신의 목표를 생성시킬 수 있는 힘을 가지게 될 것이고요. 결국 이것은 파트너의 말이 자신의 행동이나 말을 불러일으키게 되는 것이라고 할 수 있겠죠.

정리하자면, 무대에서 상대방의 말을 '듣는다'는 것은 일차적으로 자신의 귀를 통해 파트너의 말을 듣고서 자신의 내적 움직임을 형성하여 자신의 몸이 변화되는 것을 의미한다고 할 수 있습니다. 이러한 일련의 과정을 우리는 무대에서 '듣다'라고 말하는 것입니다. 이러할 때 '듣다'는 행동이 되는 것이고요. 결국 이것은 자신을 허구의 공간에서 뿌리 깊이 '있게' 만듭니다. 그렇다면 아마 이런 공식이 성립될 지도 모릅니다.

듣다 = 귀 + 내적 행동 + 신체적 변화 = 행동 = 있음(being)

이제 우리는 자신의 목표를 가지고 파트너와 좀 더 정확하게 부딪혀내야 합니다. 그들의 시연에서 예를 들면, 수정과 문숙의 에튜드에서 문숙의 불만 섞인 말은 수정을 충분히 모욕스럽게 하고, 수정을 변화시킬 수 있는 힘이 다분히 있었다고 생각됩니다. 그럼에도 불구하고 수정은 교류로써의 명확한 행동이나 말을 적확하게 찾지 못하고 있었습니다. 이것 또한 구체적인 행동으로 실행해 내지 못한 '상태'이거나 단순히 자신의 행동계획만 수행하는 것이라 할 수 있습니다. 이러한 의미에서 나는 자신의 목표를 명확히 가지고서 상대배우와 적극적으로 부딪혀보라고 말하고 있는 것입니다. 이해되나요?"

"네!"

몇 명의 학생들은 큰 소리로 화답하고, 몇 명의 학생들은 대답 대신 고개를 끄덕거리며 생각에 잠겨 있다. 교육자가 다시 학생들을 한 번 휙 둘러보더니 자신의 말을 계속한다.

"끝으로. . . 문숙이 선택한 말과 행동들에 대해 언급하고 넘어가야 할 듯합니다. 우선 문숙이 계획한 행동과 말들은 비교적 논리적이라고 할 수 있습니다. 적어도 '축하해'라고 수정한테 말하는 부분까지는 말입니다.

그런데 이후는 문숙 자신의 행동과 말이라기보다는 다른 사람의 행동과 말인 듯합니다. 그것은 의심 많은 어떤 여자, 이런 일은 도저히 참을 수 없는 다혈질적인 어떤 여자, 큰 소리가 어울리는 어떤 수다스러운 동네여자 등의 인물인 듯 하다는 것이죠.

조금 더 구체적으로 말하면, 만일 수정이 내뱉은 '치사'라는 단어가 문숙을 변화시키는 핵심의 말이라면 문숙은 무엇을 할 수 있고, 무슨 말을 할 수 있을까요? 분명 수정이 내뱉은 이 단어는 문숙으로 하여금 그동안 말하지 못했던 속내를 말로 드러내게끔 만드는 힘일 것입니다. 그렇다면 문숙은 이 단어를 끈기 있게 자신의 내부에 가지고 있어야만 하며, 이후 수정을 흔들어 놓을 수 있는 자신으로서의 말을 서두르지 말고 전달해야 합니다. 그것은 곧 자신의 말로 정확하게 상대방에게 영향을 주어서 수정을 '일으키다'로 이끌어 내야만 하겠죠.

그렇다면 무엇보다도 우선 수정의 '치사'라는 말이 문숙 자신의 문제나 사건으로 자리 잡아야만 합니다. 이것이야말로 문숙 자신의 말이 생성될 수 있는 근거와 힘입니다. 만일 그렇지 못하다면 문숙 자신이 아닌 다른 어떤 사람의 말이 비집고 들어올 가능성이 언제든지 있을 겁니다.

우리의 현 작업은 아직까지 역할로 가기 이전의 자신의 행동과 말을 부단히 찾고 실행하는 단계라고 할 수 있습니다. 역할은 좀 더 복잡하고 어려운 작업입니다. 역할에 대해서는 곧 만나게 될 것이고 구체적으로 이야기할 때가 올 겁니다."

교육자의 설명이 채 끝나기도 전에 문숙이 손을 반쯤 든다.

"선생님, 제가 수정에게 퍼부었던 말이 저의 말이 아니었다는 말씀은 잘 이해가 되질 않아요. 좀 더 설명을 해주시면 안 될까요?"

교육자가 고개를 끄덕이더니 천천히 말을 잇는다.

"오케이, 자네의 시연을 통해 좀 더 구체적으로 얘기해볼까? 자네가 벤치에 앉아 있다가 수정에게 몸을 틀어 '너. . . 연출이랑 무슨 사이니?'라고 물었을 때 수정은 자네의 말을 듣고 평가한 후에 '무슨 말을 하고 싶은 거니?'라고 되물었지. 이때 비로소 자네는 자신의 목표를 말로 드러내었고 수정은 자네의 말을 그 자리에서 명확하게 들었다고 나는 판단해. 왜냐하면 그 순간 수정의 몸은 변화되면서 포즈가 발생하였는데, 그것을 나는 수정이 자네의 말을 '들었다'라고 말하는 것이지. 즉 자네의 말은 수정의 호흡을 바뀌게 만들어 수정의 몸이 거의 정지 상태에 있었기에 나는 수정이 자네의 말을 들었다고 말했던 거지.

간단히 말하면 자네의 말로 인해 수정은 생각의 몸으로 바뀌었지. 이것은 자네의 목표가 담긴 말이 분명 수정에게 전달되었다는 걸 증명하고 있는 것이라고 할 수 있거든. 나는 이러한 명확한 주고받음을 보면서 자신의 행동이나 말을 하고 있는지 그렇지 않은 지를 판단하고 있어.

이때 자신의 말이라고 하는 것은 자신의 생각을 가지고 파트너를 명확하게 뒤흔드는 것으로의 언어라고 할 수 있지. 그런데 자네는 수정의 '치사'라는 말에 휘말려 행동의 언어가 아닌 감정의 언어로 퍼붓는 꼴이 되어버렸어. 결국 이것은 어떤 형태를 띤 말의 억양과 말의 템포와 리듬 등을 생성하여 자네가 아닌 낯선 이의 말이 되었다고 나는 말했던 거지.

파트너로 하여금 생각할 수 있는 힘으로써의 말을 생산해야 해. 그것은 결국 자네가 내뱉는 생각의 덩어리인 음절, 단어, 구 그리고 문장으로 인해 파트너로 하여금 몸을 바뀌게끔 만드는 언어이어야만 하는 것이지. 이해되나요?"

"네!"

문숙대신 소희와 무신이 큰 소리로 화답한다. 문숙은 고개를 살짝 끄덕거리며 여전히 생각에 잠겨 있다. 몇 명의 학생들은 자신들의 노트에 뭔가 부지런히 메모하고 있다. 교육자가 다음 시간의 과제를 제시하고 실기실을 나서면 문숙은 소희와 무신과 함께 대화를 나누기 시작한다.

11

수업이 시작되자 학생들이 수업용 노트에 자신들의 순서를 쓰고 있다.

1. 야영캠핑장에서　　．．．권주희 / 김현정
2. 학교에서　　　　　．．．이소희 / 박정태
3. 옷　　　　　　　　．．．이수정 / 이정하
4. 형제　　　　　　　．．．감무신 / 손기주
5. 여관방 306호에서　．．．윤문숙 / 양승욱

교육자가 실기실로 들어오면 첫 번째 에튜드인 〈야영캠핑장에서〉는 이미 무대에 세팅되어 있다. 무대 뒤쪽에 가림막을 삼각형으로 세워 텐트모양으로 만들었고, 그 앞에는 파라솔 테이블과 의자 두 개를 갖다 놓았다. 무대 전면에는 잔가지 나무를 둥글게 모아 놓아 모닥불 형태이다.

"현정과 주희는 준비되면 시작하세요!"

교육자가 수업용 노트를 바라보며 외친다.

"네!"

그들은 실기실 문밖에서 소리친다. 잠시 후 현정이 급하게 들어와 텐트 쪽으로 걸어간다. 그녀는 텐트 안으로 들어가 물건들을 빠르게 챙기기 시작한다. 이때 주희가 뛰어 들어온다. 그리고 텐트로 곧장 들어가 현정이 챙기고 있는 가방을 낚아채서 밖으로 나온다. 현정도 잽싸게 따라 나와서 가방을 빼앗으려 한다. 주희는 가방을 뒤로 감춘다. 현정이 주희의 뒤쪽으로 돌아가 가방을 뺏으려 하자 주희가 다시 가방을 앞으로 옮긴다. 주희가 가방을 앞으로 옮기자마자 현정은 날쌔게 가방을 낚아챈다. 잠시 가방을 두고 실랑이가 벌어진다. 현정은 결국 가방을 주희로부터 빼앗아 텐트 안으로 들어가서 물건들을 급하게 챙겨 넣는다. 주희가 그 모습을 텐트 밖에서 우두커니 지켜보고 서 있다. 곧 현정은 가방을 챙겨 나와서 빠른 걸음으로 밖으로 나간다. 주희가 소리친다.

"지금 가면, 다시는 내 얼굴 보지 않는 거다!"

현정은 문 앞에서 멈춰 선다. 그리고 돌아서더니 주희 쪽으로 빠른 걸음으로 가서 큰 소리로 외친다.

"말 잘했다! 내가 하고 싶은 말이다!"

그리고는 재빨리 뒤돌아 나간다. 주희가 아까보다는 훨씬 큰 소리로 외친다.

"평생 안 본다!"

현정은 주희의 외침에 뒤도 돌아보지 않고 나간다. 주희는 현정이 나간 곳을 한참 보고 있다. 그리고는 힘없이 테이블로 가서 앉는다. 잠시 고개 숙이고 앉아 있던 주희가 고개를 들어 하늘을 쳐다본다. 그때 현정이 들어온다. 그녀는 문 입구에 서 있다. 주희가 인기척을 느끼고 현정을 쳐다본다. 현정도 주희를 쳐다본다. 잠시 동안 그들은 서로를 쳐다보고 있다. 이윽고 현정은 느린 걸음으로 들어와 테이블에 털썩 주저앉는다. 가방을 벗어 내려놓는다. 둘은 한동안 말이 없다. 현정은 하늘을 쳐다본다. 주희도 하늘을 쳐다본다.

"여기까지입니다."

둘은 머쓱해하며 교육자를 바라본다. 그들의 시연을 지켜보던 학생들의 표정이 상기되어 있는 듯하다. 그리고 그들은 교육자에게 재빨리 시선을 돌린다.

"수고했어요!"

교육자가 웃으며 화답한다.

"현정과 주희의 관계는요?"

교육자가 학생들에게 시선을 돌리며 질문을 던진다.

"둘도 없는 친구입니다."

소희가 기다렸다는 듯 대답한다.

"이유는?"

교육자가 재빨리 소희에게 묻는다.

"그들의 말과 침묵, 포즈를 통해 충분히 짐작할 수 있어요."

소희가 시원스런 목소리로 답하자 동료들은 고개를 힘차게 끄덕거리며 동의를 표한다. 교육자도 고개를 끄덕인다.

"그들의 전상황, 사건과 평가, 목표와 그것의 충돌은 구체적인 행동으로 실행되었나요?"

교육자가 다시 학생들을 향해 질문을 던진다.

"네! 그래서 그들 간의 교류는 무척 잘 이루어지고 있었다고 생각합니다."

정태가 확신에 찬 목소리로 대답하자 학생들은 다시 고개를 크게 끄덕거린다. 교육자도 고개를 끄덕인다.

"오케이, 현정과 주희의 시연에서 몇 가지만 언급해볼까요? 우선 그들은 '지금, 여기에서' 자신들의 목표를 가지고 자신으로서 정확하면서도 적극적으로 부딪히고 있었다고 평가됩니다. 또한 그들은 행동의 분절을 통해 힘을 모으고 에너지를 축적시켜 대상을 향해 큰 소리를 질러댈 수 있었습니다. 동의하나요?"

"네!"

학생들이 큰 소리로 응답하자 교육자는 고개를 끄덕이고서는 자신의 말을 계속 이어간다.

"오케이! 현정과 주희의 시연에서 우리는 그들이 적극적으로 목표를 달성하고자 한 것을 목격했습니다. 이때 목표를 달성하기 위해 신체적 접촉을 일으킬 때는 더욱 명확하게 행동으로 해결되어야 합니다. 여기에서 적극적으로 부딪힌다는 것은 우선 자신의 목표가 명확해야함을 전제로 해야 하는데, 이것은 해도 되고 안 해도 되는 원함이 되어서는 안 되는 것으로 어떠한 수단과 방법을 강구해서라도 이루어내어야만 하는 목표이어야 합니다.

그들의 시연을 통해 좀 더 구체적으로 얘기해 봅시다. 현정이 급하게 캠핑장으로 들어와 텐트에서 자신의 배낭을 챙기자 주희가 뒤따라 들어와 그 배낭을 낚아채서 텐트 밖으로 나갔습니다. 그러자 현정이 주희를 쫓아 텐트 밖으로 나와 배낭을 빼앗으려하자 주희가 배낭을 등 뒤로 숨겼습니다. 이때 현정이 주희 뒤로 달려들어 배낭을 빼앗으려하자 주희가 배낭을 앞으로 옮겼죠. 그 순간 현정은 잽싸게 주희 앞으로 돌아와 배낭을 움켜쥐었어요. 그렇죠?"

학생들은 교육자의 상황설명에 고개를 연신 끄덕거린다.

"그리고 주희가 현정이 챙기고 있던 배낭을 낚아채 텐트 밖으로 나간 것은 '현정을 보낼 수 없다'라는 목표로써의 행동이라고 할 수 있습니다. 이러한 주희의 적극적인 행동으로 말미암아 현정은 배낭을 뺏기 위해 급히 텐트 밖으로 나왔어요. 그러자 주희가 배낭을 뒤로 숨겼고요. 이것은 주희의 '절대 너를 보낼 수 없어!'라는 목표가 담긴 행동이었습니다. 이러한 주희의 행동은 현정을 주희 뒤쪽으로 달려들게 만든 원동력이었고요. 마침내 이것은 그들 간의 배낭을 뺏기 위한 힘겨루기로 이어집니다.

나는 이것을 자신들의 목표를 위한 적극적인 행동의 부딪힘이라고 말했던 겁니다. 이때 목표달성을 위해 파트너와의 신체적 접촉을 일으킨다면 무대동작이라는 기술이 필요합니다. 사실, 자신의 목표달성을 위해 신체적으로 부딪히는 것은 이미 적극성을 담보로 하고 있습니다. 현정과 주희의 배낭 뺏기가 그와 같은 예입니다. 이때 사용되는 무대동작은 안전을 최우선으로 생각하는 무대적 기술이고요.

아울러 자신의 목표달성을 위해 말로 부딪혀야 한다면 이것 또한 적극성을 띠어야 합니다. 이때 우리는 '말의 무대적 거리'를 염두에 두어야 합니다. '말의 무대적 거리'란 자신의 목표달성을 위해 파트너에게 다가가서 말하기, 멀리 떨어져서 말하기, 속삭이기 그리고 샤우팅 등을 말합니다. 이것은 자신의 목표를 달성하기 위한 거리두기로써의 소리의 발현이라고 할 수 있습니다.

그 중에서도 큰 소리, 즉 샤우팅shouting은 대상으로의 자신의 목표가 최고조로 달했을 때 전달되는 말 행동입니다. 물론 이것은 평소에 몸의 소리통을 만드는 훈련이 지속적으로 연습되어야만 가능합니다. 아니면 부모님으로부터 선천적으로 물려받아야만 하고요.

그러나 정작 중요한 것은, 안정적인 소리의 발현으로써 샤우팅은 대상에 대한 정확한 집중이 없다면 허공에 내지르는 것이 되어 한낱 소리 지름에 불과하다는 것입니다. 이런 의미에서 현정과 주희의 '지금 가면, 다시는 내 얼굴 보지 않는 거다!', '말 잘했다! 내가 하고 싶은 말이다!', '평생 안 본다!' 등은 대상으로의 명확한 집중에 의한 소리 지름이었기에 안정적인 샤우팅이 되고 있었다고 생각합니다."

몇 명의 학생들은 자신들의 노트에 메모를 부지런히 하고 있다. 교육자는 평가를 잠시 멈추더니 현정과 주희 쪽으로 시선을 돌린다.

"한 가지만 물어볼까요? 둘 사이에서 주 사건은 무엇입니까?"

주희가 현정을 힐끗 쳐다보며 담담하게 대답한다.

"현정의 휴학문제로 다퉜어요. 저는 힘들더라도 현정이 학교를 계속 다녀야 한다고 설득했고, 현정은 집안 형편상 학비문제로 휴학이나 자퇴를 생각하고 있었거든요."

학생들은 주희의 답변에 고개를 끄덕인다. 교육자가 잠시 생각하더니 이내 입을 연다.

"현정과 주희의 에튜드 〈야영캠핑장에서〉는 매우 흥미로웠습니다. 그리고 '2인 에튜드'로써 충분히 목표를 달성하고 있다고 평가됩니다. 〈야영캠핑장에서〉는 공개발표 하도록 합시다! 자, 소희와 정태의 〈학교에서〉 에튜드로 넘어갈까요?"

현정과 주희는 만면에 웃음을 머금고 얼싸안는다. 학생들은 다음 차례인 소희와 정태의 에튜드를 위해 무대를 신속히 전환하기 시작한다.

12

늦은 오후, 학생들은 전체 수업을 끝내고 교육자의 연구실에 모여 차를 마시고 있다. 교육자가 들어온다.

"여러분 선배들의 졸업공연에 대한 회의 때문에 조금 늦었습니다. 그래서 반대표인 소희에게 차 한 잔 하고 있으라고 전달했는데. . ."

교육자가 큰 사각형 테이블에 앉자 소희가 교육자에게 차를 한 잔 건넨다. 교육자는 고맙다는 표시로 고개를 끄덕이고는 말문을 연다.

"다음 주 '2인 에튜드' 공개발표가 끝나고 나면 곧 겨울방학에 들어가죠?"

"네!!"

학생들은 한 목소리로 합창하듯 외친다.

"해서 여러분들을 이렇게 모이라고 한 이유는 겨울방학 과제에 대해 미리 이야기하기 위해서입니다."

"겨울방학 과제요?"

정태가 놀란 표정을 지으며 되묻는다. 교육자가 고개를 끄덕이며 미소를 짓는다. 이내 학생들은 일제히 고성을 지른다.

"오케이, 겨울방학 과제입니다. 겨울방학 과제는 그동안의 학업 성과를 가지고 자율작업을 준비하는 일입니다."

"선생님!!"

학생들은 함성을 지른다. 교육자는 미소를 띠고서는 자신의 말을 계속 이어간다.

"자율작업이란 말 그대로 여러분들이 자율적으로 작업을 하는 것입니다. 작품 선택부터 무대, 조명, 의상을 포함한 스태프의 일은 물론이고, 여러분들이 연출의 역할도 겸하여 최종적으로 배우로 참여하는 작업입니다."

학생들이 웅성거리자 무신이 손을 번쩍 든다.

"스태프뿐만 아니라, 연출가의 역할까지도 저희들 스스로 해결하여 공연을 준비하라는 말씀입니까?"

"첫 번째 자율작업은 공연이 아니고 장면 작업이라고 얘기해야 할 듯합니다. 그래서 첫 번째 자율작업은 시간적인 분량만 제약하고자 합니다. 해서 약 15분 내외의 발표이었으면 합니다. 하지만 두 번째 자율작업부터는 발표시간을 조금씩 늘려나갈 것이고, 그 다음 자율작업은 단막극까지 해볼까합니다."

학생들이 큰 소리로 웅성거리기 시작하자 이번에는 소희가 손을 높이 든다.

"선생님, 발표는 어디에서 합니까?"

"공간은 어디든 상관없습니다. 학교 내 야외든, 건물 내든, 극장이든 관계없습니다."

"그러면. . . 작품은요?"

현정도 질문에 가세한다.

"작품 또한 소설이든, 시든, 희곡이든, 여러분들의 에튜드에서 발전된 창작이든 문제될 것이 없습니다."

여기저기서 학생들은 또다시 쑥덕거리기 시작한다.

"선생님, 스태프도 저희들 내에서 해결해야 하고, 연출도, 배우도 그렇다는 말씀입니까?"

정태가 손을 들어 과제를 다시 확인한다.

"그렇습니다. 하지만 스태프, 연출, 배우의 역할을 따로 두는 것이 아니라 여러분이 배우로 참여하면서 그와 같은 기능을 동시에 완수하라는 것입니다. 이해 됐나요?"

학생들은 고개를 끄덕거리고 있지만 여전히 웅성거린다.

"하나만 더. . ."

문숙이 뒷말을 흐리며 손을 든다.

"자율작업 또한 공개발표입니까? 만일 그렇다면 언제 발표를 합니까? 선생님!"

"당연히 자율작업도 공개발표로 진행될 것입니다. 그리고 공개발표 날짜는 2학년 1학기가 시작되기 일주일 전에 할 계획입니다."

학생들의 표정은 긴장한 기색이 역력하다.

"선생님, 인물이나 역할 작업에 대해서는 다음 학기에 본격적으로 들어간다고 말씀하셨잖습니까? 그런데 왜. . . ?"

주희가 난감하다는 듯 말끝을 흐린다.

"오케이, 하지만 여러분은 자신으로서 상황을 분석하고, 행동을 찾고 실행할 수 있는 능력을 이미 꽤 소유하고 있다고 나는 판단합니다. 그러므로 비록 작가와의 만남일지라도 여러분은 자신으로서 이미 합리적이고, 논리적인 작업은 물론이거니와 파트너와의 교류 또한 어느 정도 해결할 수 있으리라 생각하기에 큰 문제는 없을 것으로 여깁니다. 물론 아직까지 인물로의 몸바꿈, 즉 변신은 다소 힘에 버거울 수 있겠지만, 그것은 다음 학기가 시작되면 우리가 해야 할 작업이기에 자율작업을 통해 미리 경험을 해보는 것도 괜찮을 듯하고요.

덧붙여 말하면, 여러분은 구체적이고 정확한 행동 찾기와 실행능력, 교류 등을 상당히 축적한 상태이기에 보다 창의적인 작업이 이제 필요한 시점이라고 생각합니다. 그렇다면 1년 동안의 학습을 바탕으로 이제 보다 큰 창조 작업을 과감히 해볼 수 있는 시점이기도 하다는 것이죠. 오케이?"

교육자가 학생들을 번갈아 쳐다보며 독려하자 그들은 고개를 마지못해 끄덕거린다.

"자율작업 또한 평가 대상인가요? 그래서 통과하지 못한다면 다음 학기 수업은. . . ?"

정하가 교육자의 눈치를 살피며 질문하자 동료들은 재빨리 주의를 기울인다.

"당연히 자율작업 또한 평가의 대상입니다. 하지만 자율작업은 평가만 이루어질 것입니다. 그러므로 2학년으로의 진급과는 관계없습니다."

학생들은 비로소 안도의 한숨을 내쉰다. 교육자가 빙그레 웃는다.

"자, 겨울방학 때 자율작업을 통해 여러분들의 상상력을 마음껏 펼쳐 창조 작업에 매진해보세요. 자율작업은 그야말로 여러분들의 창의적이고 자립적이며 신나는 작업이어야 합니다. 오케이?"

"네!"

학생들은 큰 소리로 화답한다.

"오케이! 다음 주에 우리는 '2인 에튜드' 공개발표를 할 것입니다. 그것은 우리의 세 번째 공개발표입니다. 오늘 공개발표 할 리스트를 반대표인 소희에게 넘길 테니 무대전환 연습을 해놓으세요."

학생들은 끼리끼리 이야기를 나누며 방을 나선다.

13

공개발표를 위한 실기실에는 이미 많은 사람들로 꽉 차 있다. 그들은 연기과 선·후배, 연출과 학생 그리고 다양한 전공의 학생들과 교육자들이다. 연기교육자가 프로그램을 손에 들고 무대로 나간다.

"오늘 학생들의 공개발표는 '2인 에튜드'입니다. 이미 우리는 '대상없는 행동', '1인 에튜드'를 공개발표 했습니다. 물론 학생들은 '대상없는 행동' 작업 이전에 무대에서 자신으로서 존재하기 위한 기본 훈련을 수행했습니다. 그것은 허구의 무대에서 자신의 감각과 생각, 행동 등으로 살아 있기 위한 작업이었습니다.

각 단계는 그것으로써의 목표를 가지고 있었습니다. '대상없는 행동'이 사물과 관계하는 자신의 몸 행동을 의식적으로 획득하는 것을 목표로 삼고 있었다면, '1인 에튜드'의 목표는 제시된 상황으로부터 자신의 목표를 자신의 행동으로 계획하고 자신으로서 실행하는 것이었습니다.

오늘 세 번째로 공개발표 할 '2인 에튜드'의 목표는 사물과 상황이라는 대상으로부터 나아가 상대배우라는 대상과의 교류입니다. '2인 에튜드'의 목표인 교류는 무언가를 주고받는다는 의미입니다. 자신은 무엇을 가지고 파트너에게 무엇을 주는지, 파트너는 무엇을 받고 상대배우에게 다시 무엇을 주는지를 주시하며 보시길 바랍니다. 그것은 의심할 여지없이 배우 자신의 행동으로 주고받기가 될 것입니다.

아직까지 우리에게 텍스트는 없습니다. 그리하여 에튜드에서 그들의 대사는 있을 법한, 할만한, 가능성 있는 말들에 대한 즉흥대사입니다. 이것은 말이라는 행동을 허구의 무대에서 찾고 실행하기 위한 과정입니다. 따라서 '2인 에튜드'에서 말 행동은 상대배우로부터 출발하여 무대에서 살아 있기 위한, 존재하기 위한 자신으로서의 말 찾기와 말 실행이라고 할 수 있습니다.

오늘 발표할 학생들의 에튜드는 수업시간에 많은 발표를 통해 선택된 것들입니다. 발표할 에튜드는 양보다는 질이 우선되어야 합니다. 그래서 두 달여 동안 그들이 보여주었던 많은 에튜드 중에서 가장 성과가 있는 에튜드만 1~2개를 뽑아 공개발표를 하려고 합니다.

‘2인 에튜드’ 공개발표 이후에 우리는 본격적으로 ‘변신’의 단계로 들어갈 것입니다. 그것은 배우 자신으로부터 출발하여 다른 사람으로의 몸바꿈을 의미합니다. 물론 이것은 여태까지 수행해왔던 배우 자신으로서의 작업이 절대적으로 구축된 상태에서 인물로의 변신이어야 합니다. 그러므로 배우 자신으로부터 인물로의 이동일지라도 그것의 관계는 여전히 유기적인 작업이어야 한다는 것입니다. 차치하고, 오늘 공개발표의 순서는 다음과 같습니다.”

1. 〈야영캠핑장에서〉   . . .   권주희 / 김현정
2. 〈공연 연습〉   . . .   감무신 / 이소희
3. 〈캐스팅〉   . . .   윤문숙 / 이수정
4. 〈카페테라스에서〉   . . .   박정태 / 이정하
5. 〈옥상에서〉   . . .   이소희 / 양승욱
6. 〈교회 오빠〉   . . .   권주희 / 윤문숙
7. 〈명절〉   . . .   박정태 / 김현정
8. 〈도서관에서〉   . . .   손기주 / 이수정 / 이정하

공개발표를 마치고 학생들은 삼삼오오 모여 발표한 것에 대해 이야기를 나누고 있다. 교육자가 실기실로 들어온다.

“수고하셨습니다, 선생님!”

학생들은 자리에서 일어나 박수로 교육자를 맞이한다. 그러자 그도 학생들에게 박수로 화답하며 외친다.

“수고하셨어요. 모두들!”

학생들이 아무렇게나 마룻바닥이나 의자에 편하게 앉는다. 교육자는 학생들을 한 번 휙 둘러보고는 미소를 띠며 말문을 연다.

“오늘 공개발표는 매우 흡족합니다!”

교육자의 말이 떨어지자마자 학생들은 박수를 치며 환호성을 지른다. 교육자는 만면에 미소를 머금고 있다. 잠시 후 교육자가 다시 입을 연다.

"이제 여러분들은 허구의 공간인 무대에서 무엇을, 그리고 어떻게 해야 할지 분명하게 알고 있는 것 같습니다. 여러분들을 1년 가까이 지도하면서 그 성과가 뚜렷이 보여 교육자로서 사명을 다한 것 같아 뿌듯하기까지 합니다."

교육자의 흐뭇한 표정에 학생들 또한 만면에 미소를 머금고 있다. 교육자는 학생들 한명 한명을 찬찬히 둘러보고 난 후에 재차 말을 이어간다.

"오늘로서 우리의 작업은 일단락된 듯합니다. 이제 우리는 또 다른 항해를 시작해야 합니다. 하지만 누차 얘기했던 것처럼, 이제까지 했던 작업과 앞으로의 작업은 결코 '따로 국밥'이 아니라는 사실을 명심하길 바랍니다. 그것들은 아주 *끈끈한* 줄로 이어져 있는 하나의 유기체입니다.

짐작하겠지만 우리의 다음 과제는 역할 작업입니다. 하지만 역할로 입문하기 전에 하나의 문턱을 넘어야 합니다. 그것은 자신의 몸을 바꾸는 작업으로서 역할의 초입단계이자, 전제조건인 '관찰 작업'입니다. 이것에 대해서는 다음 시간에 본격적으로 이야기하도록 합시다! 질문 있나요?"

교육자는 자신의 할 말을 마친 듯 학생들을 바라본다.

"오늘 공개발표에 대한 총평이나 개평은 없습니까? 선생님!"

승욱이 손을 번쩍 들고 큰 소리로 외친다.

"오늘 공개발표는 '2인 에튜드'의 목표인 교류 작업에 충실한 발표였다고 생각합니다. 또한 수업 때 내가 지적한 문제점들을 공개발표 때 거의 해결한 것 같아 특별히 언급할만한 것이 없습니다."

학생들은 큰 소리를 지르며 서로의 어깨와 등을 두드리며 격려한다. 주희와 문숙은 서로 꼬옥 껴안고 있다.

"질문이 없다면. . . 오늘 저녁밥과 술은 내가 쏘지!"

"와아!!!"

학생들은 전부 벌떡 일어서서 박수를 치고 고래고래 고함친다. 교육자는 웃음으로 화답하고는 다시 말문을 연다.

"질문이 없다면 공지사항을 전달하겠습니다. 다음 시간에는 여러분들의 선배가 대거 출연하는 A.체홉의 〈바냐삼촌〉 공연 관람을 할 예정입니다. 내 생각에 당대 최고의 배우가 아스트로프 역할로 출연합니다. 공연 관람 후에는 그와 차 한 잔을 마실까 합니다. 작품을 정독해 오도록! . . . 그리고 다음 주에는 소풍을 갈 것이고요. 2박 3일로 말입니다."

학생들의 환호성에 실기실은 무너질 듯하다.

"어디로 가나요? 선생님!"

현정과 소희가 눈을 반짝이며 거의 동시에 외친다.

"전주 한옥마을과 서원, 부석사를 방문할 계획입니다."

학생들은 부둥켜안고 소리치고 박수치며 깡충깡충 뛴다.

"자, 다음 시간 수업이 끝난 후 각자 식사를 하고, 저녁 7시에 극장 앞에서 만납시다. 늦지 않도록!"

"네!!!"

학생들의 고함소리는 실기실 천장을 뚫고 나간다.

14

〈바냐삼촌〉 공연 관람 후, 카페에서 학생들은 교육자와 함께 차를 마시며 소담을 나누고 있다.

"공연은 재미있었니?"

학생들은 아직도 상기된 표정이 가시지 않은 듯 고개를 힘차게 끄덕거린다.

"오늘 공연 관람이 자네들이 입학 전에 공연 관람했을 때와 비교해보면 어떠

했지?"

교육자가 차를 한 모금 입에 대고 난 뒤에 학생들을 바라보며 묻는다.

"배우들의 연기가 보이기 시작했습니다!"

승욱은 커피 잔을 놓으며 제법 확신에 찬 목소리로 말한다.

"무슨 의미지, 승욱?"

교육자가 승욱에게 되묻는다.

"그전과는 달리 배우의 행동이 구체적으로 보이기 시작했습니다."

"저도 확연히 느낄 수 있었어요. 이전과는 설명할 수 없을 정도로 달라요."

주희도 승욱의 말에 동조한다.

"좀 더 구체적으로 말해보겠니?"

교육자가 빙그레 웃으며 그녀에게 다시 묻는다.

"음. . . 그전에 공연을 볼 때는 배우의 말과 행동이 세련되거나 연극적인 어떤 것에 초점이 맞춰져 있었다면, 이제는 배우의 행동이 구체적이고 정확하게 이루어지고 있는지 또는 말의 주고받음이 명확한지 등에 주의가 저절로 가고 있는 것 같아요."

주희가 자신의 생각을 조근 조근 말한다.

"또요?"

교육자가 차를 마시며 고개를 끄덕이더니 다른 학생들을 바라본다.

"에튀드를 접하고 난 후로 연기뿐만 아니라 그 외의 요소들도 눈에 들어오기 시작했습니다. 예를 들면 극작, 무대장치와 조명, 의상 그리고 연출의 의도까지요."

소희도 자신의 생각을 차분하게 전달하자 교육자가 고개를 끄덕끄덕 거린다.

"또요?"

"그전에는 어떤 확실한 기준 없이 연기의 잘하고 못함을 따졌다면, 이제는 진정성, 솔직성, 그리고 선생님께서 언젠가 말씀하셨던 것처럼 어린아이와 같은 순진성, 순수성, 대담성 등이 잣대가 되고 있는 듯합니다."

정태도 자신의 생각을 또렷이 전달한다. 교육자가 고개를 연신 끄덕이며 찻잔을 내려놓는다. 그리고는 학생들을 바라보며 질문을 던진다.

"그런 측면에서 오늘 출연한 배우 중 특히 눈에 띄는 배우가 있었니?"

"단연코 아스트로프 역할을 맡은 배우였습니다."

수정이 자신 있게 대답한다.

"동의하나요?"

"네!"

학생들은 고개를 힘껏 끄덕이며 일제히 화답한다.

"옐레나 역할을 한 여자 배우도 연기가 괜찮았습니다. 그리고 무척 예뻤습니다!"

구석에 앉아 있던 기주가 소리친다.

"동의하나요?"

교육자가 빙그레 미소를 띠며 학생들을 향해 되묻는다.

"제 생각은 조금 다른데요. 방금 전까지 여기 계셨다가 가신 아스트로프 역할의 선배 배우는 자신의 행동플랜을 정확하게 무대에서 살아 있는 행동으로 실행해 내어 군더더기가 전혀 없었다고 생각합니다. 특히 그는 옐레나와의 장면에서 자신의 목표를 정확히 행동으로 전달했던 것 같아요, 그런데 옐레나 역할을 맡았던 여자 배우의 행동플랜은 그녀에게 있는 듯했지만 그것이 행동인지는 의문이 들었습니다. 제가 보기에 그녀는 행동이 아닌 감정으로 연기하고 있는 듯했습니다."

정하가 자신의 생각을 또박또박 말한다.

"저도 정하의 생각과 같습니다."

무신도 대화에 끼어든다. 옆에 앉아 있던 승욱과 문숙은 고개를 연신 끄덕거리고 있다.

". . . 예뻤는데!"

기주가 낮은 소리로 투덜댄다.

"아스트로프 역할의 배우는 정말이지 무대에서 배우가 무엇을 해야 하는지 명확하게 보여줬던 것 같아요. 또한 선배님은 무대에서 그 어떤 지저분한 행동을 용납하지 않았던 것 같고요. 이를테면 속 행동과 겉 행동, 그리고 말 행동이 그야말로 정확하고 구체적으로 무대에서 실행되어 버릴 것은 하나도 없었으며 결코 과하지도 않았다고 생각돼요. 그래서 정말 멋져 보였습니다.

그런데 옐레나 역할의 여자 배우의 연기는 다소 진부한 행동으로 일관되고 있었고, 특히 혼자서 연기하고 있다는 느낌이 강하게 들었습니다. 어떤 부분에서는 자신의 연기를 과시하거나 뽐내고 있다는 느낌마저 들었고요."

소희가 조금 흥분하며 자평을 늘어놓자 교육자는 고개를 끄덕이더니 입을 연다.

"여러분의 의견에 나도 동의합니다. 그리고 기주의 말에도! 그런데 옐레나 역할의 여배우는 분명 예쁜 여자이었습니다만, 예쁜 여배우는 아니었다고 생각하는데!"

"예뻤는데. . ."

기주가 또 구시렁대자 동료들이 소리 내어 웃는다. 교육자도 빙그레 웃으며 소희를 쳐다본다.

"아까 소희는 선배와 차를 마실 때 그에게 아스트로프 역할을 어떻게 창조했냐고 물었지? 그때 그 선배가 대답했던 말을 기억하니?"

"네, 어릴 적 시골 동네에 살던 어떤 지인으로부터 역할의 이미지를 차용했다고 했어요. 그런데 그분은 괴팍한 기인이었다고 말했던 것 같아요."

소희가 기억을 되살리며 또박또박 답변한다.

"그리고 또 어떤 얘기를 했지?"

그녀는 잠시 생각하더니 대답한다.

"눈매와 걸음걸이는 학교 다닐 때 언어학 강사로부터 힌트를 얻었고. . . 소리는 자기가 좋아하는 성우에게서 도움을 받았다고 했습니다."

교육자가 고개를 끄덕이며 차를 한 모금 마신다. 그리고 난 뒤에 학생들을 바라보며 입을 뗀다.

"인물을 창조한다는 것은 분명히 쉽지 않은 일입니다. 그 이유는 텍스트의 인물은 없는 사람이기 때문이죠. 아스트로프 역할의 배우는 과거의 실제 인물로부터 자신의 내적 시각을 발휘하여 관찰의 방법을 사용했다고 할 수 있어요. 즉 관찰이라는 방법을 통해 그는 자신의 몸을 바꿔냈다고 말할 수 있습니다. 이것을 나는 변신이라고 말합니다. 이때 관찰은 자신의 몸을 바꾸어 인물로 다가가는 방법이고 우리의 다음 작업단계이기도 합니다.

이것에 대해서는 수업 때 좀 더 자세히 얘기하도록 하고, 오늘 공연 관람에서 또 다른 느낌은?"

"저는 공연 내내 배우들의 연기뿐만 아니라 무대장치와 조명, 의상, 소품 그리고 연출의 행동선에 대해서도 주의를 가졌습니다. 소희의 말처럼, 에튜드의 경험 덕택에 이런 것들이 유달리 눈에 띄었습니다. 좀 더 정확히 말하면, 그것들의 정당성과 그것들이 어떻게 배우의 연기와 연관이 있는지 주의를 기울여 보았던 것 같습니다."

무신이 자신의 생각을 피력하자 교육자가 재빨리 되묻는다.

"예를 들면요?"

"예를 들면. . . 공연의 초반부 바냐와 옐레나의 장면에서 그들의 위치는 저에게 신선한 충격이었습니다. 그 이유는 무대 프로시니엄 오른쪽 하단에서 그네를 타고 있는 옐레나와 그 옆에 서있던 바냐와의 상호 행동이 그들의 포지션 때문에 은밀한 갈등을 한층 돋보이게 했던 것 같습니다.

　그리고 극장에 들어서자마자 호리전트를 거대한 천으로 볼록 거울처럼 설치해놓은 것을 보고서 아마도 이것은 소냐와 바냐의 마지막 장면에서 어떤 효과로 사용되리라 짐작했습니다. 아니나 다를까 마지막 장면에서 거대한 천 뒤에 얼기설기 붙여놓은 지지대 역할의 나뭇가지들을 푸트라이트로 밝혀 극의 대단원을 매우 효과적으로 처리했습니다. 이러한 무대장치는 지금 생각해도 소름이 끼칠 정도로 탁월했던 것 같습니다.

　아, 또 있습니다. 공연의 첫 장면에서 유모의 사모바르 다루기, 탁자 보 정리하기, 빗자루 질하기 등의 행동은 얼핏 보면 평범해보일지 몰라도 희곡에서는 제시되어 있지 않은 유모의 행동 찾기였습니다. 그래서 늙은 유모 역할인 여배우의 구체적이고 정확한 행동으로 말미암아 작품의 시작을 알리는 평온한 분위기를 한층 돋보이게 했고, 또한 이것은 인물에 잘 어울리는 무척 인상 깊은 행동이었다고 생각합니다."

　무신은 다소 상기된 듯한 표정으로 공연에 대한 자신의 생각을 장황하게 늘어놓는다. 교육자와 학생들은 그의 말을 들으며 연신 고개를 끄덕거린다.

　"나도 무신의 의견에 얼추 동의합니다. 확신컨대, 여러분들은 이처럼 에튜드를 통해 이미 무대를 거시적으로 바라볼 수 있는 눈을 가지게 되었다고 생각합니다. 그것은 작가로서, 무대미술가로서, 조명디자이너로서, 연출가로서 그리고 배우로서의 시선이라고 감히 말할 수 있습니다."

　교육자는 차를 한 모금 마시고 난 후에 학생들을 넌지시 바라보더니 다시 입을 연다.

　"이제 여러분은 좋은 공연과 좋지 않은 공연을 많이 관람하길 바랍니다. 하지만 당분간은 좋은 공연을 많이 보도록 하세요. 그리고 난 후에 좋지 않은 공연도 보면서 무엇이 좋은 것인지, 무엇이 좋지 않은 것인지를 생각해보고 판단해

보세요. 차후에 이런 것들은 여러분이 무대에 섰을 때 많은 도움이 될 것임이 분명하니까요!"

교육자가 시계를 쳐다본다.

"공지사항입니다. 이번 주 금요일 아침 9시에 학교 앞 마당에서 봅시다! 전주 한옥마을과 서원, 영주 부석사로 소풍을 갈 거니까!"

학생들은 삼삼오오로 짝을 지어 카페를 나선다. 늦은 밤 시간임에도 불구하고 극장근처 카페거리에는 많은 사람들로 북적이고 있다.

15

학생들 몇 명과 조교, 교육자는 한옥 대청마루에 앉아서 이런저런 얘기를 나누고 있다.

"군불은 얼추 다 땐 것 같습니다, 선생님!"

정태는 사랑채에서 방바닥을 확인하고 나오며 소리친다.

"쩔쩔 끓는데요!"

무신도 뒤따라 나오며 소리친다.

"그럼, 군불 때는 사람, 산책하는 사람들을 불러서 막걸리나 한잔하지!"

교육자가 학생들에게 큰 소리로 외친다.

"네!"

학생들은 일사분란하게 움직인다. 잠시 후에 막걸리, 나물, 삶은 돼지고기, 야채 등이 상 위에 오르고, 학생들이 모두 대청마루에 앉자 교육자가 그들에게 막걸리를 한잔 씩 따른다.

"위하여!"

그들은 잔을 부딪치며 큰 소리를 지르고는 들이킨다. 교육자가 잔을 내려놓으며 말문을 연다.

"배우 또한 휴식하는 방법을 터득해야 해요! 여행을 하거나, 책을 보거나, 스포츠를 하거나, 인접 예술분야에 취미를 가지거나, 사람들과 만나 담화를 나누거나 등 말이지. 자네들은 어떤 휴식 법을 가지고 있지?"

나물을 한 젓가락 집어 먹던 무신이 먼저 말을 꺼낸다.

"저는 산책을 자주 하는 편입니다. 수업이 없는 중간 시간에는 학교 주변을 천천히 걸어 다니며 이것저것을 보거나 거리의 사람들을 관찰하기도 하고요. 어떨 때는 시간을 내 자전거를 타고 시내를 드라이브하거나 강변으로 가기도 합니다."

소희도 대화에 끼어든다.

"저는 시간이 날 때마다 갤러리에 자주 갑니다. 흥미로운 그림을 감상하다보면 한 편의 이야기가 떠올라 공간, 인물 그리고 상황들을 비교적 자세하게 노트에 적기도 해요. 물론 저의 상상에 의한 것이지만요."

교육자가 고개를 끄덕이며 자신의 잔에 막걸리를 따른다. 문숙과 현정도 대화에 동참한다.

"저는 영화를 보러 가는 것이 취미입니다. 요즘은 옛날 영화에 푹 빠져 있어요. 그래서 휴일마다 도서관에서 오래된 흑백 영화를 보고 있습니다."

"저는 헬스장에서 운동을 하고 난 후에 수영을 하는데 3년 간 계속 해오고 있어요."

대청마루에 걸터앉아 있는 정태도 막걸리를 한 잔 들이키고서 입을 뗀다.

"저는 방학 때마다 아르바이트를 해서 돈을 모아 해외여행이든 국내여행이든 무작정 다니려고 합니다. 지난 여름방학 때는 기주와 함께 도보로 충청도 지역의 몇 군데를 돌아다녔습니다. 이번 겨울방학 때는 차를 몰고 경상도 지역을 드라이브해볼까 합니다."

학생들의 시선이 정태에게 쏠리자 그는 어깨를 들썩거린다. 교육자는 막걸리 잔을 내려놓으며 입을 연다.

"보통 사람과 마찬가지로 배우도 분명 휴식을 가져야 해요. 무신의 산책과 자전거 타기, 소희의 갤러리 방문, 문숙의 영화보기, 현정의 운동과 수영 그리고 정태의 도보와 드라이브 여행 등은 우리에게 분명 좋은 휴식법이라고 할 수 있어요.

우리의 소풍 또한 배우의 휴식 중 하나라고 할 수 있습니다. 우리는 소풍을 통해 사람과 자연을 만납니다. 이것은 당장 우리에게 어떤 결과를 가져다주진 않지만 언젠가는 우리의 작업에 지대한 영향을 주어 마치 창고 속의 보물과도 같은 기능을 할 것입니다."

학생들은 고개를 힘껏 끄덕거린다. 교육자가 학생들에게 다시 잔을 따른다. 그들은 잔을 부딪치며 기분 좋게 마신다.

"오늘 우리가 갔다 온 곳이 어디였지?"

교육자가 잔을 내려놓으며 학생들에게 묻는다.

"임실의 농가와 들판, 그리고 전주 한옥마을과 시내, 학교 등이었는데요."

정하가 기억을 더듬으며 답변한다.

"그중에서 여러분들에게 기억에 남는 것이 있었니?"

"임실의 늦가을 들판은 정말 황홀할 만큼 멋진 장관이었어요. 그리고 그 들판을 따라 걸었을 때 저는 한 편의 영화 속에서나 볼 수 있는 주인공이 된 듯했어요. 무엇보다도 학교를 벗어나 자연과 함께 하니까 머리와 가슴이 뻥 뚫리는 것 같았습니다. 선생님께서 저희들과 소풍을 왜 왔는지 확 이해가 되던데요."

승욱이 조금 열을 내며 답변하자 교육자는 빙그레 웃고 있다.

"전주 한옥마을에 대해서는 말로만 들었는데, 와서 보니까 어릴 때 외할머니 댁에 놀러 갔던 일이 기억났습니다. 안방에 메주가 걸려 있었고, 마당에 펌프, 집 뒤에 탱자나무, 부엌의 큰 가마솥 등이 필름처럼 지나갔어요."

소희가 승욱의 말이 끝나자마자 끼어든다.

"할머니 댁이 어디지?"

교육자가 소희에게 묻는다.

"강원도 삼척에서 30분 정도 버스를 타고 들어갔는데 정확히는 기억나지 않지만 비포장도로였던 것 같아요."

"전주 한옥마을이 일제강점기 때 일본마을에 대항해서 만들어졌다는 사실을 현지 해설자를 통해 오늘 처음 들었습니다."

기주도 대화에 참여한다.

"군불을 때고, 감자도 구워 먹고. . . 큰 가마솥에 밥물 맞추기는 정말 힘들었지만 그 속에 달걀과 나물을 익혀 먹으니 희한한 맛이던데요."

문숙은 눈을 게슴츠레 뜨고서 입맛을 다신다.

"그래도 제일 좋은 건 수업을 안 하는 거지?"

"네!"

교육자의 너스레에 학생들은 소리 내어 크게 웃으며 일제히 소리친다. 교육자도 함박 미소를 짓고 있다.

"자, 적당하게 마시고, 놀고, 이야기하고, 밤 산책도 해보세요! 내일 일정은 서원과 부석사지?"

교육자가 조교에게 시선을 돌리자 학생들은 합창하듯 "네!"하고 소리 지른다. 정태와 기주는 막걸리 잔을 부딪치며 담소를 나누고, 문숙과 주희는 신발을 신고 산책을 나선다. 무신과 현정은 교육자와 대화를 나누고 있다. 소풍 첫날밤이 그들의 대화로 깊어만 간다.

다음 날 아침, 학생들과 조교, 교육자는 소수서원, 도산서원, 병산서원으로 향한다.

소수서원! 근 오백년을 자랑하는 최초의 사립대학! 학생들은 넓은 서원을 자유롭게 무리지어 다니며 유유자적 걷고 있다. 그 중 몇몇은 드넓은 잔디밭에 앉아 커피를 마시거나 담소를 나누고 있고, 또 다른 무리는 호수 근처에서 사진을 찍거나 서원의 내부를 둘러보고 있다.

도산서원! 조선 최고의 석학 퇴계선생이 제자들을 가르친 곳! 학생들은 한석봉이 쓴 〈도산서원〉 간판, 전교당, 광명실, 옥진각 등을 돌아보며 연신 핸드폰으로 사진을 찍어댄다. 두어 시간 뒤에 학생들과 교육자는 이동하는 차 안에서 미리 준비한 김밥을 먹으며 수다를 떨고 있다.

그들이 산기슭을 따라 도착한 곳은 병산서원! 조선의 대표적인 유교 건축물로 류성룡 선생이 제자들을 가르친 곳! 학생들은 만루대에 앉아 당시 유생들을 생각하며 화산이 마치 병풍마냥 둘러쳐져 있는 자연경관을 감상하고 있다. 멀리서 불어오는 시원한 강바람을 맞으며 몇 명은 이미 만루대 대청마루에 벌러덩 드러누워 콧노래를 불러댄다. 그리고 또 다른 학생들은 벌써 서원에서 강가의 백사장으로 내려가 친구들과 사진을 찍거나 물장구를 치며 놀고 있다.

"이제 부석사로 서둘러 가야 돼! 지금 가야 부석사에서 내려다 본 석양을 만끽할 수 있어!"

교육자가 백사장에 대자로 누워 노래를 부르거나 제멋대로 놀고 있는 학생들을 향해 고래고래 고함친다. 교육자와 학생들은 이동차량에서 곯아떨어져 있다.

부석사 가는 길! 나뭇잎으로 뒤덮인 가로수 길은 가히 장관이다. 학생들은 연방 사진을 찍고, 뒹굴고, 강아지처럼 뛰어다닌다. 이윽고 그들은 돌계단을 씩씩대며 올라가서 마침내 부석사에 도착한다. 학생들은 천황문, 안양루, 종각, 삼층석탑, 무량수전, 부석浮石 등을 꼼꼼히 보고난 후에 삼삼오오 모여 사진을 찍어댄다. 교육자는 부석사 안내문을 유심히 들여다보고 있다. 삼층석탑을 등지고 내려다본 산 아래의 자연경관 앞에 학생들은 '와'하며 탄성을 내지른다. 한동안 그들은 말이 없다.

"선생님, 사진 한 방요!"

소희가 동료들을 불러 모으며 소리친다.

'찰칵!'

저녁 무렵, 부석사 입구 민박집의 넓은 평상에서 학생들과 교육자는 허겁지겁 산나물 비빔밥을 먹고 있다.

"선생님, 이 동네 막걸리가 끝내주는데요! 한 잔 하시죠!"

무신은 입술의 막걸리를 손바닥으로 쓱 닦으며 교육자에게 잔을 내민다.

"선생님, 선생님, 하늘 좀 봐요!"

현정이 갑자기 탄성을 지르며 고함치자 학생들은 모두 하늘을 올려다본다. 밤하늘을 수놓은 수많은 별들이 마치 장난감별처럼 걸려 있는 듯하다. 자연스럽게 학생들은 평상과 아스팔트 바닥에 드러눕기 시작한다. 교육자도 평상에 드러눕는다.

"서울에서 별 본적 있니?"

교육자가 큰 소리로 외친다. 학생들은 대답이 없다.

"우리가 소풍을 온 이유를 이제 알겠지?"

교육자가 대자로 평상에 드러누워 학생들에게 큰 소리로 외치지만 그들은 여전히 대답이 없다. 교육자의 외침은 학생들의 소음에 파묻혀 온데간데없다.